好看的中国历史

宋元时期

刘启正 ◎ 主编

三辰影库音像电子出版社
北京
SUNCHIME

图书在版编目（CIP）数据

好看的中国历史. 宋元时期 / 刘启正主编. —北京：
三辰影库音像电子出版社，2023.7
ISBN 978-7-83000-562-7

Ⅰ. ①好… Ⅱ. ①刘… Ⅲ. ①中国历史－宋元时期－
青少年读物 Ⅳ. ① K209

中国版本图书馆 CIP 数据核字 (2022) 第 145158 号

好看的中国历史. 宋元时期

责任编辑：石海燕
责任校对：韩丽红
出版发行：三辰影库音像电子出版社
社址邮编：北京市朝阳区金海商富中心 B 座 1708，100124
联系电话：（010）59624758
印　　刷：三河市南阳印刷有限公司
开　　本：710mm×1000mm　1/16
字　　数：560 千字
印　　张：60
版　　次：2023 年 7 月第 1 版
印　　次：2023 年 7 月第 1 次印刷
定　　价：198.00 元（全 6 册）
书　　号：ISBN 978-7-83000-562-7

前言

　　我国是一个历史悠久的文明古国，在五千年的漫长岁月中，上演了无数惊心动魄、可歌可泣的事件。这些事件，记载在浩如烟海的史书之中，等待后人从阅读中收获智慧与乐趣。

　　然而历史书籍往往卷帙浩繁，晦涩难懂，让青少年望而却步。为了让广大青少年愿意亲近历史，并能从中获益，我们以正宗史著为蓝本，按照朝代更迭的顺序，用一个个有趣的历史故事串联起五千年的中国史。

　　姜子牙是怎样从一个水畔钓叟，成为周朝功臣的？管仲是如何由阶下囚，一跃成为齐国宰相的？"汉初三杰"是如何帮助刘邦战胜西楚霸王项羽的呢？曹操、刘备、孙权、诸葛亮、关羽这些大家耳熟能详的人物，在正史中与小说、电视剧中有哪些不同？被称为千古名君的李世民，到底有哪些丰功伟绩？岳飞和他的岳家军，为什么流芳百世？朱元璋是怎样从一个到处乞讨的和尚，成为大明王朝的开国君主的？以上种种问题的答案，以及更多有趣的历史故事，都在这套《好看的中国历史》中等待着你呢。

　　本套书共分六册，精心挑选了历朝历代的代表性事件，用详

略得当、生动活泼的语言讲述出来，易读易记。将六册书连起来阅读，就仿佛在五千年的浩瀚历史中来了一次"时空穿梭"，对苦难与辉煌交织在一起的中国历史会有一个基础的了解。为了拓展青少年的知识面，我们在每一篇故事中都设置了小栏目，对重点人物和相关历史常识进行了介绍，对理解历史事件具有现实意义，能够启发青少年的思考。

相信阅读完这套有趣又好看的历史读物，青少年一定能够有所收获，得到成长。

目录

马背王朝 元朝

文明昌盛

北宋

"从天而降"的黄袍

宋太祖赵匡胤

赵匡胤（927—976），涿郡（今河北涿州）人，出身军人家庭。后周年间，他屡建战功，升任检校太傅、殿前都点检。后周恭帝时，赵匡胤在陈桥驿（今河南封丘东南陈桥镇）发动兵变，建立宋朝，他就是宋太祖。宋太祖在位期间，完成全国大部的统一，并加强中央集权，解决了唐末以来藩镇割据的痼疾，被视为最杰出的封建君主之一。

赵匡胤外表魁伟，胆气过人，是个将门虎子，从小就跟随父亲赵弘殷学习骑射。有一次，父亲的朋友送来了一匹很难驯服的烈马。赵匡胤艺高人胆大，不用马鞍和缰绳，一跃而起上了马背。烈马当即发起脾气来，奔到城头的斜坡道，赵匡胤的额头随着马的奔跑颠簸撞上了城头的门楣，摔倒在地。人们以为这一撞肯定受了重伤，但赵匡胤却从容地爬了起来，飞身上马，一点没受伤。

赵光义（939—997），原名赵匡义，继位后改名赵炅。他是赵匡胤的弟弟，是陈桥驿兵变的重要组织者之一。宋太祖分封他为晋王，并传位于他，他就是宋太宗。宋太宗在位期间平定了北汉，但两次攻辽均失败。

参军以后，赵匡胤跟随后周世宗东征西讨，功勋卓著，成为皇帝的心腹大将。后周世宗对他信任有加，让他当上禁军的最高将领，掌握了后周精锐部队。

后周世宗柴荣英年早逝，继位的后周恭帝柴宗训年仅七岁，由符太后垂帘听政，宰相范质和王溥辅佐朝政。

公元960年，朝廷收到了北汉和契丹联合起来大军压境的消息。大臣们急得团团转，范质、王溥匆忙决定由殿前都点检赵匡胤统领军队御敌。

赵匡胤接到北上迎敌的命令后，连忙召集兵马出发。他用了两天时间，率领大军来到距京城开封府二十里的陈桥驿，命令军队暂时驻扎在这里。

这天晚上，兵营里有一些人聚在一起聊天，其中有个人说："弟兄们，我们辅佐的皇上不过是个小孩子，我们豁出性命为他打仗，他也不知道我们的功劳，倒不如拥护赵将军做皇帝！"大家对这个提议都非常赞同，然后派一个人将这个提议传递给了赵匡胤的弟弟赵匡义。

此事正中赵匡义的下怀。为保险起见，他一边嘱咐大家谨慎行事，一边偷偷地派心腹将消息传给当时驻守京城的禁军大将石守信和王审琦。

消息不胫而走，没过多久军营上下都得知了。将士们三五成群地来到赵匡胤的营帐前。当时，赵匡胤正酣然而眠，被外面不绝于耳的嘈杂声吵醒，就穿戴整齐出来查看情况。

赵匡胤刚露面，就有人对着他高喊："请都点检做皇帝！"他尚未来得及开口说话，身上就被那些人披上了黄袍。将士们屈膝跪地，对他山呼万岁。

赵匡胤思考了好半天才说道："既然你们如此赏识我，愿意拥护我为天子，那么你们确保以后会听从我的一切号令吗？"将士们不约而同地回答："但凭陛下吩咐！"

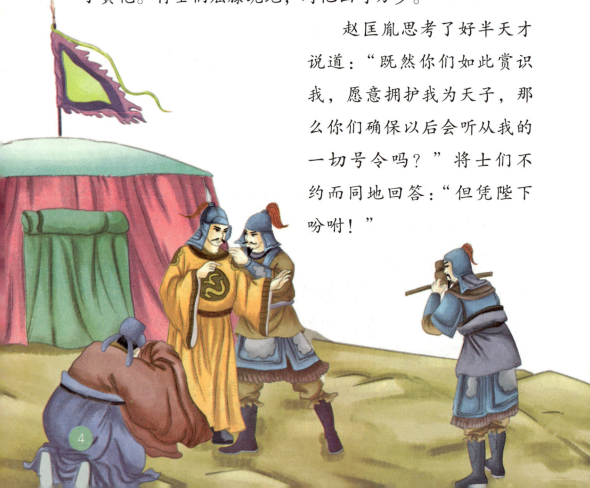

随后赵匡胤嘱咐他们："你们入京以后，不能侵扰皇宫皇族，不能凌辱朝廷官员，不能抢劫国家金库，不能侵占他人财物。守令者有重赏，违令者斩立决。"将士们异口同声地答应了。就这样，赵匡胤统率大部队浩浩荡荡地向京城进发。

范质、王溥得知赵匡胤发动兵变的消息后，对当初派赵匡胤出兵一事后悔万分，却无计可施。赵匡胤等人有了禁军首领石守信、王审琦做内应，不费吹灰之力，兵不血刃地进入了京城。

范质、王溥被将领们带到赵匡胤面前。赵匡胤一脸骑虎难下的神态，眼里流着泪水说："承蒙先帝不弃，对我恩高义厚，可我受六军逼迫无可奈何，简直愧对于天地，这该如何是好？"有个将领不等范质和王溥发表意见，就拔出宝剑声色俱厉地说："我们已奉都点检为主，请都点检务必要做天子！"

王溥和范质见将领手持利剑，知道局面已经无法扭转，只得对着赵匡胤跪拜。一名官员拿出准备好的诏书，宣布后周恭帝禅位给赵匡胤。过了几天，赵匡胤正式登基称帝，将国号定为宋，都城仍定为开封，赵匡胤就是北宋开国皇帝宋太祖。

对于这次在历史上赫赫有名的兵变，后人众说纷纭。虽然宋朝史书一再强调赵匡胤在兵变前毫不知情，但后

人还是觉得他有参与预谋的可能。赵匡胤回京后，北汉和契丹人的大军似乎自动撤退了，军中预备好的黄袍以及朝中官员提前写好的传位诏书，也是后人争议的焦点。

太祖长拳

　　宋太祖是我国最擅长统军作战的君主之一，根据一些史料记载，他本人也是一个武术高手。今天武术界著名的传统拳术太祖长拳，据称就是宋太祖所创。太祖长拳又称太祖拳、宋太祖三十二势长拳，流传至明代已闻名天下。

读史学成语

艺高人胆大

释义：具有真才实学的人，无所畏惧，勇往直前。

出处：明·戚继光《练兵实纪·练营阵》："便学一日有一日受用，学一件有一件助胆，所谓艺高人胆大也。"

例句：赵云七进七出救出幼主，真是艺高人胆大。

不胫而走

释义：没有腿就跑了。比喻事情传播迅速。

出处：南朝梁·萧统《文选·孔融〈与曹操论盛孝章书〉》："珠玉无胫而自至者，以人好之也。"

例句：他见义勇为的英雄事迹不胫而走。

杯酒释兵权

北宋开国功臣

　　北宋是通过较为和平的方式改朝换代的，在开国中立下功勋的，除了陈桥驿兵变的参与者，还有帮助宋太祖平定叛乱、消灭割据势力的谋臣武将。北宋开国功臣中，除了赵光义和赵普，还有石守信、王审琦、李继勋、高怀德、潘美、曹彬等。

　　宋太祖一进开封，就大摆酒宴，对功臣一一进行了封赏，提升殿前副都点检慕容延钊为殿前都点检，王审琦任殿前都指挥使，石守信为侍卫马步军副都指挥使。朝廷的军权，特别是精锐的禁军军权，掌握在几位开国功臣手中。

　　当时，淮南（今安徽北部和江苏北部等地）节度使李重进和潞州（今山西长治）节度使李筠对宋太祖并不信服，也觊觎皇帝之位。大将石守信等人受宋太祖之命攻打李重进和李筠，宋朝的军队好似疾风骤雨一般，将士们骁勇善战，打得敌军一败涂地，最终二人皆因走投

无路而引火自焚。

宋太祖杀了李重进和李筠，等于杀鸡儆猴，其他有谋反之心的人也不得不臣服于宋。叛乱已定，宋朝的政局逐渐稳定下来，宋太祖就开始安心地整顿朝廷内政。

人物档案

石守信（928—984），开封浚仪（今河南开封）人。他最初加入后周太祖郭威帐下，后升任殿前都虞候，与赵匡胤、王审琦等人结为"义社十兄弟"。陈桥驿兵变发生时，石守信指挥禁军策应，被列为开国元勋之首。

有一天，宋太祖问心腹谋士赵普："自李唐王朝覆灭后，战乱不休，改朝换代，几易其主。这是为什么？"

赵普答道："如果您想稳坐江山，只有将军权牢牢地握在自己手里才行。眼下地方节度使势力过大，这是个隐患！"

宋太祖听后，便着手解除开国功臣的军权。一天夜里，

 皇帝的"贴身保镖"——禁军

禁军是古代由皇帝直接统领，负责保护皇帝以及维持皇宫、都城警备的军队，不同朝代有不同的称呼，例如禁卫军、御林军、亲卫军等。禁军的选拔极为严格，禁军将领因为亲近皇帝，往往位高权重。

宋太祖摆酒设宴，犒劳石守信、王审琦等武将。宋太祖连敬众将三杯酒。随后他满怀深情地说："诸位将军都是朕的老部下，与朕并肩作战，生死相依，能和你们开怀痛饮，真是一大乐事啊！"

大家起身回敬皇帝，个个欢声笑语，场面十分融洽。这时他们突然听到了宋太祖的叹气声，全都不明就里，关切地问道："陛下万事顺心，何故叹气？""大家有所不知，这几天朕彻夜难眠。"听了这话，众人急问原因。

宋太祖说道："皇帝之位人人觊觎，今天龙椅上坐的是我赵匡胤，不知明天坐的又是谁？"言浅而意深，众人心知宋太祖是担心众将与他争夺皇帝之位，于是说道："我们誓死拥戴陛下，忠心不二！"

宋太祖说："朕不是不相信你们。但哪天你们也被下属将黄袍披在身上，只怕会身不由己啊。"

众人听罢，不知所措，纷纷落泪说道："请陛下为我们指一条生路吧。"

宋太祖见时机成熟，就不紧不慢地说："人生在世，不过是希望自己和子孙后代都能安享富贵。若是你们交出兵权，回家乡置办田地房产，天天把酒言欢，过着子孙绕膝的生活，朕再与你们结成亲家，君臣两不猜疑。这样朕也安心，你们也欢畅，不是很好吗？"

大家只得同意，次日全都称病辞官，宋太祖自此之后便独揽军事大权。后人把这个故事称为"杯酒释兵权"。

杀鸡儆猴

释义：比喻惩罚一个人以警告其他的人。

出处：清·李宝嘉《官场现形记》第五十三回："俗语说得好，叫做'杀鸡骇猴'，拿鸡子宰了，那猴儿自然害怕。"

例句：这位将军刚上任就杀鸡儆猴，处罚了几个劣迹斑斑的人。

身不由己

释义：身体不听从自己的支配。指行动不能由自己做主。也指思想不能支配身体，失去控制。

出处：明·罗贯中《三国演义》第七十四回："上命差遣，身不由己。"

例句：我进入社会后，面对着形形色色的人和事，颇感身不由己。

半部《论语》治天下

赵普的统一战略

北宋成立之初，还有很多割据政权与其共存，其中，南方的割据政权实力较弱，北方的辽朝却地广兵强，难以战胜。赵普献上"先南后北，先易后难"的统一策略。按照此策略，北宋先打下了南方的南平（荆南）、后蜀、南汉等国，吴越等割据势力也主动向北宋"纳土"。得到经济富庶的南方的赋税之后，北宋得以阻击辽军、消灭北汉，顺利实现了全国大部的统一。

陈桥驿兵变和杯酒释兵权的主要策划者之一，就是北宋初年的名相赵普。赵普长期担任宰相之职，掌握军政大权。他足智多谋，是宋太祖和继任的宋太宗最倚重的大臣之一。

赵普极富才干，敢于在皇帝面前坚持己见。有一次，赵普举荐一个人担任某重要官职，宋太祖对人选不太满意，于是没有答应。第二天，赵普依然上书举荐，宋太

好看的 **中国历史**

祖自然还是不答应。到了第三天，赵普又把举荐那个人的奏章送到了宋太祖面前。宋太祖这次真的发怒了，他一下子把赵普的奏章撕成两半，用力扔到赵普的面前。赵普不动声色地捡起

人物档案

　　赵普（922—992），幽州蓟县（今北京西南）人，出身官宦家庭，后周年间曾任小吏，后成为赵匡胤手下的节度掌书记，参与策划了陈桥驿兵变和杯酒释兵权，升任宰相，帮助宋太祖制定了统一策略。

了奏章，回家后把奏章修补好，几天后又送到了宋太祖面前。宋太祖见赵普如此坚决，也重新考虑了一下他的意见，最终还是任用了赵普推荐的人。

　　还有一次，赵普准备提拔一个官员，宋太祖不批准。赵普说："提拔人才，要看是否对朝政有利，而不是仅凭陛下您的好恶！"宋太祖铁青着脸走向内宫。赵普

进不了内宫，就站在宫门外不走。卫士无奈，只好向宋太祖回报。宋太祖气消了，就命身边的太监通知赵普，自己同意他的请求，让他回家去了。

在宋太祖、赵普及其他有才能的大臣的努力下，北宋日益富强起来，开始谋求统一。当时，北方的北汉，南方的南唐、吴越、后蜀、南汉、南平等割据政权依然存在。其中，北方的北汉依附辽朝，屡屡挑衅北宋，宋太祖很想消灭北汉。但是，他也对富庶的南唐觊觎已久。南唐自然条件良好，物产丰富，土地肥沃，再加上没有遭受过什么战争破坏，经济繁荣，是十国里面最大的一个割据政权。可南唐的几任君主虽然文才出众，但在治国方面都是平庸之辈，没有什么作为，南唐的实力也渐渐衰败下来。先打北汉还是先打南唐，宋太祖想了很久，

儒家经典《论语》

　　《论语》是春秋末期孔子的弟子及再传弟子所作的语录体文集，记载了孔子及其弟子的言行，是孔子思想与智慧的结晶，后人将《论语》与《大学》《中庸》《孟子》并称"四书"，是古代学子的必读书。《论语》的思想以"仁"为核心，涉及政治、文化、教育等多方面的内容，辞约义富，含义深远。

还是无法下定决心。

在一个风雪交加的夜晚，赵普正在家中烤火，忽然有客人来访。赵普觉得奇怪，想不出谁会在这样的夜里来找他。等到客人进屋后，赵普才发现来人竟然是宋太祖。赵普惶恐迎拜，连忙请宋太祖坐到火边，并命人准备酒菜。

赵普问："雪下得这么大，陛下为什么来造访微臣？"

宋太祖说："我想起一件事，实在睡不着，急切地想和你商量。"

赵普立刻领会到宋太祖想的是什么事，于是说："陛下是在为先打南方还是先打北方纠结吧？"

见宋太祖点头，赵普继续说："如果我们先打下北汉，就会受到辽朝的威胁。还不如先平定南方，北汉可以成为阻隔辽人的屏障。消灭南方各国后，回过头来再打北汉，就易如反掌了。"

宋太祖笑着说："我也有此意，特意来试试你罢了。"

接着，宋太祖和赵普制订了"先南后北，先易后难"的计划，并很快开始实施。十余年后，南方政权基本被平定。宋太祖去世后，赵普又协助宋太宗收复了吴越国和北汉，北宋基本统一了全国，对此赵普功不可没。

赵普出身小吏，比起朝中的饱学鸿儒来，他的学问逊色很多。据称，他被任命为宰相之后，宋太祖常常敦

促他读书。于是，赵普每次从朝堂回家，就会进入书房关好门，从书箱中拿出一卷书仔细阅读。第二天上朝处理政事、回答皇帝的询问时，他都很从容。久而久之，大家都猜测他读的是不是神奇的书。一直到赵普去世，家里人打开他的书箱，才发现里面只有一部《论语》。于是，后人就说赵普是"半部论语治天下"。

读史学成语

足智多谋

释义：有智谋，善于谋划。

出处：元·关汉卿《单刀会》第三折："那鲁子敬是个足智多谋的人。"

例句：诸葛亮草船借箭，真是足智多谋。

不动声色

释义：内心活动丝毫没有从语言和神情中流露出来。形容态度沉着镇静。

出处：宋·欧阳修《相州昼锦堂记》："垂绅正笏，不动声色，而措天下于泰山之安，可谓社稷之臣矣。"

例句：得知司马懿带兵杀来，诸葛亮不动声色地思考着应对方案。

"可怜薄命作君王"

 "词帝"李煜

　　李煜（937—978），江宁府（今江苏南京）人，南唐中主李璟之子。李煜继位后，就是南唐后主。他在政治上建树不大，在位期间向宋称臣，并在公元975年亡国，自己在几年后去世。在文学艺术方面，特别是词这一文学体裁的发展史上，李煜是划时代的人物。他的作品扩大了词的表现领域，感情真挚，语言自然流畅。

　　南唐后主李煜是南唐的最后一个君主。他在诗词、音乐和书画上才华卓越，唯独不善于理政。北宋建立后开始对外征讨，为保住南唐，李煜年年进贡大批珍宝给北宋，却不致力于提升自己的实力。

　　后来，李煜看到南唐周边的三个小国被宋太祖消灭，才觉大事不妙，赶紧令使者向宋太祖表达自己愿意取缔国号"唐"，只做个"江南国主"，向北宋称臣。但是，这无法动摇宋太祖一统全国的决心。

　　公元 974 年，宋太祖任命曹彬为主将、潘美为都监，率领水陆大军进攻南唐。南唐守军毫无防备，宋军连战连捷，很快控制了长江的重要渡口——采石矶。

　　大军要渡过长江天堑并不容易，宋军为了追求速战速决，决定在长江上搭建浮桥。起初，李煜听到宋军搭浮桥的事，和大臣张洎商量。张洎说：“自有文字记载以来，从没有听说在长江上搭浮桥的事，肯定无法成功。”李煜也放心了，说道：“我也觉得这就是儿戏。”

　　没想到，宋军仅用了三天就搭好了浮桥，大军如履平地地渡过了长江。李煜派来抵御的水陆大军互相之间不能精诚合作，兵败如山倒。宋军势如破竹，直逼金陵城下。南唐军在金陵城外做困兽之斗，屡战屡败，宋军则将金陵包围起来，断绝其物资供应。

李煜见城中军民毫无斗志，不得已派大臣徐铉到东京（今河南开封），请求停战。

徐铉见到宋太祖，说："陛下，李煜待您就像亲生父亲一样，为什么还要置他于死地呢？"宋太祖很不屑地瞄了他一眼，说道："有父亲和儿子分成两家的吗？"徐铉只好回去了。

一个月后，金陵的守军已经快坚持不下去了。李煜只好再次派徐铉到东京去见宋太祖。徐铉苦苦哀求宋太祖不要用兵，宋太祖非常不耐烦，怒气冲冲地说："卧榻之侧，岂容他人鼾睡？"徐铉只好返回金陵。

人物档案

徐铉（917—992），扬州广陵（今江苏扬州）人，出身官宦世家，博学多才，与其弟徐锴皆为江南名士。徐铉在南唐官至吏部尚书，随李煜降宋后，官至散骑常侍，世称"徐骑省"。

金陵

公元975年，李煜终于断绝了求和的幻想，试图反抗，但南唐久未作战的军队不堪一击，很快就被消灭了。最后，李煜只得带着大臣来到曹彬军门前请罪投降。

南唐后主李煜成了亡国之君，被押送到东京。宋太祖念及旧情，将他封为违命侯，对他还算不错。然而从皇帝到囚徒，简直是天渊之别，这让李煜怎能开心得起来？怨愤之情在他的心底挥之不去，他只有借笔抒情，创作了大量优美的词作。其中《虞美人》最为出色，这首词是李煜的传世名作之一，写于亡国之后。全词内容皆在对比往昔的繁华和今日的不堪，淋漓尽致地表达了他身为亡国之君的苦闷和忧愁。

公元978年，吴越国的国君钱俶将全部国土献给了

诗的别体——词

词又称长短句、诗余、乐府等，形成于唐代，在宋代达到鼎盛。词原本是配合乐曲演唱的歌词，后来脱离音乐成为长短句形式的诗体。词牌是词的调子的名称，不同的词牌在句数、每句的字数、平仄等方面都有规定。词就像一种文字游戏，在词牌的规则内，词人可以发挥想象力，让作品呈现出不同的艺术风貌。

宋朝。至此，南方得到了统一。又过了几个月，李煜在北宋京师去世。后人曾作诗感叹李煜"作个才子真绝代，可怜薄命作君王"。

 读史学成语

如履平地

释义：像走在平地上一样。形容涉水或在难行的道路上行进得很顺利。也比喻能十分轻易地从事某项活动。

出处：唐·裴铏《周邯》："因夷人卖奴，年十四五，视其貌甚慧黠。言善入水，如履平地。"

例句：曹操命人把战船连起来后，士兵在上面行走如履平地。

卧榻之侧，岂容他人鼾睡

释义：比喻大权独揽，不能容人染指。

出处：宋·曾慥《类说》第五十三卷引宋·杨亿《谈苑》："开宝中王师围金陵，李后主遣徐铉入朝，对于便殿，恳述江南事大之礼甚恭，徒以被病，未任朝谒，非敢拒诏。太祖曰：'不须多言，江南有何罪？但天下一家，卧榻之侧，岂可许他人鼾睡！'"

例句：楚汉之争后，韩信还想着做一方诸侯，却不知刘邦已对他忌惮到了极点，正所谓"卧榻之侧，岂容他人鼾睡"。

杨业英勇殉国

勇将杨业

杨业（？—986），麟州新秦（今陕西神木）人，出身将门，原名杨重贵，自幼追随北汉世祖刘崇，被赐名刘继业，军中号称"无敌"。北汉灭亡后，他投降北宋，常年在边境抵御辽军。雍熙北伐中，他兵败被俘，绝食而死。民间传说中，他和他家族的故事脍炙人口。

公元979年，宋太宗亲征北汉，北汉国主刘继元投降，刘继元手下大将杨业也归附了宋朝。宋太宗早就听说杨业武艺高强，十分器重他，任命他为左领军卫大将军。宋太宗攻打辽国失败，辽军不断袭击宋朝边境。宋太宗派杨业为代州刺史，扼守雁门关。

公元980年，辽国派了十万大军攻打雁门关，杨业率数千骑兵悄悄地从小路绕到雁门关北面，偷袭敌人后方。辽军猝不及防，大败而归。此战后，杨业威名远扬。辽兵一看到"杨"字旗号，就吓得不敢交锋。"杨无敌"的称号越来越响亮了，经常得到宋太宗的丰厚赏赐，但也遭到

其他边将的忌妒，于是上书诽谤他。宋太宗收到那些奏章后，直接封好命人交给杨业，对他极为信任。

公元986年，宋太宗派曹彬、田重进、潘美率领三路大军北伐，并且派杨业做潘美的副将。三路大军分路进攻，旗开得胜。潘美、杨业的一路人马出了雁门关，很快就收复了四个州。但是曹彬率领的主力因为孤军深入，后来被辽军杀得大败。宋太宗赶快命令各路宋军撤退。

潘美、杨业接到命令，就领兵掩护四个州的百姓撤退到狼牙村。那时候，辽军已经占领寰州，兵势很猛。杨业建议派兵佯攻，吸引住辽军主力，并且派精兵埋伏在退路的要道，掩护军民撤退。

监军王侁反对杨业的意见，说："我们带了几万精兵，还怕他们？我看我们只管沿着雁门大路，大张旗鼓地行军，也好让敌人见了害怕。"

杨业说："现在敌强我弱，这样做一定会失败。"

王侁带着嘲笑的口吻说："杨将军不是号称'无敌'吗？现在在敌人面前畏缩不战，是不是另有打算？"

人物档案

潘美（925—991），河北大名人，曾任周世宗柴荣的侍从，与赵匡胤关系亲密。北宋建立后，潘美任行营都监，参与平定了李重进叛乱，又参与平定南汉、南唐、北汉的战争，功勋卓著，任忠武军节度使，封韩国公。雍熙北伐中杨业战死，潘美有不可推卸的责任，在《杨家将》小说中，他被丑化为陷害忠良的权奸。

杨家将

在我国民间故事中，杨家将的故事家喻户晓，很多小说、戏曲、评书、影视剧等均以杨家将为题材。在这个庞大的故事系统中，杨令公（杨业被追赠为中书令）多数只是作为背景存在，故事的主要人物是杨令公的妻子佘太君、第六子（历史上为长子）杨延昭、杨延昭之子杨宗保（虚构人物）及杨宗保的妻子穆桂英（虚构人物）。杨家将为了保家卫国、抵御辽军，付出了巨大的牺牲，故事曲折动人。

　　这一句话把杨业激怒了。他说："我并不是怕死，只是看到现在时机不利，怕让士兵们白白丧命。"

　　主将潘美也没有反对王侁的主张。杨业无可奈何，只好带领手下人马出发了。临走的时候，他流着眼泪对潘美说："这一仗肯定要失败。我本来想看准时机，痛击敌人，报答国家。现在大家责备我避敌，我不得不先死。"

　　接着，他指着前面的陈家峪对潘美说："希望你们在这个谷口两侧，埋伏好步兵和弓弩手。我兵败之后，退到这里，你们带兵接应，两面夹击，也许有转败为胜的希望。"

　　杨业出兵没有多远，果然遭到辽军的伏击。杨业虽然英勇，但是辽兵像潮水一样涌上来。杨业拼杀了一阵，抵挡不住，只好一边打一边后退，把辽军引向陈家峪。

　　到了陈家峪，正是太阳下山的时候。杨业退到谷口，只见两边静悄悄的，连宋军的影子都没有。原来，王侁以为辽军败了，为了争功催促潘美把伏兵撤去，潘美无法制止。后来得知杨业兵败，他们就逃跑了。

　　杨业无奈，只得带领部下转身跟追上来的辽兵展开搏斗，士兵们都战死了，杨业的儿子杨延玉和部将王贵也牺牲了。杨业身上受了十几处伤，依然来回冲杀，杀伤了上百名敌人。最终因战马重伤被俘。辽将劝他投降，他抬起头叹了口气说："皇帝待我不薄，我本想为国尽忠，

却被奸臣所害，导致王师败绩，哪还有脸活在世上呢？"于是绝食而死。

朝廷上下都为杨业哀痛叹息，宋太宗将潘美贬官，将王侁革职流放。杨业的儿子杨延昭、孙子杨文广都为保卫宋朝边境立下汗马功劳，"杨家将"的故事也在后世家喻户晓。

读史学成语

大张旗鼓

释义：高举战旗，擂响战鼓。原指军队摆开阵势。后比喻声势、规模浩大。

出处：清·曾朴《孽海花》第三十回："再嫁呢，还是住家？还是索性大张旗鼓的重操旧业？这倒是个大问题。"

例句：打仗要因敌制胜，有时要示弱，让对手敢于出来打；有时要大张旗鼓，让对手不敢轻易进攻。

汗马功劳

释义：战功赫赫，功劳卓著。现比喻工作中成绩卓著。

出处：清·李宝嘉《官场现形记》第十二回："就是营、哨各官，也都是当时立过汗马功劳。"

例句：他从基层一步步成为主要领导之一，为公司立下了汗马功劳。

张环伏弩建奇功

名相寇准

寇准（961—1023），华州下邽（今陕西渭南北）人，出身官宦家庭，考中进士后步入仕途，1004年拜相，促成了澶渊之盟。两年后被排挤罢相，10余年后复相，之后又被贬谪出京，在广东雷州病逝。

虽然北宋有杨延昭等名将捍卫边境，但辽军还是时常侵犯中原。1004年，萧太后萧绰与其子辽圣宗亲率大军再度入侵大宋，曾经擒获杨业的名将萧挞览（一作萧挞凛）也跟随萧太后南侵。宋军坚决抵抗，辽军并没有取得什么像样的战果，再加上粮草不济等原因，萧太后已有心议和，但又不甘心。辽军三面包围了澶州（今河南濮阳西），宋太宗的皇后李氏的哥哥李继隆死守澶州，两军出现了相持的局面。

北宋君臣听说萧太后母子来了，都慌乱起来。参知政事（相当于副宰相）王钦若建议宋真宗迁都金陵，枢密直学士陈尧叟又说迁都成都也不错。宰相寇准大喝道："主张迁都的都应该杀头！"寇准劝说宋真宗御驾亲征，

老将高琼也说："陛下，将士们的家都在开封，谁都不愿意再迁都到别的地方，只要您亲自督战，我们就有战胜辽军的决心！"

在两位大臣的反复劝说下，宋真宗勉强决定御驾亲征。到了黄河南岸的澶州南城，宋真宗又不敢走了，寇准说："陛下不敢过河，士兵们就会失望，敌人也不会受到震慑的。"高琼用自己的手杖击打为皇帝驾车的车夫的背，强令车驾渡过了黄河。果然，当宋真宗到达北城时，守城的将士看到象征皇权的黄伞盖出现，都士气高涨，他们高呼万岁，声音传了数十里。

宋真宗只在北城停留了一下，就立刻回到南城的行宫，将军事指挥权交给了寇准。寇准为了安抚胆怯的宋真宗，在北城与人一起饮酒下棋，表现得十分镇定。双方相持十余天之后，

人物档案

萧绰（953—1009），辽臣萧思温之女，后成为辽景宗的皇后，并开始参与治国理政。辽景宗去世后，萧绰之子辽圣宗继位，她开始了长达27年的摄政生涯。在她主政期间，辽军曾屡次击退宋军，并主动南侵，与北宋达成澶渊之盟。

战局仿佛打成了一个死结，谁也不知道下一步该怎么办。这时，澶州城下发生了一件谁都意想不到的事，这件事彻底改变了历史进程。

当时，辽军统军大将萧挞览来到澶州城下视察地形。萧挞览自恃勇猛，一直骑马走到离城墙不远的地方。没想到的是，李继隆麾下的低阶军官——威虎军头张环正埋伏在城楼上，虎视眈眈地看着他。张环身边放着一种可怕的武器——床子弩（又称三弓床弩）。床子弩由三张强弓组成，需要多人绞动绞盘才能上弦，射程达1000米以上。虽然准头不高，但是杀伤力非常惊人。此时，张环已经命令士兵们给床子弩上好了弦，对准了城下的将领。接着，张环一声令下，士兵们用斧头猛击床子弩的扳机，数支长矛一样的巨箭飞向敌军将领。萧挞览来不及反应，就被一支箭射中额头。辽兵将他抬回大营医治，

 岁币

从澶渊之盟开始，北宋与南宋每年都要向异族政权输纳钱物，输纳的对象包括辽、金与西夏。岁币主要是银子和绢，以北宋给辽的岁币为例，北宋每年会给辽10万两银子和20万匹绢，到了宋仁宗时，又增加了10万两银子和10万匹绢。南宋末年，朝廷还一度想给蒙古岁币，但蒙古一心灭宋，拒绝了。

但萧挞览还是在当晚就去世了。

萧太后伤心不已，辽军失去主将，军心动摇。萧太后终于下定决心，主动向宋真宗请求议和。寇准和杨延昭都不想议和，但宋真宗与主和的大臣都坚持同意议和，寇准无奈，也只好同意了。

于是，宋真宗派大臣曹利用去议和，并说只要不割地，即使给辽100万银绢也可以。但是，寇准私下对曹利用说："虽然皇帝许诺100万，但是只要超过30万，我就会杀掉你。"曹利用与辽军讨价还价后，双方商定：辽宋为兄弟之国，辽圣宗年幼，称宋真宗为兄；以白沟河为国界，双方撤兵；宋每年向辽提供"助军旅之费"银10万两，绢20万匹；双方于边境设置榷场，开展互市贸易。

因澶州又名澶渊，这份盟约就被称为"澶渊之盟"。澶渊之盟的签订为宋辽两国带来了百余年的和平。

读史学成语

虎视眈眈

释义：像老虎捕食时那样注视着。形容恶狠狠地盯着，等待下手的时机。

出处：《周易·颐》："虎视眈眈，其欲逐逐，无咎。"

例句：清朝末期，列强对中国虎视眈眈，妄图瓜分中国。

黯淡收场的庆历新政

出将入相的范仲淹

范仲淹（989—1052），吴县（今江苏苏州）人，出身官宦家庭，但自幼父亲病故，早年生活贫困，后来刻苦读书考中进士。他性情刚直，任地方官时政绩卓著。在担任陕西经略安抚副使兼延州知州期间，他奋力抵御西夏。后入朝任参知政事，主持庆历新政，失败后被放逐出朝堂。

北宋朝廷的官僚队伍很庞大，行政效率却很低，社会内部的矛盾不断被激化。有些卓有远见的人认为不得不进行改革。

1043年秋，由于范仲淹在西北边境立下军功，宋仁宗令他回京担任参知政事，并让范仲淹和枢密副使（主管军事的长官）富弼来见自己，让他们为富国强兵出谋划策。范仲淹胸有成竹，提笔便写出了许多治国方略。宋仁宗采纳了他关于澄清吏治、富国强兵和厉行法治等方面的改革建议，共计十项，下令让他主持施行改革。

改革那年的年号为"庆历"，因此这次改革被称为"庆历新政"。

由于宋仁宗的支持，各项改革政策在全国上下颁布执行。范仲淹和富

人物档案

富弼（1004—1083），洛阳人，出身官宦世家，通过茂才异等入仕。任知制诰期间，曾奉命使辽，不辱使命。担任枢密副使时，辅助范仲淹实行庆历新政，失败后被贬。后入朝拜相，极力反对王安石变法。

弼等人大力改革官僚体系，将不合适的官员撤职查办；在社会生活方面，他们倡导勤俭节约，整顿铺张浪费、贪污腐败的社会风气。

范仲淹为了推行新政，先跟韩琦、富弼等大臣审查分派到各路（路是宋朝行政区划的名称）担任监司（监察官）的人选。有一次，范仲淹在官署里审查一份监司的名单，发现有贪赃枉法行为的人员，就提起笔来把名字勾去，准备撤换。在他旁边的富弼看了心里不忍，就对范仲淹说："范公呀，你这笔一勾，就会害得一家人哭呢。"

范仲淹严肃地说："不让这一家子哭，就要害得一路的百姓哭了。"

范仲淹每日忙得连饭都顾不上吃，就连入睡之前也要思考一下白天所做的事情，看看是否配得上自己得到

31

的俸禄。如果自己的劳动与俸禄相匹配，就能安稳地睡个好觉；反之则辗转反侧，难以入睡，第二天就要尽全力工作，以达到自己心目中的标准。

因为范仲淹的身先士卒，一批官员也积极响应。由此，朝廷上下风清气正、形势大好。然而范仲淹的改革触犯了一些皇室贵族和士大夫阶层的利益。他们对范仲淹和富弼非常记恨，就屡次向皇帝进献谗言，想方设法地诋毁、打压二人。宋仁宗无奈之下只得把以范仲淹为首的改革派贬到地方。庆历新政仅仅持续一年多就黯然收场了。

范仲淹的改革虽然没有成功，但他一心考虑国家和百姓的福祉，并不计较个人的得失和荣辱，他在被贬后写的《岳阳楼记》里留下了"先天下之忧而忧，后天下之乐而乐"的名句，体现了他作为一个政治家的思想与情操。

《岳阳楼记》

范仲淹被贬后，他的好友滕宗谅担任岳州（今湖南岳阳）知州，对当地残败不堪的岳阳楼进行修缮，邀请范仲淹写文章来纪念。这篇文章便是传世名篇《岳阳楼记》。范仲淹借《岳阳楼记》来揭示"不以物喜，不以己悲"的仁人之心，抒发了"先天下之忧而忧，后天下之乐而乐"的政治理想。

 读史学成语

先天下之忧而忧，后天下之乐而乐

释义：在天下人忧虑之前先忧虑，在天下人享乐之后才享乐。形容关心人民疾苦，以天下为己任。

出处：宋·范仲淹《岳阳楼记》："是进亦忧，退亦忧，然则何时而乐耶？其必曰：'先天下之忧而忧，后天下之乐而乐欤？'"

例句：中国能够有如今的富强局面，是因为一代又一代的仁人志士胸怀"先天下之忧而忧，后天下之乐而乐"的志向。

蒙面将军狄青

 认识狄青

狄青（1008—1057），北宋名将，汾州西河（今山西汾阳）人。他出身行伍，因作战英勇得到范仲淹等的赏识，由士兵累计为大将，因平定侬智高叛乱而升任枢密使，随即被排挤出京，忧愤而死。

狄青本是京城禁军里的一个普通士兵。他从小练得一身武艺，骑马射箭，样样精通，加上生性勇敢，就被提拔做了小军官。西夏的元昊称帝以后，宋仁宗派禁军到边境去防守，狄青被派到边境。

不久，西夏兵进攻边境，宋军多次被西夏兵打败，士兵们一听说打仗都有点害怕。守将为了这件事正发愁之时，狄青主动要求让他担任先锋，抗击西夏军。据称狄青年轻时与人斗殴曾进过监狱，脸上被刺了字。于是，狄青就把发髻打散，披头散发，头上戴着一个铜面具，只露出两只炯炯有神的眼睛，随后就手持兵

器带头冲进敌阵，所向披靡。西夏士兵自从进犯宋境以来，没有碰到过这样厉害的对手。他们看到狄青这副打扮，已经胆寒了，纷纷败退。狄青带领宋军冲杀过去，打了一个胜仗。

人物档案

元昊（1003—1048），党项族，西夏王朝的建立者。1038年称帝后，采取一系列改革措施，使西夏逐渐强盛起来。在对宋、辽作战的过程中，形成宋、辽、夏三足鼎立局面。后来，在皇族与后族的政权斗争中，被太子宁令哥杀死。

捷报传到朝廷，宋仁宗十分高兴，把狄青提升四级。宋仁宗还想把狄青召回京城，亲自接见。后来因为西夏兵又进犯渭州，调遣狄青去抵抗，不得不取消了召见的打算，叫人给狄青画了肖像，送到朝廷去。

以后几年里，西夏兵不断在边境各地进犯，弄得地方不得安宁。狄青前后参加了二十五次大小战斗，受了八次箭伤，从没有打过一次败仗。西夏士兵一听到狄青的名字，就吓得不敢跟他交锋了。

狄青的长官范仲淹召见狄青，问他读过什么书，狄青出身士兵，识字不多，要他说读过什么书，他答不上来。

范仲淹劝他说："你现在是个将官了。做将官的如果不能博古通今，只靠个人的勇敢是不够的。"接着，他还推荐一些书让狄青读。

狄青见范仲淹这样热情地鼓励他，十分感激。以后，他利用打仗的空隙时间刻苦读书。过了几年，他把秦汉以来名将的兵法都读得很熟，又因为立了战功，不断得到提升，名声更大。后来，宋仁宗把他调回京城，担任马军副都指挥。

狄青当了大将，但是脸上还留着黑色的字迹。有一次，宋仁宗召见他以后，认为作为大将脸上留着黑字，很不体面，就叫狄青回家以后敷药将黑字除掉。

狄青说："陛下不嫌弃我出身低微，因为战功把我提到这个地位，我很感激。至于这些黑字，我宁愿留着，让士兵们见了，知道该怎样上进！"

宋仁宗听了，很赞赏狄青的见识，更加器重他了。皇祐四年（1052），狄青担任枢密副使。同年，蛮人首领侬智高起兵，自称皇帝，建立"大南国"，并攻破了邕州（今广西南宁）。狄青选精锐部队南下，趁雨夜夺下天险昆仑关，与侬智高展开大战，侬智高兵败弃邕州南逃。这一仗将狄青的军事才能体现得淋漓尽致，他因此被提拔为掌握全国军事的枢密使。

一个士兵出身的人当上枢密使，这是宋朝历史上从来没有过的事。有些大臣嫌弃狄青出身低微，劝仁宗不该把狄青提到这么高的职位，但是宋仁宗这时候正在重用将才，没有听这些意见。但是，文官集团的诋毁源源

不断地传到宋仁宗耳边，宋仁宗只得免去狄青的枢密使之职，加同中书门下平章事之衔，离京担任陈州知州。狄青非常不满，不久就抑郁而终。

枢密使

唐代设立的官职，原本由宦官担任，晚唐时期开始由士人担任，实权很大，有时甚至超过宰相。到了宋代，枢密使作为枢密院长官，与同平章事等共同负责军国要政。北宋任枢密使者多为文官，偶尔由武将担任。

读史学成语

博古通今

释义：古代、现代的事情都通晓。形容知识渊博。

出处：唐·房玄龄等《晋书·石苞传》："君侯博古通今，察远照迩，愿加三思。"

例句：王教授博古通今，我跟着他学到了很多知识。

铁面无私的"包青天"

包拯（999—1062），庐州合肥（今安徽肥东）人，出身官宦家庭，考中进士入仕，曾权知开封府，官至枢密副使，授龙图阁直学士，世称"包龙图"。他为官公正廉洁，不惧权贵，被百姓称为"包青天"，并成为后世家喻户晓的传奇人物。

庆历新政以失败告终，北宋的朝政也变得日益腐败，有些藐视国法的皇室宗亲更是无法无天。面对这种情况，痛心疾首的不仅有范仲淹，还包括家喻户晓的"包青天"包拯。

包拯出生于庐州合肥，年轻的时候做过天长县（今安徽天长）的县令。某一天，他在县里遇到了一个奇怪的案件，一个农民的牛前一天晚上还被拴在自家牛棚里，第二天早上却躺在地上一动不动，血从嘴里流淌出来。农民发现牛嘴里已经没有舌头了。到底是谁割掉了牛的

舌头呢？农民心疼自己的牛，一怒之下就跑到衙门告状，请求县令大人为他查处元凶。

包拯思量片刻，就对他说："此事不要外泄，你先回家把牛宰了。"农民按包拯的话去做。次日，有人来到衙门告发那个农民私宰耕牛。原来，根据当时的律令，私宰耕牛是违法的。包拯脸色沉了下来，呵斥道："你真是大胆，偷割了牛舌头，又来自投罗网！"

那个人听后就呆住了，对自己做过的事供认不讳。他说自己和那个农民有仇，就偷割了他家牛的舌头，又得知他宰牛，于是前来告发，以达到报复的目的。经此一事，包拯强大的断案能力广为人知。

在官宦生涯中，包拯长期担任地方官。每到一处，他就清除苛捐杂税，为一些负屈含冤的人予以昭雪。有一次，包拯在端州（今广东肇庆）做官。端州出产名贵砚台，每年都要向皇宫进贡一批端砚。此事被端州的官僚钻了空子，他们常常以进贡为理由，肆意压榨百姓，用大批贪污来的端砚博得权贵的欢心，用来贿赂的端砚竟然比进贡的多了几十倍。自从包拯来到端州，他就按朝廷所

需的数量向百姓征收端砚，一块都不许多收，自己直到离任也没有要一块端砚。

此外，包拯对治国理政颇有一番自己的见解。担任京城谏官时，他的许多建议得到采纳。

人物档案

宋仁宗（1010—1063），宋真宗第六子，少年继位，在位42年，是宋朝在位时间最长的皇帝。他在位期间北宋经济繁荣、文化昌盛，但冗员、冗兵、冗费的情况已经非常严重，于是他支持了庆历新政，但没有取得成效。

后来，为了整顿京城的秩序，宋仁宗派包拯担任开封府知府。开封府是世族宗亲、皇家贵胄云集的地方。在他之前，担任此官职的人无一不讨好权贵，互相勾结。包拯到任后，下定决心整顿开封府的歪风邪气。

依照北宋朝规，到衙门告状的人必须先托人代写状书，然后通过衙门小吏呈到知府手里，部分讼师和衙门小吏便借机敲诈勒索，让百姓苦不堪言。包拯废除了这

包拯的艺术形象

包拯是我国家喻户晓的人物，以公正廉洁著称。从南宋开始，有关包拯的话本、戏剧、小说作品浩如烟海，很多作品至今仍在流传，今天依然有许多影视剧、戏曲、小说等以包拯为主角，深受人们的喜爱。

项陈规，宣布百姓可以直接到府衙前击鼓鸣冤。府衙内的官吏听到鼓声，便会为百姓开门，允许他们登堂告状。此后，府吏便没有胆量做手脚了。

有一年，开封府闹了水灾，致使当地惠民河河道堵塞不通。包拯经过查证，发现有些宦官、权贵利用私权将自家花园、亭台修建在了河道上。包拯即刻下达命令，让园主自行拆毁河道上的建筑。倘若有人不肯拆除，开封府便派人催促。不料那些人蛮不讲理，用伪造的地契企图蒙混过关。经过一系列的探查，包拯粉碎了他们的阴谋，还向宋仁宗呈上折子告发了这件事，那些人只得乖乖拆除了河道上的建筑。

一些权贵意识到了包拯的刚正不阿，再也不敢肆意妄为，更别提私下里向他行贿、拉拢关系了。当时有两句民谣流传："关节不到，有阎罗包老。"

读史学成语

刚正不阿

释义：指为人刚毅正直，不徇私迎合别人。

出处：清·蒲松龄《聊斋志异·一员官》："济南同知吴公，刚正不阿。"

例句：只有刚正不阿的官员才能维护铁一般的纪律。

王安石变法

"拗相公"王安石

王安石（1021—1086），抚州临川（今江西抚州）人，出身官宦家庭，自幼随父宦游各地，见识了民间疾苦。考中进士后担任地方官，颇有政绩。后被宋神宗召入京城拜相，主持变法，因遭到反对被罢相，一年后被起用，旋即再度罢相，他的新法也被废除。王安石诗文俱佳，是"唐宋八大家"之一。在腐朽的宋朝官场，他清廉自律、道德高尚，被视为迂腐之人，有"拗相公"的称号。

北宋建国一百多年后，朝堂日益乌烟瘴气。1067年，年轻的宋神宗登上了皇位。宋神宗的老师曾评价担任地方官的王安石正直无私、才能出众，因此宋神宗内心对王安石佩服有加，继位当年就召见了王安石。君臣相谈甚欢，且志同道合，均心怀富国强兵、改革朝政的远大抱负。宋神宗随即起用他为江宁知府，诏为翰林学士兼侍讲。1069年，宋神宗便令王安石担任参知政事，主持变法，不久又升他为宰相，大规模的变法从此开始。

在王安石看来，改革的重中之重是整顿社会风气，将法律和制度健全完善。他制定并颁布了一系列关于富国强兵的法令。

王安石依据自己管理地方时的经验，制定了"青苗法"。该法规定，庄稼青黄不接时，百姓可以向地方官府借钱，需在六个月以内还钱，利息是二分。虽然利息不少，但是比借高利贷划算多了。这个举措既增加了官府的收入，又遏制了地主官僚借机谋利的行为。

"免役法"规定，百姓、地主、官僚如果不想服劳役，可以上交免役钱，政府用此钱雇人劳作。百姓的劳役负担减轻了，劳动时间也充足了。

人物档案

宋神宗（1048—1085），宋英宗长子，即位时年轻气盛，全力支持王安石变法。后因守旧派的攻击，宋神宗开始动摇，以致变法失败。此外，宋神宗还进行了官制改革，史称"元丰改制"，加强了皇权。宋神宗曾两次进攻西夏，均以失败告终，这令他抑郁不平，英年早逝。

"农田水利法"鼓励农民耕种土地、兴修水利，奖赏辛勤劳作、修堤筑渠的劳动人民，并发放低利息的贷款给资金不足的地区。

除此以外，王安石还设立了"方田均税法"，重新丈量国有土地，依照田地的质量和数量征收地税；针对军事和社会治安方面颁布了"保甲法"，充实了军队，维护了社会秩序。

王安石大力实行新法，使地主和官僚的利益受到限制，令国库充盈，军队得到整顿，初步改变了国家积贫积弱的局面。

改革之初，大官僚、大地主就疯狂攻击王安石，甚至煞费苦心地编造出很多谣言败坏王安石的声誉。包括推行过"庆历新政"的富弼在内的多

位官员也强烈反对王安石，在宋神宗面前搬弄是非。

宋神宗继位后的第六个年头，重大自然灾害遍布全国各地。尤其是在河北一带，发生了持续10个月的旱灾，很多地方颗粒无收，灾民为了活命只能离家逃难，饥寒交迫使许多人体力不支倒在路上，饿殍遍野，惨不忍睹。守旧派官僚们见缝插针，将灾害的根源归结到了王安石身上，硬说是老天爷不满王安石变法，盛怒之下降下天灾，只有罢黜了王安石的官职，废止了新法，上天才能降下甘霖。

有人将灾民的惨象画成了一幅《流民图》，请求惩处王安石。《流民图》被呈到宋神宗面前，宋神宗也不禁动容。他的祖母和母亲哭着对他说："王安石扰乱了天下。"不得已之下，宋神宗撤了王安石的宰相一职，安

新旧党争

从王安石变法开始，北宋就陷入了长达50余年的新旧党争中。新党想要用新政改变北宋的面貌，旧党则极力反对新政，后来则演变为纯粹的权力之争。新旧两党轮流当政，互相倾轧，新政时行时废，让百姓无所适从。新党的著名人物有王安石、吕惠卿、章惇等，旧党的代表则有司马光、韩琦、富弼等。

排他到江宁府休养。

后来王安石再次当了宰相，但他不仅得不到太多支持，反而被守旧派疯狂攻击。再加上王安石用人不当，变法派内部分裂，变法已经很难进行下去了。王安石多次请求辞职，1076年，宋神宗批准他回江宁府养病。

王安石新法在执行过程中一直饱受争议与攻击，新法执行效果严重受损。宋神宗去世后，司马光上台就完全废除了新法，王安石变法从此结束。这次变法在一定程度上改变了北宋积贫积弱的局面，是一次有进步意义的改革。

颗粒无收

释义： 一颗一粒的粮食都没有收到。形容由于天灾或人祸使农作物没有收成。

出处： 吕振羽《简明中国通史》第十五章："定额租（包租、纳租）稍轻，但不论虫伤天旱，颗粒无收均须照纳。"

例句： 每当某个地区遭遇天灾而颗粒无收时，朝廷就会从其他地区调拨粮食进行救济。

苏东坡游赤壁

一代文豪苏轼

苏轼（1037—1101），眉州眉山（今四川眉山）人，出身书香门第，与弟弟苏辙同中进士，兄弟二人与父亲苏洵都位列"唐宋八大家"，世称"三苏"。苏轼官至礼部尚书，但他仕途坎坷，半生都是在贬谪中度过的。他是中国历史上少有的文艺全才，诗、词、散文、书法与绘画都非常精通。

苏轼，字子瞻，又字和仲，号东坡居士，是北宋著名文学家、书法家、画家。他和父亲苏洵、弟弟苏辙被后人合称为"三苏"，一起名列"唐宋八大家"。

1056年，苏轼、苏辙两兄弟随父亲苏洵进京赶考。主考官欧阳修在考卷中看到一篇名叫《刑赏忠厚之至论》的文章，赞不绝口。当时，为防止考官徇私舞弊，试卷被密封起来，无法看到考生的姓名。欧阳修看这篇文章的文笔，怀疑作者是自己的学生曾巩，想要把这篇文章排在第一位，又怕人们说他徇私，便只给了第二。放榜后，欧阳修才得知那篇佳作出自苏轼之手。见过苏轼本人后，

欧阳修更加欣赏他。苏轼经由欧阳修推荐，名声大噪。同年，苏轼的弟弟苏辙中了进士，父亲苏洵的文章也获得了欧阳修的赏识。父子三人同时在京城声名鹊起，传为一段佳话。

王安石变法开始后，苏轼两次向朝廷上书指出变法的弊病，遭到变法派的抨击，于是苏轼申请外调，去做地方官。他每到一地，就为当地百姓做一些有益的事。

苏轼在徐州当知州时，黄河决口，大水向徐州冲来，城墙危在旦夕。他带着官兵筑了一道连接城墙的抗洪堤，自己就住在堤上，家也顾不上回，指挥官兵在洪水期间分段防守，终于保住了徐州城。

1079年，时任湖州知州的苏轼，给皇帝上了一篇谢表，其中语句微微露出对新法的不满之意。一些反对苏轼的人摘抄了这些语句，又搜罗到一些苏轼此前的诗句，歪曲谢表与诗句的原意，诬告苏轼毁谤朝廷，对皇帝不

人物档案

欧阳修（1007—1072），吉州永丰（今江西永丰）人，出身官宦家庭，中进士后累官至知制诰。参与庆历新政，失败后被贬谪为滁州、扬州等地的地方官，政绩很好，被招回朝后任参知政事、兵部尚书等职。欧阳修是开北宋一代文风的散文大家，并竭力提携后辈，"三苏"、王安石、曾巩等都出自他的门下。

忠。苏轼被撤了职，押入东京（今河南开封）御史台（御史台旁种植柏树，终年栖息着乌鸦，又称"乌台"）候审。这就是"乌台诗案"。

苏轼入狱以后，朝廷内支持他的人展开了救援行动，就连退居金陵（今江苏南京）的王安石也上书为苏轼说话。苏轼坐了一百零三天的牢，终于出狱，被贬到了黄州（今湖北黄冈），任黄州团练副使，这是一个位阶很低的官职，也无实权。他与家人在城东的一块坡地上开垦了一块地，帮补生计，于是他给自己起了个别号，叫"东坡居士"。

在失意的日子里，苏轼寄情山水之间，以诗文抒发心情。他屡次到长江边的赤壁游玩，想起三国时在赤壁发生的一场场激战，心中感慨万分，写下了《赤壁赋》《后赤壁赋》《念奴娇·赤壁怀古》等佳作。

在黄州的五年是苏轼创作的黄金时期，大批佳作在此期间诞生。后来他又多次被朝廷召回，但仕途总是不太得意，依然屡遭贬谪。

唐宋八大家

唐宋八大家即唐宋散文八大家，分别是唐代的韩愈、柳宗元与宋代的欧阳修、苏洵、苏轼、苏辙、王安石、曾巩八人。他们是唐宋两代极为杰出的散文家，同时也是影响深远的古文运动的领军人物。

后来，皇帝再次将苏轼派往杭州，任命他为杭州知州。苏轼发现沉积的泥沙导致西湖淤塞不通，便向皇帝请命疏浚西湖。接着，他召集民工深挖河床，并将挖出来的泥变废为宝，修筑成一道长堤，在长堤之上遍植芙蓉、杨柳等花木，形成一道亮丽的风景线，这就是杭州西湖十景之一的"苏堤"。

然而好景不长，苏轼继续被贬，先是被贬谪到经济落后的惠州，在此停留了两年多，后又被贬至海南岛上的儋州。过了三年，皇帝赦免了苏轼，他才踏上了北归的路途。不幸的是，苏轼还没到达京城就在常州（今江苏常州）病逝了。

苏轼是历史上出类拔萃的"艺术全才"，不仅擅长创作散文和诗词，还在书画方面造诣颇深。他尤擅行书和楷书，与黄庭坚、米芾、蔡襄齐名为"宋四家"。他擅长画怪石枯木，提倡"画外有情，以情寄画"，追求绘画的传神。

读史学成语

出类拔萃

释义：形容才能或品德超过同类。

出处：《孟子·公孙丑上》："圣人之于民，亦类也；出于其类，拔乎其萃。"

例句：青年时期刻苦求学的经历是他日后出类拔萃的基础。

司马光编《资治通鉴》

史学杰作《资治通鉴》

　　《资治通鉴》是北宋史学家司马光等人用多年心血编撰而成的一部编年体史书，记载了从周威烈王二十三年（前403）到五代后周世宗显德六年（959）的历史。此书体例严谨、脉络清晰、史料充实、叙事繁简得当，历来受到人们的重视。

　　极力反对王安石变法的大臣司马光，在历史上也是个杰出的人物。

　　有一个关于司马光的故事，司马光七岁那年和小伙伴们在庭院里捉迷藏，大家追跑打闹玩得不亦乐乎。突然，一个小伙伴没留神掉进了一个盛满水的大缸里。那个水缸比他还高，他怎么也出不来，只好一边挣扎一边大声求救。小伙伴们都想不到办法解救他，急得团团转。此时，司马光灵机一动，飞速跑到院墙下，搬来墙角的一块大石头，把水缸砸破，"哐"的一声，水流涌出，小伙伴终于得救了。这件事让司马光名声大噪，成为远近闻名的

神童。

司马光自幼喜爱历史。他年幼时就常常将自己熟读的《左传》讲给亲人听。即便中了进士做了官之后，他也没有放弃研读历史。在经年累月的研究中，司马光发现历代史书浩迭繁复，遍览艰难。为了便于阅读了解完整的历史，司马光下定决心自己编写一部通史，并给此书取名为《通志》，取"从头到尾的历史"之意。

初成书前八卷后，司马光进献给宋英宗看，宋英宗看完这段从周威王二十三年（前403）到秦二世三年（前207）的历史后，非常喜欢并且很重视，为了支持和鼓励司马光继续成书，特别在崇文院设置了书局，并增补了刘恕、刘攽、范祖禹为协修者，继续编纂。

宋英宗病逝后，宋神宗继承了皇位。他也很重视《通志》这个工程。他觉得书里涵盖了许多先贤治国安邦的经验，便赐名为《资治通鉴》。

人物档案

司马光（1019—1086），夏县涑水乡（今山西夏县）人，出身官宦家庭，自幼有神童之誉，考中进士后踏入仕途，王安石变法时他正任御史中丞，因反对新法而离京隐居，编撰《资治通鉴》。宋神宗去世后司马光拜相，尽废新法。

从宋神宗继位开始到他去世的前一年，司马光始终在洛阳编撰《资治通鉴》。此时段恰逢王安石开展变法，司马光和王安石曾经是好友，却因变法一事成为政敌。司马光对新法持反对态度，甚至曾直言："我和王安石两个人如同冰炭不同炉，冬夏不同时。"

司马光将自己的政治观点贯穿于《资治通鉴》的编纂中，每天奋笔疾书，甚至达到了废寝忘食的地步。因

史书体例

我国古代有大量史书问世，史书的体例也多种多样，归纳起来主要是四大类：最常见的是纪传体史书，由《史记》首创，以记载帝王事迹的"本纪"和记载人物事迹的"传记"为主，此外还包括记载各项典章制度的"志"（又名"书"）等；编年体史书，由《春秋》首创，是按照年、月、日来编写的；纪事本末体史书，由《通鉴纪事本末》首创，以历史事件为主体，详述其始末；国别体史书，由《国语》首创，以国家为单位进行叙事。

担心自己睡过了头，他就动手用圆木自制了一个枕头，脑袋稍微一动，圆木枕头便会滚至一边，自己也会因此惊醒。他发明这个枕头的目的是防止自己久睡耽误编书，故而将此枕取名为"警枕"。

历经了宋英宗、宋神宗两代皇帝，共用了19年的时间，《资治通鉴》终于大功告成了。此书引经据典，记载了从公元前403年到公元959年的历史，在中国一众史书中享有盛名。司马光因此与《史记》的作者——西汉史学家司马迁齐名为"两司马"。

读史学成语

经年累月

释义：形容经历的时间十分长久。

出处：明·孙仁孺《东郭记·为衣服》："幸有章子前去，可以无虞，教俺不须记挂，但虽则如此，千山万水，经年累月，好是悬悬。"

例句：为了保家卫国，战士们经年累月驻守边疆。

治国安邦

释义：治理国家，使之安定无虞。

出处：元·无名氏《猿听经》第一折："不能勾治国安邦朝帝阙，常只是披霜带月似檐中。"

例句：岳飞文韬武略，有治国安邦之才。

杰出的科学家沈括

 中国科学史上的里程碑

《梦溪笔谈》是北宋科学家沈括的代表作，是一本涉及自然科学、人文科学、工艺技术等多方面的综合性笔记体著作，内容涉及天文、数学、物理、化学、生物、医药、军事、音乐、绘画、文学、史学等诸多方面，堪称包罗万象。《梦溪笔谈》作为一部百科全书式的著作，被誉为"中国科学史上的里程碑"。

1075年，辽朝派遣使臣萧禧来到了北京（今河北大名），声明陕西北部的黄嵬山应该属于辽朝，要求宋神宗重新划定两国边界。倘若皇帝应允了他们的请求，宋朝的疆土起码要后退三十里。事关国家领土和主权的完整，宋神宗立即派大臣与辽使谈判。

然而，黄嵬山只是个无名小山，派出的大臣对那里了解甚少，以至于在谈判过程中落入下风。此时，宋神宗想起了一个可用之人，他就是河北西路察访使沈括。

宋神宗知道沈括通晓地理知识，由他谈判定能旗开得胜。

沈括心思细腻，行事周到。他接到任命后，先到枢密院查阅了相关资料，为谈判做了充足的准备后才胸有成竹地去见萧禧。见面后，沈括结合史料，指出当年辽宋两国签订了"澶渊之盟"一事，盟约以白沟河为分界线，辽占据白沟河以北地区，宋占据白沟河以南地区。因黄嵬山地属白沟河以南，理应属于大宋。沈括甚至勾勒出黄嵬山的地图加以辅证。经过数天的争论，萧禧理屈词穷，只好无功而返。

宋神宗担心辽朝突然发兵，就派沈括带领使团使辽。出发前，沈括收集了许多跟边境有关的地理资料，还让同行的官员背熟这些资料。到了辽都上京（今内蒙古巴林左旗东南），双方展开了激烈的辩论。面对辽人的挑衅，沈括等人对答如流，且有理有据。辽不想和宋翻脸，

人物档案

  沈括（1031—1095），杭州钱塘（今浙江杭州）人，出身官宦家庭，考中进士后入仕，得到王安石的赏识，参与变法，官至三司使（最高财政长官），后被贬任延州知州，抵御西夏，因兵败再度被贬。1089年，他隐居于润州（今江苏镇江润州区）的梦溪园，创作了《梦溪笔谈》。

只得放弃了原来的无理要求。

沈括回国时，并没有急着赶路，而是一路考察当地的风土人情，并仔细勘察地形地貌，把沿路的险要关口、大山河流、风土人情等都绘制成地图。回到东京后，他将这些资料整理出来，交给宋神宗。第二年，他就因功拜为翰林学士、三司使。

沈括之所以能成功完成这次出使的任务，与他的博学是分不开的。他曾在多个地方为官，每到一处都会详查当地的山川地理、风土人情等种种情况，并进行认真记录，还结合实际进行各种科学研究，是位兴趣广泛的科学家。这次使辽更让他开阔了眼界，他记录了许多珍贵的材料，为晚年的创作打下了坚实的基础。

到了晚年，沈括隐居于润州的梦溪园，集中精力进行科学研究，编写了一本科学著作，即《梦溪笔谈》。《梦溪笔谈》被誉为"中国科学史上的里程碑"，记载了大量中国古代自然科学、工艺技术及社会历史等方面的内容。

在《梦溪笔谈》中，有三分之一以上的内容都记载了自然科学方面的知识，这在我国古代笔记类著作中是非常罕见的。在天文学方面，《梦溪笔谈》记载了作者对天文仪器的改造，以及对天象的细致观察，并提出了著名的"十二气历"说等；地理科学方面，书中记载了

作者对雁荡山等处独特地形地貌的考察记录，并详细分析其成因，极富参考价值；物理学方面，《梦溪笔谈》对光学、磁学、声学等领域都进行了较为深入的描述，其对磁偏角的发现领先世界数百年；生物学方面，作者对生物（特别是药用植物与古生物）形态、分类、分布区域的记述颇具研究价值；化学方面记述相对较少，但

毕昇的活字印刷术

毕昇的活字印刷术总共分为四道工序：制字、排版、印刷和回收活字。

制字：先把胶泥切割成一个个体积相同的长方体毛坯，再在其中一端刻上反体汉字，随后用火将其烧硬，就成了一个个活字。

排版：在一块带格框的铁板上撒一层蜡、松脂和纸灰组成的混合剂，接着按照文章顺序，将准备印刷的活字依次排进，一铁框为一版。

印刷：将铁框拿到火上烤，待混合剂稍微熔化一点就用平板压平，直至混合剂冷却凝固形成版型。在版面上刷一层墨水，然后放上印纸，用力按压印纸便能印刷了。

回收活字：完成印刷后，再次用火把混合剂烤化，就可以不费力地取出铁板中的活字。接着遵循原来的方法，将每个字分门别类地储存，就可以重复使用了。

作者首次提出了"石油"一词，并预见此物日后必有大用……

此外，《梦溪笔谈》记载了作者首创了"隙积术"和"会圆术"，是中国古代数学研究的重要成就；书中对古代音阶、演奏技艺、古代乐器形制等的记述是研究古代音乐的重要材料；书中对古代水利工程与建筑的记述极富价值，北宋初年杰出工匠喻皓和他的《木经》因《梦溪笔谈》得以留名后世。至于文学、历史、语言学、军事学等方面的知识，《梦溪笔谈》的记载也翔实、生动，阅读体验极佳。

更为可贵的是，沈括作为高级官僚，对劳动者的发明创造也有着浓厚的兴趣。其中，《梦溪笔谈》对毕昇发明活字印刷术的记载有着重大意义。

总之，《梦溪笔谈》包罗万象，是对北宋以前科学技术等方面的成就及沈括本人的研究成果的一次系统性的总结，越来越受到国内外研究者的重视。

读史学成语

包罗万象

释义：形容内容丰富，应有尽有，无所不包。

出处：《黄帝宅经》上卷："所以包罗万象，举一千从。"

例句：中华传统文化包罗万象，是中华儿女的宝贵财富。

一场宴会引发的风暴

认识完颜阿骨打

完颜阿骨打（1068—1123），会宁府会宁县（今黑龙江哈尔滨）人，父亲和哥哥都是部落联盟首领。完颜阿骨打继位后称帝，建立大金，他就是金太祖。金太祖率军攻打辽朝，击破燕京。他病逝两年后，金灭辽。

正当辽王朝败落的时候，位于我国东北部的女真族日益兴盛。辽朝强迫他们每年进贡人参、貂皮、珍珠等特产，女真族不甘受辽朝的压迫和奴役，产生了强烈的不满情绪。

1112年，辽天祚帝去春州（今内蒙古突泉）巡视。按照当地的风俗，人们要将每年春天最先捕到的鱼作为给祖先上供的祭品，而且要摆酒宴庆贺，称为头鱼宴。这一年办头鱼宴的时候恰巧各大酋长来朝见，辽天祚帝便请各大酋长来喝酒。

几杯酒下肚，辽天祚帝想看酋长们跳舞。虽然酋长

们都不太乐意，但是圣命不可违，只得依次跳舞助兴。

轮到完颜部落酋长完颜乌雅束的弟弟——完颜阿骨打跳舞时，这个年轻人却目光冷漠地对辽天祚帝说跳舞不是自己的强项，并且坐在原位上纹丝不动。

人物档案

耶律延禧（1075—1128），辽朝的末代皇帝，号天祚皇帝。他生活荒淫、不理国政，使得辽朝被迅速崛起的金朝击败。天祚帝不断逃窜，在应州新城（今山西应县）被金军俘获，后病逝。

完颜阿骨打谎称自己不擅长跳舞，其实人人都知道他只是不愿意跳罢了。虽然辽天祚帝当着众人的面不好发怒，但是他的心里非常不满，差点处死完颜阿骨打。

第二年，完颜乌雅束去世，完颜阿骨打继任酋长。他打定主意要率领女真族人脱离辽朝的奴役。他积极修建堡垒，厉兵秣马，与其他部落联合，为抗辽积蓄力量。

1114年，完颜阿骨打开始攻辽，当时全军仅2500余人。临行前，他告诫将士："大家要勠力同心。立了功就封赏，奴仆可以变成平民，平民可以获得官职，官员可以按照功劳大小升官。倘若有违令者，即刻处死。"

完颜阿骨打的女真军与辽军开战了。完颜阿骨打弯弓搭箭，一箭射死了辽军的首领。顿时，辽军军心大乱，女真军趁机蜂拥而上，大获全胜。没过多久，女真军又趁热打铁，占领了宁江州（今吉林扶余东南），得到不少财物和马匹，得胜而返。

辽天祚帝得知宁江州失陷，暴跳如雷，调集十万大军攻打女真。完颜阿骨打率领属下奋勇杀敌，抵御辽军。

北辽与西辽

1122年，辽天祚帝在金军的攻打下狼狈逃窜，宗室重臣耶律大石等拥立天祚帝的堂叔耶律淳为帝，建立北辽。3个月后，耶律淳病逝，金军逼近，耶律大石等人去投奔天祚帝，北辽灭亡。耶律大石意识到天祚帝必将失败，于是带领一支队伍投奔中亚的喀喇汗王朝。经过数年经营，耶律大石在叶密立城（今新疆额敏）称帝，号菊尔汗，建立西辽王朝。此后他积极扩张，使西辽成为一个地域辽阔的帝国。1218年，西辽被蒙古名将哲别消灭。

两军相逢于出河店（今黑龙江肇源南）。此时，狂风大作，黄沙滚滚。完颜阿骨打寻隙统率部下猛烈进攻。原本辽军就摸不准女真军马的数量，还被女真军的勇猛所震撼，士气低迷，又恰逢恶劣天气，于是纷纷丢盔弃甲，不战而逃。完颜阿骨打俘虏了大量辽军士兵，并将他们招降到自己的军队中，使他的军队扩充到一万多人。经此一战，完颜阿骨打大大提高了自己的威信，其军队的声势也越来越大，他逐渐占据了辽河以东的大片地区。

1115年，完颜阿骨打称帝，建立金朝，以"收国"为年号，将国都定在会宁（今黑龙江哈尔滨阿城区南），完颜阿骨打即金太祖。同年，完颜阿骨打两次派兵攻打辽朝重镇黄龙府（今吉林农安）。辽天祚帝得知完颜阿骨打夺取黄龙府后，亲自率领七十万大军亲征金朝，被完颜阿骨打打得落花流水。此后，辽朝再也无力同金朝抗衡了。

读史学成语

趁热打铁

释义： 趁着铁烧红的时候及时锤打。比喻做事要利用有利时机。

出处： 霍达《小巷匹夫》："说得投机，田大全趁热打铁，想落实到线圈上。"

例句： 我们要趁热打铁，赶紧将这个任务完成。

扰乱天下的"花石纲"

书画皇帝宋徽宗

赵佶（1082—1135），宋神宗第十一子，获封端王。哥哥宋哲宗病逝无子，赵佶意外继位，他就是宋徽宗。宋徽宗在位早期，宋朝国力还很强，但他宠信奸臣，生活奢侈，痴迷书画而无心理政，使得宋朝吏治腐败、民怨沸腾，农民起义四起。金军进逼时，宋徽宗仓皇传位给儿子宋钦宗，后来父子一起被金人掳走。宋徽宗是一个杰出的艺术大师，他开创了"瘦金体"书法，绘画成就也很高。

在完颜阿骨打快速崛起的同时，北宋正日益走向崩溃的边缘。加速其崩溃的，正是北宋第八位皇帝宋徽宗。

1100年，宋哲宗英年早逝，由于他没有子嗣，他的弟弟赵佶便被向太后等人立为皇帝，他就是后来的宋徽宗。

宋徽宗工书善画，他开创了一种叫"瘦金"的书法字体，秀丽挺拔，飘逸不凡。他擅长丹青，尤其擅长画花鸟，画面精巧，栩栩如生。他颇具创新地将诗、书、画、

印相结合，将诗、书、画、印一体化的传统提升到了一个新高度，对后世的书画作品产生了深远的影响。

宋徽宗一直沉浸于声色犬马之中，对政事毫不上心。蔡京、童贯、王黼、梁师成、朱勔和李彦是当朝的六位大臣，他们仗着宋徽宗的宠信，朋比为奸，祸乱朝堂，坑害百姓。百姓恨不能生啖其肉，骂他们是"六贼"。

童贯到处搜罗书画珍宝献给宋徽宗，以讨他的欢心。为了逢迎宋徽宗，蔡京以"丰亨豫大"为口号，意为"丰盛、亨通、安乐、阔气"，怂恿宋徽宗大肆建造园林宫殿，耗费了无数钱财。

宋徽宗喜爱奇花异石，蔡京便暗示朱勔到江南一带搜寻奇花异石。朱勔去了以后，只要打听到百姓家中有可供玩赏的花木石头，就会派人强行闯入那户人家，把东西用黄条封起来，说这是要进贡给皇帝的东西，不允许破坏。如果破坏了"贡品"，要么罚款，要么抓进大牢。有些百姓家里的花木十分高大，不好搬运，朱勔甚至会拆掉他们家的房子。整个江南被搞得鸡飞狗跳，不少人家为此倾家荡产。

朱勔派人把强行搜罗来的各种花石用大批船只运往汴京，每十船组成一纲。如果船不够用了，他们就像强盗一样拦劫过往的商船，把别人的货物扔掉，用来装运花石。船只往来不断，这支运送花石的船队就被称为"花石纲"。

宋徽宗收到这些贡品十分开心，给朱勔加官升职。这使得越来越多的官吏参与进来，剥削敲诈百姓之事愈演愈烈，连"花石纲"的船夫也开始仗势欺压百姓，老百姓吃尽了苦头。

皇帝如此奢侈，各地官吏也有样学样，疯狂压榨百姓。终于，爆发了农民起义。其中，对北宋统治造成沉重打击的是方腊起义。

方腊是一名漆园主，他所在的青溪县因盛产竹木漆等经济作物，成为"花石纲"的重灾区。他看到百姓屡屡遭到官吏敲诈勒索，很多人家破人亡，非常气愤，于是决定把被压迫的百姓组织起来，谋划起义。

1120 年，方腊召集了一众贫苦的农民，提出了"杀朱勔"的起义口号，立即得到了大家的响应。青溪县附

近的居民听到方腊起义的消息，纷纷响应。几天的时间，起义队伍就集结到了几万人。同年冬，方腊自号"圣公"，改年号为"永乐"。

地方官立即调遣5000名官兵镇压起义。不料，官军中了方腊的埋伏，被打得溃不成军。起义军乘胜追击，扩大战果。他们头戴各色头巾为标志，攻进青溪县城，又接连攻下了杭州、歙州等地，规模扩大到了几十万人。

宋徽宗吓得不轻，紧急派出童贯带领15万大军前去镇压。童贯采取兵分两路的战术，一路攻打杭州，一路攻打歙州。虽然起义军人数很多，但绝大多数是未经军事训练的农民，实战经验不足，也缺乏作战兵器，加上军队秩序散乱，所以起义军屡次战败，被宋军重创。1121年，方腊兵败，退至青溪县帮源洞。宋军追踪而至，捉住了方腊。方腊被宋军押到东京杀害，残存的起义军

人物档案

　　方腊（？—1121），又名方十三，睦州青溪（今浙江淳安）人，一说歙州（今安徽歙县）人，是一名漆园主（一说为雇工）。1120年，江浙一带受到花石纲的侵扰，民怨沸腾，方腊趁机利用明教组织群众发动起义。起义军很快席卷东南地区，朝廷派兵镇压，起义不足一年就失败了，方腊被杀。

继续抵抗，次年也被朝廷肃清。

方腊起义虽然失败了，但它沉重打击了统治阶级，为其日后的灭亡埋下了种子。

宋江起义

宋江起义，是北宋末年的一次农民起义，中国四大名著之一《水浒传》便是以这件事为蓝本创作演绎而来的。起初，北宋朝廷为了解决财政困难，宣布梁山泊八百里水域为"公有"，附近百姓捕鱼、采藕等都要缴纳重税。百姓的不满爆发了，在宋江的带领下发动了起义。宋江起义军的人数始终不算太多，其中重要的首领共三十六人。他们英勇善战，数万官军都不敢抵抗他们。宋江起义军转战两年多之后，遭到海州知州张叔夜的伏击，宋江被俘，起义宣告失败。

读史学成语

声色犬马

释义：形容上层社会享乐无度、荒淫无耻的生活。

出处：宋·苏辙《历代论·汉昭帝》："小人先之，悦之以声色犬马，纵之以驰骋田猎，侈之以宫室器服，志气已乱。"

例句：官员如果陷入声色犬马之中，就会丧失敬畏心，一步步走向身败名裂的深渊。

"背锅"的宋钦宗

认识宋钦宗

　　赵桓（1100—1156），宋徽宗长子。1125 年，金军南侵，宋徽宗禅位给太子赵桓，赵桓就是宋钦宗。宋钦宗起初重用李纲，打退了金军。不久，他听信谗言，一味求和。1127 年，金军攻破开封城，掳走了宋徽宗、宋钦宗以及大批北宋贵族、百姓，北宋灭亡。

　　金朝崛起后，辽朝成为其首先打击的目标。北宋为了收复燕云十六州，偷偷越过辽与金结盟，相约一起灭辽。其结果是辽被金吞并，北宋短时间获得燕京等六州。但是，北宋联金攻辽，将自己的软弱无能完全暴露在金人面前。于是，金军在 1125 年彻底消灭辽朝之后，便将矛头对准了北宋。

　　1125 年冬，金军分东、西两路南下，进犯北宋。西路军由金宗室名将完颜宗翰统率，从云中（今山西大同）出发，向太原发起进攻；东路军由完颜阿骨打次子完颜宗望统率，途经燕京南下。北宋军民在太原城下顽强抵抗西路

军，将其长久地阻截在那里。然而，东路军攻至燕京时，镇守燕京的将领郭药师原本是投降北宋的辽将，这次又因战败投降了金军，并且为金军引路，带着他们攻向东京。

正在宋徽宗心慌意乱时，大臣宇文虚中建议他下罪己诏，向天下万民忏悔自己的过错，并对朝政进行改革，以此重获民心。宋徽宗当即下令取消花石纲和各地制造局，令宇文虚中替自己起草罪己诏检讨过错，又召全国的兵马来京城勤王。

尽管宋徽宗为打仗做了些准备，但是他依然很害怕。金军迫近东京，这令他如坐针毡，心神不宁，他甚至生起一个念头——弃城而逃。大臣吴敏竭尽全力地阻止他，并且向他推荐了李纲，协助他抗金。

罪己诏

在封建时代，一旦出现严重天灾或者政权遭到严重威胁时，最高统治者往往会用口谕或者文书的方式检讨自己的错误，以求安抚人心或者平息上天的怒火。这种口谕或文书就是罪己诏。著名的罪己诏包括汉武帝颁布的《轮台诏》，他检讨了自己滥用武力的错误，决心让百姓安定生产。唐玄宗在安史之乱后，也多次流着眼泪检讨自己。崇祯皇帝自缢之前，也曾下诏承认自己有错。

　　李纲中过进士，因性格刚正不阿，在朝中备受排挤，不受皇帝的重用。此时金兵打到了家门口，国家危在旦夕，他早就对宋徽宗丧失了信心，因此他对吴敏说："国家到了生死攸关的时刻，如果不另立国君，就无法昌盛。"显而易见，他想让宋徽宗退位，扶持皇太子治国理政。李纲写下一篇血书，献到宋徽宗面前，劝他禅位，另立新君来提振士气。

　　宋徽宗看了血书以后，准备让太子赵桓监国。金军一天天临近东京，宋徽宗魂不守舍，竟然吓得晕了过去，醒来后决定立刻下诏，传位给太子。不久，宋徽宗的长子赵桓正式继位，即宋钦宗，年号"靖康"。宋钦宗没有父亲的艺术才能，却像父亲一样懦弱无能、听信谗言，北宋的命运更加岌岌可危了。

宋徽宗退位成了"太上皇"，借口"烧香"，与蔡京、童贯两个宠臣向南出逃。他们起先逃到亳州，然后又逃到镇江。没了宋徽宗撑腰，"六贼"的好日子也到头了，上至官僚下至百姓纷纷站出来揭发他们的罪行。宋钦宗见"六贼"的所作所为已经达到了人神共愤的地步，只能按罪论处，将他们赐死、流放，或者罢免。"六贼"坏事做尽，罪有应得。

 人物档案

李纲（1083—1140），无锡人，出身官宦家庭，进士及第后曾任监察御史等职，因正直敢言屡遭贬谪。宋钦宗继位后，他升任尚书右丞，击退了金军，后被投降派排挤出朝廷。南宋建立后，李纲拜相，不久又遭投降派排挤，退居福州。

读史学成语

罪有应得

释义：犯了罪而受到应有的惩罚。

出处：清·李汝珍《镜花缘》第六回："小仙身获重谴，今被参谪，固罪有应得；但拖累多人，于心何安。"

例句：来俊臣整日陷害同僚，他最终被处死可谓罪有应得。

东京保卫战

繁华的东京

　　北宋的都城东京开封府，又称汴京、汴梁，就是今天的河南开封。北宋时期，东京作为政治、经济、文化中心，是当时世界第一大城市，是世界上最繁华的都城，也是一座国际化都市。根据北宋孟元老的《东京梦华录》以及北宋画家张择端的《清明上河图》等可以看出，北宋末期的东京人口超过百万，建筑辉煌、生活便利、商业发达，可惜的是这一切都随着金军破城而烟消云散了。

　　投降派白时中、李邦彦见宋钦宗不想和金兵开战，便迎合他的想法劝他逃走，以李纲为代表的一些爱国将领则坚持主张守住东京。

　　李纲诘问宋钦宗："国不可一日无君。皇上若是逃走，我们该听从谁的号令呢？"

　　宋钦宗无话可说。白时中插嘴道："现在金兵过了黄河，我们快要守不住东京了。"

李纲驳斥他说："天下再也没有城池能像京城这样固若金汤了。借此地利之便，我们应守城以待援兵。"

宋钦宗进退维谷，问李纲："你认为谁能担当带兵守城的大任呢？"

李纲答道："领兵抗敌一事，是两位宰相白时中、李邦彦不可推卸的责任。"

白时中、李邦彦闻言战战兢兢，赶忙说："难道李纲就不能带兵打仗吗？"

李纲也不推辞，对皇帝说："倘若皇上相信我的能力，我愿意誓死保卫都城！"

于是，宋钦宗封李纲为尚书右丞兼东京留守，命其率兵守卫城池，但他自己还是想逃跑。李纲声称要以死明志，宋钦宗才勉强答应留下。可是第二天，他还是打

人物档案

李邦彦（？—1130）宋怀州（治今河南沁阳）人，字士美。出身市井，善讴谑，能蹴鞠，常以俚语为词曲，自号"李浪子"。大观二年（1108）上舍第一人及第。因善事内侍，累迁中书舍人，翰林学士承旨。宣和三年（1121）拜尚书右丞。历左丞、少宰，人称"浪子宰相"。靖康元年（1126）任太宰，金兵逼近开封，力主割地议和且禁出兵攻金人，遭百姓殴骂，罢相。赵构即位（1127）后，责浔州（治今广西桂平）安置。

算南逃。李纲得知消息后赶来问禁卫军："你们是想守卫东京，还是想和皇上一起逃命？"

士兵们异口同声地答道："我们愿意守卫东京！"

李纲再次规劝宋钦宗："禁卫军将士的家眷都留在城里，万一他们半途逃回来，谁来保证您的安全？况且金兵距离京城很近了，您离城的消息难免会走漏风声，如果让他们知道您逃走了，他们势必追杀，到那时皇上又如何保护自己呢？"宋钦宗闻言，认为李纲的话很有道理，就不走了。

稳住了宋钦宗以后，李纲急忙准备城防事务，足足用了三天才准备好。这时完颜宗望的大军已来到东京城下，有一批金兵搭乘船只顺流而下进攻宣泽门。李纲选派了2000名士兵组成敢死队，在城下摆开阵势，利用长钩牵引敌船，投掷石头攻击敌人，接着在河里增设障碍，让敌船无法通行。这一仗，杀死了100多名金兵。

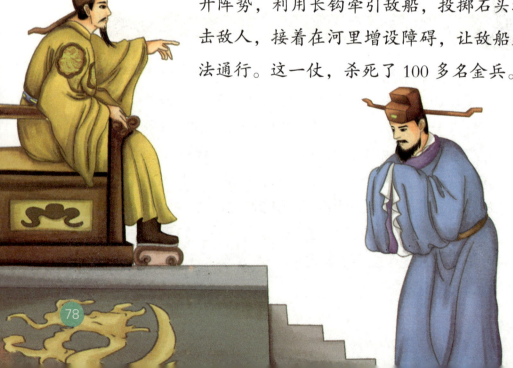

随后金兵又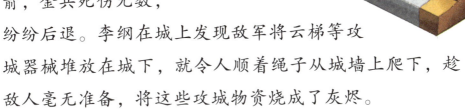开始进攻其他城门，宋军早有准备，抛起檑木、砖石就向正在爬城的敌军砸去，又向敌军放冷箭，金兵死伤无数，纷纷后退。李纲在城上发现敌军将云梯等攻城器械堆放在城下，就令人顺着绳子从城墙上爬下，趁敌人毫无准备，将这些攻城物资烧成了灰烬。

完颜宗望意识到宋军作战英勇，短时间内无法攻占东京，于是派遣使臣去宋营和谈。宋钦宗本来也不想打仗，立刻派人去金营谈判。李纲听闻此事，坚决反对，却没能阻止。谈判的结果是，宋钦宗应允赔偿金军500万两黄金，5000万两白银，500万匹缎和两万只牛、马，并且把太原、中山、河间三镇割让给金朝，准许以亲王、宰相为人质去往金营。

在和谈期间，四面八方的援兵陆续抵达东京，宋军士气大振。有个名叫姚平仲的年轻将领，提议夜袭金营，活捉完颜宗望，宋钦宗很赞成，李纲也没有反对。但姚平仲出兵后，不幸被金兵伏击，大败逃走。金人质问李邦彦，李邦彦将责任全都推给了李纲，宋钦宗将李纲撤

了职。

李纲被罢免，全城军民极度不满。太学生陈东带着百名太学生，前往宣德门为李纲上书请命，要求钦宗令李纲官复原职，并将奸臣李邦彦罢免。城里军民得知此事，相继赶来，聚集了数万人。大家拼命敲打供百姓鸣冤的登闻鼓，把鼓都打坏了，喧哗声震天动地。消息很快传到宫中，宋钦宗担心事情愈演愈烈，立刻派人将李纲召回。

此前，坚决抗金的老将军种师道也被免职，宋钦宗也恢复了他的官职。种师道也乘车赶来，人们掀开车帘看到了种老将军，爆发出雷鸣般的欢呼声，直到李纲复出并安抚军民，这次请愿运动才得以平息。

李纲、种师道等人再次整顿军队，对勇敢杀敌的士

人物档案

陈东（1086—1127），丹阳人，出身儒学世家，1113年进入太学，曾上书请求诛杀"六贼"。东京保卫战后，宋钦宗等人一心求和，将主战派领袖李纲罢职。陈东听说后，率领太学生请愿挽留李纲，并引发东京军民的大请愿，李纲被复职，陈东被赐予进士出身。南宋建立后，陈东又上书劝谏宋高宗不要罢免李纲，被宋高宗杀害。

兵给予重赏。金军看一时无法实现推翻宋廷的任务，并且自己后方支援不足，就暂时撤军了。

北宋太学

太学是我国古代最高的国立学府，汉武帝时正式设立，由五经博士教授儒家经典。起初入太学的都是贵族子弟，后来招生范围日益扩大，成为众多学子进入仕途的一条捷径。北宋太学的巅峰时期为宋徽宗时期，人数达到3800余人，而且当时还废除了科举，人才都从太学里选拔，这使得太学达到一个巅峰，出现了陈东等影响政局的太学生。

读史学成语

进退维谷

释义：无论进退，都处在困境之中。意同"进退两难"。

出处：《诗经·大雅·桑柔》："人亦有言，进退维谷。"

例句：辞职之后，他既没有创业的资金，又觉得就这样回老家会被笑话，实在是进退维谷。

"六甲神兵"的闹剧

影响历史的小人物——郭京

郭京，生卒年不详，本是东京龙卫兵中的一个小卒。同知枢密院孙傅听说郭京能够施"六甲法"破贼，于是找到郭京，帮助他凑齐七千七百七十七名"六甲神兵"。金军攻城，郭京让"六甲神兵"迎战，结果却立刻溃败。郭京借口亲自迎战，带领剩下的人向南逃遁，不知所终，之后东京城很快被攻破了。

金兵北退后，一直退过了黄河，给北宋朝野上下制造出危机解除的假象。逃走的太上皇宋徽宗以为东京平安了，于是回到了东京，继续过起奢侈的生活，还有心继续干预政治，但被宋钦宗阻止了。这时，主和派又得势了，各地赶来解东京之围的援兵也被宋钦宗打发走了，北宋在军事上一点儿也不准备。

李纲看到北宋这种腐朽松弛的现象，非常着急，他几次上书要求加强战备，都没有得到重视。主和派对李纲恨极了，趁机排挤他，使他离开都城做了河北宣抚使。

不久，李纲又被贬到南方去了。

半年后，金太宗又发兵大规模南侵，照旧以完颜宗翰、完颜宗望分别为左右副元帅，分东、西两路向北宋进军。此时，完颜宗翰的军队依然在猛攻太原，太原已经被围困了八个多月，城里的粮食早已吃光了，但是太原军民誓死不投降金军。守将王禀带领全城军民英勇抵抗，但太原最终还是被攻破了。

随后，完颜宗翰从太原率军南下，一路上相遇的宋军，不是弃城逃跑，就是乖乖投降，所以西路金军南下很顺利，轻松地打过了黄河。

东路的完颜宗望大军从真定府（今河北正定）南下，只花了二十天的时间就打到了东京城下。这时，完颜宗翰也带兵赶到。两军会合，驻扎在南薰门外，再次包围了东京城。

人物档案

金太宗完颜晟（1075—1135），本名完颜吴乞买，完颜阿骨打（汉名完颜旻）的四弟，是金太祖抗辽建国的主要助手之一，在哥哥去世后继位。金太宗在位期间彻底消灭辽朝，又消灭北宋，并屡次攻打南宋。此外，他还完善了金朝的种种制度，是金朝发展的关键人物之一。

东京城里，李纲走了，各地援兵也被主和派遣散了，守军少得可怜，朝廷上下慌作一团。宋钦宗是个昏庸且没有主见的皇帝，在这种危急的情况下，他竟然想靠"法术"击退金兵。

原来，同知枢密院孙傅听人说城中有一个名叫郭京的小卒，会用"六甲法"，能够擒住金人主将。愚蠢的孙傅信以为真，就将郭京推荐给宋钦宗。走投无路的宋钦宗立刻召见郭京，郭京吹嘘自己的"六甲法"只需要七千七百七十七个人，就能擒住完颜宗翰和完颜宗望，并击退所有金兵。宋钦宗大喜，封他为成忠郎，又赏赐大批金钱，让他招募合适的人。

郭京立刻在城中寻找生卒年月符合"六甲"的人，完全不管是否会武艺。十天后，这支奇怪的队伍拼凑成了，其中多数是市井中游手好闲的无赖之徒。有人劝孙傅不要相信这种荒诞无稽的事，反而被孙傅驳斥。等到金人攻城越来越急，郭京不得已让自己的"六甲神兵"出城迎战，自己则在城头观战。金兵擂鼓进攻，那些乌

合之众立刻狼狈逃窜，很多人掉进护城河淹死了，河中都被尸体填满了。郭京说："看起来我得亲自下去作法。"于是他率领残兵出城，却立刻头也不回地向南方逃去，不知所终。

金军很快就攻进了东京城，守城将士在城里和敌人展开了巷战，宋钦宗却派人去金营求和。被派往金营求和的使者回来告诉宋钦宗，必须皇帝亲自去谈判。宋钦宗急忙带领几个大臣到金营，交上降表，向金称臣。

金兵在东京城里大肆烧杀抢掠，查封了宋朝各个府库的金银财物。1127年初，金兵又先后扣留了宋钦宗、宋徽宗，金太宗下诏废了他们的帝位，把他们连同宋宫里的太后、皇后、妃子、公主以及亲王、大臣和各种手工业工匠等上万人，一起押回金朝，这些人一路上受尽屈辱，很多人在途中死去。除此之外，北宋都城里储藏的各种图书、乐器、天文仪器、金银财宝也被金兵洗劫一空。

曾经无比富庶的北宋王朝，就这样以

极端屈辱的方式灭亡了。1127 年是北宋靖康二年，这件事史称"靖康之变"，又称"靖康之耻"。

伪楚政权

靖康之变后，金朝为了方便获取中原的赋税，扶立北宋太宰张邦昌为傀儡皇帝，建立"大楚"政权，史称伪楚或张楚。张邦昌为了自保，四处寻找康王赵构，并主动让位。几个月后，张邦昌被赵构赐死。

**读史学成语**

不知所终

释义：指不知结局或下落。也指不知何时是尽头。

出处：南朝宋·范晔《后汉书·逸民传》："俱游五岳名山，竟不知所终。"

例句：燕王朱棣攻克应天府后，明建文帝不知所终。

金瓯伤缺

南宋

激战黄天荡

抗金英雄韩世忠

韩世忠（1089—1151），延安府绥德军（今陕西绥德）人，出身贫寒家庭，勇猛过人，参与了镇压方腊起义的战争。南宋建立后，韩世忠平定了苗刘兵变，救了宋高宗，升任检校少保。完颜宗弼南侵时，韩世忠将其围困在黄天荡四十八天，威震天下。后来他在与金军的战争中屡立战功，被列入"中兴四将"。

金军撤退后，除了康王赵构，北宋的其他亲王都被抓走了。所以，朝廷的不少官员都想让赵构继承皇位。在这种形势下，1127年夏，赵构顺利在南京应天府（今河南商丘南）登基，将年号改为"建炎"，成为南宋第一个皇帝，是为宋高宗。

赵构虽然当上了皇帝，但他完全被金人吓破了胆，是个彻头彻尾的主和派。他迫于民众的呼声，不得不任用李纲、宗泽、韩世忠、岳飞等主战派官员，但他同时不遗余力地对将士和民众的抗金之举进行破坏。

仅靠屈膝投降，怎么可能得到真正的和平呢？1129

年秋，金将完颜宗弼又率军向江淮地区发起进攻，打算直接消灭南宋。宋高宗仓皇出逃至杭州，然而金军仍对他紧追不舍，他又急忙逃至越州（今浙江绍兴），接着从越州逃往明州（今浙江宁波），又在明州走海路逃至定海（今浙江舟山定海区），进而逃到温州躲着。由于南宋军民的不断攻扰，金军没有抓到宋高宗。宋高宗这才勉强保住了自己的性命。不过，金军也不会空手而归，他们在杭州、越州、明州、定海等地大肆烧杀抢掠，可以说是"满载而归"。

爱国将领岳飞、韩世忠等人率军拦截在金军回去的路上，打败了他们几次，金军因此损失很大。其中最著名的一战要数韩世忠指挥的黄天荡大战。

韩世忠做好伏击金军的准备，引诱金军走镇江这条路，让金军从镇江到建康（今江苏南京），之后渡过长

北宋四京

北宋定都汴京，又称东京开封府，就是今天的河南开封。同时，北宋又设置了三个陪都：西京河南府，就是今天的河南洛阳；南京应天府，就是今天的河南商丘，宋高宗就是在这里称帝，建立南宋的；北京大名府，就是今天的河北大名，是当时的北方军事重镇。

江回到北方。完颜宗弼率军队到了镇江一带，才发觉宋军已经将长江口封锁住了。完颜宗弼焦急万分，他带着四个手下一起去长江边上的龙王庙查看宋军的情况。然而，韩世忠早已在这里设了埋伏，还在山下埋伏了二百名精兵，打算直接活捉完颜宗弼。只可惜，两拨伏兵没有打好配合，让完颜宗弼逃掉了，只擒获了他的两名手下。

金军无法渡江，士兵们都心急如焚，完颜宗弼不得不和宋军决一死战。大战时，宋军的战鼓是由韩世忠的夫人梁红玉亲自敲响的，韩世忠则和众将士一起上阵杀敌。宋军士兵看到主帅和夫人都上战场了，深受鼓舞，一个个十分英勇，金军最终没能渡江。

金军的战船被围在一个名为黄天荡的死港湾里。他们无法渡江回到长江北岸。被围困在黄天荡后，完颜宗弼只好向宋军求和。他提出悉数归

人物档案

完颜宗弼（？—1148），女真名兀术，民间俗称金兀术，是金太祖第四子。他骁勇善战，曾多次率军攻打南宋，与南宋名将韩世忠、岳飞等对抗，逼迫南宋签订了屈辱的"绍兴和议"。后任太傅，执掌金朝的军政大权。

还抢夺来的财物，再送给韩世忠一匹良马，只希望韩世忠放过他。韩世忠没有答应。

长江北岸的金军将领知道了完颜宗弼被围困的事情，便命一支军队前来搭救，也被韩世忠打败了。完颜宗弼不得不又一次求和，还是被拒绝了。就在完颜宗弼束手无策之时，有个人为他出了个主意，告诉他黄天荡的北边有一条不为人知的河道，如今已经被淤泥堵住了。只要沿着堵塞的河道开挖一条新的河道，那样便可逃走了。完颜宗弼听后特别开心，立即派人连夜去挖。金兵为了保住性命，都十分卖力地挖，一晚上就挖出三十里河道，让黄天荡连接了秦淮河，金军这才得以逃脱。

此次黄天荡之战，宋军围困金军整整四十八天。虽然此次战役没能消灭金军，但它是当时南宋军队罕见的一次胜利，使南宋军民深受鼓舞，大大增强了大家抗金的信心。

读史学成语

心急如焚

释义：心里像火烧一样。形容非常着急。

出处：唐·韦庄《秋日早行》诗："行人自是心如火，兔走乌飞不觉长。"

例句：听到南方发生水灾，国家救灾部门的负责人心急如焚。

不败战神岳飞

民族英雄岳飞

　　岳飞（1103—1142），相州汤阴（今河南汤阴）人，出身农家，参军后作战英勇，得到名将宗泽、王彦等人的赏识，常年与金军对抗。完颜宗弼南侵时，岳飞率军击败他，收复建康（今江苏南京）。随后，岳飞率领岳家军与金军、伪齐军和各地游寇作战，并在洞庭湖平定了杨幺起义，升任检校少保，封武昌郡开国公。岳飞反对与金朝议和，率领岳家军挺进中原，在郾城、颍昌、朱仙镇等地大败金军，却被一心求和的宋高宗和宰相秦桧召回，不久秦桧等人用卑鄙的手段将岳飞杀害。

　　完颜宗弼逃出黄天荡后，抵达建康时又遇到了岳飞的军队，被打得落花流水，筋疲力尽地逃回了北方。岳飞也就顺理成章地收复了建康。

　　岳飞，字鹏举，相州汤阴人，是由普通士兵成长起来的杰出将领，曾担任抗金名将宗泽的偏将。岳飞有勇有谋，战功赫赫，三十余岁就担任一方将领。他治军严明，

亲自训练的岳家军更是攻无不克、战无不胜。当时有一句话在金军中广为流传："撼山易，撼岳家军难。"

1140年，金军再次大举侵略南宋。岳飞挥师北上，直取中原，收复了不少失地。他带领轻骑兵进入郾城（今河南漯河郾城区），势如破竹，金军被打得连连败退。

完颜宗弼派出一支身披重甲的铁骑，三匹马为一组，用索相连，号称"拐子马"，过去多次打败宋军。此次对阵，岳飞派出步兵，手持大刀滚入马阵之中，专砍马腿，

岳家军

岳家军是南宋时对名将岳飞麾下军队的称呼。这支队伍长期保持十余万人的规模，主要将领除了岳飞、岳云父子，还有张宪、牛皋、徐庆、王贵、杨再兴、董先等。岳家军划分为十二支，包括核心精锐背嵬军、岳飞心腹爱将张宪统领的前军、负责侦察的踏白军以及平定杨幺后新设的水军等。

岳家军的士兵以岳飞在河北抗金时的部下为基础，多数是岳飞招降的南宋武装集团的溃卒与各地流寇、起义军的降卒，特别是平定杨幺起义后，岳飞将超过五万名起义军编入岳家军，实力迅速增长。

岳家军纪律严明、训练有素，坚持"冻死不拆屋，饿死不掳掠"，深受百姓爱戴。岳家军在与金军作战中所向披靡，金人畏惧地声称："撼山易，撼岳家军难。"

只要一匹马被砍倒，另外两匹马就会一起倒下。岳家军趁机冲杀，"拐子马"全军覆灭。

岳飞连连获胜，他担心金军会转攻颍昌（今河南临颍），便派儿子岳云赶去支援。岳云赶到那儿时，果然遇到金军，他与驻守颍昌的王贵互相配合，一场大战下来，把金军打得尸横遍野。岳飞乘胜进军朱仙镇（今河南开封西南），这里距离北宋都城开封只有四十五里，退守开封东部和北部的金军已经陷入绝境。北方的百姓听说宋军打回来了，高兴得热泪盈眶，各路义军也纷纷举起岳家军旗号，打击金军。岳飞也兴奋地说："将士们，努力杀敌吧！等打到金人的老巢黄龙府（今吉林农安），再与诸位痛饮！"

抗金形势一片大好，然而宋高宗一直以向金朝妥协为国策，更不愿意迎回宋钦宗（此时宋徽宗已经死去）。于是宋高宗便和宰相秦桧商议，命各路大军班师回朝，

人物档案

秦桧（1090—1155），江宁（今江苏南京）人，北宋末年进士，任御史中丞时被金军俘至金朝，得到金朝重臣完颜昌的赏识。后回到南宋，力主议和，与宋高宗臭味相投，被任命为宰相，前后把持朝政十九年，对外屈膝求和，对内排斥异己，是害死岳飞的主谋之一，遭到后人的无尽唾骂。

好向金朝求和。岳飞不肯退兵，宋高宗求和心切，竟连发十二道代表皇帝旨意的金牌，勒令岳飞回朝。岳飞悲愤莫名，长叹道："十年努力，毁于一旦！"

君命难违，岳飞只得下令撤军，已经收复的土地再次拱手让给了金朝。宋军撤退那天，全城的百姓哭声震天，可谁也无力挽回。

岳飞回到临安（今浙江杭州）后，宋高宗为了向金朝表达议和的诚意，解除了岳飞、韩世忠、张俊等人的兵权，并撤销了负责对金作战的机构，随后派出使者向金朝求和。金朝则将杀掉岳飞作为议和的前提条件。

于是，秦桧唆使与岳飞不和的将领张俊，诬告岳家军将领张宪阴谋发动兵变，要朝廷归还岳飞兵权。宋高宗立即将岳飞、岳云和张宪抓入大狱。

然而岳飞一心为国，秦桧指使的审讯官员虽然给岳飞父子捏造了许多罪名，却没有一项有真凭实据。秦桧拿不出一个说得出口的理由，又让同党审理岳飞，依然找不到任何证据。

　　两个月后，老将韩世忠看不过去，当面责问秦桧："岳飞到底犯了何罪？"秦桧无言以对，只好耍赖，说："岳飞给张宪写信，让他谋反，虽然没找到证据，但这件事'莫须有'（也许有的意思）。"

　　韩世忠愤怒了："既是'莫须有'，如何能让天下人心服？"

　　秦桧主张投降，岳飞便成了他的眼中钉。1142年底，秦桧命人递了一张字条给看守岳飞的狱卒，将岳飞暗中处决，岳飞遇害于最高审判机关大理寺狱中。

　　岳飞死后，宋高宗立刻向金朝称臣，约定每年送纳岁币给金朝，南宋与金朝东、西分别以淮河、大散关为界线，北部为金朝统治，南部为南宋统治，史称"绍兴和议"。

读史学成语

落花流水

释义：凋落的花瓣随流水漂走。形容暮春景色。也形容零乱、残败的情景。

出处：唐·李群玉《奉和张舍人送秦炼师归岑公山》诗："兰浦苍苍春欲暮，落花流水怨离襟。"

例句：英勇的起义军把腐朽的官军打得落花流水。

千古才女李清照

认识李清照

李清照（1084—约1151），齐州章丘（今山东济南章丘区）人，父亲是官员、文学家李格非，丈夫是官员、学者赵明诚。李清照早期生活优裕，创作了大量描写闺中生活、离别相思的诗词作品，并与丈夫一道收集前代的金石书画文物。南宋建立不久，丈夫去世，李清照孤身南下，漂泊他乡，其作品也充满了哀愁与惆怅。李清照是我国古代杰出的才女，尤以词的成就最高。

李清照，号易安居士，生活在北宋与南宋交替的时代。她的父亲李格非因文采出众得到苏轼的赏识，母亲也有一定的文学修养。由于出身书香门第，备受文化熏陶，李清照自少时起就有才女之名，遍览史书，博闻强识。她是南宋婉约派词人的代表，其填词的才华闻名遐迩。

长大后，李清照与礼部侍郎之子赵明诚结婚。二人志趣相投，都热衷于对金石书画的搜集整理。他们常常

一起对家里收藏的石刻拓本等各种文物进行整理研究，闲暇时则以诗词唱和，情意深长。

东京被金兵攻陷之时，李清照和赵明诚住在淄州（今山东淄博）。时局动荡，他们逃往南方，走的时候，还带上了他们最珍视的金石图书，这些图书装了十五车之多。后来金兵继续南下，李清照和赵明诚留在老家的文物在战争中被烧成灰烬。

不久，赵明诚接到皇帝的命令，要去湖州当知州。兵荒马乱之中，李清照无法和他一起赴任。赵明诚独自

李清照的文学成就

李清照以词的成就著称，同时也工诗善文。她的词善于白描，同时又音律协调、清丽典雅，自成一家，代表作有《一剪梅》《如梦令》《念奴娇》等。她的诗以《夏日绝句》最为著名，慷慨豪迈，字字珠玑。她的文章以《词论》最为著名，提出词"别是一家"之说，影响很大。

 人物档案

　　赵明诚（1081—1129），密州诸城（今山东诸城）人，出身官宦世家，是著名才女李清照的丈夫。他曾任淄州知州、江宁知府等职，曾在下属叛乱时弃城逃跑，被革职，不久奉命任湖州知州，赴任途中病逝。赵明诚喜爱收藏金石书画，著有《金石录》三十卷。

　　骑马去建康接受任命，却在途中不幸染病，很快在建康（今江苏南京）逝世了。

　　李清照听到消息后伤心不已。她忍痛安葬了丈夫，将图书和金石刻本托人带到了洪州（今江西南昌）妹婿那里寄存。没过多久，金兵又打到了洪州，这些文物再次流失。

　　1132年，四十九岁的李清照来到临安（今浙江杭州），孤独无依之中，她再嫁小官张汝舟。张汝舟娶李清照是觊觎她的收藏，婚后不久，张汝舟就与李清照口角不断，甚至对她拳脚相加。后来，李清照发现张汝舟有科举舞弊骗取官

职的罪行，便毅然告官，得以与张汝舟离婚。按宋代法律，妻告夫，妻子将被判处两年徒刑，因此李清照也身陷囹圄。幸好有亲友尽力搭救，她被关押九天后就获释了。

颠沛流离、误嫁小人等磨难没有击垮李清照，她依然对诗词创作具有崇高的热情。北宋到南宋的转变，带给李清照的影响很深。她将自身的悲惨遭遇和家国苦难结合起来，创造出很多文学精品。早年，她的词作局限于咏春、咏物、闺情等题材，后来则着重写伤乱、忧国，一改之前清丽缠绵的词风，作品中浸透着深沉和悲壮，艺术价值更高了。

博闻强识

释义：见闻丰富，记忆力强。

出处：《礼记·曲礼上》："博闻强识而让。"

例句：在祖父的影响下，他热爱读书，成了一个博闻强识的人。

书生退金兵

儒将虞允文

虞允文（1110—1174），隆州仁寿（今四川仁寿）人，出身官宦家庭，后考中进士。担任中书舍人期间，他临危受命，率军击败了金军，间接导致完颜亮被杀，获得了极高的声誉，升任宰相。虞允文积极筹备北伐，却不幸病逝于军中。

　　宋高宗和秦桧杀死岳飞向金人求和，双方在 1141 年订立了绍兴和约。20 余年后，金朝贵族完颜亮杀死金熙宗并称帝，准备再次南侵。此时宋高宗却对朝政置之不理，在临安修建了豪华的宫殿，过着骄奢淫逸的生活。

　　1161 年，完颜亮征集全国 60 万兵力，准备大举进攻南宋。临行前，完颜亮不可一世地对手下说："昔日梁王（指完颜宗弼）连年攻打宋朝，花费很长时间但是没有什么收获。今天由我亲自出马，少则一个月，多则一百天，就可以拿下南宋！"

　　完颜亮的军队浩浩荡荡地抵达了淮河以北，当时南

人物档案

完颜亮（1122—1161），完颜阿骨打之孙，自幼文武双全，声望很高，担任金朝右丞相期间杀死堂兄金熙宗篡位。他在位期间荒淫残暴，同时又励精图治、推广汉化，巩固了金朝的统治。1161年，他发动南侵，死于兵变，被追废为海陵殇王，通称海陵王。

宋防守江北的是刘锜，防守淮西的是王权。王权贪生怕死，得知金军迫近，望风而逃。刘锜则因疾病缠身，不能应战，不得已退守扬州。由此，金军畅通无阻，行至采石矶（今安徽马鞍山西南）。

宋高宗得知形势危急，习惯性地想逃往海上，在大臣的劝阻下，才派李显忠接替了王权的职位，并且派叶义问亲自去督察江淮的守军。叶义问也是个胆小鬼，他把这个任务转交给了中书舍人虞允文。

虞允文到采石矶时，王权已经逃跑了，李显忠还没到任。此时，对岸金兵已经准备渡江了，而宋军却人心惶惶，无心作战。

虞允文看到这样人心涣散的队伍，情急之下决定亲自上阵。他召集了所有宋军将士说："我这次奉命慰劳大家，带来了金帛与封官的文书，只要诸位为国家立功，我一定论功行赏。"大家见虞允文出来做主，也打起了精神，说："现在有您做主，我们愿意与金人决一死战！"

　　虞允文是个地道的书生，从没指挥过战争，随从官员也劝他不要替别人收拾烂摊子，可虞允文说："国家已到生死存亡之际，我能退避到哪里去呢？"

　　虞允文查看地形后，把战船分为五队。两队沿江巡逻，一队满载精兵泊于江中，随时准备作战，两队隐藏在港汊中作为援兵。一切刚安排妥当，金兵就开始渡江，陆续扑杀过来，把宋军逼得直往后退。

　　虞允文赶到阵中，对将领时俊说："将军胆略闻名四方，却在阵后不出，难道要学小孩子吗？"时俊被他一激，顿时挥舞着武器向前冲杀过去，士兵也奋勇向前。江中宋军战船趁势把金军战船撞毁，金兵只剩下一半还在继续战斗。

　　日落西山，两军还在激战。这时，正好有一批从光州（今河南潢川）逃出来的宋兵赶到这里，虞允文把战鼓和军旗交给他们，让

他们从山后转出，击鼓摇旗，以此迷惑金军。金军以为是大批救援宋军赶到了，纷纷败退。

夜里，虞允文估计金军还会卷土重来，连夜在上游和渡口各安排一支伏兵。几天后，金军果然来了，宋军以逸待劳，两面夹攻，金军大败。

完颜亮大怒，又领军开往瓜州渡，打算第二天从此处渡江。同时，他又定下了严苛的军令，宣称如果三天之内无法渡江，就要杀死全部随行大臣。大臣和金兵忍受不了完颜亮的残暴统治，第二天拂晓发动兵变，把完颜亮杀了。

完颜亮死后，金军群龙无首，只能退兵。此后金朝拥立完颜雍为帝，史称金世宗。经过采石矶一战，金世宗派使者与南宋讲和，宋、金的战争暂时告一段落。

完颜亮死后，宋高宗禅位给太子赵玮，太子改名赵昚，他就是宋孝宗。1163年，宋孝宗立志收复中原，派老将张浚等人进行北伐，不料在符离（今安徽宿州）败于金军，

只能撤去防御的关隘，再次与金达成和议，史称"隆兴和议"。在该合约的影响下，金、宋两国40多年没有交战。

隆兴和议

隆兴和议规定，南宋皇帝对金朝皇帝不再称臣，改称叔；南宋每年给金银、绢的数量分别减至二十万两和二十万匹；南宋除了将唐、邓、海、泗四州割给金，还要加上商、秦两州。乾道元年（1165）合约正式实行，因此隆兴和议又被称为"乾道之盟"。

读史学成语

贪生怕死

释义：贪恋生存，惧怕死亡。形容为了活命，在为正义事业斗争中退缩不前。

出处：元·李寿卿《伍员吹箫》第三折："原来你这般贪生怕死无仁义。"

例句：国难当前，我辈应同仇敌忾，不可贪生怕死。

文武双全的辛弃疾

大词人辛弃疾

　　辛弃疾（1140—1207），历城（今山东济南）人，出身官宦家庭。辛弃疾出生时山东地区已经被金人统治了，后来他加入了反金起义军，率军投奔南宋，曾任绍兴知府兼浙东安抚使、镇江知府等。他一生主张北伐，与主和派主政的朝廷格格不入，因而长期受到排挤。他将怀才不遇的忧愤与爱国热情倾注在文学创作中，留下了大量佳作，是豪放词派的代表人物之一。

　　完颜亮南侵时，金人统治下的汉族人民不堪金人的长期剥削，发动了轰轰烈烈的反抗运动。当时的山东地区在金人的管辖之下，有位名叫耿京的农民揭竿而起，不久便拥有了一支数十万人的队伍。济南有位名叫辛弃疾的青年，出身金朝官员家庭，但始终心向宋朝，于是组织了一支两千余人的队伍，投奔了耿京。耿京发现这个年轻人文采出众，就让他当了军中的掌书记，负责各种文书的写作。辛弃疾还奉命到南宋与南宋朝廷取得联络，朝廷任命耿京为

天平军节度使，起义军中很多将领都得到封赏。

　　辛弃疾离开临安返回途中，得到了一个噩耗，金人收买了起义军将领张安国，刺杀了耿京，起义军也溃散了。血气方刚的辛弃疾决定去济州（今山东菏泽）抓住叛徒张安国，跟随着他的五十多名士兵也决定一起去。他们到了济州的官府，张安国正在里面举行宴会。辛弃疾等人二话不说，三下五除二地把张安国绑到了马上。闻讯赶来的金朝士兵没能追上他们，辛弃疾就这样在万军之中将叛徒抓住，把他押到南宋朝廷后处死了，辛弃疾因功被任命为江阴签判。

　　辛弃疾在南宋任职的前期，充满雄心壮志，曾经向宋孝宗呈上自己力主抗金北伐的《美芹十论》《九议》

豪放词与婉约词

　　词大体上分为豪放派和婉约派两个流派。豪放派的作品视野广阔，不拘守音律，充满豪情壮志；婉约派的题材集中于儿女情长，音律婉转和谐，语言清丽含蓄。其中，婉约词一直是主流，但苏轼和辛弃疾凭借自己的天纵才华，创作出大量慷慨豪放的杰作，使得豪放词成为词史上不可或缺的一部分。此外，刘克庄、刘辰翁、陈亮、陈与义、刘过、张孝祥等词人的豪放派作品也都取得了很高的成就。

等。但是，南宋朝廷的怯懦和畏缩让辛弃疾一次次失望。他一心想率军北伐，收复故土，但南宋朝廷只任命他担任转运使、安抚使等地方官。

辛弃疾四十余岁时，由于性情刚直，不为同僚所容，遭到罢职，开始了长达二十年的隐居生活，其间仅短暂担任过福建提点刑狱等职。在乡间闲居期间，辛弃疾创作了大量描写田园风光的词作。但是，他一刻都没有忘记自己的壮志，例如在与著名爱国思想家陈亮（字同甫）相会时，辛弃疾创作了著名的《破阵子·为陈同甫赋壮词以寄之》：

"醉里挑灯看剑，梦回吹角连营。八百里分麾下炙，五十弦翻塞外声，沙场秋点兵。

马作的卢飞快，弓如霹雳弦惊。了却君王天下事，赢得生前身后名。可怜白发生！"

这首词抒发了辛弃疾壮志难酬、英雄迟暮的悲愤心情，令后人感慨不已。

 人物档案

　　陈亮（1143—1194），婺州永康（今浙江永康）人，出身书香门第。陈亮自幼才气过人，曾入太学学习，因坚决批判投降派而屡次入狱。他到五十一岁时才科举及第，遗憾的是次年就病逝了，没能实现自己的远大抱负。陈亮是当时杰出的思想家，创立了永康学派，并有政论文章和词作传世。

　　1203 年，年过六旬的辛弃疾感觉自己终于能够实现抱负了。原来，这一年权臣韩侂胄大力起用主战派，辛弃疾被任命为绍兴知府，后来又升任龙图阁待制、知江陵府。辛弃疾发现金朝已经处在崩溃的边缘，力主北伐。他创作了很多壮丽的词作歌颂北伐，同时积极挑选壮丁进行编练。但是，辛弃疾也看出韩侂胄贪功冒进，北伐的军事准备严重不足，用人也有问题，并为此忧心忡忡。他因此受到了韩侂胄的冷遇，不久遭到谏官攻击，再次辞官归隐。

　　后来，韩侂胄的北伐果然失败了。1207 年，辛弃疾被起用，任枢密都承旨，但诏令送到时，辛弃疾已经病重了，同年病逝。

读史学成语

忧心忡忡

释义：心情忧烦，心绪不安。

出处：《诗经·召南·草虫》："未见君子，忧心忡忡。"

例句：得知好朋友要转校后，她整日忧心忡忡。

鹅湖之会的旷世之辩

 大儒朱熹

朱熹（1130—1200），南剑州尤溪（今福建尤溪）人，出身官宦世家，是南宋著名的思想家、哲学家。朱熹是儒学思想的集大成者，门生众多，晚年遭遇党禁，被免职。他的理学思想成为后世的官方哲学，被尊为朱子，影响非常深远。

北宋时期，一种从儒家思想中衍生出的精致而完备的理论体系诞生了，那就是理学，又称道学。理学的创始人是程颐、程颢兄弟，代表人物还包括张载、周敦颐、邵雍等北宋大儒。到了南宋，又诞生了一位杰出的理学家，同时也是儒学的集大成者——朱熹。朱熹是"二程"的传人，他和"二程"的学说并称为"程朱理学"，成为宋朝之后数百年的官方哲学。

朱熹字元晦，他的父亲朱松官至吏部员外郎中，却在朱熹少年时早逝。父亲临终前将朱熹托付给好友刘子

羽，此外，朱熹还得到父亲的好友刘子翚、刘勉之、胡宪等理学家的教育，刘勉之还在朱熹成年后将长女嫁给了他。结婚同年，朱熹考中进士，三年后被委任为同安县主簿，赴任途中向"二程"的嫡系传人李侗学习。此后很长一段时间里，朱熹都将重心放在教育和著述上，对仕途并不热心。

1162 年，宋孝宗即位，向臣民征求意见。朱熹提出反和主战、反佛崇儒等主张，但是当时主和派掌权，朱熹的抗金主张不被采纳。朱熹很失望，拒绝了朝廷国子监武学博士的委任，继续教书、著述。朱熹在重读程颢、程颐的著作时，用全新的角度创建了"中和新说"，实现了他思想上的一次飞跃。

1175 年，著名理学家吕祖谦到朱熹位于建阳（今福建南平）的寒泉精舍来拜访他。二人志同道合，相谈甚欢，还共同编著了著名的《近思

录》。随后，朱熹送吕祖谦回去，二人一起抵达信州（今江西铅山）的鹅湖寺。不久，著名哲学家陆九龄、陆九渊兄弟也来到了鹅湖寺。原来，这一切都出自吕祖谦的安排，他看到以朱熹为代表的程朱理学和以陆九渊为代表的心学分歧已久，想要居中调和，于是组织了这次会面。但是，出乎吕祖谦的预料，自己的这三位友人虽然都是成名已久的大儒，却丝毫没有客套，一见面就展开了激烈的辩论。

双方针对"为学之方"展开了为期三天的辩论，朱熹强调"格物致知"，陆氏兄弟则强调"心即理"。最后，双方谁也没有说服谁，不欢而散，但这次辩论成为中国哲学史上的典范，也开了后世书院会讲的先河。同

程朱理学

程朱理学是宋明理学的主要派别之一，由北宋学者程颐、程颢兄弟开创，同时吸收了周敦颐、张载、邵雍等北宋学者的思想。到了南宋，大儒朱熹对理学思想进行了总结和发展，程朱理学正式形成。程朱理学认为理（或天理）是自然和人类社会的根本法则，而人们通过推究事物的道理，从而达到认识真理的目的。到了元、明、清三代，程朱理学成为官方哲学，科举考试都以程朱理学为宗旨，以朱熹的《四书章句集注》为题库和标准答案，考生不可违背其中的说法。

时，朱熹和陆氏兄弟并没有因这次辩论会反目成仇，他们在此后依然会用书信乃至当面进行学术辩论，而在生活中他们却成为友人。

1178年，朱熹任南康军知州，他兴修水利、抗灾救荒，并修复了南唐时期建造的白鹿

人物档案

陆九渊（1139—1193），抚州金溪（今江西金溪）人，出身书香门第，是南宋著名的哲学家、教育学家。在学术上，他与朱熹齐名，但两人学术观点差异很大。陆九渊与弟弟陆九龄、哥哥陆九韶一道创立了心学，对后世影响很大。

洞书院，殚精竭虑地邀请名师、置办学田和书籍，并亲自订立学规。经过他的努力，白鹿洞书院名声大振，成为南宋末年到清初数百年间的文化摇篮，享有"海内第一书院"的美誉。朱熹还将陆九渊请到自己修复的白鹿洞书院中讲课，谱写了一段"君子和而不同"的佳话。

不久，浙东一带发生大饥荒，朱熹奉命救灾，并先后六次劾奏台州知州唐仲友不顾灾荒派酷吏催税等行为。同时，由于痛恨秦桧的罪恶，朱熹还毁掉了浙东的秦桧祠。

朱熹52岁时，将自己的著作《大学章句》《中庸章句》《论语集注》《孟子集注》合刊，《大学》《中庸》《论语》《孟子》从此开始并称为"四书"。在后世，

朱熹的《四书章句集注》成为历代封建王朝科举的标准教科书。

朱熹晚年任潭州知州时，用怀柔政策平定了瑶民的起义，并改建、扩建了岳麓山下的岳麓书院，使其成为南宋四大书院之一。

1196年是宋宁宗庆元元年，权臣韩侂胄为了排斥异己，发动了为期六年的"庆元党禁"，朱熹的学说被斥为"伪学"，朱熹被免职，他的门人也受到牵连，有的被监禁，有的被流放，理学遭到沉重打击。1200年，党禁愈演愈烈，朱熹在忧愤交加中去世。

读史学成语

殚精竭虑

释义：用尽精力，费尽心思。

出处：清·赵尔巽《清史稿·陈奂传》："奂尝言大毛公诂训传言简意赅，遂殚精竭虑，专攻《毛传》。"

例句：为了不辜负刘备的信任，诸葛亮殚精竭虑地操劳国事。

和而不同

释义：指在不同见解中能互相尊重、吸收融合，和睦相处但不盲目苟同。

出处：《论语·子路》："君子和而不同，小人同而不和。"

例句：世界文化呈多元化发展，相互影响，和而不同。

成吉思汗统一蒙古

"一代天骄"成吉思汗

孛儿只斤·铁木真（1162—1227），出生于斡难河畔（今蒙古国肯特省），是蒙古乞颜部首领也速该之子。铁木真少年时父亲遇害，部落分裂，铁木真投奔父亲的结义兄弟王汗，逐渐拥有了自己的军队，经过不懈努力统一了蒙古草原，被尊为成吉思汗。成吉思汗四处征伐，在进攻西夏前夕病逝。

南宋和金朝在长达百余年的对峙中逐步走向衰落，军队战斗力每况愈下。与此同时，北方草原上的蒙古部族日趋强大起来。

1162年，蒙古乞颜部的酋长也速该的妻子生了一个虎头虎脑的男孩，取名铁木真。铁木真九岁时，也速该被世仇塔塔尔部的人毒死，之后乞颜部分裂，铁木真和母亲、兄弟靠捕鱼、采野果为生。过了几年，裹挟走也速该部属的泰赤乌部首领塔里忽台担心铁木真兄弟力量

壮大，就采取突然袭击的办法把铁木真抓走，给他戴上木枷示众。铁木真趁泰赤乌人举行宴会的机会，用枷锁打倒了看守人，逃回家中，并把全家迁到肯特山去居住。

十八岁时，铁木真和孛儿帖结了婚，但妻子却被蔑儿乞部抢走。为了夺回妻子，铁木真尊克烈部的首领脱斡里勒汗为义父，又与札答阑部的首领札木合结为兄弟，取得了他们的支持。他们联合出兵打败了蔑儿乞人，夺回了铁木真的妻子。这次胜利使铁木真在蒙古草原声名鹊起，许多旧时的部属纷纷来附。

随着实力的壮大，铁木真逐渐脱离札木合而独立建营。1189年，从前乞颜部的贵族们再次结合成乞颜联盟，共同推举铁木真为首领。实力最强并与铁木真有仇的泰赤乌部非常恐慌，札木合也对铁木真的不断壮大心怀不满，于是他们联合起来进攻铁木真。虽然铁木真败退了，但是泰赤乌部和札木合对待部属非常

残暴，导致他们的很多部属投奔了深得人心的铁木真，因此铁木真的实力反而因为这次兵败更加强大了。

不久，塔塔尔部首领蔑古真反金，金朝皇帝命令大将完颜襄率兵攻打塔塔尔部。完颜襄封克烈部的脱斡里勒汗为王，从此脱斡里勒汗就被称为"王汗"，并封铁木真为"札兀忽里"（前线司令官）。这次战斗，铁木真捕杀了塔塔尔部的首领，还掳获了其牧民和牲畜。从此，他的力量更强大了，开始联合王汗不断攻打其他部族。

草原很多部落畏惧铁木真，推举札木合为"古儿汗"（即众汗之汗），联合起来与铁木真为敌。1202年，铁木真和王汗一起击败了十二部联军，札木合投降王汗。同年，铁木真还消灭了泰赤乌部，并清除了塔塔尔部的残余势力。

长期以来，铁木真都以臣子和儿子的身份侍奉王汗，利用克烈部的强大实力消灭各个对手。但是，铁木真势

人物档案

王汗（？—1203），是蒙古克烈部首领，原名脱斡里勒，是铁木真之父也速该的义兄弟。他被金朝册封为王，故称王汗或王罕。他收铁木真为义子，帮助铁木真消灭了乞颜部的敌对部落，后对铁木真的崛起感到畏惧，于是袭击铁木真，后被铁木真击败，逃跑途中被乃蛮人所杀。

力的不断扩展逐渐引起了王汗的疑忌，双方的关系开始
恶化。这时候，铁木真为他的长子术赤向王汗的孙女求婚，
遭到王汗的拒绝。1203年春天，王汗假装同意铁木真提
出的婚事，想骗他来赴宴，趁机把他杀死，不料计谋泄
露，王汗立即对铁木真发动突然袭击。铁木真措手不及，
寡不敌众，经过一番苦战后，带着十九个人仓皇逃走。
他们退到班朱尼河停驻下来。这里没有人烟，没有粮食，
他们只得喝浑水止渴，射野马为食。

后来，铁木真退到贝加尔湖以东，一面向王汗求和，
一面收集残部，逐渐恢复了实力。与此同时，王汗却因
胜利骄傲麻痹，整天设宴享乐。铁木真暗中派兵包围了
王汗的驻地，突然发起进攻，经过三天三夜的激战，占
领了王汗的金帐。王汗逃走后被乃蛮人杀死，于是铁木
真吞并了克烈部。

贝加尔湖

贝加尔湖位于俄罗斯东西伯利亚高原南部，面积3.15
万平方千米，是世界最深和蓄水量最大的淡水湖，最深处
达到1620米，多年平均蓄水量23万亿立方米，约占全球
地表淡水总量的五分之一。贝加尔湖有很多独特的动物，
例如世界上唯一的淡水海豹——贝加尔海豹。

1204 年，铁木真亲率大军出征乃蛮部，乃蛮部向汪古部求助，汪古部却依附了铁木真。在一次激战中，铁木真大军杀死了乃蛮部的首领太阳汗。札木合则被属下绑了送交铁木真，被铁木真处死。不久，铁木真又征服了蔑儿乞部。就这样，铁木真完成了统一蒙古草原的大业。

1206 年，蒙古诸部在斡难河畔举行忽里勒台（大聚会的意思），一致推举铁木真为成吉思汗。"成吉思"的意思众说纷纭，通常认为是蒙古语中"强大"之意。蒙古汗国正式建立了。

读史学成语

虎头虎脑

释义：形容健壮，憨厚。

出处：老舍《赵子曰》："是个年壮力足虎头虎脑的英雄。"

例句：这孩子虎头虎脑的，甚是可爱。

声名鹊起

释义：形容名声迅速提高。

出处：清·李斗《扬州画舫录·新城北录下》："先在徐班，以年未五十，故无所表现。至洪班则声名鹊起。"

例句：由于基础功扎实，他工作没几年便在这个行业声名鹊起。

惨烈的崖山海战

爱国将领张世杰

　　张世杰(？—1279)，范阳(今河北涿州)人，少年参军，曾在鄂州(今湖北武汉)抵御元军。后任保康军节度使，加检校少保。南宋小朝廷建立后，张世杰任签书枢密院事，被封为越国公，保护着小朝廷不断南迁，最终在崖山(今广东江门新会区南)全军覆没，张世杰乘船突围后死于飓风。

　　成吉思汗成为全蒙古的大汗，并建立了第一个蒙古政权——蒙古汗国。随后，成吉思汗击败西夏和金朝，又积极西征，消灭了西辽、花剌子模，蒙古骑兵所向披靡，铁蹄远抵克里米亚半岛。1227年，成吉思汗在攻打西夏时病逝，遗命三子窝阔台继位。1229年，窝阔台按照成吉思汗留下的规划，联合南宋攻金。

　　南宋并非不知道联金灭辽的后果，也知道蒙古会是一个比金朝更为强大的对手。但是，金朝的灭亡已不可

避免，南宋为了自身利益，不得不同
蒙古联合，但同时也积极做着与蒙古对抗的准备。

　　1234 年，在南宋与蒙古的联合打击下，金朝灭亡。
接着，蒙古大军南下，开始进攻南宋，双方开始了 40 余
年的长期对抗。

　　1259 年，蒙古大汗蒙哥在合州钓鱼城（今重庆合川区）
下突然死亡，因汗位的争夺，蒙古内部陷入纷争，最终
忽必烈夺得汗位，重新启动对宋的战争。

　　1273 年，历时六年的襄阳之战结束，蒙古攻下襄阳，
南宋失去了最后的屏
障。1276 年，蒙古军
队一路南下，南宋都城
临安沦陷，年幼的宋恭
帝被蒙古人俘获，南宋
实际上已经灭亡。不
过，礼部侍郎陆秀夫带
着年幼的益王赵昰和广
王赵昺，逃出了临安，

人物档案

　　陆秀夫（1235—1279），楚州
盐城（今江苏盐城）人，与文天祥
是同年进士，南宋灭亡时他任礼部
侍郎，参与建立南宋小朝廷，任左
丞相。崖山海战中，陆秀夫觉得难
以逃脱，于是背着小皇帝赵昺投海
而死。

躲到了温州。左丞相陈宜中和当时身在定海的宋将张世杰赶去会合。不久，赵昰在福州即位，史称宋端宗，南宋小朝廷正式建立。张世杰带着所剩不多的宋军继续与元军作战。

宋军屡战屡败，南宋小朝廷的人员最后只能乘坐海船，逃往广东。宋端宗因为舟车劳顿，受了惊吓，死在了逃亡途中，大家又拥立赵昺为帝。

元军步步进逼，南宋小朝廷又迁到了崖山。崖山背山面海，地势险要。宋军到达崖山的时候，士兵和百姓大概有二十万人，他们大多住在船上。张世杰认为崖山有天险可守，便就地修建行宫和房屋，制造船只、兵器，休养生息，以图进取。

此时，元世祖忽必烈任命出生在金朝的汉人张弘范为元帅，出生在西夏的党项族人李恒为副将，统领水陆大军两万余人，分道南下。张弘范乘船入海，从一个被俘的南宋将领那里知道了崖山，立即合全军之力攻打崖山。

张世杰把千余艘战船排成一字阵，用长绳索连接起来，四面围起了楼栅，就像一座海上城市，城里的将士也都抱定必死的决心。

张弘范率领的水军到达崖山后，用小船载满茅草，浇上厚厚的油脂，趁顺风时点燃小船，让小船向宋军的

"宋末三杰"

南宋灭亡后，签书枢密院事张世杰、左丞相陆秀夫与右丞相兼枢密使文天祥竭力保护南宋小朝廷，与元军进行了不屈不挠的斗争。三人为南宋小朝廷殚精竭虑，并先后为之献出生命，被后人尊为"宋末三杰"。

船城漂去。张世杰早有准备，在战船外面涂上了一层厚厚的湿泥，因此船没有被点燃，火攻失败。

张弘范只好派使者前去劝降。张世杰回拒说："我知道投降可保住荣华富贵，可我为大宋殉国之心是不会动摇的。"张弘范又派人前去喊话，说："现在你们还能做什么？还是早点投降吧！"南宋将士依然没有一个出来回应。

此后，张弘范率领的元军控制了崖山南边的入海口，又从北面和南面的侧翼切断了宋军的所有退路。宋军就像是大海上的孤岛，无路可退。此后的十多天里，宋军只能靠干粮充饥，喝海水止渴，很多士兵喝了海水以

后呕吐不止，宋军的战斗力受到严重削弱。

　　1279 年春，元军副帅李恒率领军队到达崖山，张弘范兵力大增，决定发起总攻。宋军遭到突袭，损失惨重，眼见溃败，张世杰随即派使者到另一艘船去接小皇帝，准备突围。保护小皇帝的陆秀夫知道大势已去，怕小皇帝落入元兵手中受辱，说道："国家落到如此地步，陛下应当以身殉国，决不能再遭受侮辱。"说完，他背着小皇帝跳入了大海。船上的南宋大臣、将士与百姓纷纷跳海以身殉国人数多达十万人。张世杰突围逃了出去，准备继续组织力量抗元，却不幸遭遇了飓风，溺死在海中。

舟车劳顿

释义：形容旅途疲劳困顿。

出处：钱锺书《围城》第二章："那两位记者都说：'今天方博士舟车劳顿，明天早晨到府聆教。'"

例句：由于舟车劳顿，古代很多官员到远方赴任后都需要调养身体。

坚贞不屈的文天祥

忠臣良相文天祥

文天祥（1236—1283），吉州庐陵（今江西吉安）人，出身书香门第，后高中状元，曾任刑部侍郎。南宋灭亡前夕，他组织队伍勤王。后文天祥任右丞相兼枢密使，赴元军中议和，被扣留后逃回。南宋小朝廷建立后，文天祥率军转战各地，终被元军俘获，送到大都，数年后被杀。

元军攻下襄阳后，一路南下直奔南宋都城临安。在临安城，宋恭帝的祖母谢太后主持危局，她颁布了勤王的诏令，命各地起兵驰援京城，赶来的却只有文天祥、张世杰等人。

文天祥中过状元，由于不满权臣贾似道而被排挤。接到勤王诏令时，他正担任赣州知州，即刻散尽家财，招募民兵一万余人，马不停蹄地赶到临安。当时有人劝阻他："元军训练有素、实力雄厚，新招募的民兵作战经验不足，让他们迎战元军，无异于自寻死路。"文天

祥说:"的确如此。然而,国家面临危难,人人都有不可推脱的责任,我不能袖手旁观,只能尽力一搏,愿我的所作所为能令天下的义士忠臣齐心协力地勤王,这样才能挽救大宋。"

文天祥和张世杰等人领兵赶到临安时,谢太后正向元军求和,元军主帅伯颜不同意。南宋向元投降的决议遭到了文天祥、张世杰的坚决反对,他们表示誓死与元兵对抗,以保大宋河山,太后、皇帝可坐船去海上躲避。陈宜中胆小怕事,打定主意投降,不想抵抗。伯颜要求陈宜中前来商谈投降事宜,陈宜中吓得连夜逃往温州。张世杰不想临安落入敌手,便去定海一带征集军马和物资,以增强军事力量与敌军抗衡。

陈宜中逃走,谢太后任命文天祥担任右丞相,前去与元军议和。文天祥早就有意去打探元军的虚实,于是欣然前往元营。到了元营,文天祥痛斥伯颜,声明双方地位平等,却被伯颜扣押。不久,伯颜率兵攻陷临安城,将宋恭帝、谢太后和文武百官俘虏到了北方。

文天祥在被元军押送的途中潜逃至福州。此时,宋恭帝同父异母的哥哥赵昰被张世杰、陆秀夫等人拥立为帝,史称宋端宗。文天祥重整军队,夺回了浙江,随后带兵经由福建、广东东部,进入江西,打算收复南宋的失地。他联合江西的抗元力量,一同对抗元军。元朝即

刻派出大量骑兵，猛攻江西。文天祥没有料到元军反攻如此迅猛，仓促应战，结果损失惨重，退到广东。不久，文天祥又到广东潮阳（今广东汕头潮阳区）抗元，张弘范也率军赶到潮阳。

有一次，文天祥的军队正在五坡岭（今广东海丰境内）用饭，被张弘范的军队包抄。文天祥的军队仓促应战失败，文天祥被俘。

张弘范对文天祥十分尊重，想让文天祥致信张世杰劝其投降，但文天祥毫不犹豫地拒绝了，还写了《过零丁洋》明志。崖山海战之后，张弘范对文天祥说："丞相已经尽到忠义了，如果能像效忠宋朝一样效忠大元，你就仍然能当宰相。"文天祥断然拒绝了。

文天祥被张弘范押解送往大都，途中他绝食八天也没有死。到了大都，他被关在牢房三年，得知妻子和两个女儿都在宫中为奴，心里非常难过，但为大义而死的决心并没有动摇。忽必烈屡次命人劝他投降，都被他拒绝了。忽必烈赏识他的才能，便亲自召见了他。文天

人物档案

张弘范（1238—1280），易州定兴（今河北定兴）人，元初名将张柔之子，二十余岁就担任行军总管，曾参与襄樊之战，后任蒙古汉军都元帅，指挥元军俘获文天祥，又在崖山大败宋军。

祥见到元世祖，依然挺直身板，不肯下跪。忽必烈问他有什么愿望，文天祥答道："除了死，我别无所求。"最终忽必烈决定杀死他，他向南跪拜之后从容就义。

 《过零丁洋》与《正气歌》

　　《过零丁洋》与《正气歌》是文天祥的代表作品。《过零丁洋》是一首七言律诗，表现了他舍生取义、视死如归的高风亮节，其中"人生自古谁无死？留取丹心照汗青"是千古不朽的名句。《正气歌》是一首五言古诗，接连用典却毫无雕饰，其中"时穷节乃见，一一垂丹青""为严将军头，为嵇侍中血。为张睢阳齿，为颜常山舌"等句都感人至深。

 读史学成语

齐心协力

释义：众人一心，合力奋斗。

出处：明·凌濛初《初刻拍案惊奇》第二十四卷："过不多时，众人齐心协力，山岭庙也自成了。"

例句：虽然困难很大，但人们依然齐心协力地完成了任务。

马背王朝

元朝

忽必烈夺位建元

元世祖忽必烈

忽必烈（1215—1294），铁木真的孙子。其兄蒙哥汗在位时忽必烈奉命总理漠南汉地军国庶事。蒙哥去世后，忽必烈战胜弟弟阿里不哥，继任蒙古国大汗，后改国号为大元，将国都迁到大都。忽必烈在位期间，消灭南宋，统一全国。

忽必烈是成吉思汗第四子拖雷的第四个儿子，忽必烈的哥哥蒙哥任大汗时，让忽必烈负责黄河以北的行政事务和地方军务。

忽必烈小时候就志向远大，一心想建功立业。1258年，蒙哥攻打南宋，他自己统率主力攻打四川，派遣忽必烈进攻鄂州。忽必烈在攻打鄂州城时，蒙哥却突然去世了，有传言说蒙哥是因病去世的，也有传言说他是在攻打四川时受重伤不治而亡。忽必烈本想攻克鄂州后再去争夺汗位，却听到阿里不哥即将登上汗位的消息。

阿里不哥是拖雷最小的儿子，依照蒙古人"幼子守灶"的习俗，在蒙哥领兵作战之时，阿里不哥留守在蒙古国的都城和林（今蒙古国后杭爱省西北）。阿里不哥知道蒙哥死了之后，立即委派站在他一边的蒙古贵族担任朝中的各级官职，并命人阻挠忽必烈北上。

忽必烈马上召集手下谋士和大将，商量该如何解决这件事。谋士郝经认为应该分两路人马，一路人马去迎接蒙哥的灵车，伺机将大汗的宝玺抢回来；另一路人马去攻打燕京并驻守在那里；同时通知各王到和林去举办葬礼。此时，南宋宰相贾似道又前来求和，忽必烈立刻与他订立了和约，然后率领军队北上。

1260 年，忽必烈抵达自己的根据地开平城（今内蒙古锡林郭勒盟正蓝旗），自行召开忽里勒台，被选举为大汗。阿里不哥没料到忽必烈行动会如此迅速，于是他

  人物档案

郝经（1223—1275），泽州陵川（今山西陵川）人，生于金末乱世，以学问品行著称，成为忽必烈的谋士。他帮助忽必烈夺取了汗位，后奉命出使南宋，被贾似道扣押了十六年，始终不肯投降。忽必烈派伯颜伐宋，终于迫使贾似道放回郝经，郝经回大都同年即病逝。

也召开了忽里勒台，宣称自己是大汗。

当时，东部诸王拥护忽必烈；西部诸王中部分拥护阿里不哥，部分拥护忽必烈，再加上忽必烈长期管理中原，因此他的势力比阿里不哥大得多。忽必烈就派遣大将廉希宪攻打陕西，击败阿里不哥派去的守将浑都海，又击败赶来支援浑都海的阿兰答儿，导致阿里不哥的力量锐减。同时，忽必烈亲率大军，直逼阿里不哥的根据地和林。阿里不哥落荒而逃，并派手下向忽必烈认罪，于是忽必烈回到了开平城。

1261 年秋，阿里不哥招兵买马，然后发兵南下，重新将和林夺了回去。忽必烈得知消息后，立刻挥兵北上。这时，原本拥护阿里不哥的阿鲁忽王突然倒戈了，阿里不哥只好逃跑。后来，阿里不哥又接连打了数次败仗，再加上蒙古高原开始闹饥荒，于是原本拥护阿里不哥的

和林

和林又称喀拉和林，位于今蒙古国中部额尔浑河上游的哈拉和林。和林原本是窝阔台所设的都城，忽必烈迁都后和林被改为宣慰司都元帅府、和宁路总管府等。元朝灭亡后，这里又成了北元的政治中心。

各王都陆续投靠了忽必烈。1264 年，阿里不哥知道大势已去，只好向忽必烈投降。

忽必烈战胜阿里不哥之后，将都城从和林迁到大都。1271 年，忽必烈听从刘秉忠的提议，根据《易经》中"大哉乾元"一句，改国号为"大元"，忽必烈即为元世祖。

读史学成语

建功立业

释义：建立功勋，成就事业。

出处：宋·苏轼《上两制书》："古之圣贤建功立业、兴利捍患，至于百工小民之事皆有可观。"

例句：他虽然年纪不大，但抱负远大，一心想着建功立业。

大势已去

释义：有利的形势已经丧失。形容大局已无可挽回。

出处：宋·欧阳修等《新唐书·昭宗哀宗纪赞》："自古亡国，未必皆愚庸暴虐之君也。其祸乱之来有渐积，及其大势已去，适丁斯时，故虽有智勇，有不能为者矣。"

例句：得知李自成逼近北京，崇祯皇帝意识到大势已去。

马可·波罗来华

马可·波罗（约1254—1324），出生于威尼斯的一个商人家庭，据称他约十七岁时随父亲和叔叔来到中国，生活了十七年后回到威尼斯，在一次战争中被俘，与狱友鲁思蒂谦一道创作了《马可·波罗行纪》。

忽必烈的重要谋臣刘秉忠，不仅有治国理政的才能，也是一位出色的城市规划设计和建设专家。1266年，刘秉忠又奉命在燕京城的东北规划并建设了一个规模宏大的城市，就是元大都。1274年，忽必烈在大都正殿接受朝贺，大都迅速成为世界闻名的大城市，人们纷纷来到大都生活。两年后，一个特殊的客人来到了这里，他就是年轻的马可·波罗。

马可·波罗出生于威尼斯的一个商人家庭。约十七岁时，他跟随父亲和叔叔踏上了前往中国的漫长旅途。他们渡过地中海和黑海，穿过可怕的伊朗沙漠，翻越帕

米尔高原，终于进入中国境内。随后，他们穿过塔克拉玛干沙漠和河西走廊，终于到达了上都，见到了忽必烈，并跟随忽必烈到达大都。此时，距离他们离开家乡已经四年了。

人物档案

刘秉忠（1216—1274），邢州（今河北邢台）人，出身官宦世家，早年曾任小吏，后辞官隐居为僧。他经人推荐加入忽必烈幕府，后官至宰相，是元朝各项制度的设计者，也是元大都的总设计师。

忽必烈对年轻的马可·波罗颇为喜爱，让他当了一名官员，游历了中国各大城市，所到之处无不令他惊叹。他曾在富庶的扬州生活了三年，还奉命出使越南、缅甸等地。就这样，马可·波罗在中国生活了十七年，他也越来越想家了。恰好此时，蒙古公主阔阔真远嫁波斯，马可·波罗和父亲、叔叔趁机提出加入护送公主的使团，并转道回国。忽必烈同意他们离开，并赏赐给他们大量财宝。1295 年，三人回到了阔别已久的威尼斯，成为巨富。

1298 年，威尼斯与热那亚爆发了战争，马

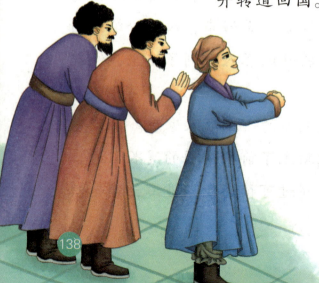

可·波罗也参加了这次战争，却不幸成为热那亚的俘虏。在狱中，他向狱友鲁思蒂谦口述了自己的传奇经历，鲁思蒂谦记录成书，命名为《马可·波罗行纪》。

《马可·波罗行纪》中记述了亚洲很多国家的情况，中国的最为详尽。马可·波罗热情洋溢地将中国描述为一个拥有无尽财富的国家。中国的辽阔和富有远超当时

《马可·波罗行纪》的结构

《马可·波罗行纪》共四卷，首卷记载了马可·波罗和父亲、叔叔东游途中的见闻，描写的是中亚、西亚的风土人情；第二卷篇幅最大，重点记载了忽必烈的宫殿与朝廷的相关事宜，并对中国境内的城市如大都、杭州、福州、泉州等进行了详细的描述；第三卷记载日本、越南、东印度、南印度、印度洋沿岸等中国周边国家和地区的状况；第四卷记载成吉思汗后裔在亚洲北部的战争等事宜。

欧洲人的想象，《马可·波罗行纪》为欧洲打开了神秘的东方之门，为东西方的交流做出了重要贡献。

不过，马可·波罗对自己的经历不乏吹嘘之处，对中国的记述也有遗漏和不实之处，而且中国史料中并没有任何关于马可·波罗的记载，所以《马可·波罗行纪》的真实性始终存在着巨大的争议。有的研究者甚至断言，马可·波罗根本没有来过中国，只是听其他商人的讲述对中国有了片面的认识，并靠着天马行空的想象编写出了这本书。目前，很多研究者还在不断地寻找着有关马可·波罗与中国的史料，相信对这段历史的疑团会有解开的那一天。

读史学成语

天马行空

释义： 神马奔驰神速，像腾空飞行一样。比喻才思纵横，不受约束。

出处： 明·刘廷振《〈萨天锡诗集〉序》："其所以神化而超出于众表者，殆犹天马行空而步骤不凡。"

例句： 设计战术时，既要天马行空，又要稳扎稳打。

"曲圣"关汉卿

辉煌的元杂剧

元杂剧是用北曲演唱的传统戏曲形式，宋朝时就已出现雏形，元朝时达到巅峰，诞生了大批优秀的作家，涌现出很多佳作。元朝的杂剧作家中，最出色的莫过于"元曲四大家"。四人中，尤以关汉卿的杂剧作品最为著名。

元朝将百姓划分为四等：第一等是蒙古人，享有种种特权；第二等是色目人，多为西域人，地位仅次于蒙古人，也享有不少特权；第三等是汉人，主要是北方的汉人和女真、契丹等族的人；第四等为南人，指原来南宋境内的汉人和其他民族的人。汉人和南人遭到种种限制，再加上元朝取消了科举，一大批底层文人没有进身之阶，转而投身元曲剧本的创作，这些促使元曲获得辉煌的成就。

当时，很多读书人专门从事杂剧创作，揭露官场中的罪恶和社会的种种不公。这一时期涌现出大批剧作家，尤以关汉卿的创作成就最高。

关汉卿是大都（今北京市）人，做过太医院的官员，可他对医术没什么兴趣，而是喜欢写剧本，经常出入歌楼舞榭，参加戏剧导演和演出活动。据元末熊自得的《析津志》记载，关汉卿"生而倜傥，博学能文，滑稽多智，蕴藉风流，为一时之冠"。明代的臧晋叔也说他"躬践排场，面敷粉墨。以为我家生活，偶倡优而不辞"。

关汉卿一生所作的杂剧有六十余种，现在留存下来的有十八种。他所作的套曲有十余套，小令有五十余首。他的作品题材广泛，主要揭露了当时封建社会的黑暗和腐败，同时表现了底层人民，特别是青年妇女的苦难和抗争。他塑造的人物都个性鲜明，故事情节生动，语言也很精练。

他的剧作中既有葛彪和鲁斋郎一样的豪强权贵，"动不动挑人眼，剔人骨，剥人皮"，又有婢女燕燕和童养媳窦娥这样遭遇悲惨的底层人物。他笔下的妇女大都境遇凄惨，但她们正直、善

良、机智、勇敢，与封建势力斗争，至死不屈。在那个特定的历史时代背景下，关汉卿的作品深深地鼓舞了受压迫的人民。

关汉卿的戏剧按内容大致可分为三类。

第一类是公案剧，主要通过讲述一些公案故事来抨击当时统治者的残暴，揭露社会矛盾，如《窦娥冤》《蝴蝶梦》《鲁斋郎》等。最有名的要数《窦娥冤》了，它被视为悲剧的代表。

人物档案

关汉卿，生卒年不详，大都人，曾任太医院尹，入元不仕，专以创作杂剧为业，作品有《窦娥冤》《拜月亭》《单刀会》等，与马致远、郑光祖、白朴并称为"元曲四大家"。他的散曲作品也取得了很高的艺术成就。

"元曲四大家"

"元曲四大家"是对元朝四位杂剧作家的统称，他们分别是关汉卿（代表作《窦娥冤》）、马致远（代表作《汉宫秋》）、郑光祖（代表作《倩女离魂》）、白朴（代表作《墙头马上》）。四人作品风格各异，代表着四个不同的流派，对后世戏曲创作影响深远。除了"元曲四大家"，王实甫（代表作《西厢记》）、乔吉（代表作《扬州梦》）等也有佳作传世。

第二类是婚姻爱情剧，描写底层妇女因生活所迫而表现出的勇敢和机智，这类剧作中的反派角色总是受到嘲弄，具有一定的喜剧效果，如《救风尘》《望江亭》《拜月亭》等。

第三类是歌颂历史英雄，最具代表性的是《单刀会》，讲述了三国时期，孙权向刘备讨要荆州，刘备手下大将关羽单刀赴会的故事。关汉卿在这些历史剧中，歌颂了英雄，赞美了正义的品德，具有较高的艺术思想性。

至死不屈

释义：到死也不屈服。形容英勇顽强。

出处：宋·周密《齐东野语·二张援襄》："贵身被数十创，力不支，遂为生得，至死不屈。"

例句：面对元朝官员的劝降，文天祥至死不屈。

单刀赴会

释义：源出三国蜀将关羽携带单刀独自去见吴将鲁肃的故事。指独自前往。

出处：明·罗贯中《三国演义》第六十六回："吾来日驾小舟，只用亲随十余人，单刀赴会，看鲁肃如何近我。"

例句：作为将领，既要有机变如神之智，也要有单刀赴会之勇。

天文学家郭守敬

认识郭守敬

　　郭守敬（1231—1316），邢台人，祖父郭荣精通天文、数学、水利。郭守敬自小受到良好教育，又被送到祖父的好友刘秉忠那里学习。后来，郭守敬得到忽必烈的赏识，受命主持水利工作。在太史院任职时，他奉命编撰了《授时历》，又主持开凿了通惠河。

　　郭守敬的祖父郭荣不仅精通经书，在天文、水利、数学等方面也都有研究。郭守敬从小在祖父的影响下，十分热爱科学。名士刘秉忠与张文谦曾在邢州西南紫金山讲学，郭荣便把郭守敬送到那里学习。郭守敬在两位老师的教导下，收获甚多，还结识了王恂等跟他一样爱好科学的好友。

　　忽必烈称帝后，大力发展农业、整顿水利，大量召集有关农业与水利方面的人才。忽必烈的谋士张文谦便把学生郭守敬引荐给了他。郭守敬向忽必烈提出了六项整治水

利的措施，使忽必烈对这个年轻人刮目相看，并安排他治理各路河渠，经办水利。

1264 年，郭守敬被派到西夏旧地治理河道。这里经过多年战乱，土地荒芜，河道淤塞，当地的生产生活遭到了严重的破坏。郭守敬仔细勘察了地形，然后发动民工疏浚了一些被堵塞的河道，又开挖了一些新的河道。不到一年，这一地区的九百多万亩田地都得到了灌溉，五谷丰登，百姓的生活也得到了明显的改善。

忽必烈灭了南宋以后，更加注重农业生产的发展。农业生产离不开历法。以前，蒙古人一直使用的是金朝颁布的历法，而江南用的是另一种历法，南北历法不同，很容易造成混乱。元世祖决定制定一个新的历法，还专门下令成立了编订历法的机构，即太史局（后改名太史

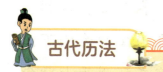

古代历法

我国历史上第一部比较完整的历法，是汉武帝时期颁布的《太初历》。到了南北朝时期，著名数学家祖冲之参与编撰的《大明历》引入"岁差"概念，这是一次较大的历法改革。唐代僧人一行编订的《大衍历》，是一部系统周密的成熟历法。元代《授时历》的成就极为突出，并基本被明代的《大统历》所继承，是一部沿用了 300 余年的优秀历法。

院）。由许衡负责，郭守敬与王恂辅助，研订新历。

郭守敬接手这个工作以后就提出：研究历法最重要的就是要进行观测，而观测就必须依靠仪器。原来开封的那架观测天象的浑天仪已经陈旧不堪了，那怎么办呢？只有自己动手设计一套新的仪器了。郭守敬认为浑天仪的结构太过复杂，很不方便使用，于是他创制了一种结构更简单、刻度更精准的简仪。

有了仪器，就可以正式开始工作了。1279 年，郭守敬向元世祖演示解说如何利用仪器进行测量，还进言如今国土广大，需多地进行测量方为完备，元世祖立即批准了他的方案。

郭守敬和王恂在全国设立了二十七个观测点，进行实地研究。他们设

立的观测点南至朱崖（今海南海口），北至铁勒（今俄罗斯西伯利亚一带），并且派遣了十四名监候去各地进行勘测。郭守敬还亲自到几个关键的观测点进行观测与记录。最后，他们把各个观测点的数据进行整理，全部记录汇总到太史局。郭守敬和同僚依据这些整合的数据，一年后制作历法的工作结束，《授时历》完成。

《授时历》相较于

过去的历法，更精准、内容更丰富，它推算出一年有365.2425天，精准度与今天通行的公历相当，但比公历早了约三百年。

此后，郭守敬还主持开凿了北京的通惠河，成为后来北京的交通命脉。除了天文学和水利学，郭守敬在数学、光学、地理学等方面也有突出成就。

读史学成语

五谷丰登

释义：五谷丰收。形容年成好。

出处：明·施耐庵《水浒传》第一回："那时天下太平，五谷丰登，万民乐业，路不拾遗，户不夜闭。"

例句：由于修建了大量水利设施，这个村庄年年五谷丰登。

"石人一只眼"

认识刘福通

刘福通（？—1363 或 1366），颍州（今安徽界首）人，出身富豪家庭，与韩山童以白莲教组织起义，事泄，韩山童被杀，刘福通在亳州立韩林儿为帝，自己掌握着大权。此后，他率领红巾军常年与元军对抗，后败退至安丰。张士诚派部将攻打安丰，一说刘福通在安丰时阵亡，另一说朱元璋将刘福通和韩林儿救出，又在几年后暗杀了他们。

元朝末年，统治阶级已经完全丧失了治理天下的能力和意愿，不管是皇族还是朝中官员，都忙着敛财和享乐。由于元朝政权的腐败，在元顺帝（又称元惠宗）登基时，元朝已经处在崩溃的边缘。

由于百姓生活艰难，民间出现了各种宗教，其中发展最快的是韩山童领导的白莲教。韩山童和好友刘福通借着元朝人心丧尽的机会，决定以宗教思想把百姓组织起来，伺机推翻元朝。

机会很快出现了——黄河决堤。元朝统治者粗暴地

征来十余万百姓修筑河堤。黄河的水灾当然需要治理，但官吏在治河过程中对民工肆意压榨，最终逼得十余万民工恨不得与元朝统治者同归于尽。

韩山童知道筑堤民工对元朝已经无法忍耐下去了，于是决定组织筑堤民工起义。韩山童派人在筑堤民工中传播一首简短的歌谣："石人一只眼，挑动黄河天下反。"

不久，几名民工在干活时真的挖出了一个石人，而且这个石人只有一只眼。这些民工被眼前的情景惊得说不出话来，觉得这是上天在启示他们。这件事在筑堤民工之间越传越广，坚定了他们推翻元朝的决心。其实这件事是韩山童和刘福通事先安排的，石人自然也是他们埋下的。

当韩山童决定发动起义时，刘福通提出了一个重要的建议："元朝以武力从宋朝那里夺得天下，

而百姓依然怀念宋朝。如果起义，就要借助宋朝的名义。"韩山童采纳了这个建议。于是，韩山童对外宣称自己其实是宋朝皇族的后人，刘福通则自称是宋朝名将刘光世的后人。

在舆论上做足准备后，韩山童与刘福通决定组建武装力量。他们把白莲教的骨干集合起来，举行祭拜天地的仪式，定下了发动起义的具体时间，约定以头上戴的红巾为记号。没想到，参加这次行动的人中有人不慎将消息泄露出去，导致韩山童被抓遇害。危急时刻，韩山童的妻子带着韩山童的儿子韩林儿逃到了外地。

刘福通突围后，决定立刻发动起义。刘福通利用白莲教在农民中的威望，把附近的农民集合起来，宣布发动起义，得到了农民的支持。他们头戴红巾，拿着能找到的武器攻打临近的城镇。附近筑堤的民工也纷纷加入

元末群雄

元朝末年群雄逐鹿，各地均涌现出割据势力。这些势力除了与元朝对抗，互相之间也或联合、或对抗，上演了一出出纵横捭阖的历史大剧。其中，较有影响力的包括朱元璋、刘福通、张士诚、陈友谅，此外还包括方国珍、芝麻李、彭莹玉、明玉珍等。

这支队伍。由于他们在作战时都头戴红巾,所以被称为"红巾军"。

朝廷得知农民发动起义的消息后,赶忙派兵镇压。在长时间的骄奢淫逸中,元军的士气早就丧失殆尽了,元军的将领也多是些庸碌贪财之辈。在攻打红巾军的过程中,一些元军将领不敢直接与红巾军交战,反而杀普通百姓来谎报军功。由于元军将领的无能,红巾军的发展迅猛。

红巾军在刘福通的领导下屡战屡胜,攻下了许多城池,受到了各地百姓的欢迎。南方广大地区的农民纷纷加入反抗元朝的斗争中,并出现了一批有影响力的抗元将领,如徐寿辉、郭子兴等。

1354年,由于元军指挥体系混乱,朝廷派丞相脱脱统一指挥元军主力。脱脱不仅动用了中原的元军,还从西域等地调兵,最后集结了百万大军。脱脱本来以为凭借优势兵力可以轻易击败各地的起义军,没想到高邮的起义军在张士诚的领导下进行了极为顽强的

人物档案

郭子兴(?—1355),元朝末期江淮地区红巾军首领,地主出身,喜欢结交豪杰义士。1351年,郭子兴和孙德崖等四人率众起义,第二年攻克濠州(治今安徽凤阳东北)。后来,郭子兴与孙德崖等人不和,最终郁闷病死。

守城战，使得脱脱最终无功而返。

脱脱的进攻行动失败后，刘福通抓住元军军心涣散的有利时机，带领北方起义力量不断打击元军的有生力量。为了使全国起义力量得到统一指挥，刘福通推举韩林儿为帝，定国号为宋。得到统一指挥的各地起义军向各地的元军发起进攻，逼得朝廷只能一边镇压一边招抚。由于张士诚等起义军的领导人接受了元军的招抚，刘福通面临的形势逐渐险恶，最终刘福通战死（一说被朱元璋暗杀），红巾军起义最终失败了。

读史学成语

同归于尽

释义：一起走向死亡。

出处：明·兰陵笑笑生《金瓶梅词话》第一回："世上人……打不破酒色财气圈子，到头来同归于尽。"

例句：这个英勇的士兵决定和敌人同归于尽。

丧失殆尽

释义：差不多已经全失去了。

出处：吴永进《谢军创世纪》："在第37回合简化形势的兑子中，由于计算失误，非但没有占到便宜，反而使优势局面丧失殆尽。"

例句：由于比赛一直失利，他的信心已经丧失殆尽。

好看的
中国历史

隋唐五代

刘启正 ◎ 主编

三辰影库音像电子出版社
北京

图书在版编目（CIP）数据

好看的中国历史．隋唐五代／刘启正主编．—北京：三辰影库音像电子出版社，2023.7

ISBN 978-7-83000-562-7

Ⅰ．①好…　Ⅱ．①刘…　Ⅲ．①中国历史—隋唐时代—青少年读物②中国历史—五代十国时期—青少年读物

Ⅳ．① K209

中国版本图书馆 CIP 数据核字 (2022) 第 145156 号

好看的中国历史．隋唐五代

责任编辑：石海燕

责任校对：韩丽红

出版发行：三辰影库音像电子出版社

社址邮编：北京市朝阳区金海商富中心 B 座 1708，100124

联系电话：（010）59624758

印　　刷：三河市南阳印刷有限公司

开　　本：710mm×1000mm　1/16

字　　数：560 千字

印　　张：60

版　　次：2023 年 7 月第 1 版

印　　次：2023 年 7 月第 1 次印刷

定　　价：198.00 元（全 6 册）

书　　号：ISBN 978-7-83000-562-7

前 言

　　我国是一个历史悠久的文明古国，在五千年的漫长岁月中，上演了无数惊心动魄、可歌可泣的事件。这些事件，记载在浩如烟海的史书之中，等待后人从阅读中收获智慧与乐趣。

　　然而历史书籍往往卷帙浩繁，晦涩难懂，让青少年望而却步。为了让广大青少年愿意亲近历史，并能从中获益，我们以正宗史著为蓝本，按照朝代更迭的顺序，用一个个有趣的历史故事串联起五千年的中国史。

　　姜子牙是怎样从一个水畔钓叟，成为周朝功臣的？管仲是如何由阶下囚，一跃成为齐国宰相的？"汉初三杰"是如何帮助刘邦战胜西楚霸王项羽的呢？曹操、刘备、孙权、诸葛亮、关羽这些大家耳熟能详的人物，在正史中与小说、电视剧中有哪些不同？被称为千古名君的李世民，到底有哪些丰功伟绩？岳飞和他的岳家军，为什么流芳百世？朱元璋是怎样从一个到处乞讨的和尚，成为大明王朝的开国君主的？以上种种问题的答案，以及更多有趣的历史故事，都在这套《好看的中国历史》中等待着你呢。

　　本套书共分六册，精心挑选了历朝历代的代表性事件，用详

略得当、生动活泼的语言讲述出来，易读易记。将六册书连起来阅读，就仿佛在五千年的浩瀚历史中来了一次"时空穿梭"，对苦难与辉煌交织在一起的中国历史会有一个基础的了解。为了拓展青少年的知识面，我们在每一篇故事中都设置了小栏目，对重点人物和相关历史常识进行了介绍，对理解历史事件具有现实意义，能够启发青少年的思考。

相信阅读完这套有趣又好看的历史读物，青少年一定能够有所收获，得到成长。

短暂的辉煌　隋朝

巅峰帝国　唐朝

纷扰的乱世　五代十国

短暂的辉煌

隋朝

节俭的隋文帝

 一代贤主隋文帝

　　杨坚（541—604），弘农华阴（今属陕西）人，出身北周权贵家庭，继承了父亲杨忠的爵位，他的女儿是北周宣帝的皇后。公元581年杨坚胁迫北周静帝禅位给自己，建立隋朝，年号开皇。隋文帝在位期间，躬行节俭、励精图治，使得隋朝国富民强，开创了著名的"开皇之治"。

　　公元581年，北周的外戚、左大丞相、随国公杨坚，在除掉一切公开反对自己的势力后，不顾女儿皇太后杨丽华的反对，逼迫年幼的北周静帝退位，自己当上了皇帝，因觉得"随"字不吉利，便以"隋"为国号。杨坚就是隋文帝。

　　隋文帝知道，北周之所以不得人心，是因为其统治者骄奢淫逸、残暴不仁。为了避免重蹈覆辙，自己必须谨慎地处理政事，并且要厉行节俭、澄清吏治，才能得

人物档案

杨俊（571—600），其母亲为文献皇后独孤伽罗，隋炀帝杨广的弟弟。开皇元年（581），被封为秦王。历任河南道行台尚书令、上柱国、右武卫大将军、山阳道行军元帅等职，曾参与灭陈战争。开皇十七年（597），因骄奢淫逸被免去官职，保留爵位。

到天下人的拥护。他的马车坏了，不会换新的，而是让人一次次修补。有一次，太医给隋文帝配药，需要用胡粉。胡粉是贵族女子常用的化妆品，杨坚派人在后宫找遍了竟然没有找到。

隋文帝不仅自己节俭，还很注意约束皇亲国戚的行为。杨坚的第三个儿子杨俊被封为秦王，他原本名声不错，颇受隋文帝喜爱。但是后来他的生活越来越奢侈，还违反禁令放债，即使隋文帝派人调查他，他依然不知悔改。他大兴土木，建造了豪华的宫室，用香料涂抹墙壁，用大理石铺就台阶。他建造了一座水上宫殿，日夜在宫殿中饮酒作乐。

隋文帝不满杨俊的骄奢淫逸，免去了他的官职。有人为杨俊求情，说秦王的罪过没有那么大，惩罚不必那么重。隋文帝严肃地说："天下没有一部专为皇子制定的法律。"后来，杨俊病死了，他的属下请求为他立碑，隋文帝不同意，还命人将他府中奢侈华丽的用品全部烧毁。

隋文帝曾教导太子杨勇："古往今来，从来没有帝王腐败奢靡而国家却能千秋万代的。你身为太子，更应该勤俭节约。"可惜杨勇听不进去，最终被废。

隋文帝以严格的标准对待皇亲贵族以及朝臣，却以宽容的方式对待百姓。他命令官员制定了《开皇律》，废止了前朝很多残忍的刑罚。

隋文帝非常关注民生疾苦。有一年，关中地区的百

三省六部制

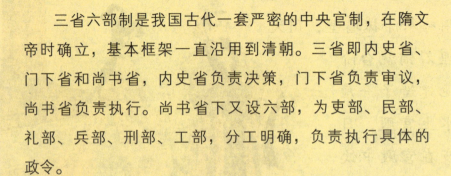

三省六部制是我国古代一套严密的中央官制，在隋文帝时确立，基本框架一直沿用到清朝。三省即内史省、门下省和尚书省，内史省负责决策，门下省负责审议，尚书省负责执行。尚书省下又设六部，为吏部、民部、礼部、兵部、刑部、工部，分工明确，负责执行具体的政令。

姓遭遇了严重的饥荒，只能吃糠拌豆。隋文帝知道了，责怪自己没有照料好百姓，带头禁食酒肉一个月。

此外，隋文帝还在政治及经济上推行多项改革，如轻徭薄赋、推行均田制等。因此隋朝社会呈现出一片欣欣向荣的局面，北方的经济迅猛发展。

隋文帝爱民如子，执政贤明，使百姓得以专心耕耘，国库充盈。隋朝末年时，存放在国库里的粮食可供百姓吃五六十年。

读史学成语

不得人心

释义：指所作所为违背民心，不能得到民众的拥护。

出处：清·曾朴《孽海花》第十三回："潘尚书拉长耳朵，只等第一名唱出来，必定是江苏章骞。谁知那唱名的偏偏不得人心，朗朗的喊了姓刘名毅起来。"

例句：做事情不得人心，必然会遭到百姓的反对。

残暴不仁

释义：残忍暴虐，毫无同情仁爱之心。

出处：明·罗贯中《三国演义》第五十三回："韩玄残暴不仁，轻贤慢士，当众共殛之！愿随我者便来！"

例句：商纣王残暴不仁，最终落得个国破身死的下场。

"变色龙"杨广

暴君杨广

杨广（569—618），隋文帝与独孤皇后的次子，被封为晋王，在隋灭陈的战争中是领衔的统帅，并长期任扬州总管。公元604年，杨广继位，就是隋炀帝。隋炀帝在位期间营建东都、开凿大运河、巡游江都（今江苏扬州），并三次征讨高句丽。他不恤民力、好大喜功，导致民不聊生，造成了天下大乱。公元618年，隋炀帝在兵变中被杀。

隋文帝的长子杨勇在生活上铺张浪费，逐渐失去了父皇的宠爱。独孤皇后不愿意儿子们宠爱侍妾超过正妻，而杨勇却偏偏宠爱一个姓云的侍妾，冷落太子妃，使得独孤皇后对他非常不满。久而久之，杨勇的太子地位越来越不稳固了。

此时，隋文帝的二儿子晋王杨广想得到太子之位，于是处处迎合父母的喜好。每次得到隋文帝要来自己王府的消息，他就将漂亮的侍女锁在内室，仅留下粗笨的

侍女，让她
们身着粗布麻
衣，侍奉在自己
身侧。他弄断乐器
的弦，保留上面的灰尘，
将其摆在引人注目的地方。隋文帝目睹此情此景，以为
杨广不近女色，生活俭朴，对他非常满意。

　　有一次，杨广带领士兵游猎，正赶上大雨，侍从捧
着雨衣送给他，他没有接受，说："我的士兵们都在淋雨，
我怎能独自披上雨衣呢？"说罢，他执意与士兵们一同
淋雨。隋文帝得知这件事情后，更加欣赏这个儿子，觉
得他宽厚仁爱，日后能成大事。

　　杨广得知杨勇不得母后的欢心，便愈发地尊敬母后，
只要是母后派来的人，无论地位贵贱，他都与妻子一起
设宴款待。

　　有一次，杨广即将从长安回到扬州去，在拜别独孤
皇后的时候，他装出一副依依不舍的神情，一把鼻涕一
把泪地声称太子准备加害他，他与母后恐怕再无相见之

日。独孤皇后听了勃然大怒，更加记恨杨勇。

杨广一回到扬州，就召集心腹密谋夺取太子之位。属下宇文述对他说："废立太子可不是小事。杨素是皇上最为宠信的大臣，倘若我们得到了杨素的支持，一定能成就此事。杨素有事喜欢和他弟弟杨约商量，碰巧我和杨约是故交，我请求亲自到长安去游说杨约。"杨广闻言大喜，便命宇文述前往长安联络杨约。

宇文述来到长安，邀请杨约一同喝酒。他知道杨约贪财，就提前把各种珍宝放在易被发觉的地方。果不其然，杨约一看到那些珍宝就挪不开眼了。酒足饭饱后，宇文述用那些珍宝下注，故意连败几局，将珍宝都输给了杨约，杨约开心得合不拢嘴。

宇文述趁机说："不瞒您说，这些珍宝全是晋王派我

 人物档案

杨素（？—606），弘农华阴人，出身名门望族，在北周时就已经当上了车骑大将军，之后协助杨坚称帝，立下大功，被封为上柱国，参与了《开皇律》的修撰。之后，杨素在隋灭陈、平定陈朝旧地的反叛以及抗击突厥的战争中屡立殊勋，封越国公，担任尚书左仆射（宰相）。杨素在杨广夺取太子之位时起到关键作用，杨广称帝后，杨素被任命为尚书令，封楚公。

送给您的。"

杨约惊讶地询问原因。宇文述笑着回答："这点薄礼算不了什么，以后晋王还有更大的富贵要送给您和越国公（杨素）呢！"

杨约更加吃惊，说："虽然我杨约算不上富贵，但是我的哥哥杨素已位极人臣，享尽荣华富贵，又何须别人相送呢？"

宇文述说："即便您和越国公富贵已极，可宦海沉浮，世事难料，富贵也不一定长久。多年来，越国公位高权重，得罪过的人不知道有多少。太子因为不能随心所欲地做事，恐怕迁怒越国公。一旦皇上驾崩，太子登上皇位后能放过他吗？"

杨约被说动了，忙问："您有何高见？"

嫡长子继承制

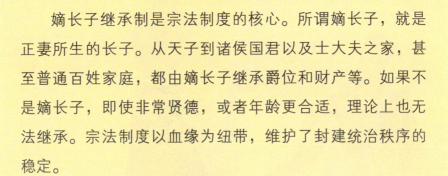

嫡长子继承制是宗法制度的核心。所谓嫡长子，就是正妻所生的长子。从天子到诸侯国君以及士大夫之家，甚至普通百姓家庭，都由嫡长子继承爵位和财产等。如果不是嫡长子，即使非常贤德，或者年龄更合适，理论上也无法继承。宗法制度以血缘为纽带，维护了封建统治秩序的稳定。

　　宇文述对杨约附耳低声说："废掉太子，立晋王为太子。事成后，晋王必定对您和越国公感恩戴德。到时，您二位还愁不能永保富贵吗？"杨约点头表示认同。

　　杨约向杨素转达了宇文述的意思，杨素也被说动了，决定立刻行动。几天后，杨素对独孤皇后说："晋王孝顺父母，生活节俭，这些方面和皇帝很像。"随后又大肆批评太子。杨素的一番话说到了独孤皇后的心坎儿里，她赏赐给杨素许多金银财宝，让他想办法废太子，立晋王。

　　不久，隋文帝让杨素去拜访太子，杨素刻意拖延时间不进门，不出他所料，太子火冒三丈。回宫向隋文帝禀告的时候，杨素说："太子对陛下心怀怨恨，我是陛下的使者，他却对我大动肝火，陛下需要加以防备。"隋

文帝相信了杨素的话，派人监视杨勇的一举一动。

　　随后，杨广想方设法收买了太子的亲信姬威，姬威上书隋文帝，说："太子经常命人占卜吉凶，说父皇活不过十八年。"隋文帝得知后，泪水从眼眶里流出，说："没想到杨勇用心如此狠毒！"便派人将杨勇关了起来。

　　公元600年，隋文帝昭告天下，将太子杨勇废为庶人，命杨广任太子之位。

读史学成语

荣华富贵

释义： 形容财多势大，显赫一时。也指奢侈豪华的生活。

出处： 明·凌濛初《初刻拍案惊奇》第二十二卷："话说人生荣华富贵，眼前的多是空花，不可认为实相。"

例句： 荣华富贵只不过是过眼云烟，稍纵即逝。

随心所欲

释义： 任凭心里的欲望，想怎样就怎样。

出处： 清·李汝珍《镜花缘》第六回："世上无论何事，若人力未尽，从无坐在家中就能平空落下随心所欲事来。"

例句： 做事要严肃认真，切忌随心所欲。

好大喜功的隋炀帝

 走进大运河

　　隋炀帝继位初年，就开始开凿大运河，重点是将自然河道及前代修的运河进行疏浚，并连成一体。他调集了上百万民工开凿通济渠，同年疏浚了邗沟。过了几年，他又命人开凿永济渠。公元 610 年，他命人开凿江南河。至此，北起涿郡（今北京），南至余杭（今浙江杭州）的大运河将南北连接起来，对中国南北地区之间的经济、文化发展与交流，维护全国统一等起到无法估量的作用。

　　公元 604 年，杨广继位，就是隋炀帝。继位不久，隋炀帝就做了两件大事。

　　一是修建东都洛阳。公元 605 年，隋炀帝命杨素领衔，宇文恺负责设计，开始建造东都。宇文恺博览群书，精通建造技艺，为了迎合隋炀帝穷奢极欲的生活作风，他将这项工程搞得声势浩大。为了建造东都，宇文恺大费周章地从各地运来奇石和木材，又四处搜集珍禽异兽装

点御花园。

据史书记载，营建东都期间，每月投入的人工有二百万名，让他们夜以继日地劳作。东都的西边还修建了一个大花园，周长二百余里（1里=500米），供隋炀帝游玩，叫作"西苑"，花园中分布着假山和人工湖，楼阁台榭及奇花异草更是一应俱全。夸张的是，等到秋冬花叶凋零之时，宫中之人会用彩绫剪成的花叶挂在树梢上，令西苑"四季如春"。

二是命人修建大运河。修建东都的同时，隋炀帝又征集河南的百姓一百余万人，开通了一条起于洛阳西苑，止于淮水的运河，取名为通济渠；随后又征集淮南十余万名百姓，疏通了前人开凿的邗沟（即里运河）。如此一来，大大方便了洛阳与江南之间的水路交通。此后的五年，隋炀帝又先后两次征集民工，开通了两条运河，

人物档案

宇文恺（555—612），朔方（今陕西靖边东北白城子）人，鲜卑族，出身北周武将世家，自幼博学多才，精通多种技艺。隋炀帝在位时任将作大匠、工部尚书等，负责营建东都洛阳，制造了可以移动的观风行殿等，隋朝的宫室多数出自他的手笔。宇文恺堪称古代杰出的建筑学家和城市规划师。

　　一条为永济渠，从洛阳的黄河北岸到涿郡；另一条为江南河（即京杭大运河的南段），从京口（今江苏镇江）到余杭。最后，将四条运河彼此连接，组成了一条南北贯通的大运河。

　　这项宏大的工程征用的民工达数百万，前后共花费了六年时间。在我国漫长的历史中，大运河堪称最宏伟

 观风行殿

　　隋炀帝继位后几乎每年都会出巡。有一年，他到北方边境上巡视，宇文恺为他建造了一座可以活动的宫殿，叫作"观风行殿"，上面可以容纳几百人。使用的时候组装起来，不用的时候可以拆卸装运。宫殿下面装着轮子，人们可以推着宫殿前进。

的工程之一。它竣工以后，沟通了长江、钱塘江、黄河、淮河、海河五大水系，对我国经济、文化的发展和祖国的统一，产生了深远的影响。

好大喜功的隋炀帝还到处开疆拓土，他收服或歼灭了突厥、吐谷浑、高句丽等部族，阻止或拖延了一众竞争对手的崛起。与以往相比，大隋的国土面积大大增加了。

但是，隋炀帝在位期间的功绩掩盖不住民不聊生的社会现实。为了修建长城，隋炀帝下令征召上百万民夫，并限期完工。为了躲避沉重的徭役，百姓们甚至自残肢体。

隋炀帝在位期间，百姓的苦难不仅仅来自劳役，还有战争。为了发动对高句丽的战争，隋炀帝强行征集了一百多万士兵。

公元 611 年，隋炀帝准备对高句丽发动战争。他乘坐龙舟顺着大运河抵达涿郡，令军队于涿郡会合。他召集国内造船的工匠奔赴东莱紧急制造三百艘兵船。工匠们没日没夜地工作，没有休息的空隙，又因工作需要下半身长时间浸泡在水中，很多下半身溃烂并生出蛆虫。最终，很多工匠都倒下了。

但是，人们做出的巨大牺牲，换来的却是惨败。第一次东征以失败告终，隋炀帝不甘失败，又发动了两次

东征。

在隋炀帝的暴政下，阶级矛盾十分尖锐，人民奋起反抗。四面八方的起义军形成燎原之势，大隋的政权自此动荡不安。

读史学成语

夜以继日

释义：用晚上时间接续白天时间。形容日夜不停地从事某件事。

出处：《庄子·至乐》："夫贵者，夜以继日，思虑善否。"

例句：为了考研，他夜以继日地学习。

民不聊生

释义：百姓失去了赖以生存的条件。形容人民生活极端困苦。

出处：汉·司马迁《史记·张耳陈馀列传》："头会箕敛，以供军费，财匮力尽，民不聊生。"

例句：清朝末年，军阀混战，民不聊生。

四面八方

释义：泛指各处或各个方面。

出处：元·关汉卿《玉镜台》第一折："轩车离故乡，走四面八方。"

例句：喊杀声从四面八方传来，将敌军团团围住。

藏龙卧虎瓦岗寨

 走进瓦岗寨

　　瓦岗寨位于今河南滑县瓦岗寨乡，如今是一个著名的旅游景点，有瓦岗军寨、点将台等景点，人气很旺。隋唐时期，这里是以翟让、李密为首的瓦岗军的大本营，我们耳熟能详的秦琼、程咬金、徐茂公、单雄信、王伯当等传奇人物，都在这里生活过。

　　隋末农民起义军中，最著名的当属瓦岗军。翟让是瓦岗军的首领，他是韦城（今河南滑县）人，在东郡衙门当法曹（掌管刑狱的小官）。他曾因犯法被逮捕入狱，依法当斩。狱卒黄君汉看出翟让是个好汉，在一个夜晚趁着守卫松懈，悄悄放走了翟让。翟让逃离东郡，到瓦岗寨落草，随后徐世勣（后来改名李勣）、单雄信等人加入，他们树起了起义的旗帜。他们锄强扶弱，劫富济贫，队伍不断壮大。

　　一天，一个衣衫褴褛的人来到瓦岗寨门前，让卫兵

带他去见翟让。翟让与其交谈之后，知道他便是大名鼎鼎的李密。李密出生于簪缨世家，其父李宽是隋朝的上柱国，被封为蒲山郡公。李密是杨素之子、礼部尚书杨玄感的友人，杨玄感起兵造反，被隋炀帝击败，李密也被抓走了。他在被押送的路上想办法逃走，然后在外面游荡了三年左右，最后来到了瓦岗寨。

李密满腹经纶，才气过人，有过官职，相比于翟让等人，他政治斗争经验丰富、指挥作战本领高强。李密成功劝说多支小规模农民起义军并入瓦岗军，协同战斗。由此，瓦岗军的实力逐渐壮大，成为反隋势力中一股强劲的力量。

公元616年，在李密的指挥下，瓦岗军攻占了金堤关（今河南荥阳北），打下了荥阳周围的几个县城，然后直攻荥阳城。荥阳自古是兵家必争之地，为通济渠进入黄河的交通要道，也是靠近东都洛阳的一座军事重镇。

人物档案

　　李密（582—619），京兆长安（今陕西西安）人，出身于权贵家族，由于不受隋炀帝重视，曾加入杨玄感的反隋义军，失败后逃走，投奔瓦岗寨义军，后成为首领并杀死原首领翟让。他率领义军猛攻洛阳，被守将王世充击败后降唐，后反唐被杀。

瓦岗军包围荥阳，把荥阳太守杨庆吓得够呛。他连忙向隋炀帝禀明情况，请求支援。隋炀帝派名将张须陀担任荥阳通守，前往荥阳驰援杨庆。

张须陀非常狡猾，曾经打败了王薄领导的农民起义军，翟让的军队也吃过几次他的亏。因此，翟让得知张须陀率兵驰援荥阳，内心非常忐忑。李密给翟让分析一番，认为强攻不如巧取。于是，翟让率领主力正面对战张须陀，李密则带领部分精兵潜伏在荥阳大海寺以北的林子里，王伯当和徐世勣二人带兵潜伏在大海寺的两边，几支队伍摆开口袋形的阵势，等待张须陀自投罗网。

翟让依照策略行动，一边战斗一边撤退，将张须陀引到埋伏的地方。张须陀听见三声鼓响，左边杀出徐世

隋朝粮仓

隋朝为了在水旱灾害发生时赈济灾民，非常重视粮仓的建设。朝廷所设的粮仓称官仓，主要储存租米，供朝廷调用，在荒年中分发给关中军民。隋文帝设置的官仓主要是黎阳仓、常平仓和广通仓，隋炀帝又设兴洛仓和回洛仓。除了官仓之外，民间还设置了公共粮仓，称义仓。义仓设在乡间，不让州官主管，遇到小灾时就开义仓赈济，遇到大灾才开官仓赈济。

勋，右边杀出王伯当，背后杀出李密，前方的翟让施展回马枪，将他的军马包围了一层又一层。张须陀连忙命令士兵撤退，但为时已晚，他早被起义军断绝了后路。隋军混乱不堪，被瓦岗军打得人仰马翻，张须陀也战死沙场。此后，瓦岗军声名鹊起。

次年春季，李密和翟让带领七千精兵打下了隋朝在东都洛阳周边修建的最大的粮仓——兴洛仓。他们将仓库里的存粮分发给老百姓。人们对瓦岗军感恩戴德，不断有新人加入起义军。在很短的时间内，瓦岗军的人数就扩充到了几十万。

翟让认识到李密富有远见卓识，又战功累累，是个不可多得的人才，就退位让贤，将统领瓦岗军的权力移交给了李密。

在李密的授意下，瓦岗军发了一篇檄文声讨隋炀帝，列举隋炀帝的十大罪状，

其中写道："罄南山之竹，书罪无穷；决东海之波，流恶难尽。"意思是，隋炀帝罪大恶极，他做的恶事，就算将南山的竹子全部制成竹简用来写字，也不能写完；使东海决口，用尽海水也不能洗清他的罪孽。呼吁全天下的百姓同心协力推翻隋朝的统治。

不久，瓦岗寨发生内讧，李密杀掉了翟让，因此很多将领和士兵感到心灰意冷。自此之后，瓦岗军在李密的领导下不停地攻打坚固的洛阳，实力被迅速消耗掉了。

读史学成语

锄强扶弱

释义：铲除强暴，扶助弱小。

出处：明·凌濛初《二刻拍案惊奇》第十二卷："晦翁断了此事，自家道：'此等锄强扶弱的事，不是我，谁人肯做？'"

例句：在金庸的武侠小说中，主人公常常是一个锄强扶弱的大侠。

大名鼎鼎

释义：形容名气很大。

出处：清·李宝嘉《官场现形记》第二十四回："你一到京打听人家，象他这样大名鼎鼎，还怕有不晓得的。"

例句：他在商界大名鼎鼎，几乎无人不知。

李渊太原起兵

李渊（566—635），出身贵族世家，袭爵唐国公，他的母亲是独孤皇后的姐姐。公元617年，李渊被任命为太原留守，在太原起兵反隋，很快攻下长安。第二年，隋炀帝被杀，李渊称帝建唐，年号武德，他就是唐高祖。此后，唐高祖花了7年时间扫平各地武装力量。公元626年，玄武门之变爆发，唐高祖被迫禅位于次子李世民。

就在洛阳被起义军包围的时候，李渊趁机在太原举兵反隋。

李渊身世显贵，属于皇亲国戚，是隋炀帝的表哥，承袭其父李昞的唐国公爵位，仕途一帆风顺。公元617年，李渊被隋炀帝任命为太原留守。但是隋炀帝对李渊并不信任，于是派亲信王威、高君雅担任太原副留守，暗中监视李渊。

李渊有李建成、李世民、李玄霸和李元吉四个儿子，

其中李玄霸早夭。李渊的儿子中，若论才识，当以李世民为首。当时天下大乱，李世民认为形势对隋朝不利，坚信隋朝必将被各地起义军推翻。于是，他也暗中开始行动，结交豪杰，网罗人才。

身处牢狱的前晋阳（今山西太原）县令刘文静才智过人，见识广博，李世民慧眼识人才，认为他能成为自己的得力干将，于是亲自前往监狱笼络他。二人一拍即合，商量出逼迫李渊起兵的方法。

不久，李世民的心腹受命带着大量钱财拜见李渊的心腹、晋阳宫监裴寂，以赌博的名义将钱财都献给裴寂，并借机将其拉入李世民的阵营。经过几次来往，两人建立了密切的关系，裴寂同意劝说李渊起兵。

一天，李渊受裴寂之邀前往赴宴。在两人都有醉意的时候，裴寂突然说："大人，我对不起您，是我连累了

人物档案

刘文静（568—619），京兆武功（今陕西武功）人，出身贵族世家，隋朝末年任晋阳县令，由于和李密有姻亲关系，被关入监狱。李世民为劝李渊起兵，到狱中与刘文静商议。刘文静出狱后极力谋划起兵，并曾亲率大军击败隋将屈突通等。李渊称帝后，刘文静任纳言，由于与裴寂争权被诬告谋反，被猜忌他的唐高祖杀死。

您哪！之前我送您那
两个女子都是宫女，这事要败
露了，我们俩就完了……"李
渊惊得酒立即醒了。大臣私留宫女，罪名太大了，这可
担待不起！裴寂趁机劝李渊起兵，李渊开始动摇了。

此时突厥犯边，李渊派部下迎敌，结果打了败仗，
他非常惶恐。一天，李渊正在房中来回踱步，思考怎样
应对当前的处境，李世民突然闯进来，说："父亲，机不
可失，您不早做决断，更待何时？"

看到来人是李世民，李渊便问："你觉得怎么办才好？"

古城太原

春秋时期，太原属于晋国，称晋阳，著名的晋阳之战
奠定了三家分晋的基础。强盛的大唐王朝是从太原起兵开
始的，太原也因此被李世民称为"王业所基，国之根本"。
此后，太原始终是中原王朝的西北重镇。

李世民说:"如今天下大乱,各地起义不断,与其坐以待毙,倒不如顺应民心,起兵反抗朝廷,逐鹿天下。"李渊没有应允。

不久,太原守军与突厥作战时大败,隋炀帝下令将李渊押到江都受审。虽然不久又赦免了他,但还是把李渊吓了个半死。李世民又来劝说李渊:"父亲,当断不断,必受其乱,不能再迟疑了。御敌不力,朝廷会治您的罪;即使之后能够剿灭叛贼立功,朝廷也不会放过您。还是早做决定吧。"李渊终于决定反隋。

李渊命人伪造皇帝的旨意下达公告征兵,激起百姓对朝廷的不满情绪,接着又以平叛的名义招兵买马。

一天,李渊召集部下,说:"叛军首领刘武周已经占据汾阳宫,我想立即平叛。但是天子相距甚远,要是等待圣旨,岂不贻误战机?"

部下纷纷说:"将在外,君命有所不受,您就下令吧。"李渊随即以"讨

贼"为名，派李世民、刘文静征兵。

李渊的军队迅速扩大，他把自己的心腹任命为统帅。太原副留守王威和高君雅不免起疑，决定把李渊抓起来。李渊提前得到消息，先下手解决了这两个隐患，对外声称他们与突厥勾结，意图谋反。

李渊向西进军，一路势如破竹，攻入长安城。隋炀帝的孙子、年幼的代王杨侑被扶植为傀儡皇帝，后世称其为隋恭帝，李渊掌握了朝中大权。得到江都兵变的消息后，李渊就废黜隋恭帝，称帝建唐。

读史学成语

一帆风顺

释义：本指帆船一路顺风。比喻处境顺利或办事容易。

出处：清·李宝嘉《官场现形记》第三十七回："从云南臬司任上，就升了贵州藩司；又调任江宁藩司，升江苏巡抚，不上两年，又升湖广总督，真是一帆风顺，再要升得快亦没有了。"

例句：祝你旅途一帆风顺。

隋炀帝的穷途末路

隋炀帝与江都

　　隋炀帝在位的十四年间，曾经三次去江都（今江苏扬州），每一次都给沿途百姓带来很大的困扰。早在称帝之前，他就在江都生活了十多年，对这里很有感情。等到天下大乱，他更不愿意待在旋涡中心的长安与洛阳，于是第三次来到江都，并死在那里。

　　李渊攻占长安的同时，其他地方的起义军也在不断扩充势力范围。除瓦岗军之外，窦建德率领的河北起义军以及杜伏威率领的江淮起义军也声势浩大，他们都在各条战线持续打击着隋军。

　　隋朝的末日即将来临，奢靡暴虐的隋炀帝很清楚这一点，索性自我麻痹，躲在江都，整日和后宫嫔妃饮酒作乐。王世充曲意奉承，为隋炀帝挑选江南美女入宫，得到隋炀帝信任。后来，王世充被派去援救洛阳，这使他的势力迅速扩张。

前线失败的战报不断传来，绝望的情绪弥漫朝野，隋炀帝也变得有些癫狂。一次，他对萧皇后说："据说外面很多人想谋害我，不理他们了，还是痛痛快快喝酒要紧。"还有一次，他对着一面镜子目不转睛地照了半晌，然后对萧皇后说："这么好的头颅，会被谁砍掉呢？"

在烽火遍地的局势下，隋炀帝打算把国都迁到丹阳（今江苏南京），好划江而治。但是很多将士是北方关中地区的人。看着朝廷不断失去对局面的控制，他们感到失望和迷茫，也不想迁到陌生的丹阳，甚至宁愿做逃兵也要回家。虎贲郎将司马德戡抓住士兵的思乡心理，联合右屯卫将军宇文化及和将作少监宇文智及发动兵变，率领士兵攻入行宫，抓住了隋炀帝。

隋炀帝对兵变将领马文举说："我到底犯了什么罪，你们要杀我？"

马文举说："你穷兵黩武，奢靡无度；宠信奸邪，打压忠良；使男人战死异乡，妇女和孩童走投无路，天下百姓痛苦不堪，你还说自己没罪吗？"

隋炀帝说："我的确伤害了天下万民，可是我没有对不起你们，这里所有人都跟着我

安享荣华富贵。

你们今天如此行事，是谁
带的头？"

　　另一名将领司马德戡说："天下万民
都痛恨你这暴君，追究是谁带的头又有什么意
义呢？"

　　隋炀帝无法反驳，他说不应该对天子动刀，于是亲
自解下巾带交给令狐行达。这个后世饱受争议的皇帝就
这样被自己的部下勒死了。立国三十八年、曾经繁荣昌
盛的隋王朝就此落下帷幕。

人物档案

　　宇文化及（？—619），代郡武川（今内蒙古武川）人。
他是隋朝名将宇文述的长子，自幼贪婪骄横、轻薄不法。
后任右屯卫将军，掌管禁军。公元618年，他的弟弟宇
文智及与将领司马德戡等谋划兵变，并推举宇文化及为
首。隋炀帝死后，宇文化及率隋军返回长安，途中被李
密击败。逃亡途中，宇文化及称帝，国号许，但他很快
被窦建德击败并杀死。

虽然隋炀帝死了，但洛阳仍由隋朝任命的东都留守杨侗（杨广的孙子）以及大臣王世充控制。王世充发动政变，独揽军政大权，后又击败李密的军队，李密不得不率领残兵败将依附唐朝。

王世充在战胜李密后，自认为天下无敌，野心逐渐膨胀，于是废黜杨侗，自己称帝，国号郑。宇文化及在杀死隋炀帝后率大军北归，计划攻占东都洛阳，失败后自立为帝，国号为许，第二年被窦建德杀死。

 隋末割据势力

隋末天下大乱，各地先后出现了很多割据势力，其中影响较大的包括李渊、窦建德、王世充、李密、宇文化及、薛举、刘武周、萧铣、杜伏威、刘黑闼、徐圆朗、梁师都、辅公祐等。

 **读史学成语**

穷兵黩武

释义：穷尽兵力，轻率动武。形容好战。

出处：晋·陈寿《三国志·吴书·陆抗传》："穷兵黩武，动费万计。"

例句：秦始皇穷兵黩武，导致百姓流离失所。

巅峰帝国

唐朝

秦王攻下洛阳

 一代贤君李世民

李世民（599—649），李渊次子，是促成李渊起兵的关键人物。李渊起兵后，年轻的李世民凭借杰出的军事才能南征北战，为李渊统一全国立下了汗马功劳。玄武门之变中，李世民杀死太子李建成和齐王李元吉，李渊被迫传位给李世民，李世民就是唐太宗。唐太宗重视民意、善用贤臣，实行了很多利国利民的政策，他统治期间的政绩被称为"贞观之治"。

公元620年，秦王李世民奉命率领军队进攻王世充占领的洛阳。李世民的战前准备工作做得十分出色，沿途又收编了几股势力，因此他迅速包围了洛阳。

李世民不仅有出色的战场指挥能力，还有先进的用人思想。在瓦岗军等降军中，李世民提拔了一批能担大任之人，如秦琼、程知节（即程咬金）等。

在围攻洛阳的过程中，一次，为了观察敌情，李世民行动仅带五百名骑兵，结果被王世充发现。王世充迅

速调集万余名精兵向李世民扑来。当时情况很紧急，敌军猛将单雄信甚至杀到了李世民身边，眼看就要用长矛刺中李世民了。这时，李世民手下猛将尉迟敬德及时赶来，杀退单雄信，与李世民一起冲了出去。为了防止敌军追杀，李世民和尉迟敬德在冲出包围圈后，又率领骑兵回击。这时，李世民一方的援兵赶来，将敌军击溃。

洛阳的防守力量十分坚固，李世民的军队从秋天围攻到第二年春天也没能攻破这座城池。城内的王世充还命守军用石炮、弩箭等打击城外的唐军，唐军损失惨重。鉴于唐军师老兵疲，一些谋士开始劝李世民撤兵，等到军队实力恢复后再打。

李世民对当时的形势深入地进行了思考，觉得虽然唐军遇到了困难，但这种困难是暂时的、是可以克服的，不应该因为暂时的困难而放弃对困守孤城的敌军的进攻。

见李世民不肯放弃围攻洛阳，王世充不得不低声下气地向曾经的敌人窦建德求救。

窦建德领导的起义军在河北百姓中很有威望。称夏王后，窦建德努力扩张自己的势力，与同样积极扩张的唐军势必有一场大战。收到王世充的求救信号之后，窦建德果断地亲率十万军队驰援王世充。

得知窦建德带兵前来，李世民将围攻洛阳的任务交给弟弟李元吉，然后带领一支约五千人的精锐部队迎击窦建德。窦建德带兵到达武牢关（又称虎牢关，在今河南荥阳）后被拦在关外，多次试图入关都没有成功，双方相持之时，李世民遣一队轻骑抢夺窦建德的送粮队。

窦建德决定在武牢关与唐军决战，于是命令全部士

人物档案

窦建德（573—621），清河漳南（今河北故城）人，出身农民家庭，曾任里长。公元611年，隋炀帝将要征讨高句丽时，他被任命为二百人长，后来因帮助同乡好友孙安祖起义反隋，遭到追捕，投奔了高士达的起义军。高士达战死后，窦建德占领饶阳，招募大批将士，声威大振。公元618年，窦建德自称夏王，并于次年擒杀宇文化及。洛阳被围，他率军援助王世充，最后被李世民击败杀死。

兵按阵法排列。李世民没有急着交战，而是一如既往地先观察敌军的情况。窦建德轻率地要求两军决战，这让李世民察觉到窦建德的轻敌思想。李世民对部下说："窦建德对我们有轻视之心，我们只要耐心等待敌军暴露弱点，就可以击败他们。"

李世民不应战，窦建德的部队白白地列队等了很久，士气变得低落，有的士兵离开队列去找水喝，还有些士兵坐着聊天。观察到窦建德军队的士气变化后，李世民果断派军出击，出击的首要目标便是窦建德所在的指挥中心。

窦建德在不知不觉间已经放下了戒备之心，此时突然得知唐军向自己这里冲来，急忙带兵反击。李世民在交战前便确定了敌军的薄弱点，所以唐军直接冲到了敌

虎牢关

虎牢关位于今河南荥阳市氾水镇西，是古代著名关隘，也是古代的兵家必争之地。虎牢关因小说《三国演义》中曹操联合十八路诸侯讨董卓，刘备、关羽、张飞"三英战吕布"而家喻户晓。当然，这次战斗是小说中虚构的，但历史上李世民在虎牢关击败窦建德的战争是真实存在的，而且是历史的一个重要转折点。

军心脏位置，并把己方的大旗举得高高的。窦建德的部队看到唐军的大旗插到了自己的指挥中心，丧失了作战的勇气。唐军一鼓作气击溃了窦建德的军队，并俘虏了窦建德。

得知窦建德被擒，王世充知道大势已去，便丧失了坚守的意志。纠结一番之后，王世充开城投降。

李世民解决了窦建德和王世充的威胁，但这两股势力并没有被唐军彻底打垮。窦建德的下属刘黑闼带领窦建德的残余势力多次打击唐军，李世民又花费数年才将其平定。随后，李世民、李靖等人又逐渐扫清了其他地区的割据势力。

读史学成语

低声下气

释义：形容说话时态度谦和，恭敬柔顺的样子。

出处：明·冯梦龙《醒世恒言》第九卷："柳氏听了丈夫言语，真个去敲那女儿的房门，低声下气的叫道……"

例句：为了生活，他不得不低声下气。

不知不觉

释义：没有感觉，没有意识到。

出处：宋·释普济《五灯会元·临安府广福院惟尚禅师》："须是南泉第一机，不知不觉蓦头锥。"

例句：不知不觉一年就过去了，时间过得真快。

明争暗斗玄武门

走进玄武门

玄武门是太极宫的北门。太极宫是唐朝的三座主要宫城之一，另外两座是兴庆宫和大明宫。太极宫位于长安城北部，四面共有十个城门，正门为南墙正中的承天门，北门就是玄武门，著名的玄武门之变就发生在这里。

唐朝建立后不久，李世民和太子李建成为争夺皇位继承权展开了激烈的斗争。天下基本平定之后，竞争就更加激烈了。

李世民是唐统一天下的最大功臣，李建成则是名正言顺的太子，两个人都有一大批忠实且有实力的追随者。唐高祖知道李建成的功劳与威望都不如李世民，为了平衡关系，再加上自己内心对李世民有疑忌，于是处处偏向李建成，钳制李世民。

为了剥夺李世民对军队的控制权，李建成决定把李世民的军权转移到自己比较信赖的齐王李元吉手里。当

时唐朝与突厥在边境上的摩擦十分激烈，唐高祖正在考虑由谁领兵抗击突厥。李建成借机建议由李元吉带兵赶赴边境。

李元吉得到军权后，就开始执行釜底抽薪之计，那就是以对突厥作战的名义将李世民的谋臣勇将都调来归自己管理。李世民得知李元吉的计划后，知道自己的处境已经十分危险，便与长孙无忌等人谋划如何转危为安，最后决定先发制人。

公元626年6月的一天，李世民找李渊控诉李建成、李元吉与后宫嫔妃存在不正当关系。李渊听后既悲伤又愤怒，没想到李建成等人竟然做出这种事。李世民接着说自己多次受到李建成与李元吉的陷害。唐高祖痛心不已，决定让李建成与李元吉次日来皇宫解释。

李世民回到住处后便开始为第二天的政变进行安排。他决定伏击李建成与李元吉，把埋伏的地点选在玄武门，此地是李建成与李元吉进宫时的必经之路。守门的将领常何表面上是李建成的亲信，实际上早已在暗中投靠了李世民。

第二天，李世民带上长孙无忌、尉迟敬德、侯君集、张公谨、程知节、秦琼等文臣武将，早早埋伏在玄武门。不久，李建成与李元吉骑马前往皇宫，走着走着，李世民率领一干将领从门内杀出。

　　李世民搭箭射杀了李建成，将士们射伤了李元吉，李元吉跌下马来。没想到，李世民的马突然受惊跑进树林中，将李世民摔下来，使他一时无法防卫。李元吉飞奔过来，夺过李世民的弓准备勒死他，幸好尉迟敬德飞马赶到，射死了李元吉。

人物档案

　　　尉迟敬德（585—658），本名尉迟融（或尉迟恭），字敬德，以字行于世。他原为刘武周的部将，兵败后降唐，成为李世民的心腹，屡立战功，多次救过李世民。玄武门之变中他立下大功。贞观年间拜上柱国、鄂国公。

得知玄武门发生动乱，李建成与李元吉的部下带兵前来。李世民的手下张公谨是个大力士，凭一己之力关住了大门，李建成和李元吉的部下没能攻进来。看到皇宫难以攻破，这些人又准备去攻打秦王府。危急时刻，尉迟敬德提着李建成与李元吉的头赶来。李建成与李元吉的部下看到二人已死，纷纷丧失斗志，各自逃命去了。

这一手足相残的悲剧发生时，李渊正和信赖的大臣坐在船上欣赏风景。听闻此事，李渊非常震惊，不知该怎么办。大臣劝道："如今只有立秦王为太子，才能平息此事。"李渊只得表示赞同。

凌烟阁二十四功臣

贞观十七年（643），唐太宗为了纪念帮助自己打天下、治天下的二十四位功臣，让著名画家阎立本画了这二十四个人的真人大小的画像并陈列在凌烟阁中，他们中有的当时仍在世，有的已经去世了。这二十四个人是长孙无忌、李孝恭、杜如晦、魏徵、房玄龄、高士廉、尉迟恭、李靖、萧瑀、段志玄、刘弘基、屈突通、殷开山、柴绍、长孙顺德、张亮、侯君集、张公谨、程知节、虞世南、刘政会、唐俭、李勣、秦琼。

不久，李世民被立为太子。两个月后，李渊把皇位传给李世民，被尊为太上皇。公元627年，李世民改年号为贞观，他就是历史上赫赫有名的唐太宗。

读史学成语

名正言顺

释义：名义或名分正当，说话、做事有充分的理由。

出处：《论语·子路》："名不正则言不顺。"

例句：他是董事长的长子，董事长退位后，他继承董事长一职名正言顺。

釜底抽薪

释义：从锅底下抽出柴火。比喻从根本上解决问题。也指暗中搞破坏。

出处：清·吴敬梓《儒林外史》第五回："如今有个道理，是'釜底抽薪'之法。只消央个人去把告状的安抚住了，众人递个拦词，便歇了。"

例句：这个方案治标不治本，不如釜底抽薪，彻底解决这个问题。

唐太宗的明镜

千古第一谏臣魏徵

　　魏徵（580—643），馆陶人，早年加入瓦岗寨，但不受李密重用。后归降唐朝，辅佐太子李建成。玄武门之变后，被唐太宗任命为谏议大夫，官至侍中（宰相）。魏徵是古代谏官的代表，他敢于犯颜直谏，提了很多利国利民的建议，为"贞观之治"的出现做出了重要贡献。

　　玄武门之变后，李世民让魏徵前来，指责魏徵离间他们的兄弟关系。魏徵毫无惧意，反而感慨如果李建成采纳自己的建议，就不会有这样悲惨的结果。周围的大臣听到魏徵这样说，都觉得魏徵活不成了。没想到，李世民非常欣赏魏徵，还让他当詹事府主簿。

　　李世民登基后，对魏徵的才能有了进一步的了解，于是更加重用魏徵。除了魏徵，很多追随过李建成和李元吉的有能力的大臣都得到了重用。这样用人有利于国家的发展，却令那些一直跟随李世民的大臣非常不满。李世民明白这些老臣在想什么，说："国家的稳定需要公正合理的用人标准，不能以私人关系来决定官员的调动。"

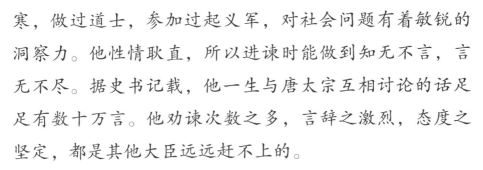

唐太宗吸取隋炀帝不肯采纳臣下意见以致亡国的教训，鼓励大臣勇敢地向他提意见。当时最著名的谏臣就是魏徵。魏徵家境贫寒，做过道士，参加过起义军，对社会问题有着敏锐的洞察力。他性情耿直，所以进谏时能做到知无不言，言无不尽。据史书记载，他一生与唐太宗互相讨论的话足足有数十万言。他劝谏次数之多，言辞之激烈，态度之坚定，都是其他大臣远远赶不上的。

有一次，唐太宗问魏徵："什么样的君主是明君？什么样的君主是昏君？"

贞观之治

唐太宗年号贞观，他在位期间，知人善任、广开言路，得到一大批能臣的辅佐。贞观年间，唐朝统治者与民休息、复兴文教、完善科举、平定外患，解决了隋朝末年民生凋敝的问题，为开元盛世奠定了基础。

魏徵说："能够听取各方意见的是明君；只听少数人意见的是昏君。"他又举了历史上秦二世、隋炀帝等人的例子，说："君主治理天下时如果能够采纳下面的意见，那么下情就能上达，他的亲信想蒙蔽也蒙蔽不了。"

魏徵的意见越提越多，大到国家施政方针，小到皇家礼制，只要觉得不合理、不适当的，他都要进谏。有时候魏徵还在朝堂上当面与唐太宗争辩，弄得唐太宗下不来台。

一次，魏徵又在朝堂上顶撞唐太宗。唐太宗下朝后，憋了一肚子气回到内宫，见到长孙皇后就气冲冲地说："总有一天，我要杀死那个乡巴佬！"

长孙皇后是历史上著名的贤德皇后，弄清楚怎么回事后，她一声不吭地回到室内，换了一套隆重的朝服，出来向唐太宗行起了大礼。

 人物档案

长孙皇后（601—636），长安人，隋朝名将长孙晟之女，唐初宰相长孙无忌之妹。她积极帮助李世民博取李渊信任，"玄武门之变"前夕亲自慰问将士，是历史上著名的贤德皇后。

唐太宗大吃一惊，问："你这是干什么？"

长孙皇后从容地说："我听说英明的天子才会拥有正直的大臣。现在魏徵敢直言进谏，正说明陛下英明，我怎么能不祝贺陛下呢？"

长孙皇后的话让唐太宗恢复了理智。唐太宗明白魏徵说的话是有利于国家的，自己不应该记恨他。后来，唐太宗还表扬魏徵说："很多人认为魏徵不懂礼数，我却认为他坦率得可爱。"

公元643年，刚正敢谏的魏徵逝世。听到这个消息，唐太宗痛心地感慨："用铜镜能检查衣帽端正与否，以史为镜能知晓国家更替的根源，以人为镜能明白自己的做法是否合理。魏徵逝世，我从此缺少了一面镜子啊！"

读史学成语

知无不言，言无不尽

释义：只要知道，就没有不说的；只要说，就没有不说完的。指毫无保留地说出自己的看法。

出处：宋·苏洵《衡论·远虑》："知无不言，言无不尽，百人誉之不加密，百人毁之不加疏。"清·吴趼人《近十年之怪现状》第十五回："方老办是个直爽人，凡是张佐君所请教的，知无不言，言无不尽。"

例句：只要你愿意听，我一定知无不言，言无不尽。

唐蕃联姻

神秘的西藏

西藏位于我国西南地区，平均海拔四千米，是一个美丽而神秘的地方。在唐宋时期，西藏被称为吐蕃。

东突厥灭亡后，唐太宗又派李靖率军攻打吐谷浑，通往西域的道路从此畅通了。唐朝陆续和西域各部族建立了外交关系，甚至遥远的吐蕃也有使臣前来。

当时，吐蕃赞普（吐蕃王）是松赞干布。他是个文武双全的人，自幼精通武艺，骑射娴熟，剑术高超，同时他非常喜欢民歌，精通诗文创作，吐蕃人民都很爱戴他。松赞干布继位之初，一些吐蕃贵族组织叛乱，但很快就被勇敢机智的松赞干布平定了。

雄心勃勃的松赞干布眼光长远，并未因衣食无忧的贵族生活而丧失进取心，反而非常渴望向唐朝学习。为此，他派遣使臣长途跋涉前往长安，希望与唐朝友好交往。

吐蕃对唐朝的示好使双方有机会了解彼此，唐太宗

也非常愿意与之交往，并且遣使回访吐蕃。之后，松赞干布再次派遣使臣赴长安请求和亲，但唐太宗并未同意。吐蕃使者担心自己因办事不力而被松赞干布责备，于是在返回吐蕃后，向松赞干布谎称："唐朝皇帝本来准备答应下嫁公主了，但是吐谷浑王也来求亲，这才使唐朝搁置了我们的和亲一事。"

　　吐蕃与吐谷浑本就不和，再加上这件事，松赞干布对吐谷浑的怨恨就更深了。他立即调动军队攻打吐谷浑。吐蕃士兵作战英勇，吐谷浑王接连败退，被迫退到青海湖北面。吐谷浑败退后，松赞干布乘胜推进到唐松州（今四川松潘）附近。由于接连取胜，松赞干布开始目空一切，放话说："我要迎娶唐朝公主，不同意的话，我就亲自领兵前往长安去接。"

　　面对挑衅，唐太宗非常愤怒，派遣侯君集统兵发起反击。吐蕃将士原本就对松赞干布私自破坏吐蕃与唐朝的关系感到不满，一看唐朝调动大军迎战，纷纷请求退兵讲和。松赞干布也清楚再不罢手，必定要承受唐朝的

军事压力,于是遣使求和。唐太宗也不愿与吐蕃彻底翻脸,同意罢兵言和了。

公元640年,松赞干布派才识过人的大臣禄东赞为使者,携带五千两黄金以及丰厚的礼品,浩浩荡荡地前往长安向唐朝请求和亲。唐太宗隆重招待了禄东赞。禄东赞不辱使命,再次转达了松赞干布想要友好交往并求娶公主的心愿。他娓娓道来,言辞恳切。唐太宗被他打动了,不再怀疑吐蕃的诚意,于是在皇族中选择了一个温柔善良的女孩,册封为文成公主,送往吐蕃与松赞干布成亲。

公元641年,江夏王李道宗护送文成公主前往吐蕃。文成公主的嫁妆非常丰厚,除了数不胜数的奇珍异宝、绫罗绸缎,还有吐蕃地区原本没有的农作物种子、药材、蚕种等。此外,文成公主还一同带去了大量农艺、医药、天文历法、工程技术方面的书籍。

唐朝送亲的消息很快传到吐蕃,吐蕃也立即安排迎

人物档案

　　文成公主(?—680),名字不详,是唐朝宗室之女。公元640年,吐蕃赞普松赞干布向唐请求联姻,唐太宗将她封为文成公主,命江夏王李道宗护送她入藏。

亲事宜，在送亲队伍的行进路线上，提前预备好食物、牦牛、马匹和船只，专候文成公主的到来。松赞干布从都城逻些（今西藏拉萨）马不停蹄地赶到柏海（今青海扎陵湖），亲自迎接送亲队伍。在那里，松赞干布和文成公主举行了隆重的婚礼，结为夫妇。

举行完婚礼后，松赞干布便带着文成公主翻越高山雪原，回到逻些。文成公主入城当日，逻些人民沉浸在喜庆的氛围中，欢声笑语，像过重大节日那样兴奋。

文成公主远嫁吐蕃，在那里生活了近40年，将中原地区的农耕文化和生活方式传了过去，促进了唐蕃的文化交流，也为吐蕃的经济、文化发展做出了贡献。时至今日，松赞干布和文成公主的塑像依然供奉在布达拉宫，供后人瞻仰。

 布达拉宫

布达拉宫位于玛布日山上，始建于松赞干布时期，后经历火灾、雷击、战乱等，规模逐渐缩小。清朝初年重建布达拉宫，此后不断扩建，改建，形成了今天的规模。布达拉宫是中国古建筑的精华之作，也是世界文化遗产。

 读史学成语

数不胜数

释义： 数都数不完。形容数量极多，难以计算。

出处： 闻一多《文艺与爱国》："爱国精神表现于中外文学里，已经是层出不穷，数不胜数了。"

例句： 海洋里的鱼多得数不胜数。

马不停蹄

释义： 比喻不间歇地前进或持续地工作。

出处： 元·王实甫《丽堂春》第二折："赢的他急难措手，打的他马不停蹄。"

例句： 工地上出了事故，他马不停蹄地赶来处理。

从武才人到武后

认识武则天

武则天（624—705），并州文水（今山西文水）人，是唐朝开国功臣武士彟次女，后入宫成为唐太宗的才人（嫔妃称号）。唐高宗继位后封她为昭仪，后立她为皇后。唐高宗体弱多病，朝政逐渐落入武后手中。唐高宗死后，武后立自己的两个儿子为傀儡皇帝，并在公元690年正式称帝，国号周，是我国历史上唯一的女皇帝。

武则天本名不详，"则天"是唐中宗为她上的尊号。她是唐朝功臣之后，其父武士彟最初从事木材买卖，家境殷实，曾资助李渊起兵，唐朝建立后迁为工部尚书。十四岁时，武则天入宫，被封为才人。因她妖媚动人，唐太宗赐名媚娘。

唐太宗有一匹名叫狮子骢的烈马，无人能驯服它。武则天得知后说："我有办法降服它，但是需要铁鞭、铁锤和匕首这三样东西。我准备先用铁鞭抽打它，要是

不服，再用铁锤狠狠
敲它的头，还是不
服的话，那就用
匕首把它的喉
咙割断。"

　　唐太宗去世后，
武则天和其他宫眷一样，被
安排到感业寺出家。过了几年，唐高宗将她召回宫中，
封为昭仪。武则天想做皇后，于是逐渐与王皇后交恶。
王皇后没有坐以待毙，选择联合萧淑妃一起对抗她。

　　公元652年，武则天生下皇子李弘，唐高宗十分高兴。
之后，武则天又生下一个女儿，更加受到唐高宗的宠爱。
王皇后虽然没有生育子嗣，但她很喜欢这个女婴，经常
逗她玩。有一天，王皇后离开没多久，唐高宗也来照看
女儿，可是他掀开被子时却发现这个女婴已经死了。他
痛苦不已，大声吼叫："是谁这么残忍，连这么小的女婴
也害死了？"他责问乳母："刚刚谁来过这里？"乳母非
常害怕，浑身颤抖地答道："刚才只有皇后来过。"武则
天抱着女婴尸体号啕大哭，唐高宗怒火中烧，动了废后
的念头，但因老臣反对而作罢。

　　唐高宗和武则天希望得到长孙无忌的支持，便亲自
登门笼络，送了大量金银珠宝，还许诺将他的儿子封为

高官，但是并未得到长孙无忌的明确表态。

武则天又想出一条计策。她指使宫人诬告皇后不满皇帝冷落，暗中对皇帝下诅咒。唐高宗派人前往搜查，果然在皇后宫中找到了相关证据。经过此事，王皇后虽然没有被废，但是大臣们都看到了唐高宗废后的决心。

大臣褚遂良是坚决反对废后的人之一，他进谏说："先帝在时非常看重王皇后，她出身名门，是先帝特意给陛下娶的。废后事关重大，王皇后并无过错，怎能妄行废立之事呢？"

唐高宗无言以对。褚遂良接着说："改立皇后不是不行，但您也应该选择大家闺秀。武氏出身不高，怎么够资格呢？况且武氏过去是先帝的嫔妃，现在做陛下的皇后，又怎能堵住世人之口呢？"唐高宗听完后没有答话，把手一挥，示意褚遂良退下。褚遂良没有退下，而是摘

人物档案

　　褚遂良（596—658），杭州钱塘（今浙江杭州）人，出身官宦家庭，其父是著名的"秦王府十八学士"之一的褚亮。褚遂良原本随父亲跟随薛举、薛仁杲父子，后父子一起降唐。褚遂良官至中书令（宰相），因反对废王皇后立武氏而被贬，在爱州（今越南清化）病逝。

了帽子，边磕头边说："您要是不听我的，就让我回家种地吧！"武则天原本在帘后静静听着他们的谈话，此时再也控制不住情绪，愤怒地大喊："还不赶快打死这蛮子！"

几天后，唐高宗又向老臣李勣询问："我想废掉王皇后，改立武昭仪，但是得不到褚遂良等人的同意，你说该怎么办呢？"

李勣回答说："这是陛下的家事，为什么要征求外人的意见呢？"李勣的态度明确后，唐高宗终于下定了决心。

公元655年冬天，唐高宗下诏废黜王皇后，武则天终于如愿以偿当上皇后。她立即开始打击政敌，扶植自己的势力。先是将褚遂良贬到外地，后又逼长孙无忌自杀。

初唐四大家

唐朝初年，有四位书画名家，被并称为"初唐四大家"，他们是：欧阳询，代表作《皇甫诞碑》《九成宫醴泉铭》等；虞世南，代表作《孔子庙堂碑》《摹兰亭序》等；褚遂良，代表作《孟法师碑》《雁塔圣教序》等；薛稷，代表作《信行禅师碑》等。

她还将王皇后、萧淑妃处死，又将自己的支持者许敬宗、李义府提拔为宰相。

读史学成语

怒火中烧

释义：怒火在心中燃烧着。形容内心非常愤怒。

出处：徐铸成《旧闻杂忆·"九·一八"事变》："眼看大好河山，陷于贼手，中国人民真是怒火中烧。"

例句：下属口无遮拦，冲撞了他，使他怒火中烧。

无言以对

释义：指没有话来答复对方。

出处：《敦煌变文集·前汉刘家太子传》："宋玉无言以对，遂用为大夫也。"

例句：他犯了很严重的错误，所以领导批评他的时候他无言以对。

空前绝后的女皇

古代的女性政治家

　　我国古代有一批出色的女性政治家，如战国时代的秦宣太后，西汉的吕后、窦太后，南北朝时期的冯太后，清朝的孝庄太后等。而中国历史上唯一的女皇帝武则天，无疑是中国古代女性政治家中的翘楚。

　　唐高宗晚年生病，常常头晕目眩，无法处理朝政，便由武则天代为处理。最初，武则天还很尊重唐高宗，但时日一久，庸懦的唐高宗就被武则天控制，到后来武则天几乎独揽大权，唐高宗也无法反驳她的决定。

　　唐高宗非常愤恨，不愿放任武则天架空自己，再次起了废后念头，于是秘密召见宰相上官仪，与他谋划废后事宜。不料事情泄露，武则天大怒，前往唐高宗的寝殿追问详情。事发突然，废后诏书来不及藏好，唐高宗非常害怕，只能支支吾吾地说："这都是上官仪的主意，不是我的本意。"可怜的上官仪就被武则天处死了。

此后，武则天开始垂帘听政。等到公元 674 年，唐高宗和武则天开始并称"二圣"。

公元 683 年，唐高宗病逝，临终遗命太子李显继位，就是唐中宗。遗诏中还说新皇如有不能裁决的军国大事，由武则天决定。唐中宗想要提拔自己的皇后韦氏一族的人，希望可以制衡母亲，没想到此举触怒了武则天，武则天将其废为庐陵王，立其弟李旦为帝，就是唐睿宗。朝政均由武则天处理，唐睿宗不过是傀儡罢了。

 人物档案

　　李治（628—683），唐太宗第九子，史称唐高宗。唐高宗在位早期继续实行父亲的政策，大唐国力不断增强。公元 660 年起，他因病时常头晕目眩，于是将朝政委托给武则天，武则天的权力甚至凌驾于其上。唐高宗去世后，朝政完全落入武则天之手。

这种状况引起部分元老重臣的不满，其中李勣的孙子徐敬业（李勣本姓徐）以扶持唐中宗复位为旗号，率兵在扬州起事。武则天立即调动三十万大军前往征讨，徐敬业战败身死，一些倾向徐敬业的大臣，如宰相裴炎也被处斩。此后，武则天的地位更加稳固，朝中无人再敢反对她了。

公元690年，唐睿宗和满朝文武联名上表，请求武则天即帝位、改国号。六十七岁的武则天登基称帝，将国号改为周，自称"圣神皇帝"。武则天终于实现心愿，成为中国历史上第一位也是唯一一位女皇帝，同时她也是登上帝位时最年长的皇帝。

称帝后，武则天想方设法招揽人才，维护自己的统治。她鼓励官员推荐人才，还支持人们毛遂自荐。

武则天在人才任用方面不拘一格，在她执政期间，朝廷任用了大量有能力的文武大臣，几乎可与贞观时期

武则天的年号

武则天酷爱改年号，她在位的15年间，一共用了14个年号，让后人回忆起来非常苦恼。这些年号按年代顺序是：天授、如意、长寿、延载、证圣、天册万岁、万岁登封、万岁通天、神功、圣历、久视、大足、长安、神龙。

相媲美。

武则天还对科举制度进行改进和创新，促进了科举制度的发展。比如，以往的科举考试只注重考查文辞，武则天却将武艺纳入科举之中，开设"武举"，为人才提供了更多的入仕途径。

武则天拥有卓越的政治才能，把国家治理得井井有条，人民安居乐业，她的统治被后世认为有"贞观遗风"，唐玄宗创造的开元盛世离不开她奠定的良好基础。

读史学成语

头晕目眩

释义：头脑晕乱，眼睛昏花。

出处：清·曹雪芹《红楼梦》第六回："满屋里的东西都是耀眼争光，使人头晕目眩；刘姥姥此时只有点头咂嘴念佛而已。"

例句：他蹲下去的时间太久，猛得一下站起来，头晕目眩的。

支支吾吾

释义：说话吞吞吐吐，应付搪塞。

出处：清·文康《儿女英雄传》第五回："怎么问了半日，你一味的吞吞吐吐，支支吾吾，你把我作何等人看待？"

例句：他这几天心神不宁的，问他话也是支支吾吾的，说不清楚。

一代名相狄仁杰

 认识狄仁杰

狄仁杰（630—700），并州太原（今山西太原）人，早年明经及第，曾任大理寺丞，以办案迅速、不畏权贵著称。后被外放各地，担任宁州刺史等职。武则天称帝后，他升任同凤阁鸾台平章事（宰相），但很快遭诬陷，贬为彭泽县令。几年后复相，积极劝武则天立李显为太子，并为大唐培养了大批人才。

狄仁杰在唐高宗李治在位时就是远近闻名的贤臣，特别善于断案。他当主管刑狱的大理寺丞的时候，仅一年内就处理了一万七千多件积压的案件，没有一个人喊冤。他担任豫州刺史时，秉公执法，办事公平、公正，深受当地百姓的爱戴。武则天知晓其才能，将其调到京城担任宰相。

好景不长，武则天的宠臣来俊臣诬告狄仁杰，将他逮捕入狱。狄仁杰很快就认罪了，来俊臣没料到狄仁杰会这么轻易认罪，放松了警惕。狄仁杰趁机撕破被子，

用碎帛偷偷写了一封申诉状，并将它藏在棉衣里，托人将棉衣交给自己的家人。狄仁杰的儿子觉得事有蹊跷，就拆开棉衣，发现了狄仁杰亲手写的申诉状，就将它秘密送到武则天那里。

武则天看到申诉状后，便召见狄仁杰，问："既然你是被冤枉的，为何要招供呢？"

狄仁杰答道："我是假意招供，不然会被他们打死。"

武则天弄清真相后，赦免了狄仁杰的死罪。但狄仁杰宰相的职位没有保住，被降职为彭泽县令。直到来俊臣因罪被杀，他才重新被调回担任宰相。

狄仁杰注重人才的选拔，只要遇到人才，就会竭力向武则天举荐。有一次，武则天想物色一个人才，就请狄仁杰来商量。

狄仁杰问道："能否问一下陛下物色人才做什么呢？"

武则天说："我想让他做宰相。"

于是狄仁杰向武则天举荐了张柬之，武则天让张柬之做了洛州司马。过了不久，武则天又让狄仁杰举荐人才。狄仁杰说："陛下，我上次举荐的张柬之您并没有任用，为何又让我举荐？"

武则天疑惑地说："我已经让他担任洛州司马了呀？"

狄仁杰说："张柬之有宰相之才，做洛州司马实乃大材小用！"

武则天听后，让张柬之担任侍郎，后来终于升他为宰相。

就这样，狄仁杰向武则天举荐了几十人，这些人都为国家做出了突出贡献，因此人们称狄仁杰"桃李满

 人物档案

张柬之（625—706），襄州襄阳（今湖北襄樊）人，进士出身，曾任监察御史、中书舍人，因得罪武则天被贬，后被狄仁杰举荐任刑部侍郎，年近八十被任命为宰相。公元705年，武则天病重，张柬之等人发动"神龙政变"，逼迫武则天让位给唐中宗。次年，张柬之遭到武三思等人的排挤，被流放到南方，忧愤而死。

天下"。

狄仁杰始终牢记自己是唐朝旧臣，一直劝说武则天将自己的儿子、被贬为庐陵王的李显封为太子。武则天晚年紧握政权不放，迟迟不肯封李显为太子，朝中大臣多次请求将李显召回宫中，都遭到了她的拒绝。

公元698年，武则天想将侄子武三思或武承嗣立为太子，于是向狄仁杰征求意见，狄仁杰说："我看天下人心向大唐，要立太子，非庐陵王不可。"武则天没有得到想要的答案，很不高兴。

武则天有段时间总是梦见下双陆，但一直输。她向狄仁杰请教这件事，狄仁杰解释说："双陆不胜，是由于无子，这是上天在警告陛下，太子是国之根本，如果根本动了，天下就不保了。"接着，狄仁杰又说："母子和姑侄哪个更亲呢？陛下如果立庐陵王为太子，千秋万岁

双陆

双陆是古代的一种博弈游戏，又叫"握槊""长行"，在三国时代就已经非常流行了，在唐宋之时尤为风行，到清代受麻将、叶子牌等冲击而渐渐无人问津了。双陆棋子黑白各15枚，另有骰子2枚，掷骰子后按点数走棋，棋子走尽者为胜。

之后配享太庙。假如立武三思或武承嗣，从古至今没有听过姑姑配享太庙的。"古人非常在意死后能否受到祭祀，狄仁杰这番话让武则天动摇了，于是她派人将李显从房州（今湖北房县）接了回来。

李显回宫后，武则天让他藏在帐子后面，同时召见狄仁杰。狄仁杰来了之后，又一次请求武则天立李显为太子。武则天让李显从帐子后面出来，对狄仁杰说："既然这样，朕现在将太子还给你。"

武则天一向敬重狄仁杰，并亲切地称他为"国老"。狄仁杰晚年多次告老还乡，武则天一直不批准。狄仁杰病逝后，武则天惋惜地说："朝堂空了！"遇到难事的时候，她就会感慨："上天哪，你为何要这么早将我的国老夺去啊！"

读史学成语

大材小用

释义：大材料派小用场。比喻人才使用不当。

出处：宋·陆游《送辛幼安殿撰造朝》诗："大材小用古所叹，管仲萧何实流亚。"

例句：他曾是五星级酒店的主厨，你现在让他在厨房里打杂，真是大材小用。

"救时宰相"灭蝗灾

开元名相

唐玄宗在位早期，励精图治、任用贤臣，使得唐朝社会经济繁荣，商业发达，国力强盛，人口也迅速增长。这一盛世主要处在唐玄宗开元年间（713—741），史称开元盛世。其中，姚崇、宋璟、张说、张九龄等颇具才能的宰相，是创造开元盛世的重要功臣。

武则天身患重病后，朝中大臣以宰相张柬之为首，发动了"神龙政变"，胁迫武则天让位给太子李显，使唐中宗李显成功复位。唐中宗昏庸无能，朝政很快落入皇后韦氏一族的手中。

几年后，唐中宗去世，太平公主和上官婉儿扶持温王李重茂登上皇位，实际上李重茂不过是一个傀儡罢了。不久，武则天的孙子李隆基发动政变，将韦氏等人消灭，帮助父亲唐睿宗李旦复位。两年后，唐睿宗将皇位禅让给了年轻有为的李隆基。

李隆基将年号改为先天，他就是著名的唐玄宗，又称唐明皇。

唐玄宗即位初期，姚崇、宋璟相继担任宰相，二人做事老练，将国事打理得有条不紊。后世将他们与唐太宗时的宰相房玄龄与杜如晦相提并论，正所谓"前有房杜，后有姚宋"。

公元716年，山东一带发生了蝗灾。庄稼地里出现了成群结队的蝗虫，远远望去黑压压一片，几乎将太阳遮没了。蝗虫到过的地方，庄稼颗粒无收。

当时人们缺少科学知识，觉得蝗灾是上天对人的惩罚。再者，当时有人蓄意宣传封建迷信思想，各地百姓为了消灾求福，到处烧香拜神。人们眼睁睁地看着庄稼被蝗虫吃尽，却不敢动手灭蝗，唯恐得罪上天。

随着时间的推移，受灾的地方越来越多，灾情越来越严重。地方官吏看形势不妙，急忙报告给了朝廷。宰相姚崇上奏唐玄宗，提出蝗

虫只是一种害虫，只要各地百姓与官员齐心协力，一定能将蝗虫消灭。唐玄宗向来信赖姚崇，马上同意了。姚崇便下令百姓夜晚在田间点起火堆，看到蝗虫飞过来，就集中力量进行捕杀；同时命令百姓在田边挖坑，边捕边烧。

朝廷中一些官员认为姚崇所采用的灭蝗的办法，以前从来没有听说过，现在如此行事，恐怕要出事。唐玄宗听到朝野上下议论纷纷，也开始疑虑起来。他将姚崇召来进行询问，姚崇说："做事不能循规蹈矩，要有所变通。过去出现蝗灾的年头，由于没有想办法消灭蝗虫而出现了灾荒。如今河北、河南储存的粮食不多，现在又闹蝗灾，要是蝗灾造成庄稼颗粒无收，将来百姓无粮可食，到时发生动乱，国家就危险了。"

黄门监卢怀慎说："蝗虫也是一种生灵，杀生太多恐怕会招来祸患。"

人物档案

姚崇（650—721），陕州硖石（今河南三门峡陕州区）人，出身官宦世家，武则天及唐睿宗时曾任宰相。唐玄宗继位后，姚崇被起用为宰相，并献上了十条政治主张。后人将姚崇和宋璟并称"姚宋"。

姚崇说："我已决定做这件事，就会坚持到底，您不必再劝了。如果放任蝗虫不管，让蝗虫祸害庄稼，那么百姓就会因受灾而挨饿，这难道不是残害生灵吗？"

命令传达下去后，汴州（今河南开封）刺史倪若水拒不执行，还向皇帝上了一道奏章，阐述蝗虫是上天降下来的灾难，仅凭人力是无法阻止的，要想消灭蝗灾，只能积善修德。

姚崇得知倪若水的想法，顿时火冒三丈，认为倪若水说的都是无稽之谈。于是他特地写了一封信给倪若水，信上对倪若水的说法进行驳斥："你说修德能消灭蝗灾，那么汴州遭灾，难道是你无德招致的吗？"

倪若水看到姚崇言辞如此强硬，怕担责任，只好乖乖服从命令。他组织官员和百姓依照姚崇的办法进行灭蝗，

果真灵验，蝗虫很快就被消灭大半。仅仅汴州这一个地方就消灭了十四万担蝗虫，灾情很快被控制住了。

姚崇凡事都为百姓考虑，完全不顾自己的处境，一心要消除蝗灾，在他的努力下，蝗灾终于平息下来。

可怕的蝗灾

我国古代蝗灾频发，是造成饥荒的重要原因之一。蝗灾主要是由干旱引发的蝗虫爆发性迁徙，发生时蝗虫可遍布几百千米，数量以百亿计，所过之处寸草不留。古代农民赖以生存的禾本科植物，是它们的主要祸害对象。

读史学成语

有条不紊

释义：有条有理，丝毫不乱。形容事情井然有序。

出处：《尚书·盘庚上》："若网有纲，有条而不紊。"
孔安国传："如网在纲，各有条理而不乱也。"

例句：他做事一向考虑周密，有条不紊。

诗仙李白

走进盛唐诗歌

　　唐诗是中国古代诗歌的巅峰，诗体完备、题材丰富、风格多样、佳作如云。按照发展历程划分，唐诗可分为初唐、盛唐、中唐和晚唐四个阶段。其中，盛唐是唐诗的鼎盛时期，涌现了一大批优秀诗人和诗歌佳作。而伟大的浪漫主义诗人李白，则堪称盛唐气象的代表。

　　大唐王朝的鼎盛时期是在唐玄宗开元年间，后世称为"开元盛世"，唐诗也在这一时期发展到巅峰。李白是著名的浪漫主义诗人，说到唐诗，就不能不提到他。

　　李白，字太白，出生在碎叶（今吉尔吉斯共和国境内），祖籍陇西成纪（今甘肃秦安），约五岁时随家人迁往绵州昌隆（今四川江油）青莲乡定居，后来他给自己取了个青莲居士的雅号。

　　李白自幼机敏过人，爱好读书，在诗文创作方面很

有天赋。除了爱好读书，他还喜好剑术。他在二十多岁时离家远行，四处游历使他增长了见识。他踏遍中原大地，曾去过江陵（今湖北荆州），又在洛阳、金陵、江都等地居住，很多名胜古迹如洞庭湖、会稽山、庐山等也留有他的足迹。在此期间，他文思泉涌，创作出大量脍炙人口的诗歌。

此时，唐玄宗当了二十多年太平天子，不知不觉地松懈下来，不再勤于理政，开始追求享受。他罢免了直言敢谏的宰相张九龄，任用顺从他心意的李林甫为宰相。后来他又宠信杨贵妃，杨贵妃的堂兄杨国忠官至宰相。李林甫和杨国忠先后长时间把持朝政，正直、有才华的大臣遭到排挤，小人受到重用，人才的上升途径被堵塞，官场污浊不堪，大唐王朝慢慢走向衰落。

李白生性豪放，看不惯官场的腐败风气，希望自己能扭转乾坤。他听说荆州刺史韩朝宗喜欢提拔人才，于是，他写了《与韩荆州书》自荐，可最终却不了了之。

尽管碰了壁，李白还是在长安结交了很多朋友，和诗友们饮酒谈天，十分逍遥。一次，他打听到唐玄宗打算外出狩猎，就特意献上一篇《大猎赋》，希望得到唐玄宗的赏识，可依然杳无音信。李白失望极了，挥笔写了很多表达怀才不遇心情的诗歌。虽然李白长期无法进入仕途，但他在诗坛的名气却越来越大。后来，李白创

作的《蜀道难》为他引来了伯乐——贺知章。贺知章时任太子宾客，年逾古稀，威望极高。他看了李白的诗篇后，大加赞赏，称李白是"谪仙人"。有了贺知章的推荐，李白声名鹊起。又经唐玄宗妹妹玉真公主等的引荐，李白终于见到了唐玄宗。李白对唐玄宗的询问对答如流，唐玄宗大喜，亲自为他调制羹汤，随后封他为翰林供奉。每当宫内有宴会的时候，唐玄宗就会让李白写一些应景

人物档案

贺知章（659—约744），字季真，越州永兴（今浙江杭州萧山区）人，状元出身，一生仕途顺畅，官至秘书监。他的诗歌以绝句见长，包括《回乡偶书》《咏柳》等脍炙人口的名篇。

的诗文。

翰林供奉是个闲差，李白的抱负无从施展，只好继续和诗友们饮酒作诗。大诗人杜甫把李白和贺知章、张旭等人称为"饮中八仙"，并在《饮中八仙歌》中这样描绘李白："李白一斗诗百篇，长安市上酒家眠。天子呼来不上船，自称臣是酒中仙。"

李白既得不到唐玄宗的重用，又因耿直的性格得罪了唐玄宗的宠臣，于是萌生了退意。公元744年，李白被唐玄宗赐金放归。此后，李白告别长安，游历各地。

安史之乱爆发后，李白到永王李璘麾下做幕僚。天有不测风云，永王在与唐肃宗争夺皇位的斗争中失败，此事牵连到李白，朝廷判他流放夜郎。他在流放途中得到赦免，就从白帝城出发，沿长江前往江陵。小船顺江而下，两岸青山不停地往后退去，李白坐在船头，忽然诗兴大发，留下一首著名诗作："朝辞白帝彩云间，千里

有趣的诗人称号

唐代很多诗人都有独特的称号，除了我们熟悉的"诗仙"李白、"诗圣"杜甫，还有"诗佛"王维、"诗魔"/"诗王"白居易、"诗鬼"李贺、"诗豪"刘禹锡、"诗家夫子"王昌龄、"五言长城"刘长卿等。

江陵一日还。两岸猿声啼不住，轻舟已过万重山。"

抵达当涂后，李白的生活并不富裕。当涂县令李阳冰是他的同族，李白就前往投靠，后来病逝于当涂。

李白一生创作的诗歌数量庞大，留存下来的约有一千首。他的诗意境悠远，想象瑰丽，气势雄浑，可与屈原的作品相媲美，是浪漫主义诗歌的集大成者，后世称他为"诗仙"。

读史学成语

脍炙人口

释义：味美的食物人人爱吃。比喻优美的文艺作品人人赞美、传颂。

出处：五代·王定保《唐摭言·载应不捷声价日振》："李涛，长沙人也，篇咏甚著，如'水声长在耳，山色不离门……'皆脍炙人口。"

例句：这首歌脍炙人口，人人都会传唱。

不了了之

释义：指把没有了结的事情弃置不顾，只当办完了。多含贬义。

出处：宋·叶梦得《避暑录话》上卷："唐人言冬烘是不了了之语，故有'主司头脑太冬烘，错认颜标是鲁公'之言。人以为戏谈。"

例句：这场纠纷，到最后不了了之了。

渔阳鼙鼓动地来

节度使专权

　　节度使是掌握地方最高军事、行政、财政大权的长官，设立之初为稳定地方局势起到了重要作用。但是，由于节度使权力太大，一旦中央实力减弱，节度使就不受朝廷控制了。安禄山、史思明的叛乱，就是唐玄宗时期朝廷与节度使矛盾的爆发。

　　公元742年，唐玄宗改年号为天宝。唐玄宗又在边境地区设立九个节度使，把边境地区的军政事务全部交给他们负责。节度使的权力逐渐增大，到后来几乎成了土皇帝。安史之乱的发动者之一安禄山就担任平卢、范阳和河东三镇节度使，河北北部地区均归他管辖。

　　安禄山表面上憨厚老实，实际上却是个奸诈狡猾的人。有一次，安禄山在面对皇太子时没有下拜行礼，别人问他为何不拜，他装傻充愣，说："我不懂得朝廷礼节，太子的官位有多大呢？"唐玄宗说："他是在我百年

75

之后继承皇位的那个人。"安禄山假装恍然大悟，说：
"我真是笨，眼里只有皇上，却没把太子放在心上。"
说完立即向太子行礼。唐玄宗觉得这是安禄山忠于自己
的表现。

　　安禄山身材臃肿，肚子非常大，走路时步履蹒跚，
显得十分笨拙。但他却能轻巧灵活地为皇帝跳胡旋舞。
唐玄宗曾打趣他说："为什么你的肚子这样大呢？"安禄
山指着肚子嘻嘻哈哈地说："因为这里面装着对皇帝的赤

  人物档案

　　安禄山（703—757），初名轧荦山，出生于西域康国，
开元初年来到幽州，成为幽州都督张守珪的部将。安禄山
骁勇善战，又善于阿谀奉承，得到唐玄宗与杨贵妃的宠信，
任平卢、范阳、河东三镇节度使。后以讨伐杨国忠为名，
起兵造反。安禄山在洛阳称帝后不久，被儿子安庆绪指使
宦官杀死。

胆忠心哪！"

唐玄宗被安禄山欺瞒，安禄山逐渐掌控了北方辽阔的区域。安禄山有了争雄天下的野心，开始暗中做准备，扩充军队。

公元755年冬天，安禄山终于完成了准备工作，打着"讨伐奸相杨国忠"的旗号，起兵向中原地区大举进攻，准备攻破长安，灭亡唐朝。

唐朝政治在天宝年间逐渐腐败，杨国忠等人只顾奢靡享乐，在治国理政方面毫无建树。安禄山起兵后，唐朝军队来不及准备，再加上安禄山在北方经营已久，根基稳固，因此黄河以北地区的官员根本无法抵抗，在叛军到来的时候，有的战败被杀，有的弃城而逃，有的甚

洛阳

洛阳是有着四千多年历史的名城，因处于洛水之北（水北为阳）而得名。西周时，周公旦为了控制东方土地，营建了东都洛邑，东周时正式迁都于此。后世东汉、西晋、北魏、武周、后梁、后唐等均建都洛阳，因此洛阳有"九朝古都"的美称。今天，洛阳是我国著名的旅游城市，有龙门石窟、老君山、白马寺等著名景点。

至直接开城迎接。叛军不费吹灰之力就将大片土地收入囊中。

叛军势如破竹，朝中不断收到前线战败的消息。唐玄宗匆忙从各地调兵遣将，又扩充军队，准备镇压叛军。可是安禄山的军队长期在边境作战，战斗力远超唐军，再加上唐军多是临时拼凑的乌合之众，未经充足训练就仓促上阵，胜负已经毫无悬念。

公元756年，东都洛阳被叛军攻陷，兵锋直抵长安最后一道屏障——潼关。洛阳陷落后，安禄山在此建立政权，自称大燕皇帝。唐朝的统治在叛军的打击下已经岌岌可危。

读史学成语

步履蹒跚

释义：腿脚不便，走起路来摇摇晃晃，不平稳。

出处：南朝宋·无名氏《释常谈》："患脚谓之'步履蹒跚'。"明·沈德符《万历野获编·士大夫伟状》："长不过四尺，腹大如箕，腰背伛偻，步履蹒跚，远望之，宛然一蜘蛛也。"

例句：奶奶自从上次摔倒之后，走起路来步履蹒跚。

马嵬驿兵变

 潼关之战

潼关是关中的东大门，是兵家必争之地。安史之乱爆发后，叛军很快杀向潼关。唐玄宗强令患病的名将哥舒翰到潼关御敌。哥舒翰打算采取坚壁清野的策略，但唐玄宗和杨国忠逼迫他出战，导致唐军被叛军击败，哥舒翰也投降安禄山。潼关失陷，长安失去最后的屏障，唐玄宗不得不出逃。

潼关被攻陷后，长安城没有了御敌于外的屏障，百姓惶恐不安，纷纷逃到外地避难。唐玄宗觉得大事不妙，紧急召见朝臣商量应对之策。杨国忠主张逃往四川，因为他曾长期在四川为官，在那里有些根基。唐玄宗同意了。

杨国忠暗中召见禁军龙武大将军陈玄礼，让他率领2500人的军队赶来护驾，并赏赐给将士们大批财物。到了破晓时分，一行人悄悄地开启皇宫的西门，逃出了皇宫。同唐玄宗一起逃难的除杨氏族人外，仅有部分皇子、公主、皇孙、嫔妃、几位大臣以及亲信宦官，剩下的人毫不知情。

　　唐玄宗一行人深夜出发，上午他们到了咸阳望贤宫。唐玄宗曾令宦官前来接应，到达此地后才发现宦官和县令早已逃跑了。杨国忠只得命人去街市买蒸饼，但是大部分人都分不到饼，只能饿着。幸好有些百姓听闻皇帝逃难路过此地，就把自己平时吃的粗米饭献给皇帝。平时养尊处优的皇亲国戚实在饥饿难忍，竟然毫不避讳地用手抓起饭就吃，还相互争夺，风卷残云一般将食物吃了个精光。

　　夜晚来临，一行人在驿站中歇脚。他们没有照明用的灯，休息的地方又狭小，众人被迫挤成一团，彼此头碰头，脚碰脚，用对方的身体当枕头。有些人受不了苦，便悄悄地离开了。

　　唐玄宗一行人到达马嵬驿（今陕西兴平西）时，发现驿站的官员与附近的百姓都不知去向。唐玄宗等人在驿馆住宿，同行的将士们都露宿在外。将士们赶了一天的路，又累又饿，怨声载道。

　　此时，一群吐蕃使者拦住巡视归来的杨国忠要吃的。一个军士看准时机，大声呼喊："杨国忠与吐蕃勾结，意欲造反！"士兵们一起高声呐喊，杀掉了杨国忠和他的儿子。韩国夫人、虢国夫人也相

继被杀。听到外面的嘈杂声，御史大夫魏方进走出驿馆，想看看发生了什么，结果也被士兵们杀掉了。

连杀数人后，士兵们依然怒气未消，他们将驿馆围住，大声喊叫。唐玄宗拄着拐杖出现了，询问发生了什么事。陈玄礼说："杨国忠准备谋反，已经死于将士们的兵刃之下。贵妃是他的族妹，继续待在您身边不合适，请您处死贵妃。"

唐玄宗说："贵妃常年在后宫，她怎会知晓杨国忠造反？"

高力士说："贵妃虽然是清白的，但是眼下杨国忠已死，倘若贵妃还待奉在陛下身边，将士们怎会安心？请陛下好好考虑一下。"

唐玄宗虽然割舍不掉对杨贵妃的情谊，但是追兵在后，六军不发，他也无能为力，只得对高力士道："你去处理此事吧！"

 古代驿站

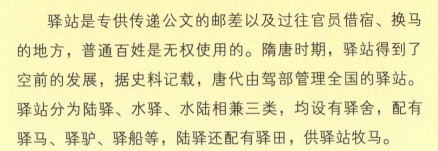

驿站是专供传递公文的邮差以及过往官员借宿、换马的地方，普通百姓是无权使用的。隋唐时期，驿站得到了空前的发展，据史料记载，唐代由驾部管理全国的驿站。驿站分为陆驿、水驿、水陆相兼三类，均设有驿舍，配有驿马、驿驴、驿船等，陆驿还配有驿田，供驿站牧马。

就这样，高力士用一条白绫勒死了杨贵妃。杨贵妃死后，兵变才得以平息。唐玄宗继续逃向西南，太子李亨则折向北方，一路收募将士。一个月后，李亨在灵武自行登基称帝，史称唐肃宗，蜀中的唐玄宗被尊为太上皇。

人物档案

李亨（711—762），唐玄宗第三子，安史之乱中称帝，就是唐肃宗。他积极平乱，收复了长安、洛阳，但没等安史之乱彻底平定就病逝了。他在位期间宠信宦官，给唐朝后期留下了宦官专权的隐患。

读史学成语

养尊处优

释义：处于尊贵的地位，过着优裕的生活。

出处：宋·苏洵《上韩枢密书》："天子者，养尊而处优，树恩而收名，与天下为喜乐者也。"

例句：他从小养尊处优，不知柴米油盐贵。

怨声载道

释义：怨恨的声音充满道路。形容到处都是怨恨的声音，人民普遍感到不满。

出处：南朝宋·范晔《后汉书·李固传》："开门受赂，署用非次，天下纷然，怨声满道。"

例句：封建社会统治阶级对下层百姓极度剥削，百姓怨声载道。

张巡草人借箭

千古义士张巡

张巡（709—757），蒲州河东（今山西永济）人，进士出身，安史之乱中任真源县令。叛军来袭，他固守雍丘（今河南杞县），后转战宁陵，最终在睢阳（今河南商丘）死守十个月，城陷后不屈被杀。

皇帝虽然逃走了，大唐的臣民却并没有放弃抵抗。真源县令张巡趁投降安禄山的雍丘县令令狐潮不备，占领了雍丘。令狐潮率领叛军进攻雍丘。张巡与将士们死守60多天，在这段时间内，将士们吃饭的时候也不脱掉盔甲，受了伤就包扎好伤口继续战斗，击退了叛军多次进攻，消灭了大量叛军。在军民的齐心协力下，令狐潮不得不退兵。

不久，令狐潮再次集结了四万余人攻打雍丘，城内只有两千余名守军。双方大战300余次，叛军久攻不下。此时传来唐玄宗出逃的消息，令狐潮喜上眉梢，致信张巡让他投降。镇守雍丘的六位将领见形势如此不利，守

城的决心不再坚定。他们找到张巡，对他说："目前双方实力悬殊，更何况皇上早已出逃，与其白费力气守城，还不如投降。"

一听这话，张巡心中大怒，但脸上却不动声色，同意次日和大家一起商议。次日，他召集全县的将士，并喊来那六名将领，称他们背弃国家、扰乱军心，当场将他们斩杀。将士们见了，热血沸腾，纷纷表示誓死抵抗叛军。

叛军攻城的力度有增无减，张巡安排将士在城楼上用乱箭逼退叛军。然而，时间一久，他们的箭矢都用完了。

一个月黑风高的夜晚，雍丘城墙上漆黑一片，隐约可以看到成百上千个士兵顺着绳索翻下墙来。此情此景被城下巡逻的叛军士兵看到了，他们急忙禀告令狐潮。令狐潮认为这是张巡的士兵想搞偷袭，便派手下朝城墙上的士兵射箭，箭雨一直到东方破晓才停止。此时叛军定睛一看，才发现中计了，城墙上全是插着箭的草人。张巡手下的士兵兴高采烈地收起草人，居然得到了几十万支箭。这下，他们不用担心城中的箭不够用了。

几天后的一个晚上，令狐潮的士卒再次在城墙上发现了黑影。他们看了哭笑不得，以为张巡故技重演，还想骗取他们的箭，于是置之不理。令他们始料未及的是，此次从城墙上爬下的不是草人，而是张巡派出的士兵。

这些士兵趁着叛军放松警惕，突然向叛军的军营发动袭击。令狐潮命令士兵抵抗，可为时已晚。上万名叛军不听指挥，东奔西跑，一直跑到了离城十几里的地方，这才气喘吁吁地停下来。

一次对战时，雷万春在城墙上指挥作战。叛军趁他和令狐潮喊话，对着他放箭。雷万春脸上先后中了六支箭，为稳定军心，他强忍剧痛，一动不动地站在原地。令狐潮深知张巡计谋多变，料定这次张巡用木头人诓骗他们。之后，间谍告诉令狐潮，那个中箭以后还岿然不动的"木头人"正是雷万春，令狐潮不禁大惊失色。

之后，令狐潮命军队驻扎在雍丘的北边，切断张巡的粮道。张巡手下的士兵不过千余人，叛军多达数万人，然而张巡的军队毫不畏惧，该出手时就出手，总能以弱胜强。

一年以后，睢阳（今河南商丘）太守许远命人送告急文书给张巡，告诉他叛军将领尹子奇率领大军进犯军事重地睢阳。

人物档案

南霁云（712—757），魏州顿丘（今河南清丰）人，出身贫寒，曾以摆渡为业，后入伍，英勇善战。张巡守睢阳时，二人合作默契。叛军围城甚急，南霁云突围后向御史大夫贺兰进明求援被拒，贺兰进明想留他在身边，南霁云拔刀切断手指以明其志，随后返回睢阳，城破后慷慨就义。

张巡一收到告急文书，就急忙率兵前往睢阳。他指挥约七千名将士在睢阳死守了十个月，阻挡住十余万叛军。可惜的是，睢阳最后还是被叛军攻破了，张巡、许远、雷万春、南霁云等人不屈被杀，他们为收复都城赢得了宝贵的时间。

睢阳之战

睢阳之战是安史之乱中一场影响全局的关键性战役。此战中，张巡与约七千名士兵，把近十余万叛军牵制在城下，杀敌万余人。更重要的是，睢阳是江淮地区的屏障，在坚守睢阳的十个月，唐军得以整顿，完成了平叛的准备工作，并展开反攻，收复了长安和洛阳，使叛军再也无力南下，此战为保全唐朝江山起到了重大作用。

读史学成语

喜上眉梢

释义：高兴的神情从眉、眼上表现出来。

出处：清·文康《儿女英雄传》第二三回："思索良久，得了主意，不觉喜上眉梢。"

例句：母亲给小明买了一本他期盼已久的漫画书，他顿时喜上眉梢。

白衣山人李泌

名相李泌

　　李泌（722—789），京兆府（今陕西西安）人，出身名门，有神童之誉，自幼受唐玄宗及太子李亨赏识，后辞官归隐。李亨继位后，李泌出山，为平定安史之乱做出了杰出贡献。唐德宗时，李泌拜相，为安史之乱后唐帝国的稳定做出了贡献。

　　唐肃宗刚在灵武即位的时候，身边的文武官员不满三十人，那个临时建立的朝廷，最初无法有效地处理政务，一些武将也不大服从指挥。唐肃宗要想平定叛乱，多么需要有个能人来帮助他啊！

　　这时候，唐肃宗想起他当太子时的一个好朋友李泌，就派人把李泌从颍阳（今河南襄城）接到灵武来。

　　李泌原是长安人，小时候很聪明，读了不少书。当时的宰相张九龄看到他写的诗文，十分器重他，称赞他是个"神童"。唐玄宗想封给他官职，他推说自己年轻，不愿做官。唐玄宗就要他和太子交朋友，太子把他当作

87

老师看待。

　　后来，李泌看不惯杨国忠掌权，曾经写诗讽刺杨国忠，因此他被杨国忠排挤出长安。他看到政局混乱，不愿同流合污，索性跑到颍阳隐居了。

　　这一回，唐肃宗来请他，他想到朝廷正遭危难，就到了灵武。唐肃宗跟李泌就像年轻时一样，进进出出都在一起，大小事情全都跟他商量。李泌有什么意见，唐肃宗没有不听从他的。

　　唐肃宗想封他当宰相，但李泌不愿意。他说："陛下待我像知心朋友一样，这就比当宰相还要尊贵，何必非要我挂个名不可呢？"

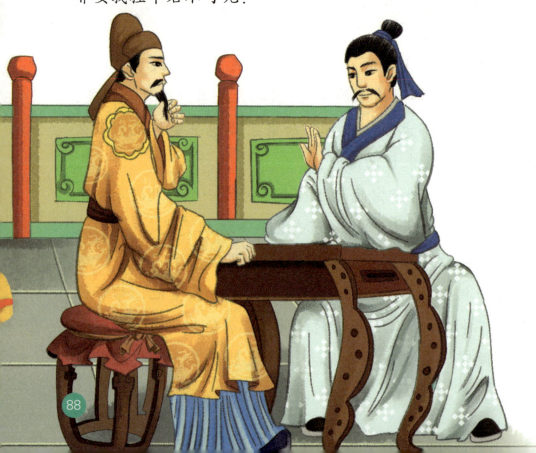

唐肃宗见不能勉强他，就打消了这个念头。李泌在乡间隐居的时候穿的是布衣，到了灵武，还是穿着那件旧的布褂子。

有一次，李泌陪唐肃宗一起骑着马巡视军队，士兵们在后面，指指点点说："那个穿黄袍的是皇上，穿白褂子的是山里来的隐士。"

唐肃宗听到士兵们的议论，觉得让李泌穿旧衣服非常不合适，就赐给李泌一件紫色的官服。李泌没办法，只好穿上了。

隐士

在我国历史上，有一群特殊的知识分子。他们中的佼佼者，有着或高或低的名望，创作了有一定知名度的作品，在古代就有了一定的做官的资本，但他们却不去为统治者服务，而是在山野之中、林泉之下过着安闲自在的生活，人们将这类知识分子称为隐士。每个时代都有代表性的隐士，例如三代时的许由、巢父，战国时的庄子、鬼谷子、鲁仲连，汉代的黄石公、"商山四皓"，魏晋南北朝时期的陶渊明、陶弘景，唐代的陆羽，宋代的陈抟、林逋，元代的王冕，明清之交的黄宗羲、顾炎武等，都是声名显赫的隐士，此外还有很多名声不显的隐士湮没在历史的洪流中。

唐肃宗命令官员把收到的文书，一律先送给李泌拆看，有特别紧要的才送给自己。宫门的钥匙，也由太子李俶和李泌两人掌管。李泌忙得连饭也顾不上吃，觉也没能好好睡。

唐肃宗一心想回长安，问李泌说："敌人这样强大，我们怎么办？"

李泌说："安禄山发动叛乱，真心帮他出力的是少数，大部分人都是被迫参加的。照我的估计，不出两年，就可以把他们消灭。"接着，他又给唐肃宗制订了一个军事计划，暂缓收复长安，派郭子仪、李光弼分两路进军河北，攻打叛军的基地范阳，让叛军进退两难，再发动各路官军围攻，把叛军消灭。

第二年春天，叛军发生内讧，安禄山的儿子安庆绪杀了安禄山，自己称帝。这本来是个消灭叛军的好机会，但是唐肃宗急于回长安，不听李泌的计划，把郭子仪的人马从河东调回，强攻长安，结果打了一个败仗。后来，郭子仪借了回纥的精兵，集结了十五万人马，才把长安攻了下来。接着，郭子仪又率军收复了洛阳，叛乱头目安庆绪逃到河北，史思明也被迫暂时投降唐朝。

唐军收复了长安和洛阳，唐肃宗觉得心满意足，用骏马把李泌接到长安。

唐肃宗的宠妃张良娣和宦官李辅国，嫌李泌权大，

早就互相勾结，想把李泌除掉。太子李俶发现张良娣他们想害李泌，就告诉了李泌。李泌说："没关系，我和皇上有约在先，等收复京城，我就归山，就没有事了。"

人物档案

李辅国（704—762），博陆郡（今北京市平谷区）人，早年入宫为宦官，辅佐太子李亨，也是李亨躲过杨国忠等的阴谋并登上帝位的功臣。唐肃宗在位期间，将军政大权都交给李辅国和张皇后，后来李辅国为争权杀死了张皇后。唐代宗继位后，派刺客杀死了李辅国。

这回，李泌见唐军收复两京，大局已基本定下了，决心离开朝廷。唐肃宗虽然不愿让李泌离开，但是经不住李泌一再请求，只好同意。李泌到了衡山（在今湖南），在山上造个屋子，重新过他的隐居生活。直到肃宗去世，他又被继位的唐代宗招回朝廷，又被排挤到地方，直到唐德宗时当上了宰相。

读史学成语

进退两难

释义：前进、后退都困难。泛指处境困难，左右为难。

出处：清·夏敬渠《野叟曝言》第三十七回："长卿听得里面一片哭声，在三堂上进退两难。"

例句：他处在进退两难的境地，一时不知该如何是好。

李光弼的"美马计"

中兴名将李光弼

　　李光弼（708—764），营州柳城（今辽宁朝阳）人，契丹族。出身将门，袭封蓟郡公。安史之乱中，李光弼任天下兵马副元帅，为平定叛乱立下了汗马功劳。

　　公元757年，安禄山被自己的儿子安庆绪谋害。安庆绪称帝后，无力节制史思明。眼看史思明势力越来越大，安庆绪非常担忧，密谋除掉他，于是史思明暂时投降唐朝，不久再掀反旗。击退围攻安庆绪的唐军后，史思明杀死安庆绪，自称大燕皇帝，开始与自己的老对手李光弼对峙。

　　李光弼是平定安史之乱的重要功臣。起初他与郭子仪都在朔方担任将领，互相看对方不顺眼，有时候他们在同一张桌子上用餐，双方不发一言，只是用眼互相瞪着对方，似乎有什么不共戴天的仇恨。

　　安史之乱爆发后，郭子仪任朔方节度使，成为李光

弼的上司。史思明进犯河北，郭子仪命李光弼前去平叛。李光弼临行前对郭子仪说："我死不足惜，只求你能保全我一家老小！"郭子仪搂住李光弼，流着眼泪说："目前叛贼猖獗，局势动荡，我们需要同心协力地讨贼平乱。平定河北，非你这样有才干的将军不可！哪里还顾得上私人恩怨呢？"听了这话，李光弼非常感动，这才知道郭子仪并非公报私仇。于是二人冰释前嫌，齐心协力对抗叛军。

李光弼驻守在河阳，与对岸的史思明对峙。史思明命人每日在岸边给一千匹膘肥体壮的公马洗澡。古代军队非常需要好马，史思明想借此向唐军展示自己的军队兵强马壮。李光弼将计就计，命士兵将军队里的五百匹母马集合在一起，待史思明的公马来到河边时便将马驹留在城中，将母马赶出城外。一离开马驹，母马就不住地嘶鸣。史思明的公马听闻对面传来母马的叫声，全都

人物档案

　　史思明（703—761），营州宁夷州人，突厥族。他是安禄山少年时的伙伴，后二人一起成为张守珪的部将。安史之乱爆发后，史思明留守范阳，后又攻掠河北，连下数郡。安禄山死后，史思明不受安庆绪节制，曾降唐，不久复叛并称帝，后为长子史朝义所杀。

游到北岸，马夫们想拉住它们，却无济于事。唐军赶着所有的马进了城，白赚一千匹上好的马。

两军的几次小规模对抗中，史思明都吃了亏，非常恼怒，便命手下勇将周挚开始全力进攻北城。李光弼来到城楼上查看敌军如何排兵布阵，他问手下："攻城贼军什么地方最坚固？"手下回答："西北角。"于是，李光弼令心腹将领郝廷玉率领三百名骑兵去攻打西北角。

接下来，李光弼又问攻城贼军哪个地方强大，手下回答："东南角。"李光弼就令部将论惟贞率领二百名骑兵前去攻打。

随后，李光弼说："你们看我的旗子作战。旗子缓慢晃动，你们根据经验选择作战方式；如果旗子连续三次向下，你们就一同冲杀上去，全力奋战。谁敢畏死退缩，即刻斩杀！"他在自己的靴筒里插入

一把短刀，说："从军作战是关乎性命的事情。我位居三公，不能死在敌手。一旦兵败，你们战死在阵前，我就在此自刎，绝不让你们单独赴死！"将士们都很感动，决心打败敌人。

郝廷玉、论惟贞和其他将士一同出发作战。没过多久，李光弼看见郝廷玉骑着马往回跑，不禁大吃一惊，他知道如果最骁勇的郝廷玉败了，就别想打败敌军了。于是他命令手下："斩下郝廷玉的首级！"郝廷玉急忙解释："我没有后退，是马中箭了。"然后，郝廷玉更换了马匹继续投入战斗。

李光弼让旗手连续三次放倒旗子，诸位将领看了，带领士兵拼命地向前冲杀，呼喊声响彻云霄。顷刻之间，叛军士气衰退，一下子败下阵来，有一千多人被唐军杀死、五百多人被俘虏，还有上千人被淹死，敌军的几位将领

战马

冷兵器时代，骑兵是机动性最强、战斗力最高的兵种，往往左右着战局的走向。古代游牧民族之所以长期与中原对峙，正是因为他们以骑兵为主，难以被包围歼灭。中原由于缺乏大片牧场，再加上养马的收益不如种田，在农田养马的代价也非常大，所以战马始终是稀缺的战略资源。

被活捉，史思明不得不撤军。

这一仗，让史思明攻下河阳进而攻掠两京的计划成为泡影，双方的局势得到扭转，史思明的处境越来越不利。

公元761年，史思明被自己的儿子史朝义杀死。第二年，唐军大将仆固怀恩等率唐军及前来相助的回纥兵收复洛阳，史朝义战败逃走，最终在走投无路的情况下自尽。安史之乱至此终于结束。

 读史学成语

不共戴天

释义：不能在同一个天底下生活。原指杀父之仇。后泛指仇恨极深。

出处：《礼记·曲礼上》："父之仇，弗与共戴天。"

例句：他们两家有不共戴天的世仇。

同心协力

释义：思想一致，共同努力。

出处：唐·姚思廉《梁书·王僧辩传》："讨逆贼于咸阳，诛叛子于云梦，同心协力，克定邦家。"

例句：只要我们同心协力，一定会渡过这次难关。

郭子仪孤胆平叛

 出将入相的郭子仪

　　郭子仪（697—781），华州郑县（今陕西渭南华州区）人，武举出身，因军功升任九原太守。安史之乱中任朔方节度使，收复了河北、河东。乾元元年（公元758年）迁中书令。又奉命平定兵变，被封为汾阳郡王。后挫败吐蕃、回纥的入侵，被唐德宗尊为"尚父"。

　　仆固怀恩是郭子仪的部下，长期跟随郭子仪征战四方，功勋卓著，为平定安史之乱立下汗马功劳。

　　公元765年，仆固怀恩与吐蕃和回纥联络，谎称唐代宗已死，大将郭子仪也去世了，让他们联手进攻虚弱的唐朝。

　　吐蕃和回纥被仆固怀恩的谎言欺骗，纷纷表示赞同，约期共同发兵长安。天有不测风云，联军行至半路，仆固怀恩突然得急病而死。但联军继续向唐朝腹地前进，一路上势如破竹，一直打到长安以北的泾阳，严重威胁

人物档案

仆固怀恩（？—765），金微都督府（今蒙古国境内）人，铁勒族。他出身将门，安史之乱中跟随郭子仪作战，屡立战功，其家族有46人为国殉难。安史之乱平定后任朔方行营节度使，封大宁郡王。因遭宦官陷害，起兵反叛，不久病逝。

了唐朝都城。

此时郭子仪年事已高，正驻守泾阳。泾阳兵力不足，面对敌人的进攻，郭子仪一边命令部下严加防守，不要轻易出战，一边派探子去侦察敌军的情况。探子回来报告说，吐蕃和回纥两支军队在仆固怀恩死后，谁也不愿听从对方指挥，一直不团结。因此，郭子仪定下了分化敌人、逐个击破的策略。

回纥的将领药罗葛在平定安史之乱时曾与郭子仪并肩作战，非常尊重郭子仪，郭子仪决定先说服他。他派部将李光瓒去告诉药罗葛自己还活着的消息，责问他为何出兵。药罗葛不肯相信，提出让郭子仪亲自到回纥大营的要求。

郭子仪决定单独前往，将领们觉得太过冒险，劝他带上五百名精锐的骑兵，结果被拒绝了。

郭子仪快马加鞭奔向敌营，几个随从跟在后面，边前进边喊："郭令公（郭子仪曾任中书令）来啦！郭令

公来啦！"回纥士兵远远看见几个人骑马向大本营奔来，连忙报告给首领。回纥首领大惊，忙命士兵摆开阵势。

郭子仪带着随从来到阵前，他主动卸下头盔，拉着马缰缓缓走向回纥大营。走到近前，回纥首领和麾下将士才认出郭子仪，兴奋地大喊："真的是令公！"于是跪拜行礼。

郭子仪与回纥首领把酒对谈，郭子仪问回纥首领："唐朝待回纥不薄，为何此次要帮助仆固怀恩叛乱呢？"

回纥首领一脸歉意地说："我们聚集在此地，是上了仆固怀恩的当，我们还以为天可汗和您都死了，中原没有主人，才领兵到此。现在我们亲眼见到您还健在，怎么会与您为敌呢？"

郭子仪点点头，说："你这样说我就放心了。吐蕃和唐朝本是亲戚，现在他们却来侵犯我们的领土，掠夺百姓，真是忘恩负义。我

决定回击他们，如果你们愿意和我联手打退吐蕃，对你们定有好处。"

回纥首领立刻回道："没问题，郭令公，我们一定将功补过！"

旁边的回纥将士看到郭子仪与药罗葛相谈甚欢，不禁产生好奇心，于是逐渐向二人靠拢，想要听听他们商讨的策略是什么。郭子仪的随从也纷纷朝着郭子仪围拢过来，想要保护他免受伤害，气氛一时又紧张起来。郭子仪镇定自若，挥手示意自己的随从退下，让药罗葛派人拿来好酒。

酒很快送了上来，未等药罗葛起身，郭子仪率先端起酒杯，手腕一弯，就将美酒洒到了地上，接着朗声说道："众位将士，大唐天子万岁！回纥可汗万岁！我们不是敌人，而是站在同一战线上的朋友，今日我们订立盟约，

"天可汗"

"可汗"是西北各族对君主的称呼，早在隋朝时，各族就尊称隋文帝和隋炀帝为"圣人可汗"。到了唐朝初年，唐太宗李世民对异族采用恩威并施的手段，得到各族的敬畏，被尊称为"天可汗"。后来，"天可汗"这一称号还被沿用下来，成为对唐朝历代皇帝的尊称。

无论何人胆敢违反，必将在战场上被人杀死！"药罗葛听罢，也举起酒杯立下相同的誓言。

吐蕃军队很快就得到了消息，害怕遭到唐朝和回纥的联手攻击，赶紧集结并连夜撤走了。郭子仪部将与回纥大军一起追击，大败吐蕃。

读史学成语

天有不测风云

释义：指天气变化很难预测。比喻灾祸难以预料。

出处：宋·无名氏《张协状元》第三十二出："天有不测风云，人有旦夕祸福。"

例句：天有不测风云，谁也想不到会发生这种事。

李愬雪夜袭蔡州

了解藩镇割据

　　唐朝中后期，藩镇割据成为朝廷的一大心病。安史之乱爆发后，朝廷不得已将原本设置在边境的藩镇扩展到全国，在一些重要的州设立节度使，指挥附近数州的军事。节度使往往掌握地方军民财政大权，个别藩镇开始出现割据态势。黄巢起义后，藩镇割据现象变得极为普遍，直接导致了唐朝的灭亡。

　　安史之乱严重削弱了唐朝的中央权力。出于镇压叛乱的目的，朝廷委任了大量节度使，他们在战乱中逐渐获得地方实权。叛乱平息并未终结节度使在各地的统治，节度使扩充地盘的行为仍在持续进行。地方权力被这些节度使掌握，朝廷不仅无法向这些地方征收赋税，甚至无法干预地方官吏的任免升降。这种状况在唐宪宗时期得到了一定的改善。

　　公元805年，唐宪宗即位。他励精图治，将注意力

放在削藩上面，多次与地方节度使交战并取得胜利，唐王朝在他主政的元和年间出现短暂中兴。

公元814年，彰义军节度使吴少阳去世，其子吴元济不仅未向朝廷报丧，还自行接替父亲职位，割据自立，将淮西的军权掌握在自己手中。

吴元济成了唐宪宗的心腹大患，他调集9万兵马攻打淮西，可打了数年都没攻下来。公元816年，唐宪宗任命李愬为随唐邓节度使，前去平定淮西的叛乱。

李愬是唐朝名将李晟的儿子，足智多谋。李愬到唐州以后，亲自安抚士气低落的唐军，看望伤病人员。为了麻痹吴元济，他故意装出一副无所事事的样子。吴元济看到李愬这样，真的以为李愬是一个无用的将领，对他放松了警惕。

李愬暗中积极准备进攻淮西。他先后俘获了淮西多名大将为己所用，其中就包括吴元济麾下的勇将李祐。李愬还从降兵那里了解了淮西的地形险易、兵力虚实等情况。他联合各地唐军，攻下淮西附

人物档案

李愬（773—821），洮州临潭（今甘肃临潭）人，名将李晟之子。李愬因门荫入仕，后出任随唐邓节度使。吴元济叛乱爆发后，他生擒吴元济，立下奇功，后改任魏博节度使、太子少保等。

近多个据点，让吴元济将精兵调走，无暇顾及蔡州。

不久，李祐见奇袭的条件已经成熟，就向李愬进言说："将军，淮西的精兵在外防御，此时蔡州城里全是老弱之兵，我们可以趁机出兵，打他个措手不及，一举擒获吴元济！"李愬深以为然，就将突袭计划悄悄呈给了主帅裴度。裴度十分赞赏，同意出兵。

公元817年冬，李愬利用冬季恶劣的暴风雪天气做掩护，率领三千多名训练有素的士兵，抵达张柴村，杀了所有守军。全军整顿休息后，李愬才宣布："英勇的士兵们，我们今夜就入蔡州直取吴元济！"此时天寒地冻，人人都以为必死无疑，但军令如山，没人敢违抗命令。

唐军已多年未到蔡州城下，蔡州守军自以为高枕无忧，毫无戒备。唐军艰难地到达城下，李祐率领先锋部队爬上城头。城头的守军还在睡梦中就全被杀死了。唐

军的先锋部队快速攻进了内城，然后打开城门迎接大军。

李愬的大军攻击顺利，在鸡鸣时分就将全城基本控制住了，随后直扑吴元济府第，捉拿敌首。唐军的到来使吴元济的亲兵惊慌失措，一边尽力抵挡一边跑到宅内上报吴元济。

吴元济闻讯并不在意，他觉得唐军不可能占领蔡州，气定神闲地说："天气寒冷，守军将士前来索要御寒衣物，一定是这样！"突然，唐军传令兵的声音从门外传来，紧接着无数人的应答声也传了进来，直至此时，吴元济才明白自己的处境。他知道大势已去，除投降外别无他法。最终，唐军将吴元济押赴长安处死。淮西终于恢复了安定。

 《平淮西碑》事件

李愬生擒吴元济，立下不世奇功，实际上宰相裴度才是此战的统帅。于是，曾亲历战场的刑部侍郎韩愈撰写了《平淮西碑》，主要突出了皇帝的英明和裴度的运筹帷幄，赞扬李愬的文字相对较少。李愬不满此碑，李愬的妻子是皇室之女，向唐宪宗表示不满，于是唐宪宗下令磨去韩愈的碑文，让翰林学士段文昌重新撰写。但后人还是推崇韩愈的碑文，并认为裴度之功不逊于李愬。

读史学成语

心腹大患

释义：指体内致命的疾病。比喻严重的隐患。

出处：清·曾朴《孽海花》第十八回："我国若不先自下手，自办银行，自筑铁路，必被外人先我着鞭，倒是心腹大患哩！"

例句：那家对手公司一直是我们的心腹大患。

无所事事

释义：没有事情可做。形容闲散无事。

出处：清·黄宗羲《万贞一诗序》："其人之为诗者，亦必闲散放荡，岩居川观，无所事事而后可。"

例句：他整天无所事事，到处闲逛。

牛李党争

了解牛李党争

　　唐朝后期，朝臣之间出现了激烈的党派斗争，史称"牛李党争"。牛党以牛僧孺、李宗闵等人为主，他们大多是通过科举考试进入朝廷的。李党则以李德裕为首，他们大多是从父祖辈起就在朝中做官的公卿子弟。两派互相争斗，加速了唐朝的灭亡。

　　元和三年（公元808年），唐宪宗举行考试，选拔敢于直言进谏的人才。牛僧孺和李宗闵在考卷里痛斥时政的弊端，主考官韦贯之看到后很是赞赏，就把他们推荐给了唐宪宗。

　　宰相李吉甫平时就看不起科举出身的官员，现在又看到牛、李二人在考卷中批评自己的过失，更加生气了，就在唐宪宗面前说考官完全是因为和他们有私交，才会推荐他们。唐宪宗信以为真，就没有提拔他们，还把考

官韦贯之等人贬了职。

这件事传开以后，大家都为牛、李二人喊冤，谴责宰相李吉甫的狭隘，唐宪宗只好把李吉甫贬为淮南节度使。两派斗争的种子就此埋下了。

李吉甫去世后，他的儿子李德裕成了李党的首领。他和父亲一样，看不起科举出身的官员，认为考试未必能选出真正的人才；公卿子弟从小耳濡目染，更适合从政，应该担任更重要的官职。

李德裕按"门荫"制度，被补为校书郎，后官至翰林院学士。他和同样士族出身的官员结成一派，牛僧孺、李宗闵与一些科举出身的官员结为一派。两派斗争逐渐加剧，不管哪一派掌权，都会排挤、打压对方。

公元821年，朝廷再次举行科举考试，主考官是钱徽。四川节度使段文昌等人找到钱徽，请他多多照顾与他们有关系的人，却未能如愿。他们就向唐穆宗诬告此次进

牛李党争的牺牲品——李商隐

　　牛李党争中，大名鼎鼎的诗人李商隐也受到了牵连。李商隐考中进士，离不开牛党的重要人物令狐楚与其子令狐绹的提携。但李商隐中进士后却当了李党成员王茂元的幕僚，还成了王茂元的女婿。因此，李商隐被牛党处处针对，一生困顿。

士选拔不公。

牛党的骨干成员李宗闵的女婿参加此次考试并被录取了，李德裕为了与牛党作对，就说确有选拔不公之事。唐穆宗大怒，下令复试，把钱徽贬为江州刺史，李宗闵则被贬为剑州刺史。这一事件，成为"牛李党争"白热化的标志。

后来，唐穆宗任命李德裕为浙西观察使，牛僧孺当上了宰相，牛党一时间风光无限。

唐文宗太和年间，李德裕应召回到京师，担任兵部尚书。不久，他又被调到四川，任剑南西川节度使。在他的治理下，西川地区的政治经济环境有了明显的好转，吐蕃、南诏等国不但没有骚扰边境，还主动与唐朝交好。公元831年，南诏主动送回了被他们掳走的四千余人。同年9月，吐蕃维州（今四川省理县东北）守将悉怛谋率部众来到成都，愿意主动归顺唐朝。李德裕占领了维州，夺回了这片被吐蕃占据了四十余年的土地。

同一时期，吐蕃也派出使者到长安，表示愿意停战，与唐朝重修旧好。

捷报上传宫中，唐文宗召集大臣们商议此事。宰相

牛僧孺却说，最好将维州继续交给吐蕃，悉怛谋等人也交给吐蕃，让他们自行处置。唐文宗采纳了他的意见。结果维州再度失守，悉怛谋被害。

唐武宗即位后偏

爱李德裕，李德裕终于当上了宰相。牛党拥立的继承人未能即位，自此势力大不如前。

此时，回纥在北方的战事中失利了，不得不向南迁徙，过着无家可归的游牧生活。李德裕就向唐武宗进言，建议他对回纥采用怀柔政策，一方面给他们粮食，另一方面也要对他们多加防范，这种政策在当时得到了一致好评。同时，他还建议唐武宗要对那些经常扰乱国家边境的流寇毫不留情，只有采取强硬手段才能树立大唐的威严。他的一系列建议，都取得了很好的成效。

公元843年，李德裕帮唐武宗平定了刘稹的叛乱。刘稹是昭义节度使刘从谏的侄儿，刘从谏病逝后，刘稹向朝廷提出由他袭任昭义节度使，但没有获得批准，于是他发动了叛乱。叛乱平息后，李德裕给唐武宗上了一道折子，说当初在李宗闵当宰相时，刘从谏曾与他关系

密切，刘稹也和李宗闵有书信往来。

唐武宗大怒，把李宗闵贬到了外地，李党一时得势。

李德裕虽然做出了一些成绩，但他在行使自己的职权时独断专行，因此牛党对他恨之入骨，一些宦官也看他不顺眼。

公元846年春，唐武宗病逝，唐宣宗即位。

唐宣宗即位第二天，就把李德裕贬了官；第二年又找理由，陆续把他贬到潮州、崖州等地，后来李德裕死在了任上。牛僧孺被升为太子少保，于公元848年病逝。李宗闵不久也死于封州。

持续了四十余年的"牛李党争"终于结束了。然而，大唐政权已变得风雨飘摇，它即将面对的是风起云涌的农民起义。

读史学成语

风起云涌

释义：大风刮起，乌云涌现。常比喻多样力量或事物并起，发展迅速，声势浩大。

出处：清·唐梦赉《聊斋志异序》："下笔风起云涌，能为载记之言。"

例句：在统治者的压迫下，农民起义风起云涌。

甘露之变

了解唐朝宦官专权

早在唐肃宗时期，宦官李辅国就因拥戴之功而嚣张跋扈，朝廷大事几乎完全把持在李辅国手里。此后，鱼朝恩、俱文珍、王守澄等宦官也都大权在握，皇帝的权势和威望大打折扣。宦官不仅任意欺压朝臣，甚至连皇帝的生、杀、废、立，都掌握在他们手中。著名的甘露之变，就是宦官势力达到巅峰的标志性事件。

就在朝臣之间互相争权夺利的牛李党争愈演愈烈的同时，皇帝与宦官之间积累已久的矛盾也出现了一次大爆发。

公元 826 年，唐敬宗被宦官刘克明所杀。刘克明想要立绛王李悟为帝，但宦官王守澄、梁守谦指挥神策军杀死了刘克明和李悟，拥立年仅十八岁的江王李昂为帝，就是唐文宗。唐文宗很想有一番作为，但处处被王守澄

等宦官掣肘，因此他一心想铲除宦官，夺回权力。

公元 835 年，唐文宗提拔李训为宰相、郑注为御史大夫，并在郑注的建议下任命与王守澄有嫌隙的宦官仇士良为左神策中尉，分化了王守澄的军权。为了稳住王守澄，唐文宗还将几名与王守澄争权夺利的神策军指挥官派到地方担任监军，并找借口赐死。接着，唐文宗升王守澄为左、右神策观军容使，这是神策军名义上的最高官职，实际上却是虚衔，王守澄彻底被架空，随后被唐文宗秘密赐死。

除掉了王守澄，唐文宗、郑注和李训三人可以说是旗开得胜，但并没有到庆贺的时候，因为宦官集团盘根错节，并不是除掉一个为首之人就能够彻底解决问题的。下一步，他们准备进行一场更大规模的铲除宦官的行动。下一个重点关注的目标，就是帮助三人除掉王守澄的"助手"仇士良。

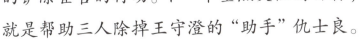

三人商定，让郑注去京师附近的凤翔担任节度使，选拔数百名勇士为亲兵，接着借为王守澄举行葬礼的机会，让以仇士良为首的所有宦官前去送葬，郑注就率领亲兵关闭墓门，杀死

人物档案

仇士良（781—843），循州兴宁（今广东兴宁）人，早年入宫为宦官，任迁内给事，曾外出监军，逐渐获得军权，升任右神策军中尉。甘露之变中，他大开杀戒，并完全控制了唐文宗，又拥立唐武宗，因唐武宗的猜忌自请回家养老，死于家中。

所有宦官。但是，李训觉得这样一来功劳都归郑注了，于是在郑注去上任后，又与唐文宗另外商定了一个计划，准备提前动手。

这一天，唐文宗上朝，李训的亲信、左金吾卫大将

神策军

神策军是唐玄宗时期的名将哥舒翰创立的，后来规模逐渐扩大，并归入宦官鱼朝恩麾下。吐蕃攻打长安，唐代宗逃走，鱼朝恩曾率神策军护卫皇帝，神策军从此成为禁军。唐德宗遭遇兵变，狼狈逃走，觉得文武官员都不可信，于是让宦官掌管神策军。神策军为保卫皇权做出过重要贡献，但后期日益腐化，最终在朱温专权时被解散。

军韩约奏称："左金吾衙门后院的石榴树上降下了甘露，是祥瑞之兆。"李训劝唐文宗亲自去看，唐文宗就派李训率一些官员去看，李训回报说不像是真的甘露。于是，唐文宗又让仇士良率诸宦官去确认一下。

仇士良在韩约的陪伴下到了左金吾衙门，看到韩约的脸色极为苍白，觉得很奇怪。这时，风吹开了院子里的帷幕，仇士良看到了很多手执兵器的士卒躲在帷幕后面，还听到了兵器相撞的声音，心知不妙，立刻向外跑去。

跑回皇宫后，仇士良等人立刻挟持了唐文宗，接着下令神策军逮捕"贼党"，宰相李训被抓，在押送途中被杀，宰相王涯、舒元舆被腰斩。郑注在凤翔闻讯后率亲兵赶往京师，途中

得知李训已经失败，于是回到凤翔，不久被仇士良下令诛杀。京城中受牵连被杀的达千余人。

这场由皇帝参与策划的事变，被称为甘露之变。甘露之变后，宦官肆意凌辱宰相，朝臣更是被他们视如草芥，天下大事完全取决于宦官。唐文宗也被软禁，抑郁中生了重病。临死前他想传位给太子，但仇士良却伪造遗诏，废掉太子，让唐文宗的弟弟做继承人。唐文宗无可奈何，在无限的惆怅中去世了。

读史学成语

争权夺利

释义：争取权力、利益。

出处：邹韬奋《消弭内战的惟一途径》："在这样一致对外的行动之下，任何为私人私党争权夺利的内战都必然地要为全国民众所唾弃。"

例句：陶渊明厌倦了争权夺利的官场生活，归隐于田园。

无可奈何

释义：没有办法。形容事情已到某种地步，无法挽回。

出处：汉·司马迁《史记·屈原贾生列传》："其存君兴国而欲反复之，一篇之中三致志焉。然终无可奈何，故不可以反。"

例句：弟弟闹脾气不去上学，爸爸无可奈何地摇了摇头。

冲天大将军黄巢

一代枭雄黄巢

　　黄巢（？—884），曹州冤句（今山东曹县）人，出身盐商家庭。他自幼读书，考进士不第，遂继承家业贩卖私盐。王仙芝起义爆发后，黄巢也聚众响应。王仙芝战死后，黄巢称王，转战各地，终于攻破长安，建立大齐政权，后被反攻的唐军击败，逃走途中被杀。

　　晚唐时期，藩镇割据问题没有彻底解决，社会矛盾又逐渐激化。唐懿宗、唐僖宗怠于政事，沉溺于奢侈享受，无视王朝面临的危机。朝廷政治黑暗，权贵奢靡享乐之风盛行，压在百姓身上的赋税日益繁重，再加上旱灾、水灾、蝗灾等天灾不断，最终出现了民不聊生、动乱四起的社会乱象。

　　公元874年，一场大规模的农民起义爆发了。起义是由王仙芝发起的，他自称"天补平均大将军"，吸引

人物档案

王仙芝（？—878），濮州人，早年以贩私盐为业，因逢大旱，朝廷依然催征赋税，于是率领不堪重负的百姓发动起义，并与黄巢合兵，队伍扩展到数万人。王仙芝有心降唐，因黄巢反对而作罢，不久被唐将曾元裕击败而死。

大量民众参与起义，长垣、曹州一带很快就被他们攻占了。不久，又有几千人响应起义，他们的领导者是山东人黄巢。

起初，农民起义军各自为战，并未联合起来对抗唐军。随着起义战争的推进，王仙芝和黄巢的军队出于共同的目标走到一起，并肩作战。仅仅过了几个月，起义队伍就扩展到几万人，声势日益浩大，山东、河南一带的许多城池陆续被攻下。

私盐

盐是生活中必不可少的调味品，由于用量巨大，其中的利润之高可想而知。因此，我国古代很早就开始对盐实行专卖，禁止私人制盐、贩盐，否则将会重判，很多朝代贩卖数斤私盐就会被处死。但是，私盐贸易利润奇高，且盐业专卖常常出现供求失衡等状况，因此从事私盐贸易的人在历朝历代都很多。有资料显示，清代百姓的食盐有一半以上来自私盐。

随着起义军队伍的壮大，唐僖宗惊慌起来。就在这时，有人向唐僖宗建议，赏给起义军首领一个官职，对其进行招安。唐僖宗答应了。

公元876年，起义军打到了蕲州（今湖北蕲春）。唐僖宗派人到蕲州见王仙芝，说只要他投降就让他做左神策军押牙兼监察御史。王仙芝不禁动摇起来。

黄巢知道后，极其愤怒，忍不住拳打王仙芝。王仙芝害怕自己成为起义军的众矢之的，只得拒绝招安。

这件事之后，王仙芝和黄巢的关系开始恶化，没多久，两人就分道扬镳了，起义军的实力也削弱了。两人分开后，王仙芝去攻打鄂州等地，最终在黄梅战死。他的旧部北上与黄巢会合，大家一致推举黄巢为起义军首领，黄巢被推举为王，号"冲天大将军"。

黄巢当了首领，起义军一路势如破竹，直逼洛阳。朝廷急忙调派大军增援。黄巢见洛阳兵力强盛，难以取胜，就引兵南下，渡长江，过淮河，一直打到了福州、广州一带。在广州时，不少将士染上疫病，起义军不得不北归。

公元880年，黄巢的起义军已经发展到几十万人，大军到了洛阳，洛阳官员立即投降了。休整之后，黄巢又下令向潼关前进。

起义军前锋部队很快就到了关外，他们都打着白旗，

一眼望去，漫山遍野都是白旗，就像广阔的白色海洋。主力部队则从山谷中的一条小路绕道进入关内。内外夹攻，很快攻破了潼关。

潼关一破，长安城中顿时乱成一团。唐僖宗在侍卫、宦官的保护下逃往成都，黄巢顺利地占领了长安。他进入长安城后，没有急于抓唐朝官吏，而是向贫民发放粮食衣物，同时让大将军尚让向百姓宣告："黄王起兵，是为了让大家过上好日子。"

于是，黄巢在百姓的拥立下称帝，国号大齐。唐朝原来的官员，四品以下的酌情留用，三品以上的全部罢官。长安成了起义军的天下。

黄巢虽然建立了新政权，但控制的范围很小，只有长安及附近地区。对于以前攻占的地方，起义军没有派兵驻守，于是在他们离开后，官军又很轻易地夺回。称帝后的黄巢没有抓住时机追击唐僖宗，唐朝禁军也没有被歼灭，这为唐朝日后的反攻提供了条件。尽管长安是

座大都市，但是附近土地有限，维持新政权所需的粮食和财富无法得到保障。大齐政权日益动摇，黄巢手下大将朱温见形势不妙就投降了唐朝。

公元883年，唐僖宗在沙陀族将领李克用等人的协助下，开始反击，包围了长安。长安城粮食匮乏，几十万人很快就把粮食吃光了。坚守无望，形势危急，黄巢不得不率军突围，长安又回到唐军手中。接下来的交战中，唐军多次打败黄巢的军队。公元884年，黄巢兵败自尽于狼虎谷（今山东济南莱芜区西南）。

黄巢起义虽然失败了，但是沉重打击了唐王朝的统治，为它的覆灭敲响了丧钟。

读史学成语

众矢之的

释义：许多支箭所射的靶子。比喻众人攻击的目标。

出处：郭沫若《贾长沙痛哭》："只是你太倔强了，所以便成为众矢之的。"

例句：他的无耻行为彻底惹怒了大家，使他成了众矢之的。

"朱全忠"不忠

"唐朝掘墓人"朱温

朱温（852—912），砀山人，出身平民家庭，自幼游荡无行、不事生产，后投入黄巢军中，因战功不断升迁。黄巢称帝后，朱温被封为同州防御使。后因兵败得不到黄巢的支援而降唐，被赐名为"朱全忠"，成为击败黄巢的主力，后挟制唐昭宗，进爵梁王，数年后代唐建梁。

朱温向朝廷投降，是镇压黄巢起义的重要转折点。

朱温出生在一个贫苦家庭，小时候是个泼皮无赖，整日游手好闲，乡亲们都不喜欢他。黄巢起义席卷中原时，朱温选择加入其中，因战功不断获得提升。

几年后，起义军占领长安，建立大齐政权。为了防备唐军，朱温被黄巢委任为同州防御使。朱温被河中节度使王重荣击败，形势危急，他连续十次向黄巢求援，都被中尉孟楷扣下了。朱温认为黄巢不顾他的死活，而且此时黄巢窘迫的状态也被朱温看在眼里，知道胜利的

天平开始向唐军倾斜了，于是他在属下的建议下投降了唐朝。

唐僖宗大喜过望，封朱温为左金吾卫大将军、河中行营招讨副使，不久后升任其为宣武军节度使。唐僖宗为勉励朱温，还特意赐名"全忠"，朱温欣然接受，并参与到镇压起义军的战斗中。

公元884年，唐僖宗终于成功镇压了黄巢起义，但唐王朝的衰落趋势已无法挽回，唐朝皇帝仅仅是国家名义上的领袖，根本指挥不了各藩镇的首领。黄巢起义军的鲜血滋养了地方藩镇，朱温用自己曾经的战友做垫脚石，逐渐割据一方，并成为实力最强大的割据势力。

当时，只有河东节度使李克用能与朱温分庭抗礼。一次，李克用回军时，路过朱温的地盘，朱温大摆宴席宴请李克用。李克用欣然接受，但喝醉后大发脾气，得罪了朱温。于是，朱温趁着李克用酒醉时，调兵把李克用所住的上源驿包围了，并放火烧房，准备解决这个最大的对手。李克用在

人物档案

李克用（856—908），沙陀族，本姓朱邪，朱邪赤心（朝廷赐名李国昌）之子。李克用骁勇善战，率沙陀军镇压黄巢起义，功勋卓著，被封为河东节度使，后被封为晋王，长期与朱温对峙。其子李存勖建后唐后，追尊李克用为太祖武皇帝。

麾下亲兵的护卫下，终于逃出，朱温的如意算盘落了空。

自此，李克用与朱温开始互相攻伐。朱温实力稍强，多次击败李克用，最终只有河东地区还在李克用控制中，而朱温却更加强大，兵马和地盘不断扩展，成为军队最强、地盘最大的势力。

公元888年，唐僖宗驾崩，其弟李晔登基，就是唐昭宗。当时宦官集团把持朝政，唐昭宗希望通过限制宦官的权力来摆脱他们的控制，就联合朝中大臣不断打击宦官，但数次行动都没有成功。最终，宦官们彻底翻脸了，将唐昭宗软禁在宫中，准备另立皇帝。

消息传到汴州，朱温终于得到插手朝政的借口，便将亲信安排进长安城，与宰相崔胤取得联系，准备秘密铲除宦官势力，帮助唐昭宗复位。朱温的表态使崔胤觉得自己有了对抗宦官的资本，他也不再忍气吞声，把宦

官头目刘季述杀了，帮助唐昭宗复位。

　　唐昭宗恢复帝位后，并不打算放过剩余宦官，就与崔胤商议对策。手握兵权的宦官们发现无法得到保全，索性先下手为强，把唐昭宗劫持到凤翔（今陕西宝鸡凤翔区），交到凤翔节度使李茂贞手中。

　　皇帝被劫走使崔胤惊慌失措，只能依靠朱温前来救援。朱温明白机不可失，只要救出皇帝，自己的地位就无人能撼动。朱温率大军包围凤翔，断绝城内与外界联络的一切道路，逼迫李茂贞交出唐昭宗。李茂贞实力不济，朱温取胜是迟早的事。连日大雪，再加上城内粮草耗尽，凤翔城犹如人间炼狱，城内冻死、饿死之人无数。李茂贞无可奈何，只得投降，交出了唐昭宗。

　　唐昭宗在朱温的护送下返回长安，可是仍没能掌握

长安的屏障——凤翔

　　凤翔在历史上是个很有名的地方，辖区时有变革，但大致都位于今陕西省宝鸡市境内。凤翔在唐代是五京之一，是长安的西北屏障，也是丝绸之路上的重要城市，经济繁荣，商旅往来不绝。凤翔地位特殊，号称"宰相回翔之地"，能够担任凤翔节度使的都是具备宰相能力和资格的人，有的原本就是宰相。

大权。朱温把长安城的宦官尽数诛杀，宰相崔胤随后也被朱温找借口杀死。朱温由此独揽朝中大权。

到了公元904年，为了更好地把持朝政，朱温决定迁都洛阳。尽管不情愿，但唐昭宗以及满朝文武不过是砧板上的鱼肉，根本没有能力反抗朱温。向东行至半路，忠心于唐昭宗的官员和侍从就被朱温处死了。到达洛阳后，朝中一切军政要职都由朱温的心腹担任，唐昭宗不久就被朱温的心腹所杀。

朱温立唐昭宗第九子为傀儡皇帝，就是唐哀帝。但杀戮并未停止，朝廷里又有30多个大臣被朱温杀死，尸体被投进了黄河。

公元907年，朱温接受唐哀帝的"禅位"，登基称帝，国号梁，史称后梁，他就是后梁太祖。唐王朝至此灭亡，开始了纷纷扰扰的五代十国时代。

 读史学成语

游手好闲

释义：形容人游荡懒散，贪图安逸，不好劳作。

出处：元·萧德祥《杀狗劝夫》楔子："我打你个游手好闲、不务生理的弟子孩儿。"

例句：他没有正经工作，整天游手好闲。

纷扰的乱世

五代 十国

半生明主李存勖

 认识李存勖

李存勖（885—926），沙陀族，唐末军阀李克用之子。李存勖从小随父亲四处征战，父亲病逝后他袭爵晋王，经过多年努力击败后梁，击退契丹，建立了后唐，李存勖就是后唐庄宗。在位期间，他击败了军阀李茂贞和前蜀政权。但他后期沉湎酒色，重用伶人，最终死于兵变。

唐朝灭亡之后，晋王李克用依然用唐朝的年号，表示继续效忠唐朝。但此时李克用已经因长时间的征战生了重病，不久就病逝了。

据说，李克用在病危之时曾把儿子李存勖叫来，拿出三支箭放到李存勖手里，让李存勖记住他们李家的三个敌人，即总与李克用为敌的后梁皇帝朱温、背叛李克用的燕王刘仁恭和背弃盟约的契丹人。

父亲去世后，李存勖担负起报仇雪恨、逐鹿中原的任务。李存勖的治军能力很高，他通过严明的军纪打

造出精锐的部队。为了尽量发挥出各支队伍的力量，李存勖特别重视让步兵和骑兵在作战时相互配合。李存勖的部队在战场上进如风、止如山，往往能够以一当十。

除了治军有方，李存勖的个人作战能力也极强。他经常冒着危险冲到敌军中厮杀。朱温曾经感叹地说："生子当如李亚子（李存勖的小名）啊！我的儿子跟他比起来，简直如同猪狗一般。"

为了完成父亲的遗愿，李存勖带兵与后梁连年交战，运用巧妙的计谋多次击溃后梁军，使朱温感到惊惧。在李存勖的强大攻势下，朱温的情绪越来越不稳定，身体越来越差，逐渐丧失了对后梁的掌控，最终被儿子杀死夺权。

 人物档案

刘仁恭（？—914），深州人，与父亲刘晟均为卢龙节度使李可举部将。后刘仁恭投奔李克用，李克用帮助他成为卢龙军节度使，他却与李克用交恶并投奔朱温，被封为燕王。刘仁恭贪图享乐，其子刘守光趁机将其囚禁。刘守光自称大燕皇帝，史称桀燕。公元913年，李存勖灭桀燕，刘仁恭父子被擒，一同被杀。

　　李存勖又借助各股势力间的矛盾，找准机会攻破了幽州，将背叛李克用的刘仁恭父子抓到晋阳诛杀。

　　除了对中原的各股势力进行攻伐，李存勖也没有忘记契丹人。他为了守护边塞，也为了给父亲报仇，带兵打败了妄图南下掠夺的契丹部队。

　　为了统一北方，李存勖在朱温死后持续攻打后梁，终于在公元923年消灭了后梁。在此之前，李存勖已然称帝，沿用唐为国号，史称后唐。

　　李存勖称帝后，认为没有什么势力能够威胁自己了，便开始放松对自己的要求。他把一批伶人养在宫里取乐，甚至经常亲自演戏，他演戏时的艺名是"李天下"。

有一次，李存勖演戏的兴致来了，便在舞台上演了起来，还喊着自己的艺名"李天下，李天下"，伶人敬新磨突然往李存勖脸上打了两巴掌。李存勖没想到有人敢打他，身旁的人质问敬新磨怎么敢打皇帝，敬新磨理直气壮地说："皇帝只有一个，您却喊了两声，在喊谁呢？"李存勖转怒为喜，不但不惩罚敬新磨，还重重赏赐了他。

李存勖经常带着大量人马到郊外打猎，很多百姓的田地被李存勖的随从践踏，而李存勖丝毫不放在心上。一次打猎时，李存勖的队伍又踏坏许多农作物，当地县令拦住了李存勖的马，请求他体恤百姓，不要毁坏庄稼。李存勖的兴致被破坏了，非常生气，下令杀死这位县令。

敬新磨灵机一动，率领几位伶人把县令抓住，带到李存勖面前，故意大声数落道："你这可恶的县令，不知道天子喜欢打猎吗？为什么要让老百姓在田地中种粮食、缴纳赋税呢？你应该让你治下的百姓饿着肚子，空出这些土地，供天子尽情打猎。你的罪真是该死！"李存勖听后大笑，放了这个县令。但是，李存勖并没有因此约束自己的行为。

像敬新磨这样的伶人，毕竟只是少数。多数伶人不但不去劝谏李存勖，反而争相谋取私利、肆意妄为。很多忠臣被排挤出朝堂，留在朝中的都是些趋炎附势之徒，

就连很多手握重兵的将领也不得不向那些伶人行贿。不仅如此,李存勖还让伶人当上了手握军权的将军。

由于李存勖无心治国,底层百姓的生活苦不堪言,而那些干实事的臣子也时刻有被诬陷的风险。最终,愤怒的人们开始反抗。公元926年,很多地区的军队武力反抗李存勖的统治,这些军队"胁迫"李克用的养子李嗣源担任他们的领袖,浩浩荡荡杀向国都。在行军途中,追随李嗣源的人越来越多。

为了镇压叛乱,李存勖带兵攻打李嗣源,却被打败。回到洛阳后,伶人出身的将领郭从谦突然发动兵变。李存勖事前没有防备,只能仓促交战,结果中箭而死。同年,李嗣源当了皇帝,就是后唐明宗。

 五代十国

五代十国开始于公元907年后梁取代唐朝,终结于公元979年北宋消灭北汉,是中国历史上一段黑暗的分裂时代。其中,五代是中原五个政权的合称,即后梁、后唐、后晋、后汉、后周;十国是这段时间占据南方和山西地区的十个割据政权的统称,即吴、前蜀、楚、吴越、闽、南汉、南平(荆南)、后蜀、南唐、北汉。

读史学成语

逐鹿中原

释义：形容群雄角逐，争夺天下。

出处：清·夏敬渠《野叟曝言》第九十八回："但孤家非比别峒之主，止于雄长一方，不日便当逐鹿中原。"

例句：战国时期，七国混战，逐鹿中原。

以一当十

释义：一个人抵挡十个人。形容军队以寡敌众，英勇善战。

出处：《战国策·齐策一》："必一而当十，十而当百，百而当千。"晋·陈寿《三国志·蜀书·诸葛亮传》裴松之注引："临战之日，莫不拔刃争先，以一当十。"

例句：他有很强的作战能力，能以一当十。

灵机一动

释义：指猛然间想出一个好的办法。常与"计上心来"连用。

出处：清·文康《儿女英雄传》第四回："俄延了半晌，忽然灵机一动，心中悟将过来。"

例句：乌鸦灵机一动，将石子丢进装着半瓶水的瓶子中，于是喝着了水。

趋炎附势

释义：指迎合、投靠有权势的人。

出处：明·兰陵笑笑生《金瓶梅词话》第五十一回："你我院中人家，弃旧迎新为本，趋炎附势为强。"

例句：趋炎附势的小人让人嗤之以鼻。

"不倒翁"冯道

"十朝元老"冯道

冯道（882—954），瀛州景城（今河北沧县西北）人，自幼安贫乐道、能书善文，以幽州掾起家，在后唐、后晋、后汉、后周四朝均官至宰相、三公等高位，先后效力于十位皇帝，被称为"十朝元老"。冯道的行为与传统忠君思想不符，被封建卫道士称为"不知廉耻""奸臣之尤"，但也有人认为冯道能够在保全自身的同时为民请命，不该被视为奸臣。

就在李嗣源攻打洛阳、后唐庄宗李存勖岌岌可危之时，一个人正在风尘仆仆地赶往洛阳，他就是翰林学士冯道。

冯道出身耕读家庭，小时候生活比较贫困，但他非常喜欢读书。卢龙节度使刘守光听说冯道有才能，就让冯道当了幽州的小吏。刘守光残暴好战，冯道经常劝谕他，刘守光大怒，将冯道关进监狱。出狱后冯道投奔了李存勖，

被任命为太原掌书记。李存勖灭梁后，冯道被任命为中书舍人、户部侍郎。冯道的父亲去世了，他回到了家乡景城，守孝期满后李存勖任命他为翰林学士，征召他回洛阳。

冯道走到汴州（今河南开封），听说了兵变的消息，忠武节度使孔循劝他不要去洛阳，等事态稳定下来再去。冯道坚定地说："我奉诏前往宫廷，哪能自作主张停下来呢？"于是毅然来到了兵荒马乱的洛阳。

很快，李存勖被杀，李嗣源即位，就是后唐明宗。李嗣源有心励精图治，他早就听说冯道是个很有才能的人，就将冯道任命为宰相。冯道努力提拔有才能的贫寒子弟，压制不学无术的纨绔子弟，官场风气为之一新，但也得罪了不少人。

一天，工部侍郎任赞在退朝后与同僚说闲话，他用戏谑的口吻说道："宰相大人若走路走得急了，身上一定会掉下一本《兔园策》。"《兔园策》是当时的一本启蒙课本，几乎家家都有一本，读书人都比较轻视这本书，任赞的话是在讽刺冯道学识浅薄。冯道听说后并不生气，他叫来任赞，认真地对他说："《兔园策》出自著名儒者之手，内容丰富，并不是什么浅薄的读物。现在的读书人，只欣赏有利于在科举考场上窃取功名利禄的俏丽词句，才是真正的浅薄。"任赞无言以对，惭愧地告退了。

　　冯道虽然身居宰相高位，但他在日常生活中十分简朴，还善于寻找机会讽喻君主。有一年，庄稼获得丰收，后唐明宗问冯道："天下丰收，百姓过得富足吗？"冯道回答："谷子贵了，百姓就会挨饿；谷子贱了，百姓也会遭受损失。这是天下的常理啊。微臣记得有位名叫聂夷中的进士写过一首《伤田家诗》：'二月卖新丝，五月粜秋谷，医得眼下疮，剜却心头肉。我愿君王心，化作光明烛，不照绮罗筵，遍照逃亡屋。'"后唐明宗听完这首诗很有感触，让侍从记了下来，自己常常念诵。冯道善于用这种方式提示君主改过迁善，常人难以企及。

　　后来，河东节度使石敬瑭勾结契丹灭后唐，建立后晋，冯道又被任命为宰相。当时，后晋需要派一名官员出使契丹，满朝官员都不敢去，冯道却毫无惧色，坦然前往，得到契丹皇帝耶律德光的礼遇。回到后晋，冯道更得到

《兔园策》

　　《兔园策》又名《兔园册》《兔园册府》等，是唐代杜嗣先（一说为虞世南）所编纂的类书，词句雅洁、对偶押韵、富有韵律感，是写给儿童的蒙学课本。到了五代时期，此书普及率很高，在士人眼里显得浅陋起来。《兔园策》已失传，今天仅存残卷。

石敬瑭的敬重，对他的恩宠无以复加。

公元 947 年，契丹消灭了后晋，冯道率领群臣朝见耶律德光。耶律德光指责冯道侍奉后晋没有功绩，导致亡国，冯道无言以对。耶律德光问："你为何前来朝见我？"冯道老实地回答道："我无城可守，也没有兵权，哪里敢不来朝见您呢？"耶律德光嘲笑冯道说："你是一个怎么样的老头子呢？"冯道说："我是一个没有才能也没有德行的痴顽老头子。"耶律德光听了很高兴，让冯道当了太傅。

有一次，耶律德光叫来冯道，对他说："天下百姓，应该如何救护？"冯道回答："此时的百姓，就算佛祖来了也救不了，只有陛下您救得了。"契丹人入主中原，中原百姓没有受到多少侵扰，就有冯道和赵延寿暗中保护的功劳。

后来，耶律德光在中原待不下去了，想带着冯道等降臣回北方去，途中就病逝了，冯道被留在了常山（今河北正定）。契丹大军离开后，常山人赶走了契丹守将，城中大乱。冯道四处安抚士兵和百姓，处理好了各种事务，

常山很快稳定下来。人们纷纷称赞冯道的功劳，冯道说："都是诸将的力量，我一介文臣能有什么作为呢？"在常山，冯道只要看到有被契丹人掳掠的汉族女子，就会自己出钱赎回来，送到尼姑庵中，再派人找到她们的家，将她们送回去。

后汉建立之后，冯道离开常山，前去朝见后汉高祖刘知远，被任命为太师。刘知远病逝后，太子继位，就是后汉隐帝。大将郭威发动叛乱，后汉隐帝被杀。郭威为了测试群臣是否会拥戴自己为皇帝，于是像往常一样向太师冯道下拜，冯道坦然接受，郭威就觉得自己还不到称帝的时候。不过，很快郭威就在士兵的拥戴下称帝，建立了后周，冯道继续担任太师、中书令的要职。郭威非常尊敬冯道，从来不直呼冯道的名字。

 人物档案

赵延寿（？—948），常山（今河北正定）人，本姓刘，后来做了卢龙节度使赵德均的养子，改姓赵。赵延寿相貌俊美，喜好读书，娶了后唐明宗的女儿兴平公主为妻，官至枢密使加同平章事。后晋年间他兵败投降契丹，曾任契丹中京留守、大丞相等职。赵延寿曾力劝耶律德光不杀降卒，保全了数万人的生命。

在后周世宗柴荣在位期间，自号"长乐老"的冯道病逝了。他一生历仕多朝，在十位皇帝手下担任宰相、三公等职，还曾向辽国称臣。在五代乱世中，他没有严守"君辱臣死"之类的礼教规定，而是在每一朝都凭借自己的能力和声望得到君主的倚重，并寻找机会为百姓请命。冯道是一个很复杂的人物，有关他的争议未来将始终存在。

读史学成语

不学无术

释义：原指不学古则所行不合道术。后泛指没有学问，没有才能。

出处：汉·班固《汉书·霍光传赞》："然光不学亡（无）术，暗于大理。"

例句：不学无术的人，在做一些人生重大抉择时，就容易走上歪路。

"海龙王" 钱镠

认识钱镠

　　钱镠（852—932），临安（今浙江杭州）人，以贩卖私盐为业，后跟随割据势力董昌，屡立战功。董昌称帝后，钱镠攻灭董昌，任镇东、镇海两军节度使，后封越王、吴王。后梁建立后，钱镠受封吴越王，始终向中原王朝称臣。在杭州发展史上，钱镠是一个重要人物。

　　到了五代十国时期，政权交替极为频繁，吴越算是其中存活最久的政权，建立于唐朝末年，直到五代末期，才被北宋政权推翻。

　　朱温称帝后，封钱镠为吴越王，钱镠欣然接受。钱镠，字具美，小字婆留，是杭州临安人。传说钱镠降世的时候，红光映满了整个房间。他的父亲认为这不是什么好兆头，打算将他扔进井里，祖母不忍心，将他的父亲拦住，钱镠这才活下来。由于他的命是祖母所救，因此他得了"婆留"的小名。

钱镠自幼喜欢学武，很擅长射箭、舞槊（古代兵器）。他家附近有一片空地，他就在那里打拳射箭，还时常带领一群儿童，指挥他们模仿军队操练。这些儿童都愿意听从他的指挥，就像一支小军队。

人物档案

董昌（846—896），杭州临安人，出身地方豪强，因战功任石镜镇将，后升任义胜军节度使，获封陇西郡王。公元895年称帝，国号大越罗平。唐昭宗命董昌手下大将钱镠讨伐董昌，董昌被擒，随后被杀。

钱镠长大以后，做了盐贩子。当时正值唐朝末年，战乱不断。唐僖宗时，浙西守将董昌招募军队镇压起义军。钱镠投了军，当了董昌的部属，很快就平定了浙西。钱镠很会打仗，黄巢起义军攻打临安时，他只用一小股兵力，就击退了起义军，保住了临安。由于不断立功，他很快就被提拔为都指挥使，后来他又打败董昌，成了江浙一代的割据势力。

钱镠出身贫苦人家，封王之后，他就摆起阔绰的架子来。他在临安为自己盖起了豪华的宅子，出门的时候，无论是坐车还是骑马，身边都有卫队护送。他的父亲看不惯他的做法，每次钱镠出门时，他都有意避开钱镠。

时间长了，钱镠觉得心里面很不是滋味。一次，钱镠下车追问父亲为什么要回避他。父亲说："我家世世代

代以种田打鱼为生，没出过像你这样有权有势的人。现在你做到了这个位子上，还要与别人争夺城池，肯定会有很多人跟你结下冤仇，我怕以后钱家要遭难！"

钱镠一听，恍然大悟，此后做事都小心翼翼，只求保住自己这块割据地。从后梁开始，中原地区每次更换王朝，钱镠都会向这些王朝进贡称臣。公元907年，后梁太祖朱温封钱镠为吴越王，吴越国正式建立。

因为长期生活在动乱的环境中，钱镠养成了时时保持警惕的习惯。为了不让自己睡得太死，他有意用圆木做枕头。一旦他睡熟了，头就会从枕头上滑下来，他就会惊醒，这个枕头就叫作"警枕"。他还在卧室里放了一个盘子，盘子中装满了粉，他想起什么事，就马上用粉盘记下来，以免忘记。这就是后人所说的"警枕粉盘"。

隋唐五代

　　钱镠不仅自己保持警惕，也要求自己的将士们时刻保持警惕。一天夜里，钱镠穿着便服，要从北门进城，可城门早已关闭。钱镠高喊开门，守门的士兵却不理会他。他又大喊道："我是大王的人，现在有要紧事进城，快开门。"士兵却说："别说是大王派来的人要进城，就算大王亲自来，也不能开！"钱镠无奈，只好从其他门进城。第二天，钱镠找来了前一晚看守北门的士兵，称赞他办事认真负责，还赏了他一笔钱。

　　钱镠稳固自己的统治以后，开始大规模地开荒种田，劝课农桑。他征集民工，在钱塘江边修筑了捍海石塘，以免农田受到海水倒灌的侵害。他还设立"撩湖兵"，疏浚太湖，使苏杭一带风景优美，赏心悦目。之后为了便于船只往返，他还派人凿平江中露出水面的大礁石。

《陌上花》

　　钱镠与妻子的感情非常好，其妻每年春天都会到临安去，有一年春天，她比往常回来得晚了，钱镠非常思念她，想给她写一封信。由于他文化水平有限，只写了九个字："陌上花开，可缓缓归矣。"这浅显的话语却包含着深厚的感情，百姓听说后都很感动，还编成了山歌，名为《陌上花》。

由于钱镠在兴修水利方面做出了很大贡献，当地百姓给他取了一个响当当的绰号——海龙王。钱镠自始至终行事谨慎，因此吴越国没有遭受过严重的战争摧残。吴越国经济富强，社会安稳，百姓怡然自乐，成了五代十国这个乱世中的一方乐土。

读史学成语

小心翼翼

释义：原指严肃恭敬的样子。后多形容十分谨慎，不敢有丝毫疏忽。

出处：《诗经·大雅·大明》："维此文王，小心翼翼。"

例句：他骑车的时候小心翼翼的，生怕摔倒。

赏心悦目

释义：使人看了以后觉得心情舒畅。

出处：清·吴趼人《近十年之怪现状》第十九回："果然湖光山色，令人赏心悦目。"

例句：她很会穿搭，每天的服饰搭配都让人赏心悦目。

屈辱的"儿皇帝"

石敬瑭（892—942），太原人，沙陀族。早年投入李嗣源麾下，骁勇善战，深受信任，还娶了李嗣源的女儿为妻。李嗣源去世后，他遭到后唐末帝的猜忌，就与契丹约定献上幽云十六州，并自称"儿皇帝"，换取契丹大军消灭后唐。耶律德光册封他为皇帝，建后晋。

后唐明宗李嗣源手下有一名武将，名叫石敬瑭。石敬瑭不喜张扬，寡言少语，酷爱钻研兵书，作战时骁勇非凡。李嗣源非常喜欢他，还将女儿嫁给了他。

有一次，李嗣源带着石敬瑭前往后梁的营寨偷窥敌情。梁军的一队骑兵猛然冲出，朝着李嗣源的方向杀来，李嗣源处于危机之中，此时石敬瑭挺身而出，挥舞着铁戟，将几个梁军骑兵刺下马，救了李嗣源。自此之后，他更加受重用了。

石敬瑭帮助岳父李嗣源登上帝位后，在后唐位极人臣。李嗣源死后，石敬瑭功高震主，遭到后唐末帝李从

珂的猜忌。李从珂调石敬瑭任天平节度使，实际上是想让石敬瑭离开河东这块石敬瑭苦心经营多年的根据地。石敬瑭谎称身体抱恙，不去就职。李从珂便传令罢免了他的官职和爵位，派晋州刺史张敬达率兵围困晋阳。石敬瑭连忙派心腹桑维翰前往契丹请求支援。

为了向契丹人借兵，石敬瑭许诺：倘若自己登基称帝，便割让幽云十六州给契丹，而且在契丹国面前自称儿国。契丹国王耶律德光早有南下进犯中原之意，自然把握住了这个宝贵的机会。

不久，耶律德光统率大队人马进攻张敬达率领的后唐军队，杀得后唐军队大败。石敬瑭率领手下将领出晋阳城拜谒耶律德光。石敬瑭比耶律德光大十岁，却对耶

幽云十六州

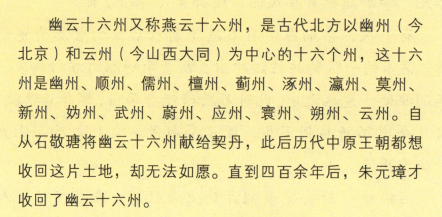

　　幽云十六州又称燕云十六州，是古代北方以幽州（今北京）和云州（今山西大同）为中心的十六个州，这十六州是幽州、顺州、儒州、檀州、蓟州、涿州、瀛州、莫州、新州、妫州、武州、蔚州、应州、寰州、朔州、云州。自从石敬瑭将幽云十六州献给契丹，此后历代中原王朝都想收回这片土地，却无法如愿。直到四百余年后，朱元璋才收回了幽云十六州。

律德光百般谄媚，称其为父皇帝。耶律德光摘下自己头上戴的冠，脱下了自己身上的袍服，授给石敬瑭，立他为"大晋皇帝"。

石敬瑭对契丹感恩戴德，不仅将幽云十六州割让给契丹，而且每年向契丹献上三十万匹丝绸，还赠予契丹王太后和贵族高官大量财宝。自此之后，耶律德光稍有不满，便命人前来指责石敬瑭。石敬瑭则会不胜惶恐地赔礼谢罪，请求"父皇帝"饶恕自己。

  人物档案

耶律德光（902—947），契丹族，辽太祖耶律阿保机次子。他自幼随父亲四处征伐，继位后趁中原战乱，不断扩大契丹国土。后唐将领石敬瑭为了称帝，不惜将幽云十六州献给契丹，并称比自己小十岁的耶律德光为"父皇帝"。过了十余年，耶律德光灭掉后晋，改国号为辽，他就是辽太宗。

石敬瑭当了六年屈辱的儿皇帝后病逝,其侄石重贵继承了皇位,即晋出帝。按照石敬瑭的"辈分"排下来,石重贵应该自称"孙皇帝"。石重贵在大臣的建议下,对契丹只称孙皇帝,而不称臣。契丹发兵攻打后晋,最终俘虏了石重贵。石重贵死在契丹,后晋覆灭。

读史学成语

挺身而出

释义:形容不顾困难、危险,勇敢地站出来。

出处:明·罗贯中《三国演义》第七十九回:"曹丕闻曹彰提兵而来,惊问众官;一人挺身而出,愿往折服之。"

例句:遇到欺负弱小的行为,我们要挺身而出,伸张正义。

苦心经营

释义:用尽心思筹划安排。

出处:梁启超《新中国未来记》第四回:"但专制政体不除,任凭你君相恁地苦心经营,民力是断不能发达的。"

例句:他苦心经营公司五年,终于有了起色。

一代英主柴荣

壮志未酬的柴荣

　　柴荣（921—959），邢州龙冈（今河北邢台）人。出身望族，被他的姑父郭威收为养子。郭威建立后周后，柴荣任镇宁节度使，进封晋王。郭威病逝后，柴荣继位，对内严肃史治，恢复生产，使百姓安居乐业；对外击败后蜀、南唐和辽，使后周疆域大大增加。可惜他尚未实现统一大志就英年早逝了。

　　耶律德光消灭了后晋，占据开封，改国号为辽。石敬瑭手下的河东节度使刘知远料定契丹人无法长期立足于中原，便于公元947年在太原称帝，但没有立刻改国号。在各地军民的反抗下，耶律德光不得已带领军队撤离中原。随后，刘知远立刻收复了开封，并将其定为都城，将国号改为汉，史称后汉，刘知远就是后汉高祖。

　　刘知远在位不到一年就去世了。他的儿子刘承祐继承了皇位，就是后汉隐帝。此时，后汉朝廷内部动荡不安。

人物档案

刘崇（895—954），是后汉开国皇帝刘知远的弟弟。郭威灭亡后汉后，刘崇在太原称帝，建立北汉。他向辽国求援，自称"侄皇帝"，并在辽国的帮助下与后周作战，胜少败多。后来刘崇趁郭威去世攻打后周，却被柴荣击败，忧愤去世。

后汉隐帝认为是将领权力过大引发了动乱，因此他下令秘密除掉大将郭威。不料走漏了消息，郭威在公元951年率兵入朝，推翻了后汉，并在属下的拥戴下自立为帝，依然定都开封，将国号改为周，史称后周，郭威就是后周太祖。

郭威出身贫寒，了解百姓疾苦。他当上皇帝后，十分重视人才的任用，而且实行了一些改善民生的政策。在他的精心治理下，国力终于有了提升。

刘知远的弟弟刘崇此时镇守在河东地区，得知后周建立的消息，非常不满。于是他占领晋阳，建立了割据政权，史称北汉。

为了与后周对抗，刘崇投奔辽国，尊辽国皇帝为"叔皇帝"，自称"侄皇帝"，妄想着能像石敬瑭一样，依附契丹当上中原的主人。可是，耶律德光去世后，辽国实力已大不如前。尽管刘崇在辽兵的帮助下屡次进犯后周，但大都打了败仗。

公元954年，周太祖郭威病逝。皇位由他的义子、

柴皇后的侄子柴荣继承，史称周世宗。

北汉皇帝刘崇认为周世宗刚登基，后周必定局势不稳，决定趁机出击。他集结了三万人马，又向契丹人借了一万精兵，向潞州进攻。

消息传到开封，周世宗召集大臣商量对策，决定亲自带兵迎战北汉。他率领的大军到了高平，迎面碰上了刘崇的军队。刘崇一方兵强马壮，后周一方因后续部队还没跟上，人马不多。可周世宗毫无惧色，他把精锐之师放在中间，左右两翼各安排一支队伍，并亲自骑马上阵督战。

刘崇看到周世宗人这么少，傲慢地说："他们这么弱，单用汉军就可以击败他们，辽兵只需在一旁观战。"

辽军将领杨衮认真观察了一下后周军的阵形，对刘崇说："不可轻敌啊！"刘崇不以为然，说："机不可失，你不要乱说。"

刘崇指挥北汉军猛攻后周军，后周军右翼受到重创，败下阵来，骑兵死的死、伤的伤，很多步兵见此情形投降了敌军。

十万火急之下，周世宗亲自披甲上阵。他手下的两名大将赵匡胤和张永德，也亲自率领士兵冲进敌阵。后周军本来已经丧失了士气，但看到周世宗沉着应战，顿时士气大振，以一敌百，争先恐后地冲向敌阵。北汉军

被奋起的后周军打得溃不成军。

看到北汉军溃败，后面的辽军也不派兵援救，而且他们对刘崇先前的言论非常不满，便暗中撤退回辽国。当天晚上，后周将军刘词统率着军队赶来和周世宗的人马会合在一起，追杀刘崇。刘崇被后周军队追赶，又失去了辽国的助力，最终带着残兵仓皇地逃回了晋阳。

经此一战，周世宗声名大噪。返回开封后，他整顿军队，对内进行改革，促进农业生产和发展，准备统一全国。他率兵亲征南唐，收复了长江以北的十四个州，又出师北伐，将落入辽国的三个州也收复了。正准备乘胜攻打辽国的幽州时，他却因经年累月征战、积劳成疾而一病不起。

公元959年，周世宗去世，其幼子柴宗训继位，就是后周恭帝。

"柴王爷"

柴荣早年曾以贩茶为业，辗转各地，深知民间疾苦。他当上皇帝后，奖励农耕、兴修水利，注重减轻百姓负担，深受百姓喜爱。后世百姓将他尊称为"柴王爷"，编了很多有关他的神话，成为深受民间喜爱的人物。

153

读史学成语

兵强马壮

释义：兵士强壮，战马雄健。形容军队实力雄厚。

出处：宋·欧阳修等《新五代史·安重荣传》："尝谓人曰：'天子宁有种耶？兵强马壮者为之尔。'"

例句：敌人兵强马壮，我方敌不过，得找准时机突围出去。

机不可失

释义：时机难得，不可错过。

出处：五代后晋·刘昫等《旧唐书·李靖传》："兵贵神速，机不可失。"

例句：这次的选拔你一定要好好准备，机不可失。

争先恐后

释义：争着向前，唯恐落在别人后面。形容做事积极。

出处：明·屠勋《屠康僖公集·重建陡门桥记》："匪公帑而乐施者争先恐后。"

例句：理发店开门了，大家争先恐后地冲进去，想第一时间理发。

好看的
中国历史

明清王朝

刘启正 ◎ 主编

三辰影库音像电子出版社
北京

图书在版编目（CIP）数据

好看的中国历史．明清王朝 / 刘启正主编．—北京：
三辰影库音像电子出版社，2023.7
ISBN 978-7-83000-562-7

Ⅰ．①好… Ⅱ．①刘… Ⅲ．①中国历史－明清时代－
青少年读物 Ⅳ．① K209

中国版本图书馆 CIP 数据核字 (2022) 第 145154 号

好看的中国历史．明清王朝

责任编辑：石海燕
责任校对：韩丽红
出版发行：三辰影库音像电子出版社
社址邮编：北京市朝阳区金海商富中心 B 座 1708，100124
联系电话：（010）59624758
印　　刷：三河市南阳印刷有限公司
开　　本：710mm×1000mm　1/16
字　　数：560 千字
印　　张：60
版　　次：2023 年 7 月第 1 版
印　　次：2023 年 7 月第 1 次印刷
定　　价：198.00 元（全 6 册）
书　　号：ISBN 978-7-83000-562-7

前 言

　　我国是一个历史悠久的文明古国，在五千年的漫长岁月中，上演了无数惊心动魄、可歌可泣的事件。这些事件，记载在浩如烟海的史书之中，等待后人从阅读中收获智慧与乐趣。

　　然而历史书籍往往卷帙浩繁，晦涩难懂，让青少年望而却步。为了让广大青少年愿意亲近历史，并能从中获益，我们以正宗史著为蓝本，按照朝代更迭的顺序，用一个个有趣的历史故事串联起五千年的中国史。

　　姜子牙是怎样从一个水畔钓叟，成为周朝功臣的？管仲是如何由阶下囚，一跃成为齐国宰相的？"汉初三杰"是如何帮助刘邦战胜西楚霸王项羽的呢？曹操、刘备、孙权、诸葛亮、关羽这些大家耳熟能详的人物，在正史中与小说、电视剧中有哪些不同？被称为千古名君的李世民，到底有哪些丰功伟绩？岳飞和他的岳家军，为什么流芳百世？朱元璋是怎样从一个到处乞讨的和尚，成为大明王朝的开国君主的？以上种种问题的答案，以及更多有趣的历史故事，都在这套《好看的中国历史》中等待着你呢。

　　本套书共分六册，精心挑选了历朝历代的代表性事件，用详

略得当、生动活泼的语言讲述出来，易读易记。将六册书连起来阅读，就仿佛在五千年的浩瀚历史中来了一次"时空穿梭"，对苦难与辉煌交织在一起的中国历史会有一个基础的了解。为了拓展青少年的知识面，我们在每一篇故事中都设置了小栏目，对重点人物和相关历史常识进行了介绍，对理解历史事件具有现实意义，能够启发青少年的思考。

相信阅读完这套有趣又好看的历史读物，青少年一定能够有所收获，得到成长。

中国历史

目录

皇权的巅峰 明朝

帝制的终结　清朝

皇权的巅峰

明朝

一个牧童的奋斗史

"草根皇帝" 朱元璋

朱元璋（1328—1398），濠州钟离（今安徽凤阳）人。自幼家境贫寒，父母相继死于瘟疫，他出家做了和尚，后来投入濠州红巾军首领郭子兴麾下。具有一定实力后他自立门户，消灭敌对的起义军领袖陈友谅、张士诚等，统一江南。1368 年，朱元璋称帝，随后命大将徐达等攻入元大都，元朝灭亡。在位期间，朱元璋勤政节俭、惩治贪官，实现了"洪武之治"。

元朝末年朝政腐败不堪，统治者压榨百姓，民不聊生，起义力量逐渐壮大。刘福通领导的北方红巾军长期与元军进行正面对抗。南方江淮一带的起义军则在与元军对抗的同时互相争斗，其中多数打着红巾军旗号。也有不打红巾军旗号的队伍，如张士诚、方国珍领导的起义军。这些江淮起义军中，发展最快的一支是由朱元璋领导。

朱元璋，幼名朱重八，出身于濠州的一个贫苦的农

民家庭，自幼为地主放羊。1343年，由干旱引发的蝗灾和瘟疫造成江淮一带生灵涂炭，朱重八的父亲、大哥和母亲在半个月的时间里相继去世。家里穷得买不起棺材，也没有埋葬亲人的土地，好心的邻居提供了一块地，朱重八和二哥才流着泪埋葬了亲人，随后各奔东西，自谋生路。

朱重八到了凤阳城北的皇觉寺，当了一名行童（供寺院役使的小和尚）。没过多久，寺院的粮食吃光了，所有的和尚不得不离开寺院四处化缘。朱重八过起了捧着一个破钵化缘的生活。说是化缘，实际上就是到处乞讨，饥一顿饱一顿地过日子。朱重八在淮河中游一带游荡了三年，遍尝人间疾苦，积累了丰富的社会经验之后，又回到皇觉寺。

过了几年，轰轰烈烈的红巾军起义爆发了，皇觉寺里的朱重八接到了同乡好友汤和的一封信。原来，汤和加入了郭子兴的起义军，邀请朱重八加入。朱重八仔细考虑后来到了濠州城（今安徽省凤阳县）。一开始，他还被当作奸细抓了起来，郭子兴看他相貌不凡，就让人放开他，并收留他成为红巾军士兵。

朱重八不仅英勇善战，而且头脑聪慧、善于谋划，因此郭子兴很赏识他，将他提拔成自己的亲兵九夫长，还把义女马氏嫁给了他。军中都把朱重八称为"朱公子"，

朱重八还给自己取了一个新名字，就是朱元璋，字国瑞。

当时，濠州城中有好几支力量，互相争权夺利。朱元璋回到家乡招兵买马，少年时的伙伴徐达、郭英、周德兴等纷纷投奔他，朱元璋很快募集到七百多人，郭子兴就让朱元璋当了镇抚。看到濠州城内的红巾军将领毫无进取之心，朱元璋就带领自己的心腹二十余人前往定远（今安徽省东部），收编了当地的地主武装，又攻打元军、吸纳降卒，队伍迅速扩大到两万余人。准备攻打滁州时，朱元璋得到才能过人的李善长的辅佐。朱元璋攻下滁州后，郭子兴遭到濠州城中其他红巾军首领的排挤，前来投奔朱元璋，朱元璋立刻将兵权交给了郭子兴。

不久，郭子兴病逝，红巾军名义上的共主韩林儿任

人物档案

孝慈高皇后马氏（1332—1382），名不详，安徽宿州人，父亲是郭子兴的好友，临死前将她托付给郭子兴，郭子兴将她嫁给朱元璋。朱元璋屡遭郭子兴猜忌，多亏她百般回护。朱元璋征战天下，她鼓励将士、稳定后方。朱元璋称帝后，她被封为皇后，生活节俭，以仁厚待人，从实行严刑峻法的朱元璋手中救出不少人。她病逝后，朱元璋不再立皇后。

命郭子兴的儿子郭天叙为都元帅，郭天叙的舅舅、义军
将领张天祐为右副元帅，朱元璋为左副元帅。实际上，
这支队伍多数将士是由朱元璋招募的，朱元璋已经成为
实际上的主帅。过了一年，郭天叙和张天祐战死，朱元
璋终于掌握了这支队伍。

朱元璋的队伍军纪严明、善待百姓，他还善于吸纳
读书人。在浙西的六年时间里，朱元璋采纳了谋士朱升"高
筑墙，广积粮，缓称王"的策略，秘密扩张自己的势力。
很长时间里，他都接受小明王韩林儿的调遣，处处打着
小明王的旗号办事，让北方的红巾军成为抵挡元军的屏
障。同时，他保持着自己的独立性，四处攻城略地，让
自己的势力越来越大。在得到江南重镇集庆（今江苏省

南京市）后，朱元璋将其改名为应天府，作为自己的根据地。

　　虽然朱元璋靠对形势的准确把握在应天府站稳了脚跟，但是他的前途依然非常凶险，因为他的身边有两个强大的邻居——高邮的张士诚和采石（今安徽省马鞍山市）的陈友谅。朱元璋手下有个谋士，名叫刘基，字伯温，是一个足智多谋的人。刘基分析了当时的形势，认为贪图享受的张士诚不足为惧，野心勃勃的陈友谅才是危险

韩宋政权

　　1355 年，刘福通在亳州拥立韩山童之子韩林儿为帝，国号大宋，年号龙凤。此后韩宋因受元军的猛扑，迁都安丰（今安徽省寿县），曾移都汴梁（今河南省开封市），又回到安丰。频繁迁都显示出韩宋军队与元军对抗的激烈。在此期间，各支红巾军名义上受韩宋政权管辖，实际上互相攻打，根本不将韩林儿和刘福通放在眼里。1363 年，张士诚的部将吕珍攻打安丰，韩林儿向朱元璋求救。朱元璋救出韩林儿和刘福通（一说刘福通已被吕珍杀死），将他们安置在滁州。1364 年，朱元璋称吴王，仍尊韩林儿为主。1366 年，朱元璋命部将廖永忠迎接韩林儿到应天府，途中船翻，韩林儿沉入水中死去。

的敌人。朱元璋决心先除掉陈友谅，一场决定天下归属的对决拉开了序幕。

读史学成语

生灵涂炭

释义：老百姓陷于泥潭，坠于火坑。比喻人民处于极其痛苦的境地。

出处：《尚书·仲虺之诰》："有夏昏德，民坠涂炭。"

例句：东汉末年，各级官僚陷入政治斗争中，完全不顾生灵涂炭的社会现实。

轰轰烈烈

释义：形容气势雄伟，声势浩大。

出处：明·冯梦龙《喻世明言》第四十卷："只为严嵩父子恃宠贪虐，罪恶如山，引出一个忠臣来，做出一段奇奇怪怪的事迹，留下一段轰轰烈烈的话柄。"

例句：如今，环保运动在世界各国轰轰烈烈地展开。

攻城略地

释义：攻克城池，夺取土地。

出处：汉·刘安《淮南子·兵略训》："攻城略地，莫不降下。"

例句：孔子推行儒家学说是为了国泰民安，而不是为了帮助国君攻城略地。

鄱阳湖中的生死战

野心家陈友谅

陈友谅（1320—1363），沔阳（今湖北仙桃）人。出身渔家，当过小吏，后来加入徐寿辉领导的红巾军，因功勋卓著逐渐成为实权人物。1360 年，陈友谅杀死徐寿辉，自己称帝，改国号为汉。1363 年，他亲率大军在鄱阳湖与朱元璋决战，兵败而死。

群雄争霸，各方首领都想得到天下。即便朱元璋没有盯上陈友谅，陈友谅也会找上他。1360 年，陈友谅袭击应天府，被朱元璋打得溃不成军。陈友谅吃了败仗，很不甘心，他命令手下建造了数百艘大战船。这些战船都高达丈许，由上到下分为三层，每层之间以梯子相连，外围涂着红漆，十分壮观。

1363 年春，陈友谅得知朱元璋亲率大军前往安丰（今安徽省寿县）解救被张士诚大军包围的韩林儿，喜出望外，认为这是一个难得的机会。他即刻亲率六十万水陆大军

沿长江顺流而下，直取应天府的屏障——洪都（今江西省南昌市）。

朱元璋的侄子朱文正守卫着洪都。朱元璋先前嘱咐过朱文正坚守不出，朱文正便坚决执行。陈友谅知道朱元璋的主力军队已经被派往安丰，推断洪都城里的守军相对较少，所以决定亲自督战，派士兵架起云梯，戴上竹帽全力攻城。朱文正率领士兵用发射弓箭、投掷石头的方法一次又一次地击退敌人。当时数十丈城墙都被敌人破坏了，但朱文正立刻命人修补好了。形势很不乐观，他派部将张子明火速找朱元璋请求支援，又派人制造出想向陈友谅投降的假象，为援军的到来争取时间。陈友谅相信了，一直到朱文正声称要投降的日期都没有攻城。等他发现自己被骗了，气得火冒三丈，继续攻城。

另一边，朱元璋接到了张子明的军情报告，便叫张

人物档案

朱文正（？—约1365），朱元璋的大哥朱兴隆之子。朱元璋任命朱文正为大都督，驻守洪都。朱文正率数万人将陈友谅的六十万大军挡在城下八十五天，成为军事史上的奇迹。朱文正战后因对赏赐不满，心怀怨恨，被朱元璋软禁，抑郁而死。

子明转告朱文正："继续坚守，不出一个月，援兵必到。"不幸的是，张子明在返回时被陈友谅抓捕，被带到城下，威胁朱文正投降。张子明不惧生死，鼓励守城的将士："大军很快就到，诸位要坚守城池！"话音一落，就被陈友谅斩杀。

在艰苦的条件下，朱文正守卫了洪都八十五天。朱元璋做好充分准备后，亲率二十万水军向洪都进发。陈友谅得知后，撤掉围攻洪都的军队，准备在鄱阳湖与朱元璋的军队厮杀一番，消灭其主力。陈友谅部下将士多达六十万，战船上百艘；朱元璋只有二十万兵力，且战船的规模都很小。两军力量悬殊，朱元璋若想以弱胜强，不能强攻，只能智取。朱元璋见陈友谅将所有的大战船用铁链连接

起来，行动十分不便，便决心借鉴三国时期孙刘联军火烧赤壁的战例，用小船火攻大船。

在鄱阳湖边，双方展开决战。朱元璋的小船队向陈友谅的大船队发起连番火攻，火趁风威，风助火势。因为大战船之间受铁链牵制，一损俱损，无法灵活作战，顿时被冲天的火光包围，陷入滚滚浓烟中。陈友谅的士兵惊慌失措，有的躲闪不及被烧死，有的为求生而跳湖淹死。陈友谅兵力折损过半，迫不得已带领将士向湖口突围。然而，朱元璋早已在湖口一带布置伏兵守株待兔，将水道围得水泄不通。战斗进行了一个多月，陈友谅费尽心机突围也无济于事。最终，他因中流箭当场身亡，其手下大军土崩瓦解。

朱元璋战胜了陈友谅，除掉了最强大的对手，随即集结大军，进攻东部，没过多久就歼灭了张士诚在内的一些劲敌。此时，元朝已然陷入内乱中无法自理，元顺帝与皇太子爱猷识里达腊互相争斗，各地镇压起义军的军阀也自相残杀。1367年，朱元璋派遣征虏大将军徐达、副将军常遇春，率领大军二十五万人进攻元朝，不费吹灰之力便夺取了山东、河南，令元军闻风丧胆，一遇到朱元璋的军队，元军不是投降就是逃跑。

1368年，朱元璋在应天（今南京市）称帝，正式建立明朝。北征的明军势不可当，逼得元顺帝携太子、后

妃和群臣百余人，丢弃皇城逃往茫茫的北方草原。过了几天，明军攻陷了元大都，元朝彻底灭亡。

元大都

元大都，位于今北京市，始建于1267年。兴建大都的总负责人是宰相刘秉忠。忽必烈为了解决大都水源问题，让著名科学家、水利专家郭守敬修建运河。1285年，大都的重要建筑基本竣工，住在旧城的百姓陆续迁入。在元朝，大都不仅是全国的政治、文化、经济中心，而且是国际著名的大都市，世界各国的商队、使团在城中络绎不绝。元朝灭亡后，大都改称北平，成为燕王朱棣的驻地。朱棣称帝后将北平改称北京，并迁都于此。

读史学成语

土崩瓦解

释义：像土崩塌，像瓦碎裂。比喻彻底崩溃。

出处：汉·司马迁《史记·秦始皇本纪》："秦之积衰，天下土崩瓦解。"

例句：在汉军的进攻下，匈奴军队土崩瓦解。

皇帝、宰相我全当了

 "一人之下，万人之上"的宰相

宰相是对秦、汉以来辅佐皇帝、统领百官、综理全国政务的最高行政长官的通称。最早称太宰、大冢宰、大宰等，后来的相邦、相国、丞相、大司徒、尚书令、门下侍郎、尚书仆射、同中书门下平章事等都是宰相，而且宰相常常不止一人。到了明清两代，丞相官衔被废除，内阁首辅、殿阁大学士及军机大臣等往往被视为宰相，但权力已经无法和过去的宰相同日而语了。

明朝建立之初，基本沿袭着元朝的制度，掌管行政的是中书省，掌管军事的是大都督府，御史台则掌管监察。后来，朱元璋和朝臣们研究之后，进行了全面改革。

朱元璋对地方机构进行了大刀阔斧的调整，废除了行中书省。在全国设立十三个承宣布政使司（简称布政司），其长官为承宣布政使，每司的左、右布政使各设一人，主管辖境内的民事事务；主管刑事的，为提刑按察

使司（简称按察司）；主管军事的为都指挥使司（简称都司）。布政司、按察司与都司并称"三司"。"三司"之间没有统属关系，都直接接受朝廷管辖。布政司下设府、县两级地方政府，其长官知府和知县由中央任免。在地方的一些重要州县，还设立巡检司，负责盘查来往行人、缉捕盗贼等，后来巡检司的功能逐渐增多，地位日益重要。

对军队进行改革，是每一个新生王朝都必须重视的。朱元璋废除了大都督府，划分为左、右、前、后、中五军都督府，不受兵部统率，但是兵部有颁发命令的权力。五军都督府的职责是对军队进行管理和训练，但没有调遣军队的权力。这样一来，兵部、五军都督府都不能单独掌握军权，军权就完全掌握在皇帝手里了。

朱元璋对朝廷官制的改革更是大胆。他废除了丞相官衔，由吏、户、礼、兵、刑、工六部分管全国行政，每部设一名尚书、两名侍郎，直接对皇帝负责。皇帝的权力至此空前强大起来。后来，由于政务太多，朱元璋才不得不设殿阁大学士。殿阁大学士是皇帝的顾问，原本并无实权，后来逐渐开始掌握类似宰相的权力。

其实，明朝建立之初是有丞相的，第一位丞相是开国功臣李善长，第二位丞相是朱元璋的重要谋士汪广洋，

第三位是开国功臣胡惟庸，也是中国历史上最后一位丞相。1380年，胡惟庸被朱元璋所杀，丞相官衔也随着胡惟庸之死而终结。

1373年，胡惟庸在同乡兼姻亲李善长的推荐下担任右丞相，几年后又任左丞相。胡惟庸当政长达7年，其间他排斥异己、独断专行。对于很多重大事件，他不请示朱元璋就自己决断，让朱元璋产生皇权旁落的深切忧虑。一些善于察言观色的官员看出了朱元璋的心思，就投其所好，向朱元璋告发胡惟庸谋反。虽然并没有什么确凿的证据，但是朱元璋对胡惟庸不满已久，先是以"朋党欺君"等罪名赐死了时任右丞相的汪广洋，第二年又杀死了胡惟庸及其党羽。从此，朱元璋废除了丞相官衔，六部直接对皇帝负责，这样皇帝的权力大大加强了。

 人物档案

胡惟庸（？—1380），濠州定远（今安徽省东部）人。朱元璋在和州时他前去投奔，因才干突出受到重用，明朝建立后担任丞相，逐渐独断专行，被人告发谋反，被朱元璋处死。朱元璋以胡惟庸案为借口大肆株连，杀死了三万余人。

不仅如此，十年之后又有人揭发胡惟庸曾私通日本和元朝的残余势力，企图发动政变。朱元璋疑心病越来越重，于是追究此事，很多人趁机报私仇，被揭发和诬告的人越来越多，朱元璋一共处死了三万多人，这就是"胡惟庸案"。已经77岁的李善长也受到牵连，和七十多位家人一起被处死。又过了两年，名将蓝玉又被举报谋反，朱元璋再次举起屠刀，杀死蓝玉及与蓝玉有往来的人，一共杀了一万五千余人，其中包括名将傅友德、冯胜等，史称"蓝玉案"。胡惟庸案和蓝玉案，几乎把

厂卫制度

为了监视官吏，朱元璋设立了锦衣卫，负责侦查、逮捕和审讯，权力很大。到了明成祖时，又设立东缉事厂（简称东厂），职责与锦衣卫相仿，权力在锦衣卫之上，只对皇帝负责，东厂的首领由皇帝的亲信宦官担任。东厂长期与锦衣卫共存，并称厂卫。此外，明朝中后期还短暂设立过西厂，权力更大，因遭到强烈反对而裁撤。正德年间，专权的宦官刘瑾还设立了内行厂（简称内厂），除监察臣民外还监察锦衣卫和东、西厂，刘瑾倒台后内厂和西厂就被裁撤。锦衣卫和东厂长期存在，成为明朝皇帝整顿吏治的利器，但也制造了无数冤案。

明朝开国之初的功臣宿将屠戮殆尽。这样一来，朱元璋觉得没有人能威胁朱家的统治了。

经过朱元璋的一系列改革，明朝的行政、军事、监察机构彼此独立，又相互牵制，皇帝掌握着一切权力，中国的封建专制制度发展到了顶峰。

 读史学成语

察言观色

释义：体会人说的话，观察人的脸色，来揣测对方的心思想法。

出处：《论语·颜渊》："夫达也者，质直而好义，察言而观色，虑以下人。"

例句：凭借察言观色的本领，赵高的官越做越大。

投其所好

释义：迎合他人的喜好，使他人高兴。

出处：宋·张耒《司马迁论》下："盖其尚气好侠，事投其所好，故不知其言之不足信，而忘其事之为不足录也。"

例句：李林甫善于投其所好，逐渐获得了皇帝的信任。

朱棣的"装傻"历程

仁厚的建文帝

朱允炆（1377—1402），明太祖之孙，早逝的太子朱标之子，明太祖去世后继位，即明惠帝，又称建文帝。在位期间轻徭薄赋、宽刑省狱。他力行削藩，引发了靖难之役。南京被攻破后，他死于皇宫大火，另说他逃出城外，不知所踪。

朱元璋共有二十六个儿子，长子朱标被立为太子，朱标性情仁厚，被朱元璋寄予厚望。1392年，太子朱标因病早逝，朱标的儿子朱允炆被立为皇太孙。

1398年，朱元璋病逝，朱允炆继位，即建文帝。建文帝很想继承祖父遗志，将国家变得更加富强。但是，他却每天提心吊胆，担心自己的叔叔们造反。原来，朱元璋认为元朝之所以灭亡，其中一个重要原因就是皇帝缺乏强有力的宗室的捍卫，于是将儿子们分封到各地为藩王，让他们手握军政大权，拱卫皇帝。朱元璋的第四

子朱棣被封为燕王，在北平（今北京市）直接与北元对抗。刚到北平，朱棣就劝降了北元的太尉乃儿不花，因此威名大震。朱允炆知道，叔叔们根本不把自己放在眼里，当时还有燕王有心夺位的传言。建文帝怎能不为此忧虑呢？

经过一段时间的考虑，建文帝把他的两位老师——翰林学士黄子澄和兵部左侍郎齐泰叫来，商量如何削藩。齐泰认为亲王中燕王的力量最强，应该"擒贼先擒王"，先将燕王的士兵调往塞外，剪除他的羽翼，再慢慢削除他的

实力。黄子澄却不同意，认为应该先拿燕王的同母弟弟周王开刀，就等于剪除了燕王的手足。建文帝同意了黄子澄的建议。

很快，有人控告周王谋反，建文帝就让心腹李景隆擒拿周王，废除其王爵，贬为庶人，发配到了云南。在对周王案进行审理时，还将湘王、代王等牵扯了进来，齐王和岷王则被告发不法。建文帝对五王或废或囚，其他诸王人心惶惶，不知道下一次会不会轮到自己遭殃。

对于建文帝的意图，朱棣心知肚明。为了躲过这场灾祸，他一边做着起兵的准备，一边装病，以迷惑建文帝，拖延时间。根据一些史料记载，朱棣展现出精湛的演技来装疯卖傻，他将头发打乱，穿上破破烂烂的衣服，在街市上大喊大叫，胡言乱语，还去抢人家的东西吃，

人物档案

李景隆，生卒年不详，江苏盱眙人，明太祖的外甥李文忠之子，袭爵曹国公。李景隆深受明太祖与建文帝的信任，曾协助建文帝削藩。靖难之役中，李景隆接连大败，损兵折将，使得朝廷再也无力对抗燕军。燕军攻到南京城下，李景隆打开城门，南京陷落。明成祖封李景隆为太子太师，后来李景隆被群臣弹劾，削去爵位软禁至死。

跑累了，就躺在泥土间睡觉，一整天都不醒。

当时的北平城里，北平布政使张昺、都督指挥使谢贵和北平都司张信都是建文帝派来监视燕王的。他们听说朱棣疯了，就决定到燕王府中一探虚实。这一天，张昺和谢贵找借口拜访燕王府，当时正值炎夏，两人热得汗流浃背，但朱棣却身披大皮袄，坐在火炉边，仍在不停地喊着太冷了。

二人连忙告辞，并将这一情况告诉了建文帝。建文帝自然不会因此就放过朱棣，于是下旨削除朱棣的爵位，并让张昺、谢贵等人逮捕朱棣的属官，命张信去抓捕朱棣。张信是朱棣的老部下，考虑再三后向朱棣告密。朱

九王守边

　　朱元璋将自己的九个儿子封为"塞王"，守在各地边境。九个儿子都手握重兵，他们是燕王（驻北平，今北京市）、辽王（驻广宁，今辽宁省北镇市）、宁王（驻大宁，今内蒙古自治区宁城县）、晋王（驻太原，今山西省太原市）、秦王（驻西安，今陕西省西安市）、谷王（驻宣府，今河北省张家口市宣化区）、庆王（驻宁夏，今宁夏回族自治区银川市）、代王（驻大同，今山西省大同市）、肃王（驻甘州，今甘肃省张掖市）。

棣用计将张昺、谢贵诱杀，又命属下夺取北平九门，完全控制了北平。接着，他召集士兵，以清除皇帝身边的奸臣黄子澄、齐泰，平靖国家的祸难为旗号，发动了"靖难之役"。

读史学成语

人心惶惶

释义：形容人人都惊慌不安。

出处：宋·楼钥《攻媿集·雷雪应诏条具封事》："乃者水旱连年，人心惶惶。"

例句：听说倭寇入侵，沿海百姓人心惶惶。

装疯卖傻

释义：假装成精神失常、头脑糊涂的样子。

出处：《三家村札记·专治"健忘症"》："这种人常常表现出自食其言和言而无信，甚至于使人怀疑他是否装疯卖傻，不堪信任。"

例句：这个贪官在被调查时装疯卖傻，但最终在证据面前认罪。

胡言乱语

释义：丧失理智说胡话或毫无根据地乱说。

出处：元·张鸣善《水仙子·讥时》："胡言乱语成时用，大纲来都是哄。"

例句：他每次喝醉了酒就胡言乱语。

叔侄之间的决战

"毋使负杀叔父名"

　　靖难之役期间，建文帝曾颁布一条特别的命令：不许伤害燕王，以免使自己背负杀害叔叔的恶名。由于这条命令，将士们作战时束手束脚，很多战术都不敢采用。燕王则充分利用了这条命令，常常大摇大摆地靠近明军阵地考察，撤军之时还亲自殿后，使得明军不敢追击。

　　朱棣久经沙场，智勇双全，燕军势如破竹，很快就控制了北平（今北京市）一带大片地区，兵力达到数万。然而，以北平一隅之地与全国对抗，无异于以卵击石，朝廷各方面都有着压倒性的优势。

　　此时的朝廷中，能征善战的宿将已被朱元璋杀戮殆尽，建文帝不得已派年近古稀的老将耿炳文挂帅讨伐朱棣。1399年秋，双方在真定（今河北省正定县）大战，耿炳文战败，逃入真定城中，坚守不出。燕军连攻三天，

无法攻克真定城，于是撤回了北平。此时，建文帝得知耿炳文兵败，于是召回了耿炳文，让自己的心腹爱将李景隆来指挥全军。

朱棣听说李景隆挂帅，大喜过望，知道李景隆不过是个纨绔子弟，根本不是自己的对手。于是，他对手下将士说："由我亲自镇守北平，李景隆不敢轻易进攻。现在永平（今河北省卢龙县）被朝廷大军包围，我先带兵去救援永平，李景隆一定孤军深入，前来攻打北平，那时候我再回师，咱们内外夹击，李景隆必定大败。"

李景隆本来十分畏惧朱棣，得知朱棣率兵去营救永平，真是喜不自胜。他认为朱棣一走，城内必定空虚，自己必然能打下北平。于是，李景隆率领大军直奔北平，途中看到卢沟桥一个守军都没有，更加轻敌，说道："连这里都没有守军，朱棣已经是穷途末路了。"此时，北平

城中留守的是足智多谋的军师姚广孝和朱棣的儿子朱高炽（后来的明仁宗），他们拼死守城，李景隆却指挥不当，错过了很多战机，久攻不下。

此时的朱棣，在解决了永平之围后，又趁势偷袭宁王所在的大宁（今内蒙古自治区宁城县），得到了宁王手下的精锐部队，其中包括著名的朵颜三卫，实力大增。接着，朱棣率军回师北平，将李景隆的军队打得大败。李景隆连夜逃跑，撤退至德州，朝廷大军损失超过十万人。

朝廷的军队大伤元气，朱棣的军队则锐不可当。第二年，李景隆和朱棣在白沟河（今河北省雄县境内）再次展开大战，此战中燕军一度败退，损失惨重，战事危急。但由于燕军顽强奋战，最终反败为胜，朝廷的军队伤亡十余万人，李景隆再次逃跑。此战后，朱棣转守为攻，占据了主动地位，开始四处攻城略地。

 人物档案

姚广孝（1335—1418），法名道衍，长洲（今江苏苏州）人。年少时出家，后跟随燕王朱棣来到北平，积极协助燕王起兵。朱棣领兵"靖难"，他和朱高炽一道守北平，数次击退明军。明成祖继位后，姚广孝任资善大夫，授太子少师，曾主持《永乐大典》的编纂，规划北京城。

1401 年，朱棣决定率兵南下，击溃了朝廷大将军盛庸于滹沱河（今河北省境内），接着又降服了副将吴杰等人于藁城（今属河北省）。次年，朱棣率军打到了长江以北，南京城内混乱不堪。建文帝派自己的姑姑、朱棣的堂妹庆成郡主与朱棣谈判，请求以割地为条件停战。南京已垂手可得，朱棣当然不肯谈判，而是誓师渡江。没过多久，燕军杀到了南京金川门下。守卫南京城的李景隆和前来勤王的谷王朱橞开门投降，燕军占领了南京。

就在燕军冲向皇宫想要捉住建文帝献功之时，宫中突然燃起了熊熊大火。火灭之后，只找到几具烧焦的尸体，无法辨认。有人认为建文帝、皇后和太子都被烧死了，也有人说他们趁乱逃走了，至此留下了一个千古之谜。

朵颜三卫

朵颜三卫又称兀良哈三卫，是明太祖时期设立的三个羁縻卫所（管理地方军民政事的特殊行政单位），包括朵颜、泰宁和福余三卫，其中朵颜卫实力最强。朵颜三卫是铁木真家族的后裔，生活在今吉林省、黑龙江省、内蒙古自治区境内，被明军击败后投降，明太祖让他们归于宁王朱权麾下，战斗力很强。"靖难之役"中，朱棣胁迫宁王朱权与自己一同起兵，朵颜三卫加入燕军。

朱棣在群臣的拥戴下登上了皇帝宝座，改年号为永乐，他就是明成祖。

 读史学成语

智勇双全

释义：既有智谋，又很勇敢，二者兼备。

出处：元·关汉卿《五侯宴》第三折："某文通三略，武解六韬，智勇双全，寸铁在手，万夫不当之勇。"

例句：戚继光智勇双全，一直受到华夏儿女的敬仰。

势如破竹

释义：形势像用刀劈竹子一样。形容作战、工作节节胜利，毫无阻碍。

出处：唐·房玄龄等《晋书·杜预传》："今兵威已振，譬如破竹，数节之后，皆迎刃而解，无复着手处也。"宋·薛居正《旧五代史·唐庄宗纪二》："况贼帅奔之，众心方恐，今乘高击下，势如破竹矣。"

例句：在诸葛亮的指挥下，蜀军势如破竹，打得司马懿狼狈不堪。

垂手可得

释义：形容得来毫不费力。

出处：明·施耐庵《水浒传》第五十八回："只除非教呼延将军赚开城门，唾手可得。"

例句：由于宋高宗连下十二道金牌，岳飞只能放弃前方垂手可得的城池，带兵撤退。

明成祖缔造永乐盛世

永乐大帝朱棣

朱棣（1360—1424），朱元璋第四子，被册封为燕王，长期镇守北平（今北京市），声望很高。建文帝削藩，朱棣发动了靖难之役，胜利后登上帝位，庙号成祖，年号永乐。在位期间经济繁荣、国力昌盛，史称"永乐盛世"。

明成祖朱棣靠战争从侄子手中夺取了天下。登基后不久，他就展示出一代明君的风范。他完善了明太祖时创立的厂卫制度，设立内阁制度，使得政治制度日益完善，强化了皇权，保证各项政策得以畅通无阻地推行全国。

即位之初，明成祖就意识到书籍的作用，于是他下令编修一部彰显国威、造福后世的巨著，要求将书籍诞生以来的经、史、子、集、天文、医卜、僧道、技艺等书籍辑为一书。经过数千人的努力，皇皇巨著《永乐大典》诞生了。这是一部"世界有史以来最大的百科全书"，全书达三亿七千多万字，保留了大量珍贵的文献，堪称

一座文化宝库。

为了加强对北方的控制，明成祖让人修筑了紫禁城，并迁都北京，此后漫长的岁月中北京就成为全国的政治、经济、文化中心。为了供应北京所需的粮食与物资，明成祖下令疏通漕运，原本淤塞的京杭大运河再度畅通，不仅成为北京赖以生存的生命线，还给沿河地区带来了繁荣。

明成祖知道，"靖难之役"给全国特别是遭到战争波及的地区带来了巨大的破坏，于是非常注意社会经济的恢复和发展。他大力发展和完善屯田制度，鼓励开荒垦田，实行迁民宽乡、督民耕作等措施促进生产，并在灾荒发生时积极赈济、减免赋税等。

《永乐大典》

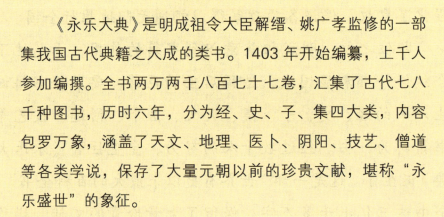

《永乐大典》是明成祖令大臣解缙、姚广孝监修的一部集我国古代典籍之大成的类书。1403 年开始编纂，上千人参加编撰。全书两万两千八百七十七卷，汇集了古代七八千种图书，历时六年，分为经、史、子、集四大类，内容包罗万象，涵盖了天文、地理、医卜、阴阳、技艺、僧道等各类学说，保存了大量元朝以前的珍贵文献，堪称"永乐盛世"的象征。

　　明成祖提倡周知天下事，历览人生困苦，为人处世才会更得当。他不允许皇子总是留在宫中，常常命他们去河北、山东一带考察。一次，太子朱高炽奉命考察河南，发现百姓的生活非常艰苦。其中一家农民所住的土屋空间狭小，他特意勒住缰绳，翻身下马，到农民家里调查情况。映入眼帘的是光着屁股的小孩和衣不蔽体的大人，他们的口粮是用糠菜做的窝窝头，由于营养不良，一个个面色蜡黄，骨瘦如柴。朱高炽感慨民生困苦，眼泪夺眶而出，令当地的官府接济了他们。太子回宫以后将他的所见所闻告诉了明成祖。明成祖训斥户部大臣，说："河南一带闹饥荒，有司竟然不据实禀报，虚报收成，欺上罔下！"他不仅下令惩治了当地官吏，还将此事通

报全国各地方府衙："从今往后，若有官吏对民间水旱灾情置之不理、欺瞒朝廷，一律定罪，决不轻饶。"

明成祖念及山东、河北、河南三地饱受战争的摧残，民生凋敝，便命令户部具体问题具体分析，分别减轻或免除这些地方的赋役。他还令宝源局（铸币机构）锻造农具，由地方官吏下发种子、耕牛、农具供这些地方使用，使得因战争流离失所的人恢复原籍，重操旧业。他命地方官关心农业耕作，在每年农闲期间兴修水利，疏浚河渠。为避免蝗灾，还让人捕捉蝗虫，及时赈济突发的饥荒。

虽然明成祖贵为天子，但他生活节俭。一天，他和几个朝臣议事，说话间他觉得自己的衬衣袖子又旧又破，露在外面不太体面，几次把袖子塞到里面去，却又掉出来。于是他叹息说："我身为皇帝，就算每天换十件新衣也不

人物档案

朱高炽（1378—1425），明成祖长子，靖难之役期间守北平，立下大功。担任太子期间，曾长期监国，为永乐盛世的出现做出贡献。他继位后，即明仁宗，在位不到一年就病逝了，但实行与民休息、平反冤狱、废除苛政，是一位出色的君主。

在话下。但是，身在福中就要知福，懂得节俭。我不敢忘记的是，过去我母亲身为皇后，衣服穿旧了也不舍得扔，总是亲自缝补之后继续穿。"语毕因心中酸涩而落泪。

明成祖励精图治，永乐年间的文治武功都卓有成效，被后人称为"永乐盛世"。当时，明朝地域广阔，经济有了很大的发展。明成祖不仅关注着国内，还时刻关注海外，这才有了轰轰烈烈的郑和七下西洋的壮举。

读史学成语

励精图治

释义：振作精神，力求治理好国家。

出处：明·宋濂等《元史·拜住传》："英宗倚之，相与励精图治。"

例句：唐太宗励精图治，为大唐盛世奠定了基础。

文治武功

释义：指施行政教和从事征战的功绩。多用来称颂帝王或重臣。

出处：《礼记·祭法》："汤以宽治民而除其虐。文王以文治，武王以武功，去民之灾，此皆有功烈于民者也。"鲁迅《呐喊·一件小事》："几年来的文治武功，在我早如幼小时候所读过的'子曰诗云'一般，背不上半句了。"

例句：汉武帝的文治武功受到后世文人的无限赞美。

郑和七下西洋

"三保太监"郑和

郑和（约1371—约1433），云南昆阳（今云南昆明晋宁区）人，早年入宫为宦官，被调往燕王府服役。靖难之役中，他立有功勋，被赐姓郑，任内官监太监，被称为"三保太监"（一作"三宝太监"）。郑和曾七次率船队下西洋，是世界航海史上的空前壮举。

明成祖凭借武力夺取皇位后始终有一个心病：大军攻陷南京后，建文帝下落不明。他令手下对全国各地展开地毯式搜索，却查不到一点儿建文帝的音信。传说，建文帝搭上一艘小船逃往他国了。明成祖担心建文帝没有死，隐藏在别的地方招兵买马，以正统皇帝的名义来征讨他，这是非常可怕的。这个想法，加上宣扬大明国威的政治需要，促使明成祖决心派一支船队走访各国。

让谁来统领整支船队呢？明成祖想到了自己的心腹郑和。郑和是云南人，机智过人，且有一定的军事才能，

深得明成祖的宠信。他决意派郑和出使西洋（指现在的文莱以西，印度洋沿岸各国）。于是，郑和被任命为远洋船队的正使太监，另一位颇受明成祖重视的宦官王景弘被任命为副使太监，从此二人开始精诚合作。

1405年，郑和与王景弘率领船队从刘家港（今江苏省太仓浏河口）出发，前往西洋。船队人数庞大，共有二万七千八百多人，分别搭乘六十二艘大海船。船宽十八丈（一丈约为三米），长四十四丈，实乃当世罕见。除了大量的士兵、水手以外，船上还有许多医生、翻译和技术人员。他们带着大批瓷器、丝绸、纸张和金银财宝，浩浩荡荡地驾驶着航船向南方驶去。

船队首先抵达了占城（今越南南部），接着又到了爪哇（今属印度尼西亚）、旧港（今印度尼西亚苏门答腊巨港）、锡兰（今斯里兰卡）等国。每抵达一个国家，他们就去拜访该国的君主，送一些珠宝给他们。随后，

人物档案

　　王景弘，生卒年不详，福建漳平人，早年入宫为宦官。郑和下西洋期间，王景弘任郑和的副使，共同指挥船队，还曾与郑和一起担任南京守备太监。二人精诚合作，共同实现了航海史上的伟大壮举。

用瓷器、丝绸等和当地人进行交换。其中的丝绸、瓷器颇受异国友人的欢迎。这些国家的国王得知郑和的船队准备归国，就派使臣跟随船队到中国致谢，这令明成祖非常喜悦。

第一次出使西洋，船队回程途中经过旧港时，遭到当地的海盗袭击。海盗的头目名叫陈祖义，他听闻郑和的船队运载了大批财物路过，心存不轨，打算趁郑和不备进行偷袭。他没想到，郑和情报准确，预先做了准备。当天深夜，陈祖义统领一众海盗，搭乘十几只小船，暗中偷袭。他们进入了郑和船队的埋伏圈，忽听一声炮响，

周围的大船立刻向中间聚拢，将十几只贼船围得严严实实。一阵厮杀之后，陈祖义惨败，被逼无奈跪在船头求饶。郑和押解着陈祖义回了京城，将他交给了明成祖。

郑和第三次出使西洋时，途经锡兰国，该国国王见到了郑和携带的大量财宝，起了歹念。他让王子骗郑和到京城，向他勒索财物，并暗中命军兵劫掠船队。郑和发现后，欲回到船队，却被国王的军队截断了归路。在这千钧一发之时，郑和率领手下杀进王宫，抓住了国王及他的妻子。返回京城后，将他们进献给了皇帝。明成祖心胸宽广，命人放了他们。

明朝造船技术

郑和下西洋的壮举背后是明朝先进的造船技术与航海技术的支撑。明代造船厂规模庞大、组织严密、工种齐全，因此能够造出空前庞大的郑和宝船，是世界木帆船的巅峰。同时，水密隔舱技艺、平衡舵技术等日益成熟，使得人们进行远洋航行时的安全得到保障。

第四次出使西洋，郑和的船队回航经过苏门答腊时，遭到了地方武装军队的袭击。这支军队的首领名叫苏干剌，统领了上万人，实力十分强盛。在苏门答腊军队的帮助下，郑和战胜了苏干剌的军队，并活捉苏干剌。

1405—1433年，郑和先后出使西洋七次，在印度洋沿岸三十多个国家留下了足迹，最远的一次抵达了非洲东海岸和红海沿岸。

读史学成语

招兵买马

释义：招募士兵，购买战马。指从各方面招揽人马，扩充武装力量。也比喻组织或扩充人力。

出处：清·无名氏《说唐》第二十回："二位兄弟，可守本寨，招兵买马，积草屯粮。"

例句：为了应对朝廷的大军，宋江招兵买马。

浩浩荡荡

释义：形容水势浩大。后也用以形容声势雄伟壮阔。

出处：《尚书·尧典》："汤汤洪水方割，荡荡怀山襄陵，浩浩滔天。"

例句：陈胜揭竿而起后，前来投奔陈胜的人浩浩荡荡。

严严实实

释义：形容包裹封闭得非常紧密，没有空隙。

出处：正言、爱民《天地人心》："这时候瘦子想往外钻，可是围观者把他堵得严严实实。"

例句：赵军在长平被秦军包围得严严实实。

皇帝当了俘虏

认识明英宗

　　朱祁镇（1427—1464），明宣宗长子，幼年继位，即明英宗。他宠信宦官王振，酿成土木之变，自己被瓦剌俘虏，后被放回，遭到弟弟明景帝的软禁。七年后发动夺门之变，他重新登位，杀死忠臣于谦。

　　明成祖去世后，其子明仁宗在位不满一年就病逝了，明仁宗之子明宣宗在位十年，也英年早逝了。明仁宗和明宣宗在位期间，是明朝国力强盛、政治清明的时期，史称"仁宣之治"。

　　1435年，明宣宗的儿子朱祁镇继位，史称明英宗。明英宗在位期间，出现了明朝历史上第一个独揽大权的宦官——王振。

　　王振是蔚州（今河北蔚县）人，年少时上过几年学，参加过科举考试却名落孙山。正逢皇宫里征召宦官，他就入宫了。因为他粗识文字，被明宣宗派去作为皇太子

朱祁镇的伴读。皇太子对他敬重有加，称他为"先生"。

朱祁镇登基称帝后，王振的权力迅速扩大，当上了宦官中权力最大的司礼监掌印太监，常常协助明英宗批阅奏折，掌握了军政大权。得罪了他的人，重则被杀头，轻则被贬官，因此朝廷的官员都非常惧怕他。

当时，北方瓦剌部落的实力蒸蒸日上。1449 年，瓦剌的首领也先派大军进攻山西大同。权势熏天的王振虽然不懂行军作战，但想捞取军功，几次三番地劝说明英宗亲征。明英宗对王振的话深信不疑，决定率军亲征。大臣们认为亲征的准备不足，纷纷劝阻明英宗。然而，在王振的鼓动下，明英宗根本听不进去大臣的劝说。

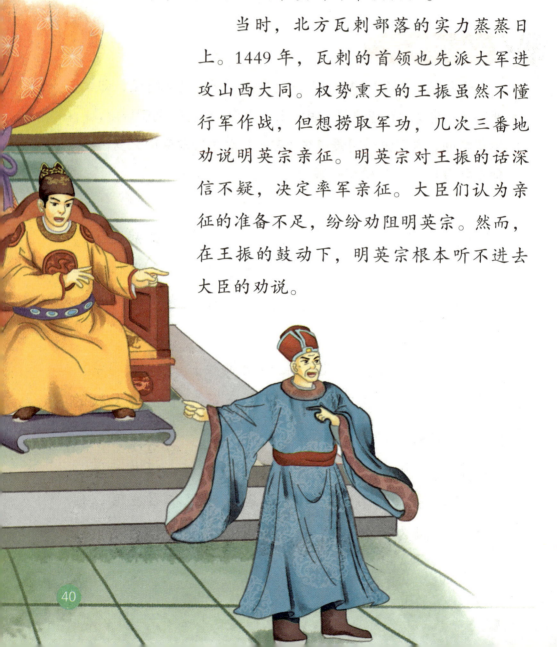

　　1449年初秋，明英宗带领五十万大军（一说为二十万）及一百多名随行官员，浩浩荡荡地由北京向大同进发。时值多雨季节，大雨连续下了好几天，道路泥泞难行。而且，明军的军粮尚未准备充足便匆忙上路，导致不少士兵饿死在路上。有些大臣看军心动摇，就劝明英宗放弃亲征。王振见状特别恼火，惩罚他们在路旁跪罪。

　　也先听说明英宗在明军军粮不足、军纪涣散的情况下执意亲征，心中不禁窃喜。他吩咐军队装作战败的样子，引诱明军上钩。明英宗带着筋疲力尽的军队到了大同。王振觉得瓦剌军队人少，一定不能打败明朝大军，于是让军队继续北进。不久，王振得到了大同的明军战败的消息，吓得立即班师回京。也先闻讯，立刻跟踪追击。

　　如果明军迅速进入紫荆关，就可能躲过一劫。王振却想去老家耍威风，就劝明英宗到蔚州去。前进四十多里（1里=500米）后，王振又改变主意，令军队掉过头来改道。原来，当时秋收在即，王振怕蔚

人物档案

　　也先（1407—1454），瓦剌首领脱欢之子。也先任北元太师后，征服女真，并开始进攻明朝，在土木堡之战中大败明军，俘虏明英宗。围攻北京不成，他回到瓦剌，击败了北元可汗脱脱不花，自称大可汗，在内乱中被部下所杀。

州自己地里的庄稼被大军践踏。如此折腾一个来回，耽误了撤兵的关键期，瓦剌的士兵逐渐追赶上来了。

明英宗和王振逃得最快，黄昏时分，他们逃到了土木堡（今河北省怀来县以东）。土木堡距离怀来县城不远，大臣们劝说明英宗在天黑前速速进城。王振又出来阻挠，因为运载他的财产的上千辆大车尚未与大军会合，他让军队先驻扎在土木堡。

也先带领瓦剌军追杀过来，把土木堡围得严严实实。土木堡周围的水源本就稀少，后来连仅剩的几条河流也被瓦剌军截断了。土木堡的地势较高，明军挖了两丈多

司礼监

明朝为了管理皇室事务，设立了十二监，就是司礼监、内官监、御用监、司设监、御马监、神宫监、尚御监、尚宝监、印绶监、直殿监、尚衣监、都知监，每监都由一名宦官管理。其中，因司礼监管理宦官、批奏传旨及宫内事务，其地位逐渐提升。

明朝中后期皇帝怠于政事，就由司礼监秉笔太监代为批红，故而其位高权重。而最后审核盖印的，就是司礼监掌印太监，有"内相"之称，其职权堪比内阁首辅。明朝专权的宦官，都当过司礼监秉笔太监和司礼监掌印太监。

深也不见地里出水。士兵们劳作了两天也未进水，一个个都累倒在地。过了几天，也先派人和明英宗讲和。明英宗情急之下中了计，立即传令军队离开营地取水。士兵们争先恐后地跳出了壕沟，手忙脚乱地去找水。突然，也先统率军队从四面八方冲杀过来，明军措手不及，如决堤之水，东奔西窜。

王振早已被吓得魂飞魄散，禁军将领樊忠瞪视着王振，气恼地说："我要替天下除掉你这个祸国殃民的奸贼！"语毕，用手中的铁锤锤死了王振，自己力战强敌而死。明英宗见逃脱的希望渺茫，干脆下马在草丛里坐以待毙。瓦剌军清理战场时发现了明英宗，将他抓回去交给了也先。

这一战令明军损失过半，随征的官员多数战死。也先押着明英宗杀向北京，意图攻下城池，恢复元朝天下。

读史学成语

深信不疑

释义：非常相信，没有一点儿怀疑。

出处：清·蒲松龄《聊斋志异·梦狼》："慰藉翁者，咸以为道路讹传，惟翁则深信不疑。"

例句：刘邦对张良一向深信不疑。

于谦保卫北京

民族英雄于谦

于谦（1398—1457），钱塘（今浙江杭州）人，进士出身，为官以清正廉洁著称。土木堡之变发生时他正担任兵部左侍郎，临危受命取得了北京保卫战的胜利，明景帝在位期间，于谦将朝政处理得井井有条。夺门之变发生后，明英宗记恨他拥立景帝，将他杀死。

京城的人得知了明英宗被俘的消息，人心大乱。北京城里仅剩十万老弱残兵，倘若也先率兵进犯，北京城危在旦夕。事态危急，皇太后下诏立明英宗的长子朱见深为太子，此时的朱见深才两岁，没有处理政务的能力，因此皇太后又令明英宗的弟弟郕王朱祁钰监管国事。

这一天，朱祁钰将群臣召集起来商议如何对付瓦剌，大臣徐珵提议南迁，兵部侍郎于谦大声呵斥道："提议南迁的人，应该被杀头！难道你们忘记南宋的前车之鉴了吗？"许多大臣对于谦的看法表示赞同。最终，朱祁钰决

意与瓦剌抗争到底。

　　于谦此时挺身而出成为中流砥柱，并非偶然。于谦言行一致，为官清正，不屑于攀附权贵。当王振如日中天时，地方官员进京都要送礼给他，唯有于谦特立独行。等到于谦将要进京的时候，他的属下劝谏他："您还是送些礼物给王振为妙。若是觉得送金银财宝俗气，送点土特产也好哇！"于谦听罢不禁哈哈大笑，甩了甩自己的两个袖筒，说："我可没有时间和金钱去讨好上司，我只有这两袖清风！"这就是成语"两袖清风"的出处。

　　此时国遭大难，于谦勇敢地站出来。朱祁钰提拔他做兵部尚书，肩负着守卫北京的重任。过了不久，为了更有效地对付瓦剌，安抚民心，于谦率朝臣奏表请求郕王继任皇帝。于是，朱祁钰称帝，史称明景帝。明英宗被遥尊为太上皇。

　　于谦双管齐下，一面令工部加班加点打造兵器，另一面迅速调集辽东、山东、陕西、河南等地的勤王军队入京。没过多久，也先统率着瓦剌军队大举南下，挟持

人物档案

　　朱祁钰（1428—1457），明英宗的异母弟，获封郕王。土木堡之变发生后，他被拥立为帝，即明景帝。他在位期间明朝国力有一定恢复。在他生病期间，明英宗发动夺门之变，将他软禁，于不久后去世，死因不明。

着明英宗，到达北京城外。于谦吩咐各将领率兵出城，自己则率领一批人马驻防在德胜门，与也先正面交战。军队离城后，于谦让守城的将士关闭城门，以示与敌人死战到底的决心。他传令三军，说："不顾及士兵性命撤退的将官，一律处斩；倘若后队发现前队有不服从指挥撤退的士兵，格杀勿论！"将士们有感于于谦的爱国之情，士气高涨，誓死作战来保家卫国。

此时，也先的军队正在进攻德胜门。明军早已将生死置之度外，他们拿出必死的气势冲锋陷阵，吓得瓦剌军连连后退。附近的百姓也加入战斗，上房用石头、瓦片暴打敌军。军民齐心协力，将瓦剌军打得落花流水，损失了一千多人。明军赢得了首次大捷，士气大增。

各地的勤王军队陆续抵达京城。也先见城外的明军日益增多，唯恐被明军前后夹击，不敢恋战，决定撤兵。可他又不情愿无功而返，心中突然有了计策。他派人去跟明军讲和，条件是归还明英宗。敌人的诡计被于谦看穿，他轰走了瓦剌的使者，对大家说："也先是想趁机勒索我大明的财宝和土地，我们千万不能中计！"

也先见自己的计策行不通，只能命令军队向后撤。明军乘胜追击，又打了很多胜仗。也先得知明朝另立新君，

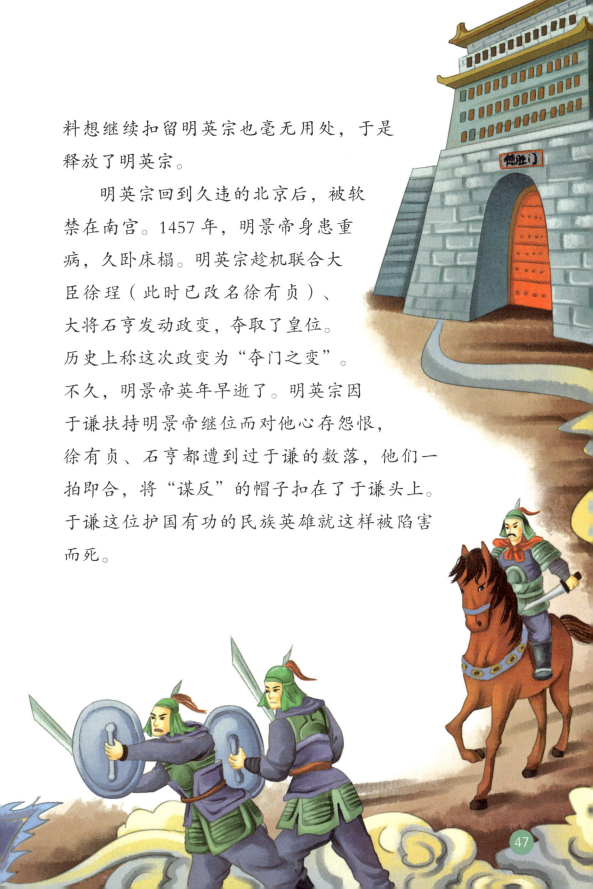

料想继续扣留明英宗也毫无用处，于是释放了明英宗。

明英宗回到久违的北京后，被软禁在南宫。1457年，明景帝身患重病，久卧床榻。明英宗趁机联合大臣徐珵（此时已改名徐有贞）、大将石亨发动政变，夺取了皇位。历史上称这次政变为"夺门之变"。不久，明景帝英年早逝了。明英宗因于谦扶持明景帝继位而对他心存怨恨，徐有贞、石亨都遭到过于谦的数落，他们一拍即合，将"谋反"的帽子扣在了于谦头上。于谦这位护国有功的民族英雄就这样被陷害而死。

"西湖三杰"

在杭州西湖边上，安葬着三位民族英雄，他们被称为"西湖三杰"或"西湖三雄"。第一位就是南宋抗金名将岳飞，他在杭州被赵构和秦桧无辜杀害，被安葬在西湖西北角；第二位就是于谦，他被安葬在西湖边的三台山麓；第三位是南明抗清将领张煌言，他被清军俘获后在杭州遇害，被安葬在西湖南岸的南屏山下。

读史学成语

危在旦夕

释义：指危险就在眼前。

出处：晋·陈寿《三国志·吴书·太史慈传》："今管亥暴乱，北海被围，孤穷无援，危在旦夕。"

例句：由于蒙古军队的步步紧逼，南宋政权已危在旦夕。

前车之鉴

释义：前面车子翻了，后面的车子应引为教训。比喻先前的失败，可引为后来行动的教训。

出处：清·李汝珍《镜花缘》第九十八回："……并劝文芸、章荭'早早收兵；若再执迷不醒，这四人就是前车之鉴。'"

例句：由于有了秦朝的前车之鉴，汉朝统治者不敢随意增加百姓的负担。

"鸳鸯阵"大破倭寇

戚继光（1528—1588），登州（今山东烟台蓬莱区）人，世袭登州卫指挥佥事，在山东沿海防范倭寇。后被调往浙江，训练出戚家军，在台州、福建、兴化、仙游等地屡败倭寇，终于解除了东南沿海的倭患。随后，戚继光被调往北方防御鞑靼人，官至左都督，封少保。

　　嘉靖帝在位时，明朝东南沿海一带屡次遭到日本海盗侵扰，这些海盗被称为倭寇。1555 年，皇帝派戚继光前往浙江防御倭寇。

　　戚继光是将门之子，少年时子袭父业就任登州卫指挥佥事，后被张居正引荐为都指挥佥事，抵御山东沿海的倭寇。戚继光治军严明，自己以身作则，因而在军中享有很高的声望。

　　戚继光被调到浙江后，办的第一件事就是检阅当地军队，发现士兵恶习累累，担心这样的军队不能攘除倭寇。

于是他决定在义乌民间征兵，构建一支新军。当地矿工、农民纷纷踊跃报名，没过多久，就建立起一支三千人的军队。

起初几个月，戚继光严格训练这支新军，亲自教士兵运用各种兵器。在士兵们掌握了基本技能后，戚继光就开始操练他们演习"鸳鸯阵"。通常，一个鸳鸯阵是由十一个人组成的，队长在最前面指挥调度。身后是两名盾牌兵，举盾牌阻挡刀剑与箭支的攻击，为其他战友打掩护，身上还配有腰刀、标枪。再后面是两个狼筅兵。狼筅是戚继光独创的武器，就是插上尖刀的大毛竹，由于柄足够长可以横扫敌军，威力巨大。狼筅兵后是四名长枪兵，左右各两人，最后由两名手持镋钯（形似叉子的长柄武器）的士兵压阵，可以起到威吓敌人和援护队友的作用。还往往跟着一名给全队做饭的"火兵"。这种小队既能单打独斗，也可联合许多鸳鸯阵构成一个大阵，还

可以将阵法变为"二方阵""三方阵"，堪称变化无穷。

1561年，倭寇大队人马入侵浙江台州一带，戚继光带领军队夜以继日地赶到了台州，趁着月黑风高悄无声息地进军倭寇的聚集地。等倭寇回过神，已经迎面遇上了鸳鸯阵的进攻。戚家军训练有方，倭寇被围困在大阵中无法逃脱。戚继光在阵后击打战鼓增强士气，咚咚的战鼓声激励着戚家军奋勇作战。每一个小鸳鸯阵收发自如，作为指挥的队长在最前面指挥作战，盾牌兵为全队作掩护，狼筅兵横行战场、势不可当，长枪兵、短兵（指镗钯兵）形成互补。戚家军打得倭寇溃不成军，又对其穷追不舍，追杀到江岸。这场战斗共歼灭倭寇上百名，还有很多倭寇被烧死、淹死。

1562年秋天，倭寇卷土重来，再犯东南沿海。他们明

肆虐沿海的倭寇

倭寇指以劫掠沿海和从事走私贸易为生的日本海盗集团。我国古代称日本国为倭奴国，"倭"字有矮个子的含义。明朝成立之初，倭寇就曾骚扰我国沿海。到了明朝中后期，在日本割据诸侯的纵容乃至支持下，日本海盗与中国海盗勾结，大举入侵我国东南沿海。朝廷虽多次清剿，但收效甚微。俞大猷、戚继光等抗倭将领联合起来，用了十多年的时间才扫平了倭患。

白浙江有戚继光守着，得不到什么便宜，就选中福建沿海一带进行骚扰，并占领了宁德城。嘉靖帝急忙将戚继光从浙江调至福建。

经过多方打探，戚继光了解到倭寇的巢穴在宁德城外几十里的横屿岛。这个岛是个一夫当关，万夫莫开的孤岛，地势险要，易守难攻，倭寇把财物堆放在岛上，这个岛相当于他们养精蓄锐的根据地。横屿岛四周被海水包围，只有在退潮时，淤泥才会浮现出来，与陆地接壤。

戚继光思考着如何可以迅速通过淤泥攻上岛，忽然计上心头，随后传令军队进攻。他令戚家军兵分两路进攻横屿岛，一队由他亲自率领从正面进攻，另一队由侧面发起进攻。他让每名士兵预备一些木板和稻草，当天潮水一退，淤泥刚刚露出，戚继光立刻命令士兵将稻草铺在淤泥上，又将木板放在稻草上，就成了简易浮桥。这样，大军顺利地踏上横屿岛。

大战一触即发，几千个倭寇和戚家军展开了激烈的交战。一时间，岛上充斥着战鼓声、兵器相撞声和喊杀声，双方难分胜负。此时，计划好从侧面进攻的戚家军

悄然而至，他们在岛上纵起大火，并从倭寇的背后展开进攻。岛上到处是倭寇的尸体，他们再也无心抵抗了。戚家军全歼了这伙倭寇，获得了辉煌的胜利。

人物档案

　　俞大猷（1503—1579），福建晋江（今福建泉州）人，武举出身，世袭百户，后出任备倭都指挥，率"俞家军"与戚继光合作扫平了倭寇，官至右都督。

　　从此之后，戚家军所到之处，倭寇望风披靡。倭寇的势力被分裂成几部分，再也不能联合起来。同时期，在福建、浙江两地，由名将俞大猷率领的抗倭军队也屡建战功。因此戚家军和俞家军强强联合，并称"俞龙戚虎"，共同抗击倭寇。历经数年时间，捷报连连，倭寇不是被杀死，就是被赶回老家，彻底在东南沿海一带销声匿迹，百姓又过上了太平的日子。

读史学成语

养精蓄锐

释义：保养精神，积蓄锐气。泛指积蓄力量。

出处：明·罗贯中《三国演义》第九十六回："不如以现在之兵，分命大将据守险要，养精蓄锐。"

例句：队员们正在养精蓄锐，准备迎接明天的比赛。

力挽狂澜的张居正

改革家张居正

　　张居正（1525—1582），江陵（今湖北荆州）人，自幼有神童之誉，进士出身，曾任翰林院学士等职，后进入内阁。万历帝继位后，张居正升任内阁首辅，一边教育小皇帝，一边实行改革，使得明朝的财政状况有了较大改善。

　　嘉靖帝驾崩后，他的儿子明穆宗对大臣张居正委以重任。明穆宗死后，皇位传给了他10岁的儿子朱翊钧，高拱、张居正等大臣遵从遗诏从旁辅佐。

　　张居正志向远大，一心想建功立业，但高拱却让他有志难伸。虽然二人同为内阁大学士，但高拱却是首辅，张居正想做什么都需要高拱同意。张居正不甘居于人下，就想找机会扳倒高拱。高拱一向与司礼监掌印太监冯保有嫌隙，而冯保在宫中的权势很大。于是，张居正联合了李太后与冯保，假借皇帝之名将高拱从首辅之位上拉下去，张居正顺利代替高拱，当上了内阁首辅。张居正

手握重权后，便开始了他的改革。

张居正心思细腻，他知道要想实现自己的改革计划，需将权力牢牢地抓在自己手中；而要想稳固权力，就必须让小皇帝认可自己。于是他尽心尽力地做小皇帝的老师，传授小皇帝大量治国安民的知识。李太后对张居正非常信赖，嘱咐小皇帝凡事都要多多请教张居正，张居正被小皇帝尊称为"先生"。

人物档案

朱翊钧（1563—1620），明穆宗第三子，少年继位，即明神宗，年号万历，在位四十八年，是明朝在位时间最长的皇帝。在位早期任命张居正进行改革，使得明朝面貌一新。晚年怠于政事，朝廷党争成风，又败于后金，埋下了明朝灭亡的隐患。

小皇帝虽然年纪小，但张居正却像教育成人一样，对他非常严格。小皇帝一出错就会遭到严厉批评，因此对张居正很惧怕。张居正当了小皇帝十年的老师，并借太后与小皇帝发展自己的势力，一时间权倾朝野，朝廷中的大臣大多对他心生畏惧，这使他推行新政更加顺畅无阻。

张居正推行的新政中有一项关于征收赋役的利国利民的法令，叫"一条鞭法"，在当时引起了不小的轰动。国家在几年内的财政收入就超过以往几十年，粮仓里也堆满了粮食。看到新政有如此好的成效，太后与皇帝觉

得张居正可堪大任，后来张居正无论提议做什么，他们都表示赞成，毫无异议。

张居正为了遏制贪赃枉法的不正之风，颁布了"考成法"，对官员进行定期考核，如果不达标就会给予处罚、降职或免官，对表现好的官员就会奖励或者升官。因此，那些品行不端的官员就会有所顾虑，渐渐地秉公办事，而那些本就优秀的官员也得到了表现自己的机会。

万历帝20岁时，张居正因病去世。但经人挑唆，万历帝竟然抄了张居正的家，连他生前的爵位也给罢免了。张居正

生前施行的新法，除了"一条鞭法"得以继续实行，其他的都被万历帝废除了。但张居正的改革有效地化解了明朝的财政危机，一定程度上延长了明朝的国运。

一条鞭法

张居正改革前征收赋役包含两个项目：赋税与劳役。赋税就是百姓向官府上交人头税、地税，劳役就是百姓在规定日期内给官府提供无偿劳动。如此一来，劳师动众，百姓深受其害，而有些贪官污吏和一些地主就会趁机搜刮百姓。一条鞭法将赋税与劳役组合到了一起，而且可折合成白银上交官府，官府就可以拿这笔钱雇人干活，大大减轻了百姓的负担，同时增加了财政收入。

读史学成语

贪赃枉法

释义：贪污受贿，破坏法纪。

出处：明·冯梦龙《喻世明言》第二十一卷："婆留道：'做官的贪赃枉法得来的钱钞，此乃不义之财，取之无碍。'"

例句：为了治理贪赃枉法的风气，雍正皇帝毅然推行改革。

历史在萨尔浒转折

认识努尔哈赤

爱新觉罗·努尔哈赤（1559—1626），赫图阿拉（今辽宁新宾）人，出身建州女真一个小酋长家庭，世袭建州左卫都指挥使。二十多岁时起兵反明，经过多年征战统一了女真各部，并于1616年建立后金，在萨尔浒之战中大败明军，为清朝的建立奠定坚实基础。

　　张居正去世后，万历帝沉溺酒色、疏于朝政，横征暴敛，明朝朝政日益混乱，边防也逐渐松懈。趁此机会，东北边境的女真族迅速发展壮大。最终，出身建州（今辽宁省新宾县境内）女真的努尔哈赤统一了女真部落，开始猛烈地冲击大明王朝的根基。

　　努尔哈赤出身建州女真的酋长家族，祖父觉昌安和父亲塔克世都曾任明朝建州左卫都指挥使。1583年，辽东总兵李成梁由图伦城城主尼堪外兰引导，去镇压古勒城城主阿台。觉昌安和塔克世正好在古勒城内，都死于

混战之中。

努尔哈赤痛哭一场，翻出父亲留下的十三副盔甲，分给十三个侍从，一起率领士兵们向尼堪外兰发起了攻击。他骁勇善战，攻克图伦城，消灭了尼堪外兰。又经过几年的征战，他统一了建州女真。

人物档案

李成梁（1526—1615），辽宁铁岭人，出身军人世家，四十岁之后承袭家业，曾任参将，抵御鞑靼插汉儿部时屡立战功，升任辽东总兵，常年压制女真，封宁远伯。他军功卓著，但生活奢侈，又常有虚报战功之举，是个极具争议的人物。

1616年，努尔哈赤在赫图阿拉建立了政权，即位称汗，年号天命，国号大金，史称后金。

经过两年的准备，1618年，努尔哈赤宣布对明朝有七大恨，其中包括祖父、父亲被杀，正式向明朝宣战。明朝君臣这才发现这个对手已经如此强大，于是，万历帝派兵部左侍郎杨镐任辽东经略，讨伐后金。这一年冬天，朝廷从各地调集军队集聚到辽东。努尔哈赤的兵力不过六万多人，明军号称有四十多万（实际约二十万）。后金士兵担心起来，但努尔哈赤早就把明军的情

况侦察得清清楚楚，镇定地说："管他几路来，我们只管一路打去。"

　　杨镐坐镇沈阳指挥，兵分四路，西路是山海关总兵杜松，南路是辽东总兵李如柏，北路是开原总兵马林，东路是辽阳总兵刘铤。杨镐制定了"分进合击"的战略，四路大军分别出发，约定合兵于萨尔浒（今辽宁抚顺境内）。西路军指挥官杜松想抢头功，不与友军配合，孤军深入，抢先攻占了萨尔浒山口，留两万人在萨尔浒扎营，亲率一万人攻打后金城池。努尔哈赤亲自率领八旗精锐兵力，一口气攻下萨尔浒明军大营，截断了杜松的后路，又急行军援救城池。

一场激战后，这一路明
军率先覆灭，主将杜松阵亡。

北路军离萨尔浒还有四十里地，得到杜松兵败的消息，立即转攻为守，就地布置防御工事，准备防守，却还是被努尔哈赤击败了，主将马林仅率数人逃走。

坐镇沈阳的杨镐接到两路人马陆续覆灭的消息，赶紧叫剩下的两路兵马退兵。东路军指挥官刘铤已经深入后金阵地，不知道其他几路的消息。后金军居高临下冲杀，刘铤战死沙场。南路的李如柏本来就走得慢，接到命令后又能及时撤退，总算保留了一支兵马。

这场战役就是著名的"萨尔浒之战"，努尔哈赤以少胜多，击败了明朝大军。此战之后，明朝失去了辽东战场的主动权，由进攻转为防御，后金则由防御转为进攻。此后，虽然名将袁崇焕一度击败了后金，但他又被崇祯皇帝杀死，明朝终于在后金军和农民起义军的内外冲击之下走向了灭亡。

八旗制度

努尔哈赤把女真编为八个旗，分为正黄、正白、正红、正蓝、镶黄、镶白、镶红、镶蓝，其中正黄、镶黄、正白三旗由皇帝统领。后来又增设了八旗蒙古、八旗汉军。每个旗为一个单位，每旗下面又有许多牛录，一个牛录三百人。这些人平时靠耕田打猎维持生活，战时就成了士兵。

读史学成语

孤军深入

释义：孤立无援的军队深入到敌区作战。

出处：元·脱脱等《宋史·李纲传上》："彼孤军深入，虽不得所欲，亦将速归。"

例句：战场形势错综复杂，一旦孤军深入就有可能被包围。

闯王变成"闯帝"

闯王李自成

　　李自成（1606—1645），陕西米脂人，出身寒微，曾任银川驿卒，又到甘肃投军，因参将克扣军饷发动兵变，加入了农民起义军，后被推举为闯王。经过多年征战，李自成在西安称帝，建立大顺政权，随即攻入北京，明朝灭亡。后因清军入关败走，在湖北九宫山被地主武装杀死。

　　李自成是明朝末年一个非常有名的农民起义首领，他带领着农民起义军，经过重重危难，由弱小变得强大，最终成为灭亡明朝的重要力量。

　　李自成是陕西米脂人，出身农民家庭，家境贫寒。天启年间（1621—1627），陕北连续闹灾荒，几乎颗粒无收，官府却仍逼迫百姓按时按量交纳粮税，李自成为了生存就去银川驿站做了驿卒。被裁撤后，他又与侄儿李过一起到甘肃，成了那里的守边士兵。1629年，后金

南下进攻京师，崇祯帝下旨让四方军队保卫京师，参将王国从甘肃开拔，李自成与李过随行。后因王国扣压军饷，发生了兵变，士卒们将王国斩杀，跟随李自成加入了农民起义队伍。李自成先后加入王左挂与不沾泥（张存孟）领导的起义军，后来又加入了闯王高迎祥的队伍，称"闯将"。起义军曾被明将曹文诏、左良玉等包围在河南，因曹文诏被调走抗金才突围成功。

1634 年，五省总督陈奇瑜将高迎祥、张献忠、李自成、罗汝才等包围在车厢峡（今陕西省安康市东南），起义军几乎全军覆没。李自成贿赂陈奇瑜身边的人诈降，起义军才得以脱身。1635 年，全国各地的起义军在河南荥阳举行会议，李自成提出了分兵突围、避实击虚和互相策应、协同作战的反围剿策略。这个策略将明朝统帅洪承畴打得摸不着头脑，狼狈不堪。同年，起义军攻破

人物档案

张献忠（1606—1647），陕西定边人，出身贫寒，当过延安府的捕快，被革职后从军，又因犯法被除名。农民起义爆发后，张献忠也拉起一支队伍，自号"八大王"，很快成为与官军作战的主力。1644 年，张献忠在四川称帝，建立大西政权，三年后被清军击败并杀死。

朱元璋的老家安徽凤阳，掘了明皇室的祖坟。李自成和张献忠为了凤阳皇宫的小太监和乐器而结怨，两军分裂。

1636年秋，高迎祥不幸在陕西遇袭战死，高迎祥的部众便拥护李自成做了闯王。起义军各首领不和，无法联合起来对抗敌人，很快被明军逐一击破，起义军首领中有的被招抚，有的投降了，李自成队伍中也有不少人投降朝廷。李自成连续苦战，军队损失过半，特别是在陕西潼关一战中，队伍被打得七零八落，仅剩下几十名骑兵躲藏在商洛山中。李自成白天骑马射箭，晚上刻苦钻研兵书，努力总结失败的经验，伺机而动。这次休整为他后来的成功奠定了基础。

1639年，河南遭受天灾，颗粒无收，饿殍遍野，明朝政府不但不发救济粮，反而继续向百姓催索钱粮，这引

起了百姓极大的不满。李自成觉得这是天赐良机，就来到河南，他一呼百应，饥民纷纷投奔他，很快发展成了几万人的队伍。他带领起义军攻城略地，每攻下一座城池就开仓放粮，除掉当地的地主恶霸，并针对当时土地分配不均、粮差苛重的现状，提出了"均田免粮"的口号。此口号一经提出就得到百姓的认同，百姓如同潮水般加入了起义军，全国各地都期望闯王的队伍早些到来。得到了百姓的拥护，李自成的队伍在很短的时间内就达到几十万人。

李自成起义军以新面貌转战河南各个地区，他严肃军纪，严禁起义军烧杀劫掠，伤害百姓。起义军不能霸占民房，要与商人公平交易，因此各阶层人民都很拥护李自成。李自成还非常重视对敌军的宣传瓦解工作，使

明末农民起义

明朝末年，天灾人祸不断，活不下去的农民不得不起兵反抗腐朽的明政府。从1627年的王二起义开始，前后有数百万农民加入起义军的队伍，高迎祥、罗汝才、马守应、李万庆等，都是颇具实力的起义军首领，其中以李自成、张献忠的队伍最为强大。李自成失败后，明末起义军余部坚持抗清，直到康熙年间才全部消落。

得很多生活困苦的明朝军队经常在阵前倒戈。再加上李自成善于行军布阵，很快取得了"五覆官军"的胜利。起义军又攻下了洛阳，斩杀了福王朱常洵，使全国上下大为震惊。来参加起义军的百姓络绎不绝，起义军所向披靡。

1644 年初，李自成占领陕西，将西安改名为西京，登基称帝，以大顺为国号，年号永昌。接着，他亲自统领大军攻打北京城。崇祯帝逼迫皇后自杀，然后拿刀杀死宠妃和女儿，自己吊死在万岁山（今北京市景山公园内）的一棵树上，明朝灭亡了。不久，起义军控制了北京。

读史学成语

七零八落

释义：形容零散纷乱的样子。

出处：宋·释普济《五灯会元·天衣怀禅师法嗣》："曰：'天堂地狱，相去多少？'师曰：'七零八落。'"

例句：东汉末年百姓起义，官军被打得七零八落。

络绎不绝

释义：形容来往的行人或车马前后相接，连续不断。

出处：曹雪芹《红楼梦》第七十一回："自七月上旬，送寿礼者便络绎不绝。"

例句：由于孔子学问高深，前去求学的士人络绎不绝。

多尔衮入关

摄政王多尔衮

爱新觉罗·多尔衮（1612—1650），努尔哈赤第十四子，少年时就随父出征，屡立战功，被封为和硕睿亲王。皇太极（努尔哈赤第八子）死后，多尔衮辅佐福临即位，自己任摄政王，率领清军入关，入主中原，被封为皇父摄政王。

李自成推翻明朝之前，清朝皇帝皇太极因病去世，朝政大权落到了皇太极的弟弟多尔衮手里。多尔衮怕清朝发生内乱，就不再想着当皇帝，而是辅佐皇太极之子福临为皇帝，自己担任摄政王，独揽大权。6岁的福临登基后，年号改为顺治。

多尔衮野心勃勃，一心想要夺取中原。他知道要征服中原，只靠武力是远远不够的，要想办法笼络了解中原风土人情的汉族谋士。汉族文臣范文程为他出谋划策，建议他严肃军纪，获取人心，进兵中原，与李自成争夺天下。多尔衮认为很有道理，就下定决心，统领清朝军

队向山海关进发了。

　　清军行军到半路，有明朝装束的人拦住了他们，这两个人是山海关守将吴三桂派来的，想向多尔衮求助。

　　原来，李自成的农民军攻下北京后，为维持军队和政府的大量开支，除没收明皇室的财产，并对官僚地主搜刮，官僚地主对农民军怀恨在心。而且，李自成等农民军领导者日益滋生出享乐的思想，农民军战斗力迅速下降。

　　此时，被明朝视为北方屏障的山海关驻将吴三桂的态度左右着天下大局。农民军进军北京之时，崇祯帝速递檄文命宁远团练总兵吴三桂入京勤王，但是吴三桂持观望态度，不听朝廷的派遣。北

京沦陷后，吴三桂又领兵回到山海关了。李自成攻下北京，派人带着吴三桂之父吴襄的劝降信和四万两犒师银，答应父子封侯，劝吴三桂投降。吴三桂也做好了投降的打算，带兵入京面见李自成。没想到半路上听到他的父亲吴襄被索饷二十万的流言，还有人说他的宠妾陈圆圆被刘宗敏掳了去。吴三桂气愤不已，就调转马头，返回了山海关。为了报一己之仇，他派人勾结多尔衮，准备与清军联手攻打李自成。

 人物档案

吴三桂(1612—1678)，明清之际扬州高邮(今属江苏)人，祖籍辽东(今辽宁辽阳)，出身将门，考中武举后又凭门荫获任都督指挥，因立下战功任宁远团练总兵。1644年，他与清军勾结击败李自成，获封平西王。1673年，吴三桂发动反清叛乱，并在五年后称帝，随即病逝。

多尔衮闻讯大喜，立刻给吴三桂写信，允诺出兵，并告诉他如果投降清朝可以封他为王，吴三桂便投靠了清朝。李自成得到吴三桂拒绝归顺农民军的消息后，就率领军队到山海关，准备攻打吴三桂。

1644 年夏，李自成与吴三桂决一死战。刚开始，农民军占据优势。不久，预先埋伏好的清军突然围攻上来。农民军措手不及，打乱了原来的阵脚，接连败退。李自成这才明白过来，原来吴三桂已投靠了清朝。李自成带领余下士卒连夜赶回北京。他深知敌我力量悬殊，农民军必败，就下令暂时撤出北京，做好了长期与清军抗衡的打算。他仓促地在紫禁城称帝，次日清晨就带着军队离开北京去往陕西。两天之后，清军攻入了北京城。

山海关

山海关又称榆关，位于今河北秦皇岛东北，是明长城的关隘，依山傍海、地势险要、气势雄伟，旧时被认为是明长城的起点，有"天下第一关"的美誉。山海关城高 14 米，厚 7 米，包括四座城门：东为镇东门（著名的"天下第一关"牌匾即在此门）、西为迎恩门、南为望洋门、北为威远门。此外还有箭楼、靖边楼、牧营楼、临闾楼、瓮城等景观。

　　明朝的文官武将得知清军要来的消息，都出城迎接。他们走到离城门五里以外的地方，在路两边整齐地跪着，清军骑着马从他们身边经过，尘土飞扬，他们不停地磕着头。多尔衮进入北京城后，假惺惺地为崇祯帝办理丧事，表明自己不会像李自成那样与地主们为敌。消息一经传开，那些躲在城外的地主官僚都满心欢喜地回家了，按满族人的习俗梳起了辫子，表示欢迎清军。

　　多尔衮完成了皇太极与努尔哈赤多年的愿望，攻下了北京。不久他将顺治帝从盛京（今辽宁省沈阳市）接到北京，并以顺治帝的名义下旨，昭告天下，以北京作为清朝的首都。从此，清朝从东北的一个小朝廷成为统治中原的大清王朝。

　　多尔衮为清朝的稳固尽心竭力，被封为皇父摄政王，皇帝的玉玺也被他拿回家了。在他的努力下，李自成、张献

忠等反抗清朝的势力先后被消灭，清朝的统治逐渐稳固。

几年过后，顺治帝逐渐懂事，对多尔衮独揽大权十分不满。1650年，多尔衮因病去世，顺治帝开始独掌朝政。次年，他下旨削去多尔衮的爵位，并没收其全部家产，把与多尔衮关系亲密的王公大臣都铲除了。之后，顺治帝又将多尔衮曾掌控的正白旗收归朝廷。从此，正白旗、正黄旗、镶黄旗三旗都由顺治帝自己统领。

读史学成语

野心勃勃

释义：形容非分的欲望很强烈。

出处：清·陈天华《狮子吼》第一回："这一位大帝野心勃勃，就想把世界各国尽归他的宇下。"

例句：唐玄宗晚年变得昏庸，野心勃勃的安禄山趁机发动叛乱。

决一死战

释义：拼死进行一次激战，决出胜负。

出处：明·罗贯中《三国演义》第八十九回："诸将大怒，皆来禀孔明曰：'某等情愿出寨决一死战！'孔明不许。"

例句：诸葛亮嘲讽魏军不敢出战，魏军将领气愤之下要求与蜀军决一死战。

史可法死守扬州

认识史可法

史可法（1602—1645），祥符（今河南开封）人，世袭锦衣百户，后中进士，曾参与镇压农民军。明朝灭亡后，他参与建立南明小朝廷，任南京兵部尚书、武英殿大学士，督师扬州。1645 年，清军兵围扬州，扬州失陷后拒绝投降被杀。

清政府虽然将都城迁到了北京，但是它的势力尚未覆盖到全国大部分地区。因此，多尔衮指挥军队进攻南方，铲除明朝的残存势力，令全国重现大一统的局面。

此时的南方动荡不安。农民起义军攻破北京城和崇祯帝自尽的消息传到了江南，引起了巨大的轰动。明朝的旧都南京自然而然变成了政治中心，这里的文武大臣便商讨起另立皇帝的事。很快，他们昭告天下，由被李自成所杀的福王朱常洵之子福王朱由崧继承皇位，年号弘光。

这个小朝廷管辖着长江以南和淮河下游的广大地区，

足足有数十万兵力，实力还是比较强大的。然而，弘光帝全心全意地想"报君父之仇"，不仅不想办法抗击清军，还派遣使者带着金银和绸缎去北京答谢清军入关杀"贼"，之后从海上运去白银和大米奖赏吴三桂借兵破"贼"。

清军南下时，弘光政权内部还在不断发生冲突。大学士马士英凭借拥立弘光帝的功劳，居功自傲，掌控朝政。他重用曾依附魏忠贤而臭名昭著的阮大铖，卖官鬻爵，搜刮民脂民膏。当时，即使是文盲，只要有钱也可以买个官做。在大街上横行霸道，欺压百姓，老百姓对马士英恨之入骨，以至于三尺童子都会在街上唱：

"职方贱如狗，都督满街走。

扫尽江南钱，填塞马家口。"

1645年，清军一路征战，来到了距离扬州城仅仅三十里的地方。南京兵部尚书史可法闻讯，急得火烧眉毛，来不及令卫兵随行，仅带着几名仆从，快马加鞭，连夜赶赴扬州，随后令人四处调兵。然而各镇将领皆隔岸观火，抗命不遵。只有左都督刘肇基等率少数士兵支援扬州。史可法自知兵力太弱，无法正面攻打清军，便派刘肇基将部队驻扎在城内，紧锁城门，打算坚守扬州。

史可法披坚执锐，身先士卒，和刘肇基在城墙上指挥作战。老百姓也都自告奋勇，身强力壮的青年男子登

上城楼站岗，妇女和老人负责烧水做饭。扬州城的军民团结一致，誓死与敌人作战到底。

清军统帅多铎对史可法的为人敬重有加，多次致信劝说他投降。史可法收到信，看也不看就丢弃在一旁。见劝降无效，多铎命士兵用大炮轰击扬州城，城内军民伤亡惨重。

刘肇基向史可法提议道："城内地势高，城外地势低，可以掘开淮河之水，灌入敌军的营地，到时候敌军不得不撤退。"史可法认为虽然这个方案可能会打败敌军，但肯定会伤及老百姓，就说："我们以水代兵，不一定能全歼敌军，而淮南一带的百姓一定会遭殃，我实在不忍心这么做。"

清军步步紧逼，尽管城中军民顽强斗争，还是寡不敌众，又得不到外援，史可法知道他们的军队没有胜算，就发誓与

扬州城共存亡。他给母亲和妻子写信，表达了自己以身殉国的决心。

清军开始攻城后不久，一声轰响自城西北角传来，城墙被炮火轰塌了，震得山崩地裂，潮水般的清军通过城墙缺口杀进城里。将士们与清军在街巷里展开了殊死搏斗，刘肇基死于巷战中。将士们坚守城池到最后一刻，全部为国捐躯，史可法被清军俘虏，再次拒绝多铎的劝降，从容就义了。

丧心病狂的多铎血洗城中的百姓，不过十天，杀害的百姓多达几十万。城内尸横遍野，流血漂橹，扬州城失去了往昔的繁华，人丁寥落，几乎成了一座空城。这便是历史上著名的"扬州十日"。

随后，清军长驱直下，不久便迫近了南京城。大臣赵之龙、钱谦益等人屈膝投降，清军轻易地攻占了南京。弘光帝逃走后又被抓了回来，马士英投降清朝，后来都被斩杀。弘光政权维持了不到一年就灭亡了。

自此之后，南方各地先后涌现出唐王政权（年号隆

人物档案

爱新觉罗·多铎（1614—1649），努尔哈赤第十五子，多尔衮的同母弟。他曾跟随皇太极参与松锦之战，又参与了击败李自成的战争，后破扬州、俘获南明弘光帝，被封为辅政叔德豫亲王，号称"开国诸王战功之最"。

武）、桂王政权（年号永历）等。这些政权（包括弘光政权）在历史上被统称为"南明"。南明虽然在百姓中有些许威望，但是也不能抵挡清军的攻势，接连灭亡了。

南明小朝廷

1644年，明朝灭亡，很多明朝宗室和文臣武将逃到南方，先后建立了多个政权，被统称为南明。首先，崇祯帝的堂兄福王朱由崧在南京建立了政权，称弘光帝。弘光帝昏庸无能，在位八个月后南京陷落，弘光帝遭俘后被杀。接着，唐王朱聿键在福建称帝，称隆武帝。隆武帝较有作为，但无力改变现实，在位一年多后被俘，绝食而死。随后，桂王朱由榔在肇庆称帝，称永历帝。永历帝在位十六年，在西南一隅坚持抗清，清军攻入云南后他逃亡缅甸，被吴三桂俘获，1662年被绞死，南明灭亡。

读史学成语

尸横遍野

释义： 尸体纵横杂乱，遍布山野。形容死亡惨重。

出处： 明·吴元泰《东游记》："一声连珠炮响，四面伏兵尽起，围裹将来，杀得番兵尸横遍野，血流成川。"

例句： 垓下之战结束后，楚军尸横遍野。

郑成功收复台湾

宝岛台湾

　　早在三国时代，东吴皇帝孙权就派将军卫温、诸葛直到了台湾。后来，台湾被纳入福建泉州治下，元朝还在澎湖设立了巡检司。明朝末年，荷兰和西班牙都曾侵占台湾，郑成功击败了荷兰侵略者，收复了台湾。

　　郑成功（1624—1662），初名森，是福建南安人。他的父亲郑芝龙在海上做生意发家致富，做了明朝的官，在东南一带颇有势力。1624年，荷兰侵略者侵占了我国的台湾岛。后来，清军入主中原，全国的抗清斗争日益激烈。

　　长大后的郑成功已经掌控了东南海域，手下有十余万士卒，几百只战船，他联合江浙的势力，组成了一股强劲的力量。

　　在1661年的春天，郑成功做出了一项重要的决策：举兵东征，赶跑荷兰侵略者，收复台湾。拿定主意之后，郑成功就紧锣密鼓地做起战斗准备。他整顿水军，修造

船只，把自己的行辕移至金门。很快，郑成功统率的东征大军以金门料罗湾为起点，浩浩荡荡向东进发，船队陆陆续续地抵达澎湖群岛。从澎湖到台湾，走水路要走五十二里。船队行驶到中途，被海面上骤然刮起的暴风阻挠，无法继续前进，只得返回澎湖停泊一些时日，等待顺风。不料，几天过去了，暴风刮得越来越厉害，此时军粮已所剩无几了。在进退维谷之时，郑成功斩钉截铁地下令，按照计划中的日期经鹿耳门航道攻台。

 人物档案

　　卫温（？—231），东吴将领，生平籍贯等不详，担任三国时期吴国的将领。公元230年，孙权命卫温、诸葛直率领上万名士兵渡海去寻找夷洲与亶洲，并将那里的民众俘获过来，充实吴国的人口。大臣陆逊、全琮均表示反对，但孙权不听。卫温与诸葛直率领大军渡海来到夷洲（即今天的台湾），在那里俘获了数千名夷洲人，但吴国士兵也死去了十之八九，再也无力前往亶洲（据地理位置推断当为日本），于是返回了吴国。孙权因他们没能完成使命而大怒，将卫温与诸葛直一起关入监狱，不久就杀死了他们。

　　根据目前的史料来看，卫温、诸葛直等人是最早达到台湾的人，此后大陆与台湾的联系日益密切，并成为中国不可分割的领土。

　　船队冒险迎着狂风，离开澎湖，开始东征。狂风在海上呼啸着，掀起惊涛巨浪，将士们果敢坚毅地和风浪抗争，终于到达台湾鹿耳门港外。由于水浅且礁石密布，鹿耳门航道非常凶险，因此荷兰侵略者的防御很松懈。郑成功事先命人探测到这条不为人知的曲折迂回的港路，并且得知每月农历初一及十六是鹿耳门航道海潮水位最高的时段。果然，农历四月初一上午，海水大涨，郑成功带领船队沿着弯曲迂回的港路，成功地驶进了鹿耳门港，抵达禾寮港（今台湾台南市内）。一直以为郑成功船队会迎面进攻的荷兰人，看见郑成功等人，还以为他们是天兵天将呢，各个惊慌失措。将士们对敌舰展开猛烈的炮轰，将荷兰最大的舰船黑克托号击沉。荷军因伤亡很多，躲在城堡里不敢出门。赤嵌城（今台湾台南市）的水源被切断了，城内的荷兰人不得已投降了，郑成功迅速收复了赤嵌城。

明清王朝

　　登上台湾岛的郑成功及他的部队受到当地人民的热情欢迎和踊跃支援。凭借天时地利与人和，郑成功把军队驻扎在邻近台湾城（今台湾台南市西安平镇）的鲲身山上，准备进攻台湾城——荷兰殖民主义者在台湾设立的统治中心。台湾城的建筑十分坚固，在城墙上每走几步就能看见一个瞭望台，四周安着大炮，围绕城池的任意一处，都在大炮的射程范围之内。所以，无论郑成功的军队从哪个方向进攻，都躲不开敌人的火力攻击，如此进行了好几次进攻，全都失败了，并且伤亡众多。郑成功决定采纳部将的提议，将台湾城长期围困起来，截断敌军的粮食，直到城中的军队投降为止。

　　台湾城中的荷兰士兵被围困了整整八个月，几乎到了弹尽粮绝的地步。郑成功见时机成熟，决定发起最后

荷兰东印度公司

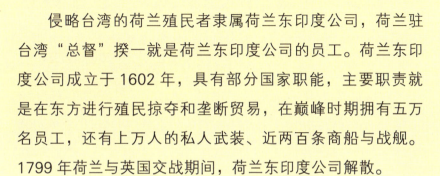

　　侵略台湾的荷兰殖民者隶属荷兰东印度公司，荷兰驻台湾"总督"揆一就是荷兰东印度公司的员工。荷兰东印度公司成立于1602年，具有部分国家职能，主要职责就是在东方进行殖民掠夺和垄断贸易，在巅峰时期拥有五万名员工，还有上万人的私人武装、近两百条商船与战舰。1799年荷兰与英国交战期间，荷兰东印度公司解散。

一战。战士们作战勇猛，将一枚枚炮弹投到城堡上。顷刻之间，炮弹炸得城墙上裂开了道道缝隙。荷兰侵略者头目揆一见大势已去，只得投降。1662年2月，西方殖民主义首次在英勇无畏的中国人民面前低下头颅，承认自己的侵略行为。被占领了三十八年的宝岛台湾终于重归故土。

康熙帝在位期间，台湾被纳入清政府的管辖，由此台湾与大陆重新归于一统。

读史学成语

斩钉截铁

释义：比喻处理事情或说话果断、坚决、毫不犹豫。

出处：宋·释道原《景德传灯录·洪州云居道膺禅师》："师谓众曰：'学佛法底人，如斩钉截铁始得。'"

例句：虽然部队疲惫不堪，但为了大局，将领依然斩钉截铁地下令继续前进。

帝制的终结

清朝

康熙智擒鳌拜

认识康熙帝

　　爱新觉罗·玄烨（1654—1722），顺治帝第三子，八岁登基，在位六十一年，是我国历史上在位时间最长的皇帝。他在位期间平定三藩之乱、收复台湾、挫败沙俄侵略者、三征噶尔丹等，为康乾盛世的出现做出了杰出贡献。

　　康熙帝名叫爱新觉罗·玄烨。他自幼就非常聪颖好学，顺治帝很看重他。顺治帝突然染上重病，八岁的玄烨由于出过天花有了免疫力，被选为皇位继承人。顺治帝指定索尼、苏克萨哈、遏必隆和鳌拜这四位功勋卓著的大臣辅政。1661年，顺治帝病逝，玄烨登上帝位，就是康熙帝。

　　小皇帝每天不是读书就是游玩，朝廷大权都掌握在辅政大臣手里，其中鳌拜最喜专权。随着时间的推移，鳌拜的野心日渐显露出来。本来四个辅臣中鳌拜排名第四，但是他狠命往前挤，处处强出风头，希望获得

首席辅政大臣的地位。他把自己的儿子和亲信都安排在内大臣、大学士、吏部尚书等重要位置上。国家大事基本上都是先在自己家中商量好了，然后再拿至朝堂上宣布。

康熙帝逐渐长大，慢慢懂事了，很多事情开始有了自己的看法，对鳌拜日益不满。鳌拜决定了的事，要是康熙帝不同意，鳌拜就终日在朝堂上吵闹，非逼得康熙帝点头不可。若是有大臣提出不同意见，鳌拜便会找个借口将他杀掉。有一回，康熙帝已经指定了一个人任户部尚书，但是鳌拜要安排他的一个亲信来担任此要职，可是对皇帝所定之人又不便驳回去。最后，他

让两个人一起担任户部尚书。由此可以看出，鳌拜的权力甚至已在皇帝之上，这当然不能为康熙帝所允许。

就这样，好几年过去了，依照规定，康熙帝能够亲自管理国家大事了。此时，辅政大臣中索尼已经病逝，苏克萨哈遭鳌拜诬陷已被处死，遏必隆则处处附和鳌拜。鳌拜本来应该把权力交给康熙帝，但是他不但没有这样做，反而比以前更加专横了。

康熙帝想扳倒鳌拜，好好干一番大事业，但他知道鳌拜长期掌握朝政大权，势力根深蒂固，很难对付，只要稍不谨慎，难免会走漏风声，打草惊蛇。康熙帝挑选了一批十几岁的贵族少年，在宫中练习摔跤。与此同时，他还不断地派出探子，探听鳌拜的动静，并同信得过的大臣商议，令他们设法搜集鳌拜的罪证，还想方设法地将鳌拜的亲信调离京师，换上自己的亲信。

 人物档案

瓜尔佳·鳌拜（？—1669），伯父是清朝开国名将费英东。鳌拜年轻时就跟随皇太极四处征战，功勋卓著，号称"满洲第一勇士"。顺治帝时，鳌拜任议政大臣，顺治帝去世后，他成为顾命大臣之一，专权跋扈，被康熙帝下狱，死于狱中。

做好充足准备后，1669年的一天，康熙帝命鳌拜进宫奏事。鳌拜向来不把康熙帝放在眼里，依旧同往常一样，趾高气扬地进了皇宫。康熙帝看到鳌拜态度依旧十分骄横，于是一声令下，年轻侍卫们自四面八方冲出来。鳌拜虽然是久经沙场的勇将，但年事已高，再加上寡不敌众，不一会儿便被捆住，无法动弹。

接着，康熙帝命令大臣审讯鳌拜，将他结党营私、滥杀无辜等罪状一一细数，罪当斩首。但由于鳌拜为大清朝立下了汗马功劳，于是康熙帝免他一死，将他关起来，给被他打击和害死的大臣平了反。鳌拜很快死在狱中。就这样，康熙帝扫除了自己掌握朝政的一个大障碍，开始治国理政。

顾命大臣

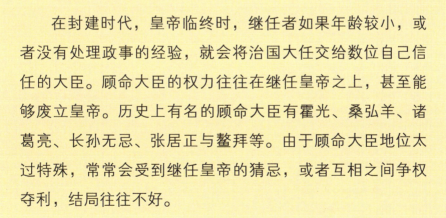

在封建时代，皇帝临终时，继任者如果年龄较小，或者没有处理政事的经验，就会将治国大任交给数位自己信任的大臣。顾命大臣的权力往往在继任皇帝之上，甚至能够废立皇帝。历史上有名的顾命大臣有霍光、桑弘羊、诸葛亮、长孙无忌、张居正与鳌拜等。由于顾命大臣地位太过特殊，常常会受到继任皇帝的猜忌，或者互相之间争权夺利，结局往往不好。

读史学成语

根深蒂固

释义：根深深地扎在地下，花或瓜果牢牢地长在枝茎上。比喻基础牢固，不易动摇。

出处：唐·欧阳詹《曲江池记》："将天意尚伺其根深蒂固，可与终毕者而命处之。"

例句：大一统的思想在中国人的脑海中根深蒂固。

打草惊蛇

释义：原比喻惩治甲方以警告乙方，或甲方受到挫折而引起乙方畏首畏尾。现比喻因行动不慎而惊动了对方，使其加强防备。

出处：明·施耐庵《水浒传》第二十九回："空自去打草惊蛇，倒乞他做了手脚，却是不好。"

例句：这位将军想派人去敌营附近调查敌情，却又怕打草惊蛇。

"百日皇帝"吴三桂

清朝初年，吴三桂、尚可喜、耿仲明这三个明朝降将，为清朝入主中原、统一天下做出了突出的贡献。清朝统治者为了笼络他们，就封吴三桂为平西王，驻云南；封尚可喜为平南王，驻广东；耿仲明为靖南王，驻福建，三人并称"三藩"。

康熙帝在除掉鳌拜以后，便开始考虑另外一件大事——削平"三藩"。"藩"，即藩镇，是掌握地方军政、民政、财政的割据势力。康熙帝所要消灭的"三藩"，指的是当时控制云南、贵州的平西王吴三桂、控制福建的靖南王耿仲明以及控制广东的平南王尚可喜。这三个藩王原来都是明朝派去镇守辽东的边将，后来投靠了清朝，引领清兵进入中原，并协助清朝打败了李自成和南明小朝廷。清朝封他们为藩王，给予他们优厚的待遇。

"三藩"中实力最强的是吴三桂。吴三桂在镇守云

贵地区之后，招兵买马，手下有数万重兵。境内官吏和将领的任免朝廷无权干涉，朝廷派任的云贵两省总督、巡抚，均要受吴三桂节制。吴三桂还利用西南丰富的矿产制造兵器，囤积了大量火药，制造火枪、火炮，又凿井煮盐，用盐与邻省交换粮食、布匹等军需用品。

　　"三藩"虽然在属地上为所欲为，但也知道朝廷对自己虎视眈眈，必欲除之而后快。1673年，尚可喜感觉自己年老力衰，上疏请求皇帝批准他回辽东养老，留他的儿子尚之信镇守广东。康熙帝同意让他告老还乡，但考虑尚之信性情跋扈，难以控制，于是下令撤掉广东的藩镇。吴三桂听说此消息，也给皇帝写了封奏折，要求撤藩，耿精忠（耿仲明的孙子）也赶忙上疏，要求撤藩。

实际上，吴三桂和耿精忠都是在试探朝廷的态度。

康熙帝在收到吴三桂、耿精忠的奏折后，立即交给群臣商议，并且表示他打算将三个藩镇一块儿撤销。没想到，绝大多数大臣认为撤藩将使三藩联合对抗朝廷，劝他不要这样做。康熙帝认为自己的削藩主张是正确的，在纳兰明珠等大臣的支持下，就下诏批准了吴三桂、耿精忠请求撤藩的奏疏，叫他们各自返回家乡养老，并在走以前把地方行政权移交给当地的总督、巡抚。

吴三桂没想到康熙帝竟然真的同意了他的撤藩请求。他同耿精忠勾结，一面假装准备实施撤藩，另一面迅速招募兵将，做好叛乱的准备。1673年末，吴三桂打出"反清复明"的旗号，兵分两路，分别攻击湖南、四川和陕西。次年，耿精忠于福建起兵呼应吴三桂，攻击浙江、江西。1676年，尚之信将父亲尚可喜软禁，在广东起兵响应吴

人物档案

　　尚可喜（1604—1676），生于辽东海州（今辽宁海城）。其父尚学礼官至都司，尚可喜继承了父亲统领的部队，因战功升任副将，不久投降后金，被封为总兵官。其后，他跟随清军入关，击败李自成、消灭南明，功勋卓著，被封为平南王，在广东驻守二十余年。吴三桂起兵后，他拒绝响应，被儿子尚之信软禁后病逝。

三桂，向广西进攻。至此，叛乱范围扩展到云南、贵州、福建、广东、湖南、四川、陕西、甘肃、浙江、江西、贵州等省。

三藩叛乱、江南丢失的消息很快便传到了北京，朝廷上下惊恐万分。康熙帝派八旗军全力征讨吴三桂，对耿精忠、尚之信则软硬兼施：一方面派他们住在北京的兄弟前往福建和广东进行劝说，一再表示对他们以前的行为不予追究；另一方面，派八旗军对他们进行攻击，迫使他们投降。此招果然奏效，耿精忠和尚之信都投降了，仅剩下吴三桂还在顽抗。

吴三桂攻入湖南以后，气焰非常嚣张，八旗军进攻多次，未能攻下岳州（今湖南岳阳）、长沙等地。康熙帝命令继续加强正面进攻，同时派兵绕到湖南南部深入

三藩之乱的响应者

三藩之乱爆发后，不少对清廷不满的地方官员起兵响应，例如镇守广西的孙延龄（后因准备向清廷乞降被吴三桂派人杀死）、陕西提督王辅臣（被清军击败后投降）、四川巡抚罗森（兵败后不知所终）等。此外，远在台湾的郑成功长子郑经也起兵攻打厦门、泉州，与吴三桂相呼应，后被清军击败后退回台湾。

广西，扰乱叛军后方。八旗军越战越勇，叛军内部日益动摇分化。吴三桂念念不忘他的皇帝梦，终于在1678年在衡州（今湖南省衡阳市）自称大周皇帝，改元昭武，并大肆封赏伪官伪将，企图用这种办法给他的部将们打气。但是，一切都是徒劳，叛军无法抵抗清军的强大攻势，节节败退。一天，吴三桂听到前线战败的消息，心中一急，突然中风昏厥，从此吃不下饭、喝不下水，不久就一命呜呼了。

吴三桂死后，其部将派人前往云南接吴三桂的孙子吴世璠前来奔丧。吴世璠继承了皇位，改元洪化，带着他祖父的棺材匆忙逃离湖南，撤回昆明。1681年，清军攻入昆明，吴世璠畏罪自尽。长达八年的三藩之乱最终结束。

读史学成语

一命呜呼

释义：指人死。含有诙谐意味。

出处：清·刘鹗《老残游记》第十五回："谁知这个女婿，去年七月感了时气……就一命呜呼哀哉死了。"

例句：他还没来得及实施破坏计划就一命呜呼了。

雅克萨之战

沙皇俄国

1547 年，伊凡四世加冕为沙皇，沙皇俄国诞生，简称沙俄，1721 年彼得一世建立了君主制国家俄罗斯帝国，1917 年尼古拉二世退位，帝国宣告灭亡。在这将近两百年间，沙俄四处扩张，成为一个强大的军事帝国，长期担任"欧洲宪兵"的角色。

沙俄对我国领土的侵占早在明朝就开始了，主要侵占黑龙江区域。明朝末年，清军主力入关与起义军及南明争夺天下，沙俄借着中国东北部军力不足的机会大肆扩张。当时沙俄的侵略军主要是哈巴罗夫带领的俄军，这支军队一直入侵到了雅克萨（今俄罗斯阿穆尔州）。

生活在黑龙江附近的百姓对沙俄的侵略行径忍无可忍，于是在当地清军的配合下发动了反击战，成功击退侵略军。但沙俄统治者对本国士兵的死伤毫不关心，反而继续命令军队入侵。不久，斯捷潘诺夫带领的侵略军

来到黑龙江附近，遭到清军的迎头痛击，不但士兵伤亡惨重，斯捷潘诺夫也被杀死。

康熙帝登基时，政局动荡不安，使沙俄统治者看到了侵略的机会，派军队进入雅克萨地区，并命人在占领区域修建防御工事，建立赋税体系，妄图永远夺走这片领土。由于当时康熙帝所面临的主要矛盾是国内的藩镇问题，因此他先采用外交的方式来表示对沙俄侵略行径的抗议。

藩镇问题解决后，康熙帝看到沙俄统治者毫无沟通的诚意，便决心用武力收复被侵占的土地。康熙帝知道战争关系着国家的存亡，因此在战争开始前进行了充分的准备，曾亲自到边境视察。为了得到百姓的支持，康熙帝派彭春、郎坦率领由八旗兵和福建籍牌兵组成的水陆军队，与黑龙江将军萨布素会师，在边境附近驻守及

人物档案

萨布素（？—1701），清满洲镶黄旗人，出身军人世家。沙俄入侵后，萨布素任第一任黑龙江将军，指挥清军痛击侵略者。1685年，萨布素与名将彭春攻打雅克萨城，沙俄侵略者被迫求和。战后，他继续治理黑龙江，还曾参与征讨噶尔丹。

屯田，展现出清政府抗击侵略者的坚定意志。百姓们本就苦于侵略者的暴虐，如今看到清政府下定决心收复失地，都积极支持清政府。

等到后勤、情报等准备工作完成后，康熙帝下达了进攻命令。到达雅克萨地区后，为了最大限度维护两国关系，清军在攻城前给了沙俄侵略军撤回国内的机会，但侵略军错误地把这份诚意视为清军的胆怯，更加嚣张。

清军开始攻城，在火炮的助力下，清军沉重打击了侵略军的有生力量。被逼无奈之下，侵略军向清军投降。沙俄的统治者并不甘心放弃之前攻占的土地，等清军撤走后，再次派兵攻占雅克萨。为了不像上次一样被击败，侵略军在雅克萨修建了更为坚固的防御工事。康熙帝再次派兵进攻侵略军。由于侵略军进行了充分的准备，所以这次清军打得很艰苦。在长达三个月的交战后，清军终于夺回了雅克萨地区。

由于在战场上屡遭失败，沙俄统治者被迫选择通过和谈的方式确定沙俄与清朝的边界。1689 年，沙俄的外交官员戈洛文带领外交团队来到尼布楚（今俄罗斯涅尔琴斯克），与清政府代表商议两国边界的划分问题。在多轮激烈沟通后，双方对两国边界问题的解决方案达成一致，并签署了影响深远的《中俄尼布楚议界条约》。

该条约签订后，中俄两国在之后的一百五十年中没有因为边界问题发生大的战争。

《中俄尼布楚议界条约》

1689 年，中国与西方国家缔结了第一份国际条约，就是《中俄尼布楚议界条约》。该条约规定中俄以格尔必齐河、额尔古纳河及外兴安岭为东部边界，两国均严禁越界入侵和收纳逃人，持有护照者可以过境通商贸易。

读史学成语

忍无可忍

释义：忍受到不能再忍受为止。指达到了忍耐的最高限度。

出处：清·碧荷馆主人《黄金世界》第十二回："挨过八阅月，儿忍无可忍，坚欲赴金山省视，不得已，只可任其远行。"

例句：由于鳌拜不守人臣之礼，康熙皇帝忍无可忍之下抓捕了鳌拜。

林则徐虎门销烟

民族英雄林则徐

林则徐（1785—1850），侯官县（今福建福州）人。出身书香门第，后中进士，一路升迁至湖广总督。1839年，他在虎门销毁了两百多万斤（1斤=500克）鸦片，此事成为鸦片战争的导火索。林则徐遭诬陷后被贬到新疆，后被起用为云贵总督。

19世纪初，英国成为世界上最强大的资本主义国家，为了扩大商品市场、争夺原料产地，英国盯上了中国。为了让英国在中英贸易中赚取更多的白银，英国政府便采取了在中国贩卖鸦片的办法。鸦片易于成瘾，一旦染上，很难戒掉。泛滥的鸦片摧毁了大量中国人的身心健康，破坏了社会生产力，致使大量白银外流。

为什么英国政府不采用其他商品代替鸦片呢？因为当时英国的很多商品，如钟表、呢绒等，并不受中国人喜爱，而中国的陶瓷、茶叶却在英国有很好的销量，这

样便使英国的钱财大量流向中国。鸦片贸易的发展扭转了这一趋势，使中国的白银大量流向英国。

鸦片对中国的危害不仅仅是白银的流失。对底层百姓来说，一旦对鸦片上瘾，只能卖房卖地来凑钱买鸦片，甚至很多人会为了买鸦片走上违法犯罪的道路；对官员来说，一旦对鸦片上瘾，为了筹措买鸦片的钱，便会压榨百姓；对士兵来说，一旦对鸦片上瘾，便失去了强健的身体，举不起武器，跑不动步。

到了清朝道光年间，鸦片贸易对中国造成的危害极大。道光帝想要下令禁烟，但又怕得罪从鸦片贸易中获

利的利益集团。最终，在林则徐的劝说下，道光帝确定了禁烟的政策，并委派林则徐到广州主持禁烟事宜。

林则徐到达广州后并没有直接抓捕英国的鸦片贩子，因为当地很多官员与这些鸦片贩子有利益上的往来，如果直接对这些鸦片贩子采取行动，那些官员必然提前通风报信并想办法捣乱。于是林则徐先与广东水师提督关天培等人沟通，大致了解了官员们对鸦片贸易的态度，然后对当地的官僚系统进行整顿。官场的风气得到治理后，林则徐才正式对鸦片贩子采取行动。

出于外交方面的考虑，林则徐先对英国鸦片贩子进行口头警告，命令他们交出全部鸦片。英国鸦片贩子中为首的人叫查理·义律，他以为林则徐是想借机收取贿赂，因此并没有把林则徐的警告放在心上，还让其他鸦片贩子不要理睬禁烟政策。看到这些鸦片贩子如此猖狂，林则徐放下了外交上的顾虑，派两广总督邓廷桢带人包围那些鸦片贩子居住的商馆。义律等人最初对商馆被围毫不在意，以为这是林则徐在虚张声势，后来发现林则徐铁了心要禁烟，

人物档案

关天培（1781—1841），淮安府山阳县（今江苏淮安）人，出身军人家庭，武秀才出身，因功升至广东水师提督，全力配合林则徐销烟。鸦片战争爆发后，他坚守虎门要塞，壮烈殉国。

他们这才害怕起来，交出了全部鸦片。

　　1839年6月3日，虎门海滩上人山人海，因为林则徐要在这里当众销毁没收的鸦片。当林则徐来到虎门海滩时，所有人的目光都转向了他。而关天培早早地就领着士兵在海边挖出两个与海水相通的大坑。林则徐一声令下，士兵们将鸦片与白灰混合倒入坑中，鸦片被销毁后的残渣也随着海水流得无影无踪。销毁鸦片的行动持续了二十余天，有力地打击了鸦片贸易。

鸦片的危害

鸦片又称阿片，俗称大烟，来自植物罂粟的蒴果。鸦片在医疗上有镇咳、止泻等疗效。作为一种初级毒品，鸦片很容易让人产生依赖性。成瘾后，人会变得消瘦，面无血色，先天免疫机能渐渐丧失，并发多种疾病，乃至引发呼吸中枢麻痹而死亡。

读史学成语

人山人海

释义：形容人聚集得极多。

出处：宋·西湖老人《繁胜录》："四山四海，三千三百，衣山衣海，卦山卦海，南山南海，人山人海。"

例句：齐国的临淄是个大城市，每天城市内都人山人海。

无影无踪

释义：形容完全消失，不知去向。

出处：元·汤式《一枝花·赠素云》："好风，怪风，绕天涯几度相迎送，不落锦胡洞，多在巫山十二峰，无影无踪。"

例句：这个贵族失去权势后，他的狐朋狗友一下子无影无踪了。

屈辱的开端：鸦片战争

认识"日不落帝国"

英国打败拿破仑领导的法兰西第一帝国之后的一个世纪里，都是国际事务的主导者。巅峰时期的大英帝国，拥有全世界四分之一的土地和人口。那时，英国人骄傲地宣称，在他们广阔无边的领土上，太阳永远不会落下。

清朝中后期，鸦片贸易是英国从中国获取白银的主要方式之一，但由于林则徐等人的坚决抵制，鸦片贸易在中国发展得越来越差。为了顺利向中国卖鸦片，英国政府开始考虑通过武力对中国施压。虽然英国内阁的各个成员之间存在很多矛盾，但他们对于通过武力维持对中国的鸦片贸易的方案达成了一致。当英国内阁通过了侵华决定后，英国政府委派海军上将乔治·懿律和商务监督查理·义律带兵向中国进攻。英国发动的这次战争不仅得到了英国统治者的支持，还得到了美国、法国等国家的支持，这表明将中国变为殖民地是西方列强的共

同想法。

1840年6月，英军到达中国广东海域，正式对中国发动进攻。英军最初试图占领广州，但因为广州地区的清军早就做好了御敌的准备，所以英军在进攻无果后被迫转攻厦门。当时在厦门进行防守的是调任闽浙总督的邓廷桢，他带领清军奋勇作战，迫使英军放弃了占领厦门的企图。这时，英军察觉到浙江地区清军的防备力量薄弱，便转而向浙江发动进攻，占领了定海（今浙江省舟山市）。英军占领定海后，为了获得更有利的谈判形势，又向北进攻大沽（今天津市滨海新区）。道光帝被英军的攻势吓住，迫于英军的压力将林则徐、邓廷桢等人撤职，派宗室琦善前去与英军议和。

琦善为了向英军表明和谈的诚意，撤掉了清军在沿海的守备力量。没想到，英军发现清军沿海力量被撤掉后，于1841年1月攻占了沙角、大角炮台。由于琦善的妥协态度和清军力量的不足，英国谈判代表义律在未经清政府同意的情况下便宣布了严重侵害中国利益的《穿鼻条约》。道光帝得知此事后大怒，决定对英宣战，并委任宗室奕山负责对英作战之事。1841年2月，英军占领虎门，清军将领关天培壮烈牺牲。1841年5月，奕山鉴于清军力量难以抵抗英军，向英军求和，与英国代表签订了《广州和约》。

《广州和约》签订后，广州百姓自发组织起来打击英军并阻止了英军的数次进攻。1841年8月，英军占领厦门，之后接连占领定海、宁波等地。尽管清政府派遣将军奕经组织反攻，但清军屡战屡败，以至于英军很快打到了南京地区。

 人物档案

博尔济吉特·琦善（约1790—1854），出身满洲贵族家庭，靠祖荫升至直隶总督、文渊阁大学士。鸦片战争爆发后接替林则徐任两广总督，极力主和，擅自割地赔款，遭免职，后获赦免，曾参与镇压太平军。

最终，清政府选择向英军妥协。道光帝命人赶往南京求和，并签订了丧权辱国的《南京条约》。

《南京条约》

1842年8月29日，清政府与英国人签订了《南京条约》，这是中国近代史上第一个不平等条约。条约规定，清政府割让香港，向英国赔偿两千一百万银元，开放广州、福州、厦门、宁波、上海五处为通商口岸，中国进出口税率由中英双方共同协定，不得随意变更。该条约和补充条约导致清政府丧失了关税自主权，英国还取得了领事裁判权、片面最惠国待遇等特权，破坏了中国的自然经济，加速了清王朝的衰亡。

读史学成语

屡战屡败

释义：多次打仗，多次失败。

出处：唐·房玄龄等《晋书·桓温传》："时殷浩至洛阳修复园陵，经涉数年，屡战屡败，器械都尽。"

例句：面对诸葛亮的奇谋妙计，孟获屡战屡败。

红巾飘扬的金田村

"天王"洪秀全

　　洪秀全(1814—1864),广东花县(今广东广州花都区)人。他自幼读书,但考了四次也没有考中秀才。他接触到基督教教义,自称是上帝的次子,创立了拜上帝会,迅速吸纳了大量会员。1851年,洪秀全发动金田起义,自称天王,国号太平天国(一说1850年4月于广西桂平平山登极)。两年后太平军攻克南京,改称天京。1864年,洪秀全病逝,天京随即陷落。

　　鸦片战争后,清政府逐渐成为西方列强统治中国的工具。为了维持自身的权力,清政府一边向西方列强输送大量财富,另一边加强了对百姓的剥削。在当时动荡的社会中,由于清政府的腐败无能,百姓能勉强维持生存便已经很困难了,再加上西方列强的剥削,百姓压抑的怒火已经难以抑制了。在这种情况下,洪秀全等人创建的拜上帝会给了百姓一丝希望。

　　洪秀全出生在一个农民家庭，长大后曾试图通过科举考试走上仕途，但他前后参加了四次考试，连个秀才都没考上。无奈之下，洪秀全放弃了科举考试这条路。此时，洪秀全接触到了基督教的知识。通过将基督教的理念与中国的社会现实相结合，洪秀全与几位朋友创建了拜上帝会。

　　洪秀全向周围的民众宣传拜上帝会的理念，如清朝统治者是妖魔，百姓应该团结起来推翻清朝等。尽管很多百姓对基督教不了解，对洪秀全的理论体系也不是很懂，但洪秀全所宣传的推翻清朝、天下一家、共享太平等口号与百姓的心愿相符，因此拜上帝会在民间发展迅速，不但得到底层人民的拥护，还吸引了一批地主。

当然，洪秀全一个人是无法处理整个拜上帝会的各项事务的，当时拜上帝会还有另外几位卓越的领导人，如冯云山、洪仁玕等。冯云山是一位小知识分子，最初通过当私塾老师谋生，在1843年与洪秀全等人一起创建拜上帝会。创建拜上帝会后，冯云山开始思考如何让各地的百姓了解并加入拜上帝会。为了宣传拜上帝会的教义，冯云山去广西桂平紫荆山地区当私塾老师和雇工，与当地的百姓打成一片，并先后吸收杨秀清等底层百姓加入拜上帝会。在冯云山的努力下，紫荆山地区成为拜上帝会的基地。洪仁玕是洪秀全的族弟，最初也想通过科举考试实现自身的志向，但屡考不中，后来通过担任私塾老师谋生。1843年，他和洪秀全等人一起创建拜上帝会。

在洪秀全等人的积极推动下，拜上帝会以紫荆山区为基地，吸收了各地、各族人民加入，受到了百姓的普

  人物档案

洪仁玕（1822—1864），洪秀全族弟，拜上帝会的创始人之一。金田起义时他没有参加，而是在清军围捕下逃到了香港，1859年到达天京（今江苏省南京市）。洪秀全封他为干王，让他主持朝政。他写了《资政新篇》，建议走西方富国之路，但没有显著作用。天京陷落后，洪仁玕被俘后杀害。

遍支持，再加上清政府对百姓的压榨越来越深重，发动起义的条件逐渐成熟。当时的拜上帝会中，除了洪秀全、冯云山、洪仁玕之外，还有一批优秀的领导人，如杨秀清、萧朝贵、韦昌辉、石达开等。为了让起义行动万无一失，洪秀全挑选可靠的人分别负责不同的工作，如令杨秀清等人负责训练军队，令石达开等人打造兵器。

由于起义准备工作的规模太大，官府产生了警惕心，并抓捕了冯云山。因为拜上帝会中的很多骨干都是冯云山吸收进来的，所以冯云山的被捕使拜上帝会内部产生了动摇。为了稳定人心，杨秀清假装天父下凡，号召教众去监狱解救冯云山。在拜上帝会教众的共同努力下，冯云山被从监狱中救了出来。虽然冯云山被救出来了，但官府毫无疑问已经开始怀疑拜上帝会。在这种危急时刻，洪秀全当机立断，决定马上举行起义。

1851年1月11日，以洪秀全和拜上帝会主要成员为核心的太平天国成立。官军腐败，加上百姓的支持，太平军四处征战，积小胜为大胜，势力逐渐从乡村扩大到城镇，并于1851年9月攻占永安（今广西省蒙山县）。由于军队规模增大，最初的简单的组织方式已经不能适应当下的形势，太平军在永安开始设计正规的官制。

太平军的攻势让清政府大为震惊，统治者急忙协调各地兵力对太平军进行围剿。太平军并没有坐而待亡，而是

主动向清军发动进攻，将主动权掌握在自己手中。太平军
先后转战湖南、湖北，攻克武昌等重要城市。

　　1853年3月，太平军攻占南京，并把南京作为都城，
更名为天京。

太平天国

　　洪秀全建立太平天国，定都天京，以《天朝田亩制度》
为纲领，后期曾改国号为上帝天国、天父天兄天王太平天国。
太平天国以天王洪秀全为君权代表、东王杨秀清为神权代
表。太平天国最高的爵位为王爵，前期的诸王都是贤能之士，
后来开始越封越多，破坏了论功行赏的规则，到天京陷落
之时，封王达到两千七百多人。

　　太平天国的臣民不剃发、不结辫，披头散发，故被称作
"长毛"。太平天国实行公有共享制度，一切财物归公，生
活必需品全由圣库（即公库）开支，个人不得私藏。

读史学成语

坐而待亡

释义：坐着等死。比喻遭遇危难不采取积极的措施。

出处：三国蜀·诸葛亮《后出师表》："然不伐贼，
王业亦亡，惟坐而待亡，孰与伐之。"

例句：赵括被包围后没有坐而待亡，而是积极突围。

天京的分裂与陷落

"东王"杨秀清

　　杨秀清（约1820—1856），广西桂平人，出身贫苦的农民家庭，以烧炭为业。加入拜上帝会后，他假托"天父下凡"，获得了"代天父传言"之权。太平天国建立后，他被封为东王，主朝政，后居功独揽大权，压制同僚，并逐渐架空了洪秀全。1856年，洪秀全密令北王韦昌辉杀死了杨秀清。

　　太平天国定都天京（今江苏省南京市）后不久，为了争取民心，颁布了著名的《天朝田亩制度》。在太平天国建都后发布的众多文件中，最受后人热议的就是《天朝田亩制度》。《天朝田亩制度》展示的是太平天国治国的原则，其范围极广，包括了政治、经济、军事、文化等方面，显示出太平天国领导层从清朝的腐朽统治中吸取的教训。

　　当然，任何政治目标都要有配套的经济制度，《天朝田亩制度》的中心便是其中规定的土地制度。从这份文件中看出，太平天国领导层想要实现一种"凡天下田，

天下人同耕"的良好愿望。不过由于没能摆脱时代的局限性，以及受到宗教因素的影响，该文件并未规定国家的土地为全民所有，而是规定国家的土地属于"皇上帝"。

此后，为了消灭清政府，两万余名太平军在大将林凤祥、李开芳的率领下开始北伐，一度打到天津附近。由于孤军深入，北伐失败。同时，为了夺取安徽、江西等地的控制权，太平军发动西征，遭到新成立的湘军的顽强抵抗，石达开大破湘军。到了1856年，清军派来包围天京的江北大营和江南大营先后被击破，太平军进入军事全盛期。

1856年9月，由杨秀清专权所引发的"杨韦事变"爆发，使太平天国的力量受到严重削弱，并使太平天国内部出现严重分裂。

杨秀清出身贫农，当过烧炭工，他参加拜上帝会之后，迅速展现出领导才能。金田起义时，杨秀清是起义的领导人之一。太平天国确定官制后，杨秀清被封为

东王。太平天国占领南京后，杨秀清积极主持太平军的北伐和西征。由于杨秀清的功绩和威望越来越大，再加上杨秀清个人的独断专行的行事作风，他逐渐把权力集中在自己手中，事实上架空了洪秀全。

杨秀清大权独揽的情况引发了洪秀全和太平天国内部众多官员的忧心。虽然当时太平天国在战场上打了很多胜仗，但这种胜利都被归功于杨秀清，反而加重了太平天国领导层的分裂。江南大营被攻破后不久，杨秀清突然装作天父下凡的样子，将洪秀全叫到东王府，责问他为什么不让自己和他一样称万岁，洪秀全被迫承认杨秀清及他的继承者都称万岁，杨秀清才假装天父归天了。

洪秀全非常愤怒，秘密召北王韦昌辉和翼王石达开回都城解除杨秀清专权的问题。韦昌辉首先回到都城，与他同时进入都城的还有他的一支精锐部队。进入都城后不久，韦昌辉便带兵包围杨秀清的住处，诛杀了杨秀

人物档案

石达开（1831—1863），广西贵县（今广西贵港）人，出身富裕农民家庭，参加金田起义后被封为翼王，是太平军杰出的军事将领。杨韦事变后他暂时主政，因受洪秀全的猜忌而带领队伍脱离太平天国，转战各地，被清军击败后被杀。

清及其家人、部下，前后诛杀两万余人，引起众怒。石达开随后赶到都城，怒斥韦昌辉的滥杀之举。韦昌辉恼羞成怒，想要借助手中兵力杀掉石达开。石达开无奈之下逃出都城，他的家人被韦昌辉杀害。洪秀全为了维护太平天国的团结，与都城内的大臣们合力杀掉了韦昌辉。韦昌辉死后，石达开回到都城辅佐洪秀全。至此，太平天国内部暂时恢复了稳定。

洪秀全看局势稳定了，又开始猜忌石达开，石达开不得不离开天京，开始西征，在此期间牵制了大量清军。此后，洪仁玕来到天京主持政事，推行改革，但没有取得什么成效。

太平天国后期在杰出的青年将领陈玉成、李秀成的领导

江南大营和江北大营

太平军占据南京并将其改名天京之后，清军为了困住天京的太平军，保护苏州等漕赋重地，将全国各地较为精良的绿营兵都集结在孝陵卫（今江苏省南京市玄武区东），称江南大营。1856年，杨秀清、石达开、秦日纲等击破江南大营。后清军再次营建江南大营。1860年，李秀成率军二破江南大营。此外，清军还在扬州两次建立江北大营，与江南大营遥相呼应，1858年被陈玉成、李秀成彻底击溃。江南大营和江北大营的士兵素质低下、军纪涣散，两营的溃散使得清政府不得不将希望寄托于湘军、淮军等汉族地主私人武装。

下，多次击败清军，还领军攻打浙江。但事实上，当时太平天国的势力正日益衰退。相反，湘军、淮军的实力正蒸蒸日上。陈玉成和李秀成只是延长了太平天国存在的时间罢了。

1862年6月，英王陈玉成兵败遇害。1863年，石达开的大军在大渡河南岸紫打地（今四川省雅安市石棉县安顺场附近）全军覆没，石达开被俘，被清军杀害。到了年底，太平天国的各个要塞全部被攻陷，城中缺粮，忠王李秀成劝洪秀全弃城逃走，洪秀全不肯。

1864年6月1日，洪秀全病逝，其子洪天贵福继位幼天王。7月19日，天京被湘军攻破，百姓遭到屠戮，李秀成、洪仁玕保护洪天贵福逃走，突围后李秀成在城郊被俘，不久被杀害。洪仁玕和洪天贵福也在同年被俘获后杀害。轰轰烈烈的太平天国运动至此失败，但其余部还是坚持战斗到了1872年。

 读史学成语

大权独揽

释义：指个人把持着处理重大事情的权柄。

出处：清·曾朴《孽海花》第六回："船厂大臣又跟他面和心不和，将领既不熟悉，兵士又没感情，他却忘其所以，大权独揽，只弄些小聪明，闹些空意气。"

例句：张居正大权独揽后，渐渐骄傲了起来。

火烧圆明园

第二次鸦片战争

　　1856 年，为了进一步侵略中国，在美国与俄国的支持下，英国与法国组成联军，发动了第二次鸦片战争。联军攻陷天津后，逼迫清政府与四国签订了《天津条约》。1859 年，联军借口换约受阻，1860 年攻入北京，烧毁了圆明园，清政府又被迫和英法两国签订了《北京条约》。

　　1856 年秋天的一个夜晚，广州水师发现在广州城外的珠江口水面上有一艘悄悄驶来的商船。这艘商船名叫亚罗号，水师对其进行搜查后发现这艘船上的船员有犯罪行为。水师军官便命人把所有船员扣押了起来，共有十二人。然而，这次极为寻常的缉私事件却成了英国人大肆发动侵略战争的由头。

　　英国人自签订《南京条约》以后，胃口越来越大，总是想找理由与清政府再签订其他条约，在中国获取更多的利益。中国水师缉查了亚罗号后，英国人认为这是

一个好机会。原来，亚罗号商船曾在香港注册，英国人认为其是一艘英国船。其实，亚罗号的执照已经期满了，并且没有悬挂英国国旗，但英国人故意无视这一情况。

于是，英国领事巴夏礼去找了扣押船员的水师军官梁定国，提出让其立即释放那些被捕的人的要求。梁定国没有答应，巴夏礼便对两广总督叶名琛放出狠话："一天之内，清政府必须释放被扣押的船员，并正式道歉，不然英国海军就会对广州发起进攻。"在相持了许久之后，叶名琛命人释放了那些船员，但断然拒绝道歉。然而，巴夏礼是故意找事，怎么会轻易罢休呢？1856年10月，英国海军以亚罗号事件为借口进攻广州，第二次鸦片战争正式打响。

两国交战没多久，法国以神父马赖事件为借口，也乘机加入了战斗，和英国一起侵略中国。马赖是法国传教士，他私自到广西传教，还借着这个由头使一些泼皮无赖成了他的教徒。名义上是传教，实际上做尽了坏事。时任广西西林知县的张鸣凤便将马赖等人抓了起来，接着又处死了马赖和两个恶贯满盈的教徒。这本是一件合理而正常的事情，法国人与英国人的做法如出一辙，以此为借口发动了侵略战争。

面对英法联军的进攻，叶名琛由于胆小怕事，内心根本没有做战斗准备，广州很快沦陷了，叶名琛被抓。

攻下广州后，英法联军在那里烧杀抢掠，接着便沿海向北进攻到天津。攻下了大沽口后，英法联军扬言攻取天津后便进攻北京。清政府吓破了胆，立即派人前往天津议和。最后，清政府和英国、法国、美国、俄国签订了《天津条约》，这次侵略战争才就此暂时停息。

然而，侵略者虽然从《天津条约》中获得了很大的利益，但他们并不满足。1859年，英法联军共两万多人又一次占领了大沽口，进而攻取天津，接着便开始攻打北京。英法联军进入通州（今北京市通州区）后，咸丰帝便和皇后、贵妃以及众多官员逃往承德去了，只留下了弟弟恭亲王奕䜣和侵略者谈判。

英法联军进入北京后，便直接进兵圆明园。圆明园坐落在北京城的西北方向，十分壮观，极负盛名。园内有无数奇珍异宝和珍贵花木，侵略者对其垂涎已久。他们闯入圆明园后，在园内大肆抢夺，把所有能拿走的、扛走的、搬走的都夺走，而对于那些实在搬不走的珍贵物品，他们便连砸带砍地毁掉。

人物档案

爱新觉罗·奕䜣（1833—1898），道光帝第六子，被封为恭亲王，曾任领班军机大臣。英法联军攻入北京时，他负责谈判和签约。祺祥政变后，他获封议政王，后任领班总理衙门大臣，是洋务运动的首脑人物之一。

一连几天，园里大部分宝物被他们占为己有，剩下

圆明园

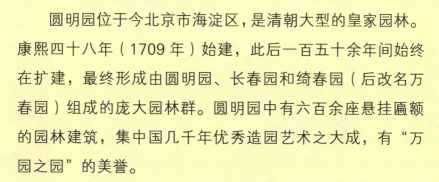

圆明园位于今北京市海淀区，是清朝大型的皇家园林。康熙四十八年（1709年）始建，此后一百五十余年间始终在扩建，最终形成由圆明园、长春园和绮春园（后改名万春园）组成的庞大园林群。圆明园中有六百余座悬挂匾额的园林建筑，集中国几千年优秀造园艺术之大成，有"万园之园"的美誉。

的也尽数被销毁。最后，他们为了毁灭罪证，就分头放火，熊熊大火使美丽的花木化为了灰烬，使一座座辉煌的建筑成为废墟，这个无比壮丽的建筑群就这样被毁掉了，最后只剩下了一堆堆焦土和残破的砖瓦。

之后，懦弱的清政府和英国、法国签订了《北京条约》，英、法、美、俄等国家从中也获得了许多利益。

 读史学成语

恶贯满盈

释义：罪恶很多，就像穿铜钱的绳子穿满了钱，没有剩余一样。形容罪大恶极。

出处：元·无名氏《朱砂担》第四折："你今日恶贯满盈，有何理说！"

例句：村里恶贯满盈的恶霸终于被抓捕了。

如出一辙

释义：好像是出自同一车轮的车辙。比喻两件事情或不同人的言行非常相似。

出处：宋·洪迈《容斋续笔·名将晚谬》："自古威名之将，立盖世之勋，而晚谬不克终者，多失于恃功矜能而轻敌也……此四人之过，如出一辙。"

例句：隋炀帝好大喜功的做法与商纣王如出一辙。

"见好就收"的中法战争

爱国英雄冯子材

冯子材（1818—1903），广东钦州（今广西钦州）人。他出身贫寒，为了生计当过保镖，武艺高强，并加入了天地会组织的反清起义军。接受清政府招安后，他参与镇压太平军等起义军，官至广西提督，1882年告老还乡。中法战争爆发后，他再度出山，取得了镇南关大捷。

狼狈逃到承德避暑山庄的咸丰帝，知道了侵略者火烧圆明园的事，又急又气，没过多久就病倒了。一天晚上，咸丰帝召集了自己信任的八位大臣，封他们为顾命八大臣，让他们全力辅佐自己的儿子载淳。这八位大臣就是肃顺、匡源、景寿、载垣、穆荫、端华、杜翰、焦祐瀛。咸丰帝去世后，在顾命八大臣的拥护下，载淳即位，即同治帝。咸丰帝的皇后钮祜禄氏被封为慈安太后，同治帝的生母叶赫那拉氏被封为慈禧太后。

慈禧是一个野心勃勃的人，她一心想把朝政大权掌握在自己手里，因此手握权力的顾命八大臣就成了她的

眼中钉、肉中刺。而顾命八大臣同样对她极为不满，拒绝她干涉政事。为了将顾命八大臣除掉，慈禧暗中勾结恭亲王奕䜣。恭亲王与慈禧商量后，就开始在北京紧锣密鼓地准备夺权事宜。他拉拢有兵权的胜保和僧格林沁，彻底掌握了北京的军队。

等恭亲王在北京把所有事宜准备好后，慈禧便开始催促肃顺等人，让他们赶快走大路将咸丰帝的遗体送回北京。慈禧则从小路提早到了北京，并在安定人心、维持统治的借口下，与慈安太后一起处理政事。接着，恭亲王以新皇帝的名义将顾命八大臣逮捕，慈禧下令杀害了肃顺，并让载垣、端华二人自杀，然后将其余五人的官职全部罢免。

就这样，慈禧通过政变顺利掌管了大权。之后，慈禧控制朝政长达四十多年。慈禧对内采取强有力的政治手腕，将政权牢牢握在自己手中；对外采取清政府一贯的妥协投降政策，与外国签订一系列丧权辱国的不平等条约。其中，1885年与法国签订的《中法新约》，是在战场上获得重大胜利的情况下签订的屈辱条约，将以慈禧为首的清政府统治者的懦弱无能体现得淋漓尽致。

早在第二次鸦片战争期间，法国人就侵占了越南，并企图以越南为跳板，进一步入侵中国。为了抵抗法国的侵略，越南政府邀请黑旗军参战。黑旗军原本是广西、广东一带的抗清武装，由于清军的攻打才退到越南。此时，

黑旗军首领刘永福已经与清政府取得了联络，表示非常愿意共同抵抗侵略者。在刘永福的指挥下，黑旗军多次打败法国侵略军，使法国人无法继续向北进犯。1883年，法国政府命海军司令李维业侵犯越南北部，刘永福采用诱敌深入的计策，击毙包括李维业在内的两百多名侵略者，法军被迫退回河内。

接连失败的法国人为了挽回面子，对越南发动了全面进攻，战火逐渐烧到了中国。在东南沿海，法国屡屡挑衅，并在马江海战中大败清政府。在陆地上，法国向中越边境大举进攻。中国的守军不战而逃，法国人占领了中越边境的重镇镇南关（今广西凭祥市西南的友谊关）。当地的中国人民纷纷来到担任广西关外军务帮办的老将冯子材的大营里，要求加入部队赶走侵略军。法军司令尼格里放火烧毁了镇南关，带领法军退到了文渊城（今越南同登）。

人物档案

刘永福（1837—1917），广东钦州（今广西钦州）人，出身富农家庭，后家道中落，加入反清起义军，随后又建立了自己的反清队伍——黑旗军。为了躲避清军，刘永福率黑旗军进入越南，帮助越王平定叛乱，成为越南官员。中法战争爆发后，他接受清政府收编，大败法军，后被调回国，帮办台湾军务，成为抗击日军的首领。

冯子材来到被烧毁的关前，立刻命令部队在关前东西两座山岭上修筑炮台，并垒起一条三里的长墙，把东岭和西岭连接起来。长墙的对面，还挖了一条壕沟。

一天早晨起了大雾，冯子材得到报告说："尼格里趁着大雾来攻城了。"冯子材立刻找来王孝祺苏元春和王德榜等将领。他先讲了一下自己的作战计划，然后命令各位将领马上分头行动。尼格里从文渊城杀出后，把队伍分成了三路，在大炮的掩护下，依靠先进的武器，很快就登上了东岭。冯子材指挥清军奋勇还击，王孝祺领人绕到法军后面发动了猛攻，苏元春则冒着猛烈的炮火，冲上了东岭。双方展开交战，东岭上空炮声隆隆，喊杀声响成了一片。

就在这关键时刻，法国兵突然乱了起来。原来是有人向尼格里报告，说王德榜率兵袭击了文渊城。冯子材看机会来了，就大吼一声："弟兄们，杀呀！"然后，他第一个跳出长墙，挥舞着大刀朝法军冲了过去。战士们一见年近古稀的老将军带头往上冲，也都奋不顾身地杀向敌人，敌人吓得四散奔逃。打退长墙前的敌人后，冯子材又指挥士兵向东岭冲去。正在东岭上与敌人进行交战的清军见到这种情况后作战更加英勇了。在激战中，尼格里受重伤，法军腹背受敌，只好从东岭上逃了下来。冯子材不给敌人喘气的机会，率领清军穷追猛打，接连

收复了文渊、谅山（越南北部）等地。

在战场上，中国军队取得了胜利，慈禧却"见好就收"，派李鸿章找到法国人，低三下四地讲和。后来，中法两国在天津签订了《中法新约》。对中国人来讲，这个条约又是一个耻辱，因此，有人认为这场战争"法国不胜而胜，清朝不败而败"。

《中法新约》

《中法新约》全称《中法会订越南条约十款》，是 1885 年 6 月 9 日北洋大臣李鸿章与法国公使巴德诺在天津签订的不平等条约。该条约中，清政府承认了法国对越南的保护权，中越陆路边界开放贸易，中国修筑铁路应和法国商办等。《中法新约》打开了中国西南的门户，使得法国侵略势力进入云南和广西。

读史学成语

奋不顾身

释义：奋勇直前，不顾虑个人安危。

出处：汉·班固《汉书·司马迁传》："常思奋不顾身，以徇（殉）国家之急。"

例句：在大火的包围下，消防队员奋不顾身地抢救人民群众。

中日甲午战争

认识明治维新

1868年，日本结束幕府政治，开始全面向西方学习，拉开了明治维新的序幕。没过几年，日本就强大起来，开始侵略扩张。根据一些野心家的谋划，日本决定以朝鲜为跳板，入侵中国，由此引发了中日甲午战争。

两次鸦片战争的失败使清政府丧失了大量的领土、主权和财富。以慈禧太后为首的清朝统治者意识到，只有富国强兵才能救亡图存。于是，清政府在奕䜣、曾国藩、李鸿章、左宗棠、张之洞等大臣的领导下开始了"师夷长技以制夷"的洋务运动。他们大量引进西方的设备和技术，开办了很多西式工业，同时开银行、铺铁路、架电报网等，大力送留学生到西方。

见识了西方国家坚船利炮的威力后，清朝上层统治者知道必须拥有先进海军，才能与之抗衡。于是，清朝建立了北洋水师、南洋水师、福建水师和广东水

师四支近代化海军，其中实力最强的是北洋水师。当时，清政府的海军无论舰船吨位还是数量，都居世界前列。但是，1894年爆发的清政府与日本之间的一场战争，让清政府外强中干的洋务运动和虚有其表的"亚洲第一海军"显出本来面目。按中国传统的纪年法，这一年是甲午年，所以这场战争被称为"中日甲午战争"。

1894年4月，朝鲜爆发东学党起义，起义军接连打败朝鲜国王的军队，声势非常浩大。朝鲜国王李熙连忙向中国告急，再加上日本的怂恿，清朝出兵朝鲜，没有发生战斗，叛乱就平息了。日本早就想与中国开战，立刻也派了军队来到朝鲜，寻衅挑起战争。当时，朝鲜政府已经与起义军达成协议，日本却不肯与清朝一起撤兵，而是编成联合舰队在海上游弋，寻找开战的时机。

1894年7月25日，清政府租用英国商船高升号，向朝鲜运兵，在丰岛附近被日本的浪速号巡洋舰击沉，八百余名战士遇难。这下，连一向苟且求安的慈禧和李鸿章等人都找不到借口再拖延了，中日甲午战争终于全面引爆了。

1894年8月，日本军舰驶出大同江（朝鲜丰岛西北部），进迫黄海，北洋水师提督丁汝昌坐镇定远号，下

令北洋水师主力列阵迎敌。当时北洋水师共有各型军舰十二艘，其中定远号吨位、镇远号吨位最大。日本海军也有十二艘军舰。日本军舰首先开炮，目标是北洋水师超勇、扬威这两艘老旧军舰，两舰中弹起火。炮弹还击中了旗舰定远号的望台，帅旗和信旗也被击毁，丁汝昌受伤，包扎好伤后依然坐在甲板上鼓舞士气。

没有了信旗，北洋水师的军舰失去了指挥和联络，只能各自为战，对日本的军舰进行猛烈还击。北洋水师速度最快的主力战舰致远舰船身中弹，燃起大火，炮弹也用尽了，管带（舰长）邓世昌下令全速撞向敌舰。日本舰队大惊，全力向致远舰开火，致远舰不幸被炮弹击中沉没，包括邓世昌在内的两百余名将士壮烈殉国。

这场激烈的海战持续了五个小时，导致北洋舰队的超勇、扬威、致远、广甲、经远、济远6艘军舰沉没，

人物档案

丁汝昌（1836—1895），安徽庐江人，早年加入太平军，后来投降湘军，又转入淮军，后被调任北洋水师提督。黄海海战失败后，北洋舰队撤入威海卫，被日军全歼，丁汝昌自杀殉国。

日本舰队有 5 艘军舰严重受损。北洋舰队虽然受到的损失比日本军舰大得多，但并没有失去战斗力，李鸿章为了保存实力，让北洋舰队躲进山东威海港，不准迎敌，日本因此夺取了黄海的制海权。1895 年 2 月，日本进攻威海卫（今山东省威海市），失去制海权的北洋水师无异于瓮中之鳖，被日军包围后全军覆没。

慈禧、李鸿章不得不向日本乞降，双方在 1985 年 4 月 17 日签订了《马关条约》，清政府割让台湾等地给日本，赔偿两亿两白银，等等。这个屈辱的条约大大加深了中国的半殖民地化程度，西方殖民者也趁机掀起了瓜分中国的狂潮。

中日甲午战争的结果宣告清朝开展了三十余年的洋

北洋水师

北洋水师又称北洋舰队、北洋海军，是 1888 年正式成立的一支近代化海军，拥有二十五艘主要军舰、五十艘辅助军舰和三十艘运输船，官兵达四千余人。北洋水师一度号称亚洲第一、世界第九，但中日甲午战争中，这支舰队全军覆没，而且输给了清政府一向看不起的日本。战败的结果沉重打击了中国朝野上下的信心，也标志着洋务运动彻底破产。

务运动彻底失败，日本迅速跻身世界强国之列，吞并中国的野心也迅速膨胀起来。

读史学成语

救亡图存

释义：拯救国家危亡，谋求民族生存。

出处：清·王钟麒《论小说与改良社会之关系》："夫欲救亡图存，非仅恃一二才士所能为也；必使爱国思想，普及于最大多数之国民而后可。"

例句：清朝末年，各阶层都在摸索救亡图存之路。

外强中干

释义：形容外表看似很强大，实际上内部非常空虚。

出处：《左传·僖公十五年》："今乘异产以从戎事，及惧而变……张脉偾兴，外强中干，进退不可，周旋不能，君必悔之。"

例句：淮海战役中，国民党外强中干的特点暴露无遗。

瓮中之鳖

释义：大坛子里的甲鱼。比喻已在掌握之中，逃跑不了的人。多指被围困的敌人。

出处：明·冯梦龙《喻世明言》第十八卷："杨八老和一群百姓们，都被倭奴擒了，好似瓮中之鳖，釜中之鱼，没处躲闪，只得随顺。"

例句：在解放军的包围下，傅作义军队已成瓮中之鳖。

空中楼阁般的百日维新

认识康有为

康有为（1858—1927），南海丹灶（今广东佛山南海区）人，出身官宦世家，自幼饱读诗书，曾学习西方文化。1895年，康有为、梁启超联合各省举人发动了"公车上书"。1898年，光绪帝召见康有为，开始推行戊戌变法。一百零三天后，在慈禧太后等守旧派的反扑下变法失败，康有为逃到日本，继续鼓吹帝制，曾参与张勋复辟清室。

康有为是广东人，从小接受传统教育。二十岁时，他前往香港考察，在那里接触到了一些西方事物，认为中国只有学习西方国家，改变腐朽的封建制度，才能摆脱当下落后状况，变得富强。由此他便开始宣传变法维新，并多次上书光绪帝，论述变法的迫切性和重要性。

1895年4月，康有为在北京参加科举考试，听到清政府和日本签订《马关条约》的事情，他义愤填膺，当即便组织参加科举考试的一千三百人去都察院门口表示

抗议。康有为草拟了"万言书",要求光绪帝开展变法以自强,这便是历史上有名的"公车上书"(汉朝时朝廷以公家车马接送读书人,后以"公车"代称举人入京应试)。但是部分官员对此进行了阻挠,因此上书失败了。不过,这次上书活动揭开了维新变法运动的序幕。

"公车上书"后没过多久,康有为就和他的学生梁启超共同创办了强学会,开办了报刊《万国公报》(后改名《中外纪闻》),大力宣传维新变法。很多清政府的重要官员如文廷式、翁同龢等也暗中支持强学会。国内其他地区也相继响应,到处都是宣传维新变法的学堂、学会、报刊,其中谭嗣同组织创办的时务学堂盛名一时。

1898年6月11日,光绪帝将康有为召至颐和园勤政殿,让他任总理衙门章京(清代负责处理文书的官员)一职,组织变法运动。其他维新派人士,如谭嗣同、梁

人物档案

梁启超(1873—1929),新会(今广东江门新会区)人,出身地主家庭,曾就学于康有为开办的万木草堂,并与康有为一起发动了公车上书。戊戌变法失败后,梁启超作为变法派二号人物遭到通缉,逃到日本,后逐渐与康有为分道扬镳,鼓吹君主立宪,曾任民国司法总长、财政总长等职位。

启超、刘光第、杨锐、林旭等，均被授予官职，参与变法。

光绪帝采纳康有为等人的建议，颁布了很多法规条令。其中包括学习西方国家先进的科学技术，发展工商，修改或废除陈旧腐败的大清律法，鼓励官民向皇帝上书，废除八股考试制度，在北京创立京师大学堂等。

维新变法的过程中，很多贪官污吏被惩治，以慈禧太后为首的腐朽势力也受到了打击，因此变法遭到了他们的强烈反对。在光绪帝为开展变法运动而忙碌的时候，慈禧也没闲着。她命人暗中监视光绪帝的一举一动，一旦出现一点她不满意或影响她的方面，她便马上派人阻挠。后来光绪帝召见北洋陆军的重要将领袁世凯，还授

予他官职，想让他支持变法。慈禧担心这会对自己构成威胁，她的心腹荣禄便立即将自己的亲信部队调到了北京和天津。

光绪帝察觉到自己的处境已经十分危险了，于是写了一封密信给康有为，说自己的皇位可能不保，让康有为等人立刻离开北京。谭嗣同急忙找到袁世凯，劝袁世凯杀死荣禄，再逼迫慈禧交出朝政大权。袁世凯满口答应，但是他知道康有为和光绪帝手中毫无权力，于是毫不犹豫地赶到天津，把此事告诉了荣禄。荣禄赶忙进京，把事情汇报给慈禧。慈禧听后勃然大怒，随即命人把光绪帝囚禁到瀛台，同时宣布由自己训政，派人抓捕组织维新变法的人员。

康有为和梁启超得到消息后立刻逃走了，梁启超劝谭嗣同也逃走，谭嗣同慷慨激昂地说："变法要想成功，就必须有人牺牲。如今我们的国家腐败落后，原因就在于还没有人为变法而流血牺牲。那么就从我开始吧！"谭嗣同没有出逃，在家等了三天后，被荣禄手下的人逮捕下狱。

几天之后，谭嗣同与康广仁、刘光第、林旭、杨锐、杨深秀一起被害。大家称他们为"戊戌六君子"。行刑前，谭嗣同脸上带笑，大义凛然地当众朗诵了自己的绝命诗：

"有心杀贼，无力回天。

死得其所，快哉快哉！"

这一年是农历的戊戌年，所以这次变法运动叫"戊戌变法"。变法的开始时间是1898年6月11日，到9月22日失败，总共经历了一百零三天，因此又叫"百日维新"。

戊戌六君子

1898年9月28日，六位维新志士在北京惨遭杀害，人们将他们并称为"戊戌六君子"。他们是：谭嗣同，湖北巡抚谭继洵之子；康广仁，康有为的弟弟，主要负责办报；林旭，曾任内阁中书，是变法期间上书最多的人；杨深秀，朝廷官员，极力支持变法、弹劾守旧官员；杨锐，名臣张之洞的幕僚；刘光第，朝廷官员。

读史学成语

慷慨激昂

释义：形容情绪激动，精神振奋，充满正气。

出处：唐·柳宗元《上权德舆补阙温卷决进退启》："今将慷慨激昂，奋攘布衣，纵谈作者之筵，曳裾名卿之门……狂狷愚妄，固不可为也。"

例句：为了推行改革，商鞅慷慨激昂地向国君介绍改革的好处。

悲壮的义和团运动

认识义和团

　　义和团源自义和拳、梅花拳、大刀会等团体，是晚清的民间组织。该组织有着朴素的爱国主义思想，与西方侵略者及其附庸进行斗争。清政府曾利用义和团抵抗八国联军，失败后又下令屠杀义和团。义和团在中外势力的联合绞杀下失败了。

　　康有为等人的变法失败后，慈禧将光绪帝软禁。她还想立一个容易控制的小孩子来取代光绪帝，但是各国公使都只承认光绪帝是清朝的皇帝，这让慈禧非常愤恨。此时各地的义和团运动正进行得如火如荼，他们烧教堂、杀洋人，声势浩大。大学士刚毅对慈禧说："义和团规模很大，如果派兵镇压，我们占不了什么便宜。但义和团对洋人有很大的仇恨心理，我们不妨利用他们去对抗洋人。"

　　慈禧觉得刚毅的话很有道理，当即将此事交给刚毅

负责。刚毅便对外宣布，义和团得到了政府的承认，清军不能再对其进行镇压。如此一来，义和团的势力便迅速得到扩张。没过多久，义和团到了北京、天津一带，他们借"扶清灭洋"的口号，使很多清兵也加入进来。北京城里的洋人肆意杀害义和团，引起了义和团的反抗，

人物档案

　　慈禧太后（1835—1908），叶赫那拉氏，被咸丰帝封为懿贵妃，是同治帝的生母，徽号慈禧。她与慈安太后一起发动祺祥政变，二人一起垂帘听政。同治帝去世后，光绪帝继位，朝政依然控制在慈禧手中。慈禧掌控政权近半个世纪，她死后第三年，清朝也灭亡了。

他们围攻使馆区和西什库教堂。但由于慈禧首鼠两端，始终没能打下。

义和团使帝国主义在中国的利益受到了严重损害，他们便决定联合起来，共同对抗义和团。1900年5月，英、法、俄、日、德、意、美、奥八个国家组成联合军队，由英国海军中将西摩尔率领，从天津大沽出发直逼北京，八国联军侵华战争正式打响。

在八国联军进犯北京的途中，义和团和一些爱国清军对其进行了阻击。义和团毁掉了通向北京的铁路，西摩尔只能暂停进军，命士兵先抢修铁路，结果却中了埋伏，义和团打死了联军几十人。之后，西摩尔率军逃到廊坊（今属河北省），又在这里遭到义和团及由清兵将领董福祥率领的甘军的顽强抗击，数百人或死或伤。这便是历史上有名的"廊坊之战"。战败后，八国联军狼狈地逃回了天津。

帝国主义看到联军战败，十分惊慌，急忙又调了大批军队进驻天津的紫竹林租界。1900年6月，义和团围攻紫竹林租界，枪炮声震天，喊杀声一片。打响此次战斗第一枪的是武备学堂的学生们。在侵略者的疯狂攻击下，武备学堂的学生都壮烈牺牲了。

义和团首领张德成率军队从马家口进攻紫竹林租界。义和团连续进攻了十多次都失败了。后来张德成急中生

智，命手下立刻找来几十头凶狠剽悍的公牛，先让将士们把匕首绑在牛角上，同时往牛尾巴上挂满成串的大爆竹，最后把牛尾巴上的爆竹点燃。几十头牛顿时大惊，急速冲向租界。在这个过程中，公牛把埋在租界周围的地雷都踏响了，租界里的联军一时间惊慌失措，张德成趁机率军冲入租界，夺取了不少地方。

与此同时，义和团首领曹福田带领另一批义和团战士向老龙头火车站发起进攻。火车站由沙俄士兵把守，他们占据有利的地形，修建了坚固的防御工事。义和团大军一到，曹福田就命将士将车站围起来，猛攻俄军。

不久，八国联军前来增援，他们用新式的枪炮对义和团进行反

攻。由于敌众我寡，义和团不得不退出车站，但仍从外面包围车站，打算伺机反攻。

然而，慈禧突然变脸，她暗中命天津提督宋庆全力镇压义和团，义和团因此受到重创，八国联军很快占领了整个天津。之后，两万多联军从天津出发，沿运河向北京进犯。不过，义和团仍在他们进军的途中对其进行了沉重的打击，使八国联军用了半个月才走完这不到二百里的路程。八国联军到了北京城下后，慈禧慌忙出逃，她在逃跑的时候，还命留守北京城的清军配合八国联军彻底将义和团消灭。

八国联军攻入北京后，大肆烧杀抢夺，繁华富庶的

八国联军

1900 年，英国、美国、法国、德国、俄国、日本、奥匈帝国与意大利八国组成联军，总人数约五万人，借口镇压义和团，悍然入侵中国。当年 8 月，八国联军侵入北京，进行了残忍的屠杀和掠夺。到了 11 月，八国联军名义上的总司令、德国陆军元帅瓦德西才进入北京，在紫禁城内设立总司令部，将北京分成不同的占领区。《辛丑条约》签订后，八国联军逐步退出北京。

北京城在几天内被洗劫一空。之后，清政府被迫与八国联军签订了《辛丑条约》。条约里提到，清政府赔偿侵略者四亿五千万两白银，允许侵略者在北京设立使馆区，并将大沽炮台拆毁，联军的军队要进驻北京，等等。签订了这个丧权辱国的条约以后，清政府便彻底沦为了"洋人的朝廷"。

首鼠两端

释义：指迟疑观望，犹豫不决。

出处：元·王实甫《西厢记》第五本第三折："不料这厮每做下来，着我首鼠两端，辗转不决。"

例句：起义军里鱼龙混杂，既有意志坚定的革命者，也有首鼠两端的投机者。

急中生智

释义：紧急的时候，猛然间想出好办法。

出处：清·石玉昆《三侠五义》第二十三回："不防那边树上有一樵夫正在伐柯，忽见猛虎衔一小孩，也是急中生智，将手中板斧照定虎头抛击下去，正打在虎背之上。"

例句：在危急时刻，老师急中生智带领同学们逃出了危险地带。

终结帝制的枪声

认识辛亥革命

　　1911 年至 1912 年初是农历辛亥年，这一年中国发生了翻天覆地的变化，延续了两千多年的封建帝制被推翻，中国进入共和政体时代。后人将武昌起义爆发直至孙中山就任中华民国临时大总统期间发生的革命事件，统称为辛亥革命。

　　武汉三镇（武昌、汉口、汉阳），位于中国的中央地区，为粤汉、京汉铁路的交叉点，是长江航线的中心，自古就是中国经济、交通、军事、政治的重镇。鸦片战争之后，帝国主义侵略者在湖北售卖商品，开矿山，建工厂，大量聚敛钱财。1911 年 5 月，清政府将已归民办的川汉、粤汉铁路归国有，抵押给外国列强，掀起民愤。与此同时，清政府为了履行不平等合约上的内容，偿还欠下的赔款与债务，拼命增加税收。广大人民为了生存，开始反抗清政府。一些革命

党人选定时机，决定在湖北武汉举行规模空前的武装起义。

武汉很快就聚拢了很多革命党人，日知会、群治学社、振武学社等革命组织先后在武汉成立。1911年初，革命党人将振武学社改名为"文学社"，以研究文学的名义，暗中进行革命活动。文学社宣告成立后，马上在湖北的新军中发展革命力量。仅半年左右，新军中有三千多人加入了文学社。

这时，在湖北武昌还有一个重要的革命团体——共进会，领导人是孙中山建立的同盟会的会员焦达峰、张百祥和日知会成员孙武等人。共进会与新军下层军官联

 保路运动

1911年5月，清政府收回民办的粤汉、川汉铁路筑路权，抵押给英、法、德、美四国银行团。消息一出，湖南、四川等地各界群众纷纷罢工、罢市、罢课表示抗议。铁路工人和附近的农民还与官军发生流血冲突。四川组织保路同志会，有数十万人加入，他们发起了暴动，遭到镇压，死伤数百人。同盟会会员龙鸣剑、王天杰等发动武装起义，清朝廷调湖北的清军入川镇压，使得武昌兵力空虚，武昌起义得以成功。因此，保路运动一向被视为武昌起义的前奏。

系密切，拥有两千多名会员。1911年9月，共进会和文学社宣布合并，任命蒋翊武为总指挥，刘公为总理，孙武为参谋长，开始筹划起义。起义指挥部设立在武昌城的一个小巷子里，起义时间定在10月6日。

起义工作正在紧张地进行时，接连发生了意外。南湖炮队的士兵与排长发生矛盾，双方打了一架之后，士兵们推出大炮，嚷嚷着要炸毁那些平日里耀武扬威的军官们的营地。但因大炮没有撞针而未能打响。湖广总督瑞澂马上下令全城戒备，派大量人马守城。如此一来，起义军只好延迟起义时间，把时间改成10月11日。

到了10月9日，又发生了意想不到的事件。这天中午，孙武等人在汉口俄租界里试制炸药时，发生意外爆炸，孙武受伤撤退。俄国巡捕赶来缴获了起义的旗帜、文件等，并交给了湖广总督瑞澂。清兵开始疯狂搜捕革命党人，很多革命党人惨遭杀害，其中还包括革命领导人刘复基、杨宏胜、彭楚藩。蒋翊武等人侥幸逃脱，但是革命却没了主心骨，于是，新军战士们自行联络，约定在10月10日发动起义。

10月10日，共进会会员熊秉坤率领新军工程兵第八营的战士们拉开了武昌起义的序幕。战士们冲向楚望台军械库，将枪支弹药取出，并推出十多门大炮，将大炮

架在楚望台、凤凰山、蛇山等制高点上，对准湖广总督府，准备将总督府夷为平地。

为了加强管理，战士们拥立八营营长吴兆麟为前线总指挥，熊秉坤为副总指挥。由于天色已晚，视线不清，大炮只是胡乱开火，并没有发挥出应有的威力，所以首次攻打总督府的战斗在清兵的顽强抵抗下失败。

这时，武昌的百姓不断从家中拿来引火之物，在总督府四周燃起大火，火光映得黑夜如同白昼。炮兵看清目标之后，将十余门大炮对准总督府开火，总督府燃起了大火，起义军趁着火势冲进总督府。瑞澂、张彪等看到情况不妙，就急急忙忙在总督府的墙壁上凿开了一个洞逃跑了。

天蒙蒙亮，革命党人便控制了整个武昌城。到了10月11日晚上，与武昌临近的汉阳新军回应武昌起义，快速占领了兵工厂与

汉阳铁厂；与此同时，汉口新军也开始响应起义。这样，武汉三镇起义都宣告胜利。

武昌起义的胜利，如同平地一声惊雷，很快全国各地都爆发了革命起义，全国各省宣告脱离清政府而独立。

1911年12月29日，正在美国为革命募集资金的孙中山回到国内，被推选为临时大总统。1912年元旦，中华民国临时政府在南京正式成立，孙中山宣誓就任中华民国临时大总统。

此时，北洋军阀袁世凯已经掌控了清政府的军政大权，在他的逼迫下，1912年2月12日，宣统帝，即溥仪，宣布退位。至此，腐朽的清政府终于灭亡了，中国延续了两千多年的封建帝制也宣告终结。

人物档案

爱新觉罗·溥仪（1906—1967），道光帝的曾孙，醇亲王载沣之子。溥仪幼年登基，年号宣统，1912年2月12日退位，继续住在紫禁城。1917年，军阀张勋拥溥仪复辟，十二天后溥仪再次退位。1924年，溥仪被冯玉祥赶出紫禁城。1932年，他成为伪满洲国的傀儡皇帝，1945年成为战犯；中华人民共和国成立后经过改造后被特赦，曾任全国政协委员。

读史学成语

耀武扬威

释义：炫耀武力，显示威风。形容得意夸耀的样子。

出处：明·罗贯中《三国演义》第一百零五回："姜维在南郑城上见魏延、马岱耀武扬威风拥而来。"

例句：百团大战后，日军不敢像之前那样耀武扬威了。

好看的中国历史

先秦时期

刘启正◎主编

三辰影库音像电子出版社
北京

图书在版编目（CIP）数据

好看的中国历史 . 先秦时期 / 刘启正主编 . —北京：
三辰影库音像电子出版社，2023.7
ISBN 978-7-83000-562-7

Ⅰ . ①好… Ⅱ . ①刘… Ⅲ . ①中国历史－先秦时代－
青少年读物 Ⅳ . ① K209

中国版本图书馆 CIP 数据核字 (2022) 第 145152 号

好看的中国历史 . 先秦时期

责任编辑：石海燕
责任校对：韩丽红
出版发行：三辰影库音像电子出版社
社址邮编：北京市朝阳区金海商富中心 B 座 1708，100124
联系电话：（010）59624758
印　　刷：三河市南阳印刷有限公司
开　　本：710mm×1000mm　1/16
字　　数：560 千字
印　　张：60
版　　次：2023 年 7 月第 1 版
印　　次：2023 年 7 月第 1 次印刷
定　　价：198.00 元（全 6 册）
书　　号：ISBN 978-7-83000-562-7

前言

　　我国是一个历史悠久的文明古国，在五千年的漫长岁月中，上演了无数惊心动魄、可歌可泣的事件。这些事件，记载在浩如烟海的史书之中，等待后人从阅读中收获智慧与乐趣。

　　然而历史书籍往往卷帙浩繁，晦涩难懂，让青少年望而却步。为了让广大青少年愿意亲近历史，并能从中获益，我们以正宗史著为蓝本，按照朝代更迭的顺序，用一个个有趣的历史故事串联起五千年的中国史。

　　姜子牙是怎样从一个水畔钓叟，成为周朝功臣的？管仲是如何由阶下囚，一跃成为齐国宰相的？"汉初三杰"是如何帮助刘邦战胜西楚霸王项羽的呢？曹操、刘备、孙权、诸葛亮、关羽这些大家耳熟能详的人物，在正史中与小说、电视剧中有哪些不同？被称为千古名君的李世民，到底有哪些丰功伟绩？岳飞和他的岳家军，为什么流芳百世？朱元璋是怎样从一个到处乞讨的和尚，成为大明王朝的开国君主的？以上种种问题的答案，以及更多有趣的历史故事，都在这套《好看的中国历史》中等待着你呢。

　　本套书共分六册，精心挑选了历朝历代的代表性事件，用详

略得当、生动活泼的语言讲述出来，易读易记。将六册书连起来阅读，就仿佛在五千年的浩瀚历史中来了一次"时空穿梭"，对苦难与辉煌交织在一起的中国历史会有一个基础的了解。为了拓展青少年的知识面，我们在每一篇故事中都设置了小栏目，对重点人物和相关历史常识进行了介绍，对理解历史事件具有现实意义，能够启发青少年的思考。

相信阅读完这套有趣又好看的历史读物，青少年一定能够有所收获，得到成长。

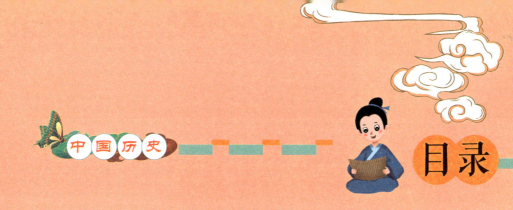

中国历史

目录

神秘时代　远古

奴隶制开启　夏商周

群雄纷争 春秋战国

开天辟地的盘古

世界的起源

　　自古以来，世界的起源都是人们一直在探讨的热门话题，我们现在都知道世界起源于"宇宙大爆炸"，但在科学水平有限的古代，不同区域的人们则想象出了不同的创世神话和人类起源的传说，而我们中国神话中的创世神，则是盘古。

　　不知从何时起，我们的祖先开始对世界产生了各种疑问，如世界是怎么来的？人是如何诞生的？最初的世界是什么样子？那时候有没有日月星辰、山川草木？风雨雷电又是怎样产生的？

　　由于当时知识的匮乏，古人无法回答这些问题，于是他们就展开了天马行空的想象，用神话传说的方式来解释一系列问题。在这些神话中，盘古接下了创造世界的"任务"。

　　传说，在遥远的太古时期，地球还是混沌状态，分

不清天与地，也辨不出上下左右、东南西北，没有声音，更没有光亮，整个世界就像包裹在一颗巨大的鸡蛋里，静静地飘在无垠的宇宙中。

在"鸡蛋"的正中央，孕育着一个神奇的生命，那就是盘古。经过一万八千年的孕育，盘古终于从混沌中苏醒过来。他想看看身边的世界，可眼前却是一片黑暗。

盘古伸手一抓，在混沌中抓到了一把大斧头，这斧头和盘古一样，是从混沌中孕育出来的。他拿着斧头，用力砍去，一声巨响后，混沌被劈成了两半。然后，轻而清的东西不断上升，变成了天；重而浊的东西不断下沉，变成了地。

盘古害怕天和地又合到一起，他就脚踏大地，双手擎天，就这样把天地撑了起来。天每日升高一丈（1丈≈3.3米），地每日增厚一丈，盘古也每日生长一丈。就

 人物档案

　　盘古是中国历史传说中开天辟地的人类祖先，他将自己的生命化作大千世界，为千秋万代的后人所景仰。几千年来，盘古开天辟地的传说流传不息，传播中外，成为中华文化中一颗璀璨的明珠。

这样过了一万八千年，天升得非常高了，地也变得非常厚了，天和地之间的距离足足有九万里（1 里 =500 米）。盘古也筋疲力尽，再也支撑不住了，巨大的身躯轰然倒地。

盘古死后，他的身体发生了巨大的变化，他的左眼变成了照耀万物的太阳，右眼变成了皎洁的明月，头部和四肢变成了高山丘陵，血液变成了奔腾的江河，汗珠化为了大大小小的湖泊，筋脉肌肉化成了肥沃的土地，毛发化为了森林和草原，骨骼和牙齿化为了各种矿物，呼出的气体变成了清风和云雾……

盘古开天辟地之后，又用自己的身体孕育出了世间万物，因此他被当作创世神受后世景仰。

古希腊创世神话

在希腊神话中，宇宙尚未形成时，原本是一片混沌，之后原始神卡俄斯诞生了。接着，大地女神盖亚、地狱与深渊之神塔耳塔洛斯和爱神厄洛斯（后世神话将他改造为爱神阿佛洛狄忒的儿子）先后诞生，世界从此开始。

读史学成语

开天辟地

释义：指宇宙开始形成。后形容前所未有的。

出处：明·无名氏《阴山破虏》第三折："自从那开天辟地，这一场恶战敌，飘荡荡半空招拥飘旌旗，齐臻臻万队纵横施剑戟。"刘白羽《从富拉尔基到齐齐哈尔》："感谢那些开天辟地，披荆斩棘的英雄们！只有你们才配承受这最高的幸福，最大的快乐！"

例句：中华人民共和国的成立真是一件开天辟地的大事啊！

造人补天的女娲

最早的人类

人类学家曾在非洲发现了 320 万年前的猿人化石"露西"，这是迄今为止被发现的最早的原始人化石。19 世纪中期达尔文提出进化论，证实人是由猿进化而来的；在这之前，西方人认为人是上帝创造的，而在我们的创世神话中人是由女娲"捏"出来的。

盘古开天辟地以后，地上出现了一位神通广大的女神——女娲。女娲行走在天地间，每天都惬意地欣赏着天上的日月星辰，地上的山川草木。时间一长，女娲感到了孤独，她时不时会和鸟兽虫鱼说话，但它们不会说话也听不懂。女娲突然意识到，这广阔的天地间没有自己的同类，自己是孤零零的一个人，没有人可以陪她说话、玩耍，女娲感到越来越孤独。

直到有一天，女娲在一个清澈的湖边驻步准备梳洗时，一低头在水中看见了自己的倒影。女娲忽然觉得，

人物档案

女娲是中国上古神话中的创世女神。传说中，女娲是华夏民族的母亲，是她创造了人类，又保护人类免受天灾。女娲造人的故事家喻户晓，一直以来，民间将她作为创世神和始母神崇拜。

何不参照自己的模样，造一些同类出来呢？这样自己就不会孤单了。

于是，女娲挖来泥土，和着湖水开始捏起一个小小的东西来。这个东西很快就捏好了，它有五官七窍，有双手双足，女娲把它命名为"人"。女娲把人放在地上，吹一口仙气，人竟然活动起来，能跑能跳。女娲高兴极了，又捏了许许多多人出来。人们围在女娲身边，叽叽喳喳地说着什么，随后渐渐散去了。女娲捏了很久，可世界太大了，小小的人散布在大地上，显得十分稀少。于是，女娲从湖边折下一条藤蔓，沾上泥浆，施展法力用力一挥，落在地上的泥点子也变成了人，这样一来，造人的速度就快多了。此后，女娲便开始教人类各种技能，帮助人们更好地生活。

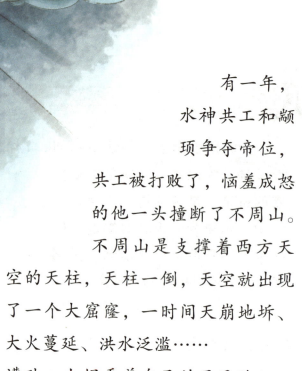

有一年，水神共工和颛顼争夺帝位，共工被打败了，恼羞成怒的他一头撞断了不周山。不周山是支撑着西方天空的天柱，天柱一倒，天空就出现了一个大窟窿，一时间天崩地坼、大火蔓延、洪水泛滥……

神仙打架，凡人遭殃。女娲看着自己的子民陷入一片混乱和恐惧之中，难受极了，她决心让人们重新过上安宁的生活。于是，她周游四海，踏遍群山，找到了炼制补天石的绝佳材料——五色土。女娲赶紧架起火炉，把这些五色土炼成了五彩的补天巨石。然后又飞上天空，用五彩石把天补好。

关于女娲的记载

　　战国时期的屈原是我国记载的最早追问人类起源的人，他在《楚辞·天问》中问道："女娲有体，孰制匠之？"意思是造人的女娲也有身体，那么是谁创造了她呢？可见，女娲造人的传说早在那时候就流传开了。

天虽然补好了，却摇摇晃晃的，仍然有可能塌下来。女娲便把在海中作乱的一只巨龟的四足砍了下来，用这四条腿当作新的天柱支撑天空；女娲还用芦苇烧成的灰，堵住不断奔出洪水的地缝；她还杀掉祸乱人间的黑龙，那些作怪的恶禽猛兽也吓得逃回山里，再不敢到处流窜了，百姓的生活终于安定下来。

天地定位，烈火熄灭，洪水归道，世间恢复了平静。但是这场特大的灾祸仍然留下了一些痕迹。比如，天还是稍稍向西北倾斜，因此日月星辰都很自然地归向西方；大地也有些向东南塌陷，所以一切江河都往那里汇流。

在世界之初女娲创造人类，在天灾之时女娲又挺身而出。神通广大的女娲为人类做出了巨大的贡献，也难怪人们一直把她当作大地之母或始母神来崇拜。

 读史学成语

天崩地坼

释义：天地碎裂。比喻令人震惊的重大变故。

出处：《战国策·赵策三》："周烈王崩，诸侯皆吊，齐后往。周怒，赴于齐曰：'天崩地坼，天子下席。东藩之臣田婴，齐后至则斫之。'"

例句：听闻爷爷去世的消息，他的内心如天崩地坼一般。

神农尝百草

农业之神

农耕技术是古代人类获取食物最好的方式，学会了农耕，人们就不必再四处打猎，可以安定地生活，农耕技术的出现是人类社会的一大进步。古时候的先民没有记录农耕是如何产生的，而是将它归功于传说中的神农氏。

传说在远古时期，华夏大地上已经有了很多人类，但人们还过着原始的狩猎生活，常常有人因为打不到猎物或者分不到食物而挨饿。

部落的首领神农氏看着人们过着如此困苦的生活，心里十分难过，就决心想个办法解决食物危机。经过观察，神农氏发现，把植物的种子埋进土里后到了第二年会发芽，然后长成新的植物。他还发现了不同植物的习性，有的在春天生长，冬天枯萎；有些植物喜欢干燥的环境，有些植物喜欢潮湿的环境。于是他又总结了不同植物的生长特点，利用它们的习性在相应的环境下进行种

人物档案

神农氏是中国上古时期部落的首领，因为懂得用火而被称为炎帝。传说神农氏是人身牛头，有着透明的肚皮。所以他在尝百草时，可以亲眼观察草药在肚子里的反应，方便自己辨别药物的作用。

植。接着他再把这些方法全都教给人们，让部落的人自己动手种植，时间一长，所有人都能在自家门口种出粮食和果树，食物危机得到了解决。后来神农氏又发明了耒、耜、犁等耕种工具，方便人们开垦土地，种植更多的庄稼。慢慢地，更多的部落学会了农耕，人们的生活有了保障。

神农氏又发现，有许多人在打猎时受伤，或者因为乱吃东西而生病。当时，医学还没有出现，人们生了病只能硬扛，扛过去了还好，若是扛不过去就会病死。于是，神农氏又立志找到治疗人们伤病的草药。

可大自然的植物太多了，不知道哪些能做草药，神农氏决定把所有的植物亲口尝个遍。于是，神农氏冒着生命危险，日复一日地采集各种各样的植物，去品尝它们的果实、根、茎和叶。神农氏发现，有些叶子又苦又涩，但却有清热的功效；有的植物味道虽然不错，可吃下去却让人头昏脑涨或是上吐下泻；还有些植物若是磨碎了涂在伤口上可以加速愈合……他把这一切都详细地记了下来。

相传，地处湖北的人间仙境——神农架林区，就曾经是神农氏采药的地方。神农氏来到这里，发现这里植物繁多，特别是高崖之上，有着各种各样的花草树木，其中肯定藏着很多草药。于是，神农氏架木为梯，攀上高处，果然采到了数百种良药，还将这些草药的各种特点都记录下来，创作了著名的《神农本草经》。此后，

神农架

神农架，位于湖北省西部、大巴山区，临界重庆市，以神农架山而得名。大神农架是我国著名的原始林区之一，富含森林资源和矿产资源，盛产生漆、木耳和多种药材，有金丝猴和全身白化的熊、獐等珍稀动物。此外，在神农架林区的西南部，建有自然保护区。

这个地方就得名神农架了。

有一天，神农氏尝到了一种嫩绿的树叶，顿时觉得神清气爽。后来，神农氏还发现这种树叶有解毒的功效，于是为它取名"茶"，就是我们今天常喝的茶叶。

有一次，神农氏发现一株开着黄色小花的植物，它的叶子还会一张一缩，非常罕见，他便采下叶子放进嘴里，谁知这种草有剧毒，神农氏当时就毒发了，茶的解毒功效不够，神农氏就这样去世了。

神农氏死后，人们非常伤心，就把那种草取名为"断肠草"。人们为了纪念神农氏的恩德和功绩，奉他为药王神，并建药王庙，代代祭祀。

头昏脑涨

释义：头脑发昏。形容人的繁忙或事物毫无头绪，使人厌烦。

出处：李少先《浩浩长河》："廖克非被田文奇这一闷棍打得头昏脑涨，呆若木鸡地站在那里。"

例句：看着被打翻了一地的颜料盒，莉莉感到头昏脑涨。

读史学成语

黄帝大战蚩尤

部落斗争

　　远古时期人们是以部落的形式聚集在一起的，部落之间常常因为领地等问题发生冲突，甚至是战争。但无论是人与自然的斗争，还是部落和部落之间的冲突，最终都促进了中华民族的形成和发展。

　　四千多年前，我国的黄河流域出现了许多氏族和部落，其中较为强大的两个部落是黄帝部落和炎帝部落。

两个部落为了扩张地盘，曾在涿鹿附近的阪泉展开了激烈的战斗，最终黄帝打败了炎帝。黄帝把两个部落合并，成为了炎黄部落的首领。这个炎黄部

人物档案

　　黄帝，不仅是部落的首领，还是个厉害的发明家。黄帝不仅制定礼仪和法律来治理国家，还指导百姓种植树木、驯服野兽。黄帝还发明了舟车、音律、算术等，对中华民族的发展有很大贡献。

落就是中华民族最早的雏形，中国人自称"炎黄子孙"就是由此而来的。

两个部落合并之后，在黄帝的治理下，人们过上了安定的生活。正当炎黄部落联盟逐渐扩大的时候，南边的九黎族打过来了。蚩尤是九黎族的头领，他有八十一个兄弟，个个牛头人身、四目六臂、铜头铁额，他们手持金刀铜斧、强弓大弩，十分强大。

为了保护自己的部落，黄帝率领人民奋起反抗，与入侵者交战。于是两军在涿鹿展开了大战，一时间万军混战，地动山摇。

激战之时，蚩尤张开大口，喷吐烟雾，顿时浓雾弥天，笼盖四野。黄帝与其部众看不见路，也分不清方向。

黄帝急忙把专门掌管大风的风伯召来，让他放出狂风。不过蚩尤放出的雾气非常浓，风伯连吹了三个昼夜，雾气还是不散。黄帝众人被围困在迷雾中，乱成一团，情况非常危急。

这时，聪明的黄帝突然发现，天上的北极星总是固定在一个方向，他从中得到启示，派人制造了一辆指南车。指南车上站立着一位手臂前指的仙人，无论车子向哪走，仙人的手指总是指向南方。黄帝凭借这一伟大发明辨明了方向，于是率兵杀出了重围。

蚩尤见黄帝竟能破解他的浓雾，非常吃惊，再出杀招，准备一举击败黄帝。原来蚩尤有呼风唤雨的本领，他跳到半空中大喝一声，顿时狂风暴雨大作，水位猛涨，波浪滔天。黄帝和兵众又陷于洪水之中。在这紧要关头，会收云息雨的旱神——女魃前来助战，女魃走到哪里，

 先蚕娘娘与先织娘娘

传说，黄帝有四个妻子，其中嫘祖和嫫母也都是有名的神话人物。远古时期，人们穿的衣服是用兽皮或麻做的，又糙又硬。嫘祖发明了采桑养蚕，制作丝绸，被称为"先蚕娘娘"。嫫母则善于织布制衣，被尊为"先织娘娘"。据说镜子也是嫫母发明的呢。

就能使哪里雨收云散，晴空高照。这下蚩尤的计谋又失败了。

为了彻底打败蚩尤，黄帝派人制作了一面巨大的战鼓，又让人训练了一批凶猛的野兽，准备和蚩尤决战。战斗开始了，黄帝擂起战鼓，战鼓声如同雷鸣，响彻战场，黄帝的军队士气大振，士兵们与野兽一同杀向敌人。蚩尤的军队被这震耳的"雷声"和雄壮的大军吓呆了，四处逃窜。混战中，蚩尤被俘虏，后来黄帝杀了蚩尤，又降服了蚩尤的九黎族。自此，黄帝统一了各个部落，成为中原地区的首领。

读史学成语

地动山摇

释义：大地颤动，山河摇摆。形容声势浩大或斗争激烈。

出处：明·吴承恩《西游记》第四回："这场斗，真个是地动山摇好杀也。"

例句：一块灵石訇然中开，石猴于一阵地动山摇中横空出世。

尧舜禅让，千古佳话

远古五帝

远古时期，中国原始部落联盟的第一个首领黄帝死后，人们认为他建立的部落联盟对维持生活非常有利，于是联盟制度就保留了下来。在黄帝之后，部落联盟又经历了颛顼、帝喾、尧和舜四位首领，后世尊称这五位为"五帝"。

尧帝是帝喾的儿子，是部落联盟的第四任首领，他年轻的时候就开始治理天下，是一位非常贤明的帝王。传说，尧为了方便农民安排农业活动而制定了历法，将一年分为三百六十五天和春、夏、秋、冬四季。尧年老的时候，想要找一个德才兼备的人来继承王位。

人物档案

尧，复姓伊祁，名放勋，是远古时期中国部落联盟首领"五帝"之一。尧在位期间制定历法，团结亲族，统一了华夏诸多部落，还曾命大羿射日，派鲧治水，推广农耕。汉武帝称他为"千古帝范"。

　　一个叫放齐的人推荐了尧的儿子丹朱继位，但尧却坚决反对，他说："丹朱个性顽劣，品德不好，经常与人发生争执，当了首领也无法服众。"放齐又说："以前的首领都是传位给自己的儿子，您若是传位给外人岂不是会让丹朱伤心？"尧却说："若是选了不贤明的人当首领，那所有的百姓都会遭殃，到时候又会有多少人伤心呢？"

　　后来，有人向尧推荐了舜。舜自幼丧母，他的父亲瞽叟是个盲人，十分愚钝而且蛮横无理，但舜十分孝顺，一直细心照顾父亲。后来瞽叟又娶了一个老婆，生了个儿子叫象。继母和象为人歹毒、心胸狭隘，他们为了争夺家产，曾多次想要害死舜。他们先是把舜赶出家门，想让他饿死在野外。可舜却毫无怨言，而是在山里开垦荒地、建造房屋，独自一人生存了下来。后来又渐渐吸引了许多流浪者前来定居，最后竟然形成了一个小村落，村落里

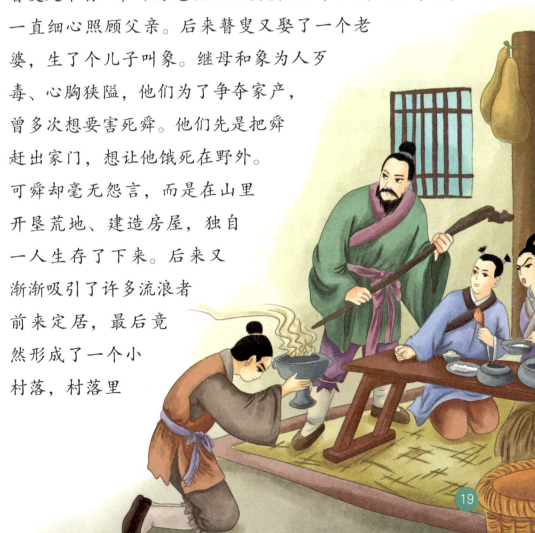

的人都十分尊敬舜。

看到舜居然还有这种本事，他的父母和弟弟便又出一招。有一次，瞽叟骗舜去修补谷仓的屋顶，可舜刚刚爬上房顶，象就搬走了梯子，点燃了谷仓，想烧死舜。

可没想到舜却抓起两个斗笠，一手一个当作翅膀，纵身跳了下来，毫发无伤。他们还不死心，后来又让舜去挖井，等井挖深了，象又往井里填土，想要把舜活埋。可谁知舜居然提前在井壁侧边挖出了一条通道，利用通道又一次平安脱险。出来后，舜依然细心地照顾父母和象，似乎无事发生过。

尧听了舜的事迹后半信半疑，想要考验一下舜。当时历山的农民为了争夺土地经常发生冲突，尧就派舜到历山去管理耕地。没过多久，历山的农民们就被舜所感化，学会了谦让，不再起争执。雷泽的渔民脾气火爆，经常打架，尧又派舜去雷泽管理渔民，舜一去，这些渔民在他的管理下也相处得十分融洽。渐渐地，舜建立起了威望，他所到之处，两三年就形成村落，五六年就建起了城邑。

可尧对舜还是不放心，决定考验他最后一关，于是把自己的两个女儿娥皇和女英许配给舜，命令两个女儿了解舜私下里的品行。结果，在舜的调解下，两个妻子与舜的家人和睦相处。舜凭借高尚的人格和出众的能力，终于得到了尧的认可。

于是，尧举行了禅让仪式，满意地将首领之位传给了舜。舜接任后，将天下治理得比尧还要好，他成了一代贤君，十分受人敬重。而尧舜禅让的故事也成为千古佳话，流传至今。

湘妃竹的由来

舜与两个妻子娥皇和女英非常恩爱，舜在外病逝后，娥皇和女英伤心欲绝，常常扶着门前的竹子哭泣，最终二人一起跳进湘水殉情。她们曾经流过的眼泪竟然使当地的竹子上长出了斑斑点点的花纹。后来当地人就称这种有斑点的竹子为"湘妃竹"，其实就是斑竹。

读史学成语

半信半疑

释义：形容不完全相信。

出处：三国魏·嵇康《答释难宅无吉凶摄生论》："苟卜筮所以成相，虎可卜而地可择，何为半信而半不信耶？"

例句：对于他说的话，我也是半信半疑。

大禹治水，人定胜天

大洪水传说

　　许多国家的神话故事中，都有关于大洪水的传说，比如印度的摩奴之舟，亚特兰蒂斯被洪水淹没等，那些人要么是逃离了灾难，要么是在灾难中毁灭。而在我们中国的神话中，大禹竟然凭人力战胜了天灾。

　　共工曾经撞断了天柱，导致天塌地陷，洪水泛滥，中原大地曾多次发生大洪水，后来女娲补天，中原的江河算是消停了一段时间。可到了尧帝时期，洪水又一次泛滥，大江大河纷纷决堤。这次没有了神仙的帮助，水患失控，房屋被冲垮，田地被淹没，人们为了躲避水患流离失所，不少人被淹死。尧任命一个叫鲧的人去治理水患，解救百姓于危难。

　　鲧采用围堵的办法治水，他带人用石头和泥土筑起堤坝阻挡洪水。一开始效果不错，可随着更多的江河决堤，洪水都流到一起，水位不断上涨，眼看就要高过堤

坝。鲧就下令继续加高堤坝。可是这样下去，堤坝内的洪水越积越多，终于有一天，堤坝承受不住了，洪水如同猛兽破笼而出，在大地上奔腾肆虐，这下子水患更加严重了。

据说，鲧原本也是一位天神，为了止住滔天的洪水，他曾请求天帝赐给自己一种神奇的土壤——息壤。息壤能够自行膨胀、生长。但是，天帝才不管凡人的死活，根本不肯给他。鲧无奈，就偷偷潜入天帝的宫殿，偷来了息壤。到了人间之后，他将息壤投向洪水肆虐的地方，瞬间长出了堤坝，虽然洪水越涨越高，但总也无法越过息壤形成的堤坝。这下，洪水被挡住了。

可是，这件事很快被天帝发现了。天帝勃然大怒，下令火神祝融惩罚了鲧，并收回了息壤。洪水又开始肆虐起来。鲧努力了九年，最终功亏一篑。

后来舜主事，他亲自去监督鲧的治水工作，看到鲧把水患治理成这个样子，舜一生气就把他处死了，命令鲧的儿子禹接替自己父亲的职责。

禹跟随鲧治水多

人物档案

鲧是有崇部落的首领，号崇伯，颛顼之子，禹之父。在尧的任命下治理水患，他采用修筑堤坝，阻拦洪水的治水办法，治水九年也没有成功，最终鲧被舜处死。

年，他比父亲更有才能，经过考察和分析，禹发现要想治理洪水，应该采用疏导的办法，将洪水全都导入大海里。而要疏导洪水，就必须先了解地形地势，寻找河源和可以泄导洪水的出口。

为了治水，禹不辞劳苦，他带着一批忠诚的助手，走上了勘察地形的征程。他们带着尺子和准绳，为了了解地势而爬上高山，为了探明河道而蹚水下河。禹走遍了山川湖海，将一路上测量出的结果汇总到一起，根据自己勘探的结果将大地分为九个州。然后规划出需要开凿的河道和高山。接着又开始整治九州的山川土地，遇山开山、遇洼筑堤、疏通水道，目的是让洪水能早日流入大海。

据说，禹启程之时才刚与妻子涂山氏结婚四天，涂山氏非常支持大禹的治水大业，没有半点怨言。后来涂山氏生了一个儿子，取名叫启，意思是启行，意在纪念禹启程出

发，治理水患。

启程十个月后，禹在修渠之时刚好路过家门口，他听见屋里有孩子的啼哭声，他知道自己的孩子已经出生了，他多想回家看看妻子和孩子啊！可一想到还有许多人在遭受水患之灾，他就转身离开了。

又过了一年多，禹第二次路过家门口，这时候他的儿子已经会走路了，涂山氏想让他与儿子好好团聚一番，可禹又说："水患不息，所有的百姓都在受难，我哪有心情团聚！"于是禹只是抱了抱孩子，简单地安慰了妻子几句，又匆匆离开了。

等到禹第三次路过家门口的时候，已经是十年后了，他的儿子也长高了许多。启远远地看见禹，就高兴地跑出来叫父亲回家。禹看着儿子感慨不已，摸着儿子的头说："告诉你母亲，水患很快就治理好了，到时候我就回家和你们团聚。"启又一次看着父亲离开

九州与九鼎

大禹把天下分成九个地区，即九州。他让九州进献青铜，铸造了九个鼎，一鼎代表一州。大禹把九个大鼎集中放在都城，后人因此把取得天下称为"定鼎"，从此，九州就成了中国的代名词，九鼎则成了王权的象征。

了。禹三过家门而不入的事传遍了大江南北，为人们所称颂。

禹治水十三年，带领人们走遍了九州大地，到各处开山导流，终于解决了水患，洪水沿着开凿的河渠与水道汇入江河，最终流入大海。在禹的努力下，不仅水患被消除，他曾经整治过的土地也变得比之前更肥沃。人们安居乐业，恢复了生产，过上了幸福的生活。

为了感谢禹的伟大贡献，人们尊称他为"大禹"，即"伟大的禹"。

读史学成语

勃然大怒

释义：形容人因生气而大发雷霆。

出处：汉·班固《汉书·谷永传》："是故皇天勃然发怒。"

例句：爸爸得知儿子逃学后勃然大怒。

功亏一篑

释义：堆九仞高的土山，由于差一筐土而不能完成。比喻只差最后一点而不能成功，含有惋惜之意。

出处：《尚书·旅獒》："为山九仞，功亏一篑。"

例句：眼看就要成功了，你现在放弃岂不是功亏一篑？

奴隶制开启

夏商周

"公天下"变成"家天下"

世袭制的开创

禹建立了中国历史上第一个奴隶制王朝——夏朝，之后他的儿子启继位，再之后启又传位给儿子太康。世袭制的建立，宣布禅让制从此退出历史舞台。

洪水退去后，人们都非常感谢大禹，大禹凭借治水的大功以及三过家门而不入的奉献精神，在人们心中树立了极高的威望。而此时的舜已经年迈，舜也很欣赏大禹的品德和能力，因此将首领之位禅让给大禹。大禹即位后，舜就带着妻子和孩子，移居到外地了。因为那时有个习惯，新旧权力交接后，老的首领要主动离开都城，不再妨碍新的首领行使权力，也方便他树立威望。舜让位后，去南方巡游，后来病逝在途中。

禹成为首领后，励精图治，威望大增，接受朝贡的物品越来越多，权力不断增大。约公元前2070年，禹统治的部落联盟的规模已经无比庞大，于是他建立了夏朝。

　　随着年纪越来越大，禹开始考虑继承人的事情。一开始，禹推荐了大公无私的法官皋陶为自己的继承人，可不曾想皋陶虽然很有威望，但还没等到接受禅让，就去世了。继任者没了，各氏族部落又推举出了曾有力地协助大禹治水的伯益做继任者。

　　大禹去世后，伯益按照禅让的传统，先躲到一个地方去了，以表示谦让。接下来，便由各氏族部落决定继承人。已经拥有强大势力的启（禹的儿子）在众多拥护者的支持下，继续执政。这一打破常规的做法引起了一些部落的不

人物档案

皋陶，偃姓，皋氏，上古时期华夏部落首领，被后世尊为"中国司法始祖"。相传，皋陶构建了中国最早的司法制度体系（五刑、五教），他还强调"法治"与"德政"的结合，促进了社会和谐，为后世儒家和法家思想的产生奠定了基础。

满，其中有扈氏的反应最强烈。于是，双方便展开了战斗，最终启征服了有扈氏，巩固了地位。

除掉了所有反对势力之后，启召集各部落首领，举行了一场声势浩大的献祭神灵活动，这就是历史上有名的"钧台之享"。通过这次盟会，启确立了自己的天下共主地位，开始了"家天下"的历史。从此，王位世袭制取代了禅让制。夏朝建有军队，制定了刑法，设置了监狱，还制定了历法，国家的雏形逐渐显现。从此，中国从原始社会步入了奴隶社会。

世袭制

世袭制是古代帝王权力更迭的一种方式，君王会按照血缘关系让自己的儿子或者兄弟继承权力，也有叔侄相承，是一种家族内的权力传承。

读史学成语

大公无私

释义：极其公正，毫无私心。

出处：清·龚自珍《论私》："且今之大公无私者，有杨、墨之贤耶？"

例句：为官者应清正廉洁、大公无私。

声势浩大

释义：声威和气势非常盛大。

出处：明·施耐庵《水浒传》第六十三回："如今宋江领兵围城，声势浩大，不可抵敌。"

例句：一场声势浩大的运动会正在体育场举行。

太康失国，少康复国

上梁不正下梁歪

启坐上王位后，平定了不愿意归顺的有扈氏，进一步巩固了自己的统治。没有了后顾之忧的他变得忘乎所以，他开始贪图享乐，常常举行宴会，钟鼓齐鸣，过着醉生梦死的生活。在这样的父亲的"熏陶"下，启的儿子太康也渐渐地不务正业了。

晚年的启摒弃了禹在位时期艰苦朴素的作风，开始挥霍无度，沉溺于饮酒享乐。他的儿子太康继位后，和他一样，沉迷于饮酒与乐曲，尤其喜好狩猎，经常不问政事。最过分的一回，太康不顾大臣们的劝说，带着一大批随从到洛水南岸去打猎游玩，一去就是一百多天。国主迟迟不归，一些部落开始蠢蠢欲动。

黄河下游的东夷族有个叫有穷氏的部落，首领名叫后羿，是一个著名的弓箭手，他野心勃勃，惦记着夏朝的王位。当他得知太康外出游猎，许久未归，认为这是一个夺取王位的大好机会，立刻带兵出发占领了夏朝的

都城。等到太康和随从们带着一大批猎物，高高兴兴地回来的时候，发现洛水对岸早已被后羿的军队封锁，他再也回不去了。从此太康就在洛水南面过上了流亡生活。

后羿赶走了太康后，扶持太康的兄弟仲康当了王，但实权却在自己手里，仲康不过是个傀儡。在这样的境遇之下，仲康忧郁而死，他的儿子相即位。后来，野心不断膨胀的后羿把相驱逐出去，自己登上了王位。后羿当了王之后，也变得骄纵起来，他把国家政事交给他的亲信寒浞，然后也像太康一样，外出打猎，炫耀自己百发百中的箭术。可后羿不知道，寒浞瞒着他暗中收买人心，扩大自己的势力。直到有一次，寒浞趁着后羿打猎回来正在睡觉，就派人把他杀了。

寒浞就这样坐上了王位，他怕被驱逐的夏朝王族东山再起，于是下令追杀曾经被后羿驱逐的相。

《五子之歌》

太康身处尊位却不理朝政，整日纵情享乐，以致政权被后羿夺取。太康常年流亡在外，太康的五个弟弟随母亲在洛水北岸苦苦盼望太康回来，却始终没能等到。于是，五人在极其失望的情况下，追念祖父禹的功绩和品德，有感而发，作《五子之歌》。

包括相在内的夏朝王室全都被寒浞杀死，只有相的妻子躲过了追杀，当时她正怀着孕，逃回了娘家有仍氏部落，生下个儿子并起名为少康。

少康在艰苦的环境中长大，他的母亲经常给他讲寒浞杀死他父亲相的事，少康非常坚强，从小就发愤图强，立志复兴夏朝。长大后的少康先是在外祖父那里管理牲畜，一闲下来就学习带兵打仗的方法。不料，有一年寒浞听说相的儿子少康还活着，于是立即下令去有仍氏部落追杀少康。少康又逃到了有虞氏部落。

有虞氏的首领

人物档案

少康是夏朝第六代君主，自幼聪明伶俐，年少时受尽磨难，但他励精图治，得到了人们的支持，最终完成了复国大业。少康是中国历史上最早复国的皇帝，夏朝也因为他再次兴盛起来。

叫思，他见少康气度不凡，就收留了他，让他负责管理膳食。经过几年的观察，虞思觉得少康是个可塑之才，于是就把自己的女儿嫁给了他，还让他去管理一块叫作"纶"的土地。又过了几年，纶地被少康治理得人丁兴旺，兵强马壮，还不断吸收了很多隐居在山林中的夏人，少康的势力逐渐壮大起来。

等到少康做好一切复国的准备，就带兵从纶地出发，前去讨伐寒浞。寒浞也是个昏君，多年来只顾享乐，不理政事，早已失了民心，他手下的军队也是一盘散沙。他们看到少康带着大军兵临城下，根本无力抵抗。最终少康取得了胜利，寒浞也被杀死。

就这样，天下又回到大禹的子孙手里。少康光复夏朝的这段故事在历史上被称为"少康复国"或"少康中兴"。

读史学成语

蠢蠢欲动

释义：形容像虫子一样缓慢行动。也比喻敌人将要进攻或坏人准备捣乱。

出处：南朝宋·刘敬叔《异苑·句容水脉》："掘得一黑物，无有首尾，形如数百斛舡，长数十丈，蠢蠢而动。"

例句：临近新春佳节，诈骗团伙又蠢蠢欲动了。

自比太阳的昏君夏桀

历史上第一个亡国之君

桀是夏朝的末代君主，说直接一点就是亡国之君。他在位时，沉迷女色、贪图享乐、嗜杀成性、荒淫无度、重用小人、排斥贤臣，简直把亡国之君的全部要素集齐了，因此夏朝灭亡在他手中也毫不意外。

夏朝发展到后期，开始逐渐走下坡路，桀继位后，夏朝在他手中终于走向了末路。

传说中，桀身材魁梧，力大无穷，能徒手折断鹿角，还能把弯曲的铁钩掰直，曾经独自一人去狩猎，活捉了野牛和猛虎。桀不仅十分勇猛，而且聪明绝顶，

人物档案

桀，姒姓，名履癸，是历史上有名的暴君。他继位前，夏朝就已经逐渐衰落，但他还大兴土木、四处征伐，使得民不聊生。最终被商汤所灭，成了夏朝的末代君主，桀是他的谥号，史称夏桀。

可是他却没有把自己的聪明才智用到治理国家上，而是将心思放在饮酒作乐上，完全不理朝政。

桀是个地道的吃货，饮食非常讲究，每天都要吃东海里的鱼，西北种的水果，调料要用南方产的葱、姜和北海晒出来的海盐。他吃一顿饭，整个国家要有成千上万的人忙活：种菜的、捕鱼的、运输的、做饭的。

不仅如此，桀嫌弃自己住的王宫太小，于是动用数万名百姓，重新建造了一座"倾宫"。之所以叫倾宫，是因为这座宫殿无比高大，人们看着它都担心会倾倒。桀如此劳民伤财，人们因此苦不堪言。

而且桀还十分残暴，非常喜欢打仗，他觉得打仗既能开疆拓土，让自己扬名天下，又能抢夺财宝和美女，以供自己享乐，于是四处征战。在桀的横征暴敛下，国内民不聊生，夏王朝岌岌可危。这一切，桀完全不放在心上，依然横行霸道。有一次他发兵攻打有施氏，有施氏的首领知道桀是个贪财好色的家伙，为了国土不再被侵略，只能把自

己的妹妹献给桀。这就是中国历史上第一个亡国红颜——妹喜。

妹喜长得十分漂亮，桀对她一见钟情，宠爱有加。回到都城后桀的行为更加放肆了，他为了让妹喜高兴，单独为她建了一座富丽堂皇的宫殿，名叫琼室。妹喜也不是省油的灯，传说她有三个奇怪的癖好，一是喜欢看人们在酒池里饮酒，二是喜欢听布帛被撕裂的声音，三是喜欢穿戴男人的官服官帽。

于是桀就又命人建造了一个大到可以在里面划船的酒池，命人在里面不断饮酒，经常有人醉酒后淹死在池中；桀还让人拿出宫中所有的布帛，全部撕烂了给妹喜听。

当时有个叫关龙逄的大臣，为人正直，他看到夏朝在桀的暴政下，一天天走向衰落，几次苦口婆心地向桀进言，劝他以国事为重，改过自新。可桀不但不听，还

二里头遗址

二里头遗址位于洛阳盆地东部的偃师区境内，是中华文明探源工程首批重点六大都邑之一。其年代可以追溯到3800～3500年前，大致处于夏、商王朝时期。考古界大多数学者认为二里头遗址是夏朝的都城遗址，对研究华夏文明的渊源有重要意义。

将关龙逄处死。此后，再也没有忠臣敢来劝谏，桀的身边围满了阿谀奉承的小人。

桀曾说："天上有太阳，同百姓有我是一样的道理。太阳会灭亡吗？太阳灭亡的时候我才会灭亡。"桀的行为激起了百姓们的强烈不满。百姓们恨透了桀，常常咒骂太阳："你这无道的太阳什么时候才会毁灭啊，我们宁愿跟你同归于尽！"可见桀的统治多么不得人心。

读史学成语

苦口婆心

释义：形容怀着好心耐心诚恳地再三劝告和开导。

出处：清·文康《儿女英雄传》第十六回："这种人若不得个贤父兄良师友苦口婆心的成全他，唤醒他，可惜那至性奇才，终归名隳身败。"

例句：王大娘苦口婆心地劝他弃恶从善。

商汤灭夏，取而代之

改朝换代第一人

　　商国原本是夏朝的一个诸侯国，实力强大，在夏朝摇摇欲坠之际，商国首领商汤不断地积蓄力量，连续攻下了葛、韦、顾、昆吾等夏的属国，创下了"十一征而天下无敌"的军事奇迹。商国的攻伐战争极大地削弱了夏朝的实力，为灭夏打下了基础。

　　商汤，即成汤，是商朝的开国君主，商族首领契的第十四代孙。商汤出生时已是夏朝末年，几任君主都昏庸无能，骄奢淫逸，不理政事，百姓苦不堪言，许多诸侯国也生出反叛之心，暗中发展自己的势力。商国是这些诸侯国中数一数二的强者。

　　商汤成了商国首领时，夏朝的君主是荒淫无道的桀，商汤也对桀的统治十分不满，因此很早就立志推翻夏桀的统治，取而代之。

　　商汤勤政爱民，十分重视争取民心，常以桀不得民心的教训告诫自己，因此获得了人民的拥戴。他还知人

善任，商汤家里有个做菜的奴隶叫作伊尹，伊尹常常从做菜的咸淡、火候的掌控上，引申到如何治理国家大事。商汤认为伊尹是个人才，于是解除他奴隶的身份，让他辅佐自己治理国

人物档案

伊尹，商初大臣，名伊，尹是官名。他自幼聪慧好学，尤其喜欢钻研治国之道，原本是商汤家中做菜的奴隶。一次趁着上菜的机会和商汤交谈起灭夏的计划，受到了商汤的赏识，后来被封为相，辅佐商汤灭了夏朝。

家。不仅如此，在军事上，商汤不断地招兵买马，训练军队，提升商国的实力。在对外关系上，也经常帮助邻国，取得了许多国家的支持。

　　商汤为了削弱夏朝的实力，连续攻打了十一个夏的属国，他的灭夏计划也终于传到了桀的耳朵里，于是夏桀就召商汤入朝，直接把他囚禁起来。商国的丞相伊尹知道桀是个什么人，就派人给他送去大批珍

41

宝和美女，并给商汤说情，桀见了这些礼品后竟然把商汤放了回去。商汤算是逃过一劫，他被囚禁的这段时间，把桀的残暴统治看得更清楚了。因此，他更加坚定了推翻桀的决心。

商汤回到商国，加快了灭夏计划的步伐。商汤先是劝说不服桀统治的小国反叛夏朝，归顺商国，然后征服了一些仍然追随夏朝的小国。同时在国内积极笼络民心，让百姓明白桀昏庸无道，天怒人怨，自己是个贤明的国君，他是为了百姓而战。

"网开一面"的典故

　　商汤有一次出外打猎，他看到有个人在林子里张开了四张网，捕捉鸟兽，嘴里还念念有词："天上飞的，地上跑的，四面八方的鸟兽，都跑到我的网里来吧。"商汤听到了，就说："这不就把鸟兽都打光了吗？"于是，商汤砍断了三面网，只留一面，也念念有词："喜欢向左飞的，就向左飞；喜欢向右飞的，就向右飞；愿意留下来的，就飞到网里来吧。"

　　由此有了"网开三面"这个成语，比喻给人多留几条退路。后来人们又改为了"网开一面"，可能是觉得放开"一面"已经很宽容，不能有"三面"都放开的好事。

　　终于，商汤做好了全部准备工作，组建起了一支非常强大的军队，然后挥师进军，浩浩荡荡地前去征讨夏朝。桀得知商汤大军来犯，非常害怕，这时候也不再放纵享受了，连夜集结军队，保卫都城。可商军兵强马壮，来势汹汹，夏朝的士兵与桀离心离德，军纪涣散，所以夏军完全不是商军的对手，被打得四散奔逃。夏军大败后，桀也明白自己大势已去，于是便带着几个随从逃出都城，商汤带兵紧追不舍，终于在南巢抓住了这个暴君。

　　本来商汤想将桀杀死，以平民愤，但转念一想，若是杀了他，岂不是违背了自己宽厚仁慈的原则，百姓会不会对自己有别的看法？既然现在桀已成了阶下囚，谅他也不能有什么作为。于是，商汤就将桀流放，让他自生自灭了。

就这样，夏王朝自大禹建国之后，历经十七位君主，四百多年历史，最终在夏桀的手中灭亡了。商汤得到诸侯的支持和百姓的拥戴，被推举为天子，于是将亳定为国都，建立了商朝。商朝替代夏朝成了中国历史上第二个奴隶制王朝。

读史学成语

苦不堪言

释义：痛苦或困苦到了极点，已经不能用言语来表达。

出处：明·许仲琳《封神演义》第四五回："飞虎曰：'你二人一向在那里？'方弼曰：'自别大王，我弟兄盘河过日子，苦不堪言。'"

例句：连年的干旱令当地的百姓苦不堪言。

力排众议，盘庚迁都

 "殷商"的由来

商朝从建立到灭亡，持续了五百多年。由于王室内斗、水患灾害，商朝一次又一次地迁都，直到盘庚最后定都于殷，商朝终于平稳地度过了后面的二百七十多年，所以商朝又叫作"殷商"。

商汤建立商朝后，并没有定下一个明确的王位继承规则，王室内部一直遵循着父死子继、兄终弟及的规矩。可每一代君主都有好几个兄弟和儿子，如果君主死后，他的兄弟和儿子都想当王，那么对王位的争夺就在所难免。事实也是如此，每一代商王死后，都会爆发一场激烈的"王位争夺战"，导致商朝经历了持续近百年的混乱局面，史称"九世之乱"。九世之乱使商朝衰弱不堪，诸侯也不来朝拜。

盘庚是商汤的第九代孙，他也是经过了一番激烈的争斗才登上王位，因此他深知这么多年来的王位争夺，给商朝带来了很大的危害。老百姓苦不堪言，常常大量逃亡，生产也因此荒废。再加上当时的国都地势低，每到雨季又

总发生洪涝灾害，人民生活在水深火热之中，照这么发展下去，国家难以长久。盘庚深谋远虑，下定决心要挽救濒临灭亡的商朝：既要抑制王族的势力，也要缓和阶级矛盾冲突，更要躲避灾害，复兴国家。

盘庚认为，扭转国家颓势的最佳出路就是迁都，经过一番考察，他发现最合适的地点就是殷。

之所以选择殷作为新的都城，原因有三点：第一，殷地有一大片平原，那里土地肥沃，不仅适合农业生产，更能避免水患灾害。第二，殷地位于太行山西面，有险峻的太行山作为屏障，可以阻挡反叛势力的进攻，减

人物档案

盘庚，商朝国君，商汤第九代孙。即位时，商朝内部政治腐败，阶级矛盾尖锐，国家混乱，国势衰弱。后来盘庚迁殷，复兴商朝，使得诸侯纷纷前来朝拜。故后世称商朝为"殷商"。

少都城的威胁，稳固商朝的统治。第三，迁都完成以后，百废待举，一切都得从头做起，王族和奴隶主的权力会受到限制，这样还可以缓解阶级矛盾。

虽说迁都是个一举多得的决定，但实施时却遭到了许多人的反对，尤其是奴隶主贵族。奴隶主们在旧都经营多年，若是抛家舍业搬到了新都，利益肯定会大受影响。而贵族们也害怕到了新都不能照旧享乐。还有许多百姓认为迁都劳民伤财，不愿背井离乡。盘庚不仅深谋远虑，还是个天才演说家，他两次把奴隶主和贵族召集起来，对他们解释自己迁都的原因。

第一次演讲是劝说，盘庚向他们一一分析了旧都的弊端和迁都的好处，他还说："我这样做，完全是像先王关心臣民那样在关心你们，保佑你们，我会带着你们去寻求安

最古老的文字——甲骨文

在殷都的旧址上，现代考古人员发掘出许多龟甲和兽骨，上面都刻有文字，这就是迄今为止我国最早的文字——甲骨文。我国有文字记载的历史，就是从甲骨文开始的。

甲骨文和现代的文字差别很大，更接近于一个个图形。在发现的10余万片有字甲骨中，就含有约4500个不同的文字图形，其中有一部分能够被识别出来，已经是相当成熟的文字系统了，现代汉字就是从甲骨文逐步演变而来的。

乐的地方。你们如果不与我同心，先王的在天之灵便要责罚你们。"第二次演讲则是威胁，盘庚以君王的身份下达命令，强硬地说："大家必须老老实实地服从迁都的命令，否则我就要进行严厉的制裁。若是有谁仍然不服，我就把他杀了，绝不让他把邪恶的种子带到新的国都去！"

盘庚用了软硬兼施的手段，奴隶主和贵族们全都老老实实地答应迁都了。

迁都完成后，问题又来了，百姓们到新的都城，有很多不习惯，怨声四起，许多人吵嚷着要回老家。一些奴隶主和贵族就趁机起哄，煽动大家要求回迁。盘庚又一次发表了讲话，这次的语气更加强硬，他警告闹事的奴隶主和贵族，闹事者必将遭到严惩，他还说贵族们应该与民同心，不要只贪图享乐，而是要和自己一起治理好这个国家。在盘庚的努力下，社会终于渐渐安定下来，殷都也被建设成了一个繁荣的都市，商朝也得到了复兴。

读史学成语

百废待举

释义：许多被搁置的事情等着要兴办。

出处：吴晗《海瑞罢官》："百废待举，他不出头做主，实在令人着急。"

例句：大地震后的汶川可谓百废待举。

奴隶也能做贤臣

打破传统立武丁

盘庚死后传位给其弟小辛，小辛又传位给弟弟小乙，小乙在位期间碌碌无为，国家渐渐衰败。按照传统，下一任君主应该是盘庚的儿子，但小乙发现自己的儿子武丁有治国之才，于是违背了传统，立儿子武丁为太子。

公元前1250年，武丁即位成为商朝国君。武丁即位以后，发现朝堂上全是佞臣，缺少优秀的大臣相辅佐。于是，即位三年，武丁一直不理朝政，大臣们办事他也不发表意见，嘴巴闭得紧紧的。

就在百姓们纷纷猜测他是不是哑巴，或得了什么绝症的时候，武丁突然说话了，他说梦见天帝向自己推荐了一名贤臣，那贤臣名叫"说"。第二天，武丁把梦中贤臣的样子画在了木板上，命大臣们出去寻访。

大臣们奉命寻找，找了很久也没找到。直到有个大臣灵机一动，说："画像上面的人，穿着破破烂烂的衣服，

身上还套着绳索，会不会是个奴隶呢？"大臣们觉得不可思议，但还是扩大寻找的范围，终于在傅岩一带找到了和画像一模一样的"说"，那竟然是个正在修土堤的囚犯。大臣们惴惴不安地把他带到武丁面前，武丁一看到"说"便笑了，很有兴趣地和"说"交谈起来，发现他果真是位贤德之人，非常高兴。

世上真有这么巧的事吗？原来，年少时候，武丁曾奉父命到民间体察民间疾苦，他隐瞒王室身份，和平民、奴隶一起劳作，深深懂得百姓疾苦。也就是在那时，他偶然认识了"说"，他发现"说"虽然是奴隶，却谈吐不凡，在和武丁交谈的过程中还提到了不少治国的思路，武丁非常吃惊，暗暗记住了他。可是，想提拔

一个身份卑贱的奴隶，大臣们肯定不会同意。

武丁即位后，要按规矩为父亲小乙守孝三年。三年中，武丁一边仔细观察群臣，看谁是真心为国家办事的，一边苦苦思索怎么让大臣接受"说"。最后，他想到了借天帝之名的法子，于是出现了"武丁梦贤臣"的故事。在那个年代，大臣们即使对国君的决定不满，也不敢违背"天意"。

武丁仔细考察过"说"后，认同了他的才能，便正式向百官宣布，任命"说"为左相。因为是在傅岩这个地方找到他的，他便以"傅"为姓，称为"傅说"。

除了傅说，武丁还接连任用了一批贤能的大臣，如甘盘、祖己等。一次，武丁在太庙祭祀祖先的时候，一只野鸡飞了进来，停在鼎耳上鸣叫，武丁为此惴惴不安。祖己趁机说："上天考察下民是看他们是否符合道义，大王您继承帝位，只要勤于政事，朴素节俭，符合

人物档案

　　傅说原本只是个连姓氏都没有的奴隶，因为得到了帝王的青睐，他的命运发生了传奇般的转折。傅说凭借卓越的才能辅佐商高宗武丁治理国家，因"武丁中兴"而名留青史，留有"知之非艰，行之惟艰"的名句。

天意，就算有不祥的征兆，也会被化解的。"原来，祖己看到武丁带来的祭品太丰盛，怕武丁会变得奢侈起来，才故意这么说的。武丁看看太庙里的祭品，一下就明白了。

武丁重用这批贤能之士后，国家事务渐渐走上了正轨，政事处理得井井有条。当国内的吏治逐渐稳固之后，武丁接着就开始了对外的征服，并严惩那些胆敢进犯的小国。当时商朝西北方的鬼方、工方和土方不时骚扰商朝，武丁亲自率军征讨，对鬼方用兵长达

第一个女将军妇好

妇好是武丁的嫔妃之一。她能文能武，不但是国家的主要祭司，经常主持祭祀占卜典礼，还曾经多次带兵出征。妇好曾多次带兵讨伐羌、夷、土方等族，在一次讨伐羌族的战争中曾经统率一万三千多人。妇好率军前后征服了二十多个国家，堪称武丁时代开疆拓土的头号女功臣，是中国历史上首位有明确记载的女军事家。妇好死后，武丁悲痛欲绝，为她修建墓穴以表纪念，有独葬的巨大墓穴，而且有拜祭的隆礼。妇好墓于1976年在安阳西郊小屯村被发掘时，墓内随葬品高达1900多件，这在商朝时期是非常少见的。

先秦时期

三年，才将其平定。几年之后，又把工方、土方平服。到了武丁末年，商朝已经成了版图十分庞大，国内包含众多部族的大国。武丁统治商朝的时期被称为"武丁中兴"。

读史学成语

惴惴不安

释义：形容心中既担心又害怕，很不安定。

出处：《诗经·秦风·黄鸟》："临其穴，惴惴其栗。"清·褚人获《隋唐演义》第七十二回："中宗在均州闻之，心中惴惴不安。"

例句：归期已至，丈夫依然没有消息，她的心中开始惴惴不安。

酷刑之王——商纣王

亡国之君

  历史上，聪明有才智的皇帝不胜枚举，昏庸残暴的君王也有不少，可是像商纣王这样，集聪明才智与昏庸暴虐于一身的，可谓是世间罕有。可商纣王没有将自己的高智商用在正道上，最终断送了商朝五百多年的基业。

  公元前 1075 年，帝辛即位成为商朝国君，又称"纣王"。他从小天资聪颖，能言善辩，经常因为觉得自己智慧过人而拒绝大臣的劝谏，又凭借自己的口才掩盖自己的过失；而且帝辛武力过人，能徒手与野兽搏斗。他还亲自领兵打败了侵占商朝的东夷各部，把商朝的疆土开拓到东南一带，最初是很有作为的。

  可随着战功的积累，商纣王变得骄傲起来，他认为天下所有的人都比不过他，总是在大臣面前夸耀自己，炫耀自己的智慧和功绩。时间一长，他变得比夏桀还要荒淫。他让人在王宫里挖了一个大池子，里面灌上美酒，叫作"酒池"，又叫人在宫里种上一片树，把肉干挂在里面，叫作"肉

林"。他和宫女们在酒池肉林中追逐嬉戏，渴了就喝酒池里的酒，饿了就摘肉林里面的肉吃。他嫌现在的都城规模太小，配不上他的功业，就征调了成千上万名奴隶和工匠，将沫邑扩建成自己的游乐园，并改名为"朝歌"，还修建了一座豪华壮丽的高台楼阁，叫作"鹿台"，供自己和爱妃妲己享乐。他就这样通宵达旦地饮酒作乐，不理朝政。

为了威慑反对他的统治的人，商纣王发明了许多恐怖的酷刑。其中最出名的就是"炮烙"之刑，就是在空心铜柱中放上木炭，把铜柱烧得通红，让犯人赤脚在铜柱上行走，犯人若忍不住铜柱的烧灼就会掉进下方的炭炉中，被活活烧死。还有一种"醢刑"，就是把人杀死后剁成肉酱。当时有

人物档案

妲己（？—前1046），己姓，名妲，有苏氏人。商纣王曾经攻打有苏氏部落，有苏氏战败，献出了妲己作为纣王的妃子。商纣王非常宠溺妲己，任由她祸害朝政，为非歹。可以说，商纣王过分宠幸妲己加速了商朝的灭亡。

 好看的 中国历史

一个名叫梅伯的贵族，觉得商纣王行事太过残忍，几次劝谏他，结果被商纣王剁成了肉酱，他还强迫那些为梅伯求情的人吃掉梅伯的肉。还有一种"脯刑"，就是把人杀死以后，切成块，再晒成肉干。据说鄂侯曾经指责商纣王无道，就被商纣王制成了肉干。就连商纣王的叔叔比干也因为劝谏被商纣王把心脏挖了出来。

眼见商纣王如此残暴，谁还敢留在朝中？许多大臣出逃，商纣王的耳边再也听不到劝谏的声音了。

就在商纣王只顾着安逸享乐的时候，商朝西边的一个诸侯国——周国逐渐兴盛了起来。西伯侯姬昌是商纣王手下的诸侯，他仁慈爱民，治内百姓安居乐业，一片

 "尸位素餐"的商朝习俗

"尸位素餐"这一成语，用来形容空占着职位，不做事而白吃饭。这源于商朝的一个习俗。

夏、商两朝都非常重视祭祀祖先，尤其是朝廷祭祀祖先的典礼十分隆重。祭祖的时候，除了准备供品，还会选一个子孙，充当逝去先祖的"尸"，接受百官的祭拜。"尸"一般选长子长孙，即太子或相当于太子的人。

在祭祖前，"尸"要诚心诚意沐浴、斋戒，在干净整洁的房间待上 3～7 天，什么工作也不用做。祭祖时，也只要恭恭敬敬地坐在祭台上就行了，这就叫"尸位素餐"了。

安定繁荣。时间一久，姬昌的名声越来越大，无法忍受商纣王残暴的商朝百姓、朝中大臣都去追随姬昌。忠于商纣王的石崇虎把这些情况告诉了商纣王，商纣王不由分说就派人把姬昌抓了起来。姬昌的大儿子伯邑考为了救出父亲，不顾大臣阻拦，跑到朝歌找商纣王求情，也被商纣王抓了起来。

姬昌被关进牢里，并没有闲着，而是精心研究上古圣人伏羲留下的先天八卦，把八卦演变成六十四卦，写成了《周易》一书，流传出去后，姬昌被百姓夸为圣人。这事传到商纣王耳朵里，商纣王气坏了，就把伯邑考做成了肉羹，派使者送给姬昌吃，姬昌为了不触怒商纣王，不得不吃下儿子的肉。

读史学成语

能言善辩

释义：很会讲话，擅长辩论。形容口才非常好。

出处：清·李汝珍《镜花缘》第十八回："小弟从未见过世上竟有这等渊博才女！而且伶牙俐齿，能言善辩。"

例句：裴律师以能言善辩而远近闻名。

文王访贤，武王伐纣

众叛亲离的商纣王

在商纣王无道的统治下，商朝内部没有贤臣，外部没有诸侯归附，百姓敢怒不敢言，一旦有人举起反抗大旗，天下人必将跟随，到时候等待商纣王的，就只有灭亡。

周文王姬昌被纣王囚禁了七年，周国的臣子们想尽了办法，终于用美女、名马、珍宝等赎回了姬昌。

姬昌爱民如子，他在被囚禁的这几年看遍了商纣王的残暴行径，对商纣王痛恨不已，如今商纣王民心尽失，他决定讨伐商纣王。可是起兵造反乃是大事，他身边缺少一个有才能的人来辅佐他完成这件大事。

有一天，周文王带着一队兵马到渭水边打猎，有一个老头正坐在河岸边钓鱼，老头身边有大队人马过去，他却只当没看见，一直低头安安静静地钓鱼。更奇怪的是，他的鱼钩是直的，没有挂鱼饵，离河面还有三尺高，这怎么能钓到鱼呢？有个樵夫问老头："你这鱼钩是直的，

　　还没挂鱼饵，你这叫钓鱼吗？"老头慢悠悠地回答："愿者上钩，愿者上钩。"樵夫追问："那你这鱼钩离河面这么高，鱼就算会蹦也够不到啊！"老头又是慢悠悠地回答："我钓的不是鱼，是王侯。"

　　周文王看到这一幕，觉得这个老头不是一般人，就恭敬地走到老头跟前，跟他聊起来。

　　经过一番交谈，周文王得知那老头名叫姜尚，是一个精通治国与打仗的能人。二人从讨伐暴君聊到兴邦治国，又聊到如何使天下归心，周文王被姜尚的才能深深地折服，大有相见恨晚之感。周文王握住姜尚的手，说："我的太公（祖父）在世时曾经对我说过，

将来会有个圣人辅佐我兴盛周国，说的一定就是您吧！您让我的太公盼望了很久啊！"说罢，周文王就请姜尚一起回宫，姜尚被周文王的诚意打动，答应辅佐他治理国家。

后来，姜尚被拜为太师（武官名），尊称"太公望"，这就是"姜太公"之名的由来。

有了姜太公的帮助，周文王立刻开始筹备讨伐商纣王的计划。他在国内提倡生产，安抚民心，同时训练兵马，增强国力；对外则不断收服愿意归顺的诸侯，一点一点扩大周国的势力。又过了几年，周文王已经占领了商朝三分之二的土地，实力空前强大，讨伐商纣王指日可待，但周文王仍然老老实实地向商纣王称臣纳贡，以此来麻痹商纣王。其实诸侯的心里都清楚，周国取代商朝，已然是大势所趋。

可是，伐纣大业只剩最后一击的时候，周文王病逝了。之后，他的二儿子姬发继承了王位，就是周武王。

 人物档案

　　姜尚，字子牙。商末周初杰出的政治家、军事家，辅佐周文王建立霸业，辅佐周武王消灭商纣王，建立周朝，是周朝的开国元勋，被后人尊称为"兵家鼻祖""武圣""百家宗师"。

后来，商纣王杀了忠臣比干，囚禁了规劝他的叔父箕子，不少大臣都逃跑了，而且商朝大军在外征战，都城内防御薄弱。得知消息的周武王认为灭商的时机已经成熟了，就立即率领大军向朝歌进攻。

周国与各诸侯国的军队在孟津会合，很快打到了离朝歌只有七十多里的牧野。这个时候商纣王的主力还在东南打仗未归，商纣王只好匆忙将七十万东夷战俘及奴隶临时武装起来，亲自领兵应战。

牧野之战打得异常惨烈，可没有经过训练的乌合之众哪里打得过姬发的精兵。商纣王见大势已去，便逃回了朝歌，穿上镶满珠宝的宝衣，登上高高的鹿台，叫人点上一把大火，投火自尽了。商朝五百多年的基业，也

"商人"的由来

原始社会是没有货币的，大家想要买东西都是以物易物。帝喾高辛氏的七世孙王亥（商族人的先祖）将牛驯服饲养，用来驾车和驮运东西。自从亥驯服了牛作驮运工具后，荒寂的平原上，经常能看到一队人赶着牛羊，穿行在各个方国、部落之间进行贸易。久而久之，人们便觉得跑买卖的人都是商族人。时间久了，人们就把'族'字去掉，简称"商人"，这一称呼沿袭至今。

随之化成了灰烬。

周武王灭商后，建立了周朝，定都镐京，史称"西周"。

读史学成语

相见恨晚

释义：形容意气极其相投。

出处：宋·方千里《六么令·照人明艳》词："当时相见恨晚，彼此萦心目。"

例句：两人秉烛夜谈，大有相见恨晚之意。

指日可待

释义：指明日期，可以等待实现。形容不用多久某件事情或希望等就会实现。

出处：宋·曾肇《论内批直付有司》："推今日欲治之心，为之不已；太平之功，指日可待。"

例句：晓芳敏而好学，考上重点高中指日可待。

大势所趋

释义：整个局势的发展趋向。

出处：宋·陈亮《上孝宗皇帝第三书》："天下大势之所趋，非人力之所能移也。"

例句：如今科技发展日新月异，扫码支付在我国普及已成大势所趋。

代理天子——周公

周公摄政

　　国君年幼，无法执政，周公担起了治国重任。平叛乱、封诸侯、制礼乐，呕心沥血治国七年，后还政于周成王。奠定了周朝八百多年的统治基础，对中国历史的发展有着深远的影响。

　　周公姬旦是周武王的弟弟，在周武王伐纣之路上，周公一直辅佐在周武王左右，因此周武王临终前将自己年幼的儿子姬诵，以及辅政大权都交到了周公手里。周公为周武王举行了隆重的葬礼，然后又把姬诵扶持为天子，即周成王。考虑到天下初定且周成王尚年幼，周公害怕诸侯生出反叛之心，因此负责担任摄政王，代为处理所有国家大事。

　　周公才华横溢，能力非凡，他与周武王一起长大，感情极深，二人受过周文王不少教导，所以周公在执掌朝政的时候，对朝野内外的事情十分了解，而且办起事来尽心尽力。

尽管周公位高权重，但他为人仍然十分谦虚谨慎。俗话说一个好汉三个帮，治理国家如此大任，令周公十分繁忙，他更加需要人才来帮自己出谋划策、分忧解难，

人物档案

周公姬旦，姓姬名旦。西周的开国元勋，杰出的军事家、政治家、思想家、教育家，曾两次辅佐周武王讨伐商纣王，被尊称为"元圣"，是中国儒学的奠基人。

因此他经常招揽各种能人志士。有一次，周公正在洗头发时，刚把头发浸湿，下人就说有人求见。那时候人们的头发都留得长长的，洗起来非常费劲，周公只好握着湿漉漉的头发出去接待。等办完事回来接着洗，可洗到一半，下人又有事报告，他又一次握住湿头发出去。就这样来回三次，周公才将头发洗好。

还有一回，周公正在吃饭，刚把饭放进嘴里，外边就有人来访，他来不及咀嚼，直接把饭吐了出去，然后去接待客人。一顿饭的工夫，被来访的客人打断三次，周公就连吐了三次。家人见他忙成这样，心疼地说："您位高权重，为什么不能让人家等一等，吃完饭再去接待呢？"周公却说："这些人来访，都是来谏言献策的，我恨不能马上就听到，怎么能怠慢了人家呢？"周公为了将周朝治理好，如此呕心沥血，可居然还有人说他的坏话。

有一天，下人急忙向周公报告："周公啊，您的兄弟管叔和蔡叔在外面造谣，他们说您要逼年幼的周成王退位，自己做天子！谣言闹得沸沸扬扬，连姜太公和召公这些先王老臣也都快要相信了！"

 "天子无戏言"的由来

周成王小的时候，和弟弟叔虞在宫里玩耍，一时高兴，拿起一片梧桐叶，剪成玉圭的形状，送给叔虞，说："给你这个玉圭，我以后要把你封到唐国当国君。"周成王小孩心性，说过的话，转眼就忘了，可这事传到了周公耳中，他立刻赶到宫中，笑容满面地向周成王道贺，周成王笑道："叔叔，我和叔虞闹着玩呢。"周公却立刻严肃地说："天子无戏言！无论是谁，承诺的话就要做到，更何况你是天子！"于是，周成王只得挑了一个吉日，把唐地封给了叔虞。

　　周公没想到，自已全心全意地处理国事，竟然还会受到人诽谤。他召来姜太公、召公等人，掏心掏肺地对他们解释了一番，姜太公等人被周公的一片诚心感动，再看见他确实在呕心沥血地治理国家，就都相信周公了。随后周公主动将手中的权力交给姜太公等人，又立刻为周成王举行了"冠礼"仪式，表示周成王可以亲政了，然后就离开了镐京。

　　周公一走，商纣王的儿子武庚蠢蠢欲动，很快就拉拢到管叔和蔡叔，他们一起发动了叛乱。其他一些诸侯国也乘乱起兵反周。这下所有人都明白周公要篡位的事是谣言了，周成王赶紧把周公请回来主持大局。在周公的号令下，经过三年艰苦的征战，国家终于转危为安。

　　周公一生为了周朝鞠躬尽瘁，他扩张疆土、安定社会、完善礼乐、制定法律，使周朝得以繁荣、顺利地发展。

 **读史学成语**

鞠躬尽瘁

　　释义：形容小心谨慎，竭尽全力效劳。常和"死而后已"连用。

　　出处：明·宋濂《先府君蓉峰处士阡表》："祖妣夫人与显考鞠躬尽瘁，誓勿蹶其门。"

　　例句：诸葛亮一生鞠躬尽瘁，死而后已。

与民争利的周厉王

贪财暴君

　　周厉王恐怕是历史上最贪财的皇帝了，百姓连砍柴、喝水、走路都要交钱，为了"消除"百姓的不满，堵住悠悠众口，他又施行高压政策，最终引起了中国历史上第一次全国规模的大暴动。

　　西周初期，几代周王都勤于政事，政治清明，百姓安居乐业。到了第十代皇帝周厉王姬胡的时候，周朝开始走下坡路。周厉王不仅没有治国才能，还贪婪至极，生活奢靡，挥金如土，周朝国库都让他挥霍空了。为了聚敛更多的钱财来维持自己奢靡的生活，他满脑子都想着如何压榨百姓。

　　当时，有个奸臣名叫荣夷公，周厉王十分信任他。荣夷公为了帮周厉王搜刮民脂民膏，想出了一个馊主意，那就是增加税收，而且还专门制定了一个"专利"制度。所谓"专利"就是天下的一切，不论是山川草木、河流湖泊，

好看的 中国历史

还是虫鱼鸟兽，全部归周厉王所有。平民百姓要是想上山砍柴或是去湖里捕鱼，甚至是喝水、走路都要交税。专利制度的实施，使得百姓苦不堪言，也引起了许多贵族的不满，全国上下怨声载道，街上随时能听到痛骂周厉王的声音。

大臣召穆公看到国民的生活变得越来越困苦，就向周厉王劝谏说："大王，您做得太过分了，百姓连日子都过不下去了，现在街头巷尾都对您议论纷纷，这样下去天下会大乱的！"可周厉王却满不在乎地说："你不用着急，我有办法让他们闭嘴。"

于是，周厉王下了一道命令，严禁百姓议论朝政。不仅如此，他还派人监视百姓，如果发现有谁说自己的坏话，就格杀勿论。这样一来，人们即便有满腔怒火也不敢再说一句话，熟人在路上相遇，也不敢打招呼，只是用眼神相互示意一下，就匆匆走开了。成语"道路以目"就是这么

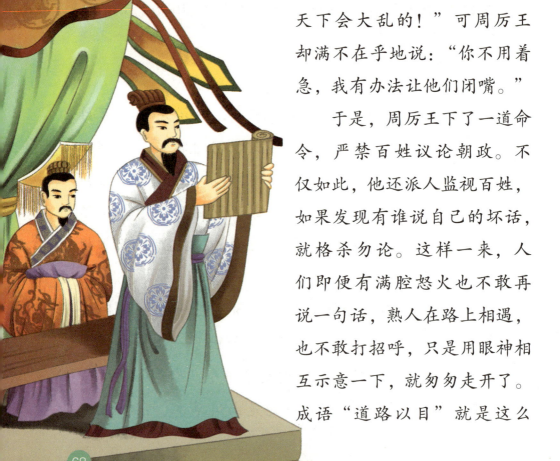

来的。

百姓沉默了一段时间后，周厉王十分满意。召穆公再一次进言说："您堵住天下人的嘴，不让人说话，但百姓的怨气并

人物档案

召穆公，名虎，周朝贤臣，为第一代召公姬奭的后人，承袭爵位，为王卿士，从周厉王末至周幽王初一直掌管国家政事。

没有减少，这样下去，结果会比堵住河流还要危险啊！河流被堵住就会泛滥成灾，百姓的嘴被堵住，早晚会酿成大祸的呀！"可周厉王根本不听，依旧我行我素。

百姓的嘴巴被堵住一天，怒火就增长一分，最终在公元前841年，都城镐京的百姓忍无可忍，在一天深夜组织了一场大规模的暴动。老百姓们趁着夜色包围了王宫，叫嚷着要冲进去杀掉周厉王。周厉王被吓

野人与国人

古代特别是西周和春秋时，将居住在国都郊野的人称为"野人"，通常为农业生产者；而居住在国都的人，通称为"国人"，这些人有服军役和纳军赋的义务，也有参与议论国事的权利，因此周厉王时期才发生了以国人为主体的"国人暴动"。

坏了，连忙逃出王宫，太子则躲到了召穆公的家。大家找不到周厉王，愤怒无处发泄，又围住召穆公的家，要求他交出太子，召穆公忍痛割爱，只得将自己的儿子交了出去，不明真相的人们将假太子活活打死后才愤愤离去。

周厉王虽然活了下来，却成了流亡之人，最终客死异乡。国不可一日无君，经大臣们商议，暂时由召穆公和周定公二人共同执政，历史上称为"共和行政"。

读史学成语

我行我素

释义：平常是怎样的，就怎样行事，不受别人的影响。

出处：清·李宝嘉《官场现形记》第五十六回："幸亏钦差不懂得英文的，虽然使馆里逐日亦有洋报送来，他也懒怠叫翻译去翻，所以这件事外头已当着新闻，他夫妇二人还是毫无闻见，依旧是我行我素。"

例句：他对大家的埋怨置若罔闻，仍然我行我素。

烽火戏诸侯

开过头的玩笑

有时候，昏君的昏庸程度真是令人难以想象。周幽王愚蠢至极，为博妃子一笑，竟然把诸侯大军当猴耍，上演了一场真实的"狼来了"的故事，最终周幽王落得个身死国灭的下场。

周幽王姬宫涅是西周的第十二代皇帝，他荒淫无度，只知道吃喝玩乐，完全不理朝政。任凭虢石父这样的奸臣祸乱朝纲，胡作非为。

当时褒国的国君得罪了周幽王，周幽王派大军攻打褒国，弱小的褒国根本挡不住周国的大军，很快就战败了。褒国的国君听说周幽王十分好色，为了保住国家，他诚心诚意地向周幽王投降，并且献出了一名叫作褒姒的美女。周幽王一见到国色天香的褒姒，魂都要被勾走了，当即接受了投降。

美人在怀的周幽王高兴极了，每日和褒姒如胶似漆。

可是自从进宫以后，褒姒总是闷闷不乐。周幽王为了取悦她想尽了办法，可还是难博美人一笑。周幽王无计可施，于是悬赏天下：谁要是能让褒姒笑一下，就赏他一千两黄金。

这时候，奸臣虢石父给周幽王出了一个馊主意。在当时，周王朝为了防备犬戎部落入侵，在骊山（今陕西临潼东南）上建造了二十多座烽火台，每座烽火台相隔几里地。如果犬戎部落打过来，镇守的兵士就点燃烽火，烽火台一座接一座地燃起，附近的诸侯看见烽火就会发兵来救。虢石父动了利用烽火台的歪脑筋，他对周幽王说："大王，您

看现在天下太平，烽火台已经很久没有使用了。如果大王跟娘娘去骊山玩几天。到了晚上，咱们点燃烽火，把诸侯们全都骗过来，娘娘见到这么多兵马扑了个空，肯定会笑起来。"

第二天周幽王就带人去了骊山，并且点燃了烽火。临近的诸侯看到烽火燃起，以为是有敌人入侵，纷纷连夜带兵赶来。可没想到骊山脚下连一个敌兵的影儿都没有，只听到山上不断有奏乐的歌舞声，一众诸侯都傻眼了。

这时候周幽王的使者和诸侯说："其实并没有外敌入侵，不过是大王和王妃在闹着玩儿呢，你们回去吧！"诸侯得知自己被戏弄了，既生气又无奈，只能憋了一肚子气回去了。褒姒看见这千军万马被周幽王召之即来，挥之即去，却又不敢有一句怨言的样子十分可笑，忍不住笑出了声。周幽王看见褒姒的笑脸，比褒姒还开心呢，立即赏给虢石父千两黄金。

周幽王为了再讨褒姒的欢心，干脆把申后和太子都废了，改立褒姒为王后，褒姒生的儿子伯服就成了太子。结果这一废

人物档案

虢石父，姓姬名鼓。周幽王的宠臣，十分善于谄媚奉承，且贪财好利，经常欺压剥削百姓，遭到了全国百姓的怨恨。周幽王十分信任他，在他的谗言之下，周幽王一步一步走上了亡国的道路。

一立给周幽王招来了灭顶之灾。原来申后的父亲是申国的国君申侯，申侯听说自己的女儿被废了，愤怒不已，就联合缯国和犬戎部落进攻镐京。

公元前771年，周幽王还沉迷于酒色中时，申国、缯国的军队和犬戎的兵马已经把镐京包围了。周幽王听见兵临城下的消息，吓得惊惶失措，连忙下令点燃骊山的烽火，向诸侯求援。

烽火点燃后，诸侯以为周幽王又在闹着玩儿，就都没有理会。烽火烧了一天一夜，周幽王却没等来一个救兵。

朝外没有援兵，朝内的士兵们也乱作一团，因为平时周幽王就常常克扣士兵们的军饷，以供自己花天酒地，导致现如今士兵们根本不愿为这昏君卖命，不少人都临

青铜文化

中国的青铜器出现得很早，在商朝时就已经十分盛行。商晚期至西周早期，是青铜器发展的鼎盛时期。青铜器的主要类型包括食器、酒器、礼器、乐器、兵器等，制作精巧，器型多样，花纹精致。其中铭文是青铜器重要的特征之一，青铜器上的铭文记录了当时的法律、封赏、战争、祭祀等，是研究西周历史的重要资料。

阵脱逃了，很快镐京就沦陷了。

犬戎士兵杀进了镐京城时，周幽王已经带着褒姒和太子伯服从皇宫后门逃到了骊山。周幽王到了骊山又一次下令点燃烽火，然后躲进骊宫等待援兵。犬戎士兵一路追到骊山，包围了骊宫。周幽王又想坐车下山逃走，可犬戎士兵又追了上来，犬戎士兵将守车的士兵杀光，看见车里衣着华丽的周幽王，就知道他是天子，然后一刀将他和太子伯服杀死，褒姒也被掳走了。

等到诸侯们确定镐京真的有敌人入侵，才联合起来前去救援。而这时犬戎士兵早已把镐京内全部的金银财宝一抢而空，放了一把火就撤退了。

犬戎大军退去后，诸侯们又立原来的太子姬宜臼为天子，即周平王。但此时镐京早已被战火毁灭，周朝西边大多土地也被犬戎占据。周平王就下令将国都迁到东边的洛邑（今河南洛阳）。公元前770年，周平王迁都洛邑，建立了东周，历时270多年的西周王朝宣告灭亡。

 读史学成语

如胶似漆

释义：像胶和漆混黏在一起一样，不可分离。比喻关系极密切，难分难舍。多指恋爱中的男女或夫妻。

出处：明·施耐庵《水浒传》第二十一回："那张三和这阎婆惜，如胶似漆，夜去明来，街坊上人也都知了。

例句：正值新婚燕尔，夫妻二人如胶似漆，感情甚笃。

无计可施

释义：形容毫无办法。

出处：明·吴承恩《西游记》第九回："小姐醒来，句句记得，将子抱定，无计可施。"

例句：她一宿没睡，绞尽了脑汁也无计可施。

群雄纷争

战国
春秋

囚车里的人才

春秋乱世

　　西周东迁之后，周王室衰落，周天子再也无法控制诸侯国，许多强大的诸侯国开始用武力吞并小国，诸侯国之间相互攻伐，战乱不断。不少诸侯王都想成为霸主，号令各诸侯国，从此中国进入了春秋战国时代。

　　春秋时期，第一个称霸的是齐国的齐桓公，他的称霸和他重用了一个"仇人"有关。早在周朝时，齐国是姜太公的封国，本身疆域辽阔，在姜太公的治理下国力变得更为强大。公元前686年，齐国国君齐襄公因为昏庸无道而被大臣刺杀。齐襄公有两个弟弟，二弟是公子纠，当时在鲁国（都城在今山东曲阜）；三弟是公子小白，当时在莒国（都城在今山东莒县）。他们两个听说齐襄公被杀，都想赶紧回齐国争夺王位。

　　鲁国国君鲁庄公想要扶持公子纠当齐王，于是亲自带兵护送公子纠前往齐国。但莒国离齐国更近，他担心

公子纠来不及回国，可能被公子小白抢先一步夺了王位。这时候公子纠的老师管仲对鲁庄公说："让我先带一支人马去截住他，为公子纠夺得先机。"

人物档案

管仲（前723—前645），名夷吾，字仲。中国古代著名经济学家、哲学家、政治家、军事家，是春秋时期法家代表人物，帮助齐桓公成为春秋时期第一个霸主。后人尊称他为"法家先驱""华夏第一相"。

管仲快马加鞭奔向齐国，不出管仲所料，他果然在路上看到了公子小白正在马车的护送下向齐国进发。为了拦住小白，管仲追上前去，弯弓搭箭，瞄准小白，一箭射了过去。只听得一声尖叫，公子小白应声倒地，气绝身亡。

等鲍叔牙反应过来，回头寻找刺客，管仲早已溜之大吉了。鲍叔牙又立刻去查看小白的尸体，没想到小白命不该绝，管仲那一箭不偏不倚正射中了小白衣服上的金属衣带扣。而小白也十分机敏，他怕刺客再射第二箭，便咬破舌尖装死。

管仲以为小白已经死了，就赶紧回去禀报公子纠："公子您不用着急了，小白已被我一箭射死，齐王之位已经是您的囊中之物了。"等公子纠和管仲不慌不忙地进入齐国，他们却发现小白已经坐上了王位，成为齐桓公。

齐桓公即位以后，担心公子纠会再次出手，就命令鲁庄公杀了公子纠以绝后患，并且要把管仲抓到齐国亲自治罪。鲁庄公老老实实地照办了。等关着管仲的囚车到了齐国，鲍叔牙赶紧向齐桓公举荐管仲，想让他辅佐齐桓公。

 管鲍之交

　　管仲和鲍叔牙从小就是好朋友。他们合伙做过生意，管仲家里穷，出的本钱少，分红却比鲍叔牙多，但鲍叔牙从不计较。管仲做过官，前后被罢免了三次，人们都说管仲没有能力，鲍叔牙却说那是因为他没有遇到伯乐。他们还一起打过仗，管仲当过三次逃兵，人们都鄙夷管仲，鲍叔牙却说他是为了奉养家里的老母。后来，管仲拜相，也是鲍叔牙力荐。管仲曾说："生我者父母，知我者鲍子也！"

　　齐桓公听见管仲的名字顿时火冒三丈，他说："当初管仲差点要了我的命，我怎么可能任用他！"

　　鲍叔牙解释道："做臣子的，各为其主。当初他射您一箭，正是因为他忠于公子纠。而且他的能力比我强，成大事者不拘小节，您若是重用他，他必定会全力辅佐您。"齐桓公接受了鲍叔牙的建议，不但赦免了管仲的罪，还拜他为相，让他与鲍叔牙一同辅佐自己。

　　管仲帮着齐桓公整顿内政，实行军政合一、兵民合一的制度；管仲又开发铁矿，大量生产农具，提高耕种效率，齐国的经济也得到了发展。管仲将齐国治理得国富兵强。

　　之后，在管仲的建议之下，齐桓公打出"尊王攘夷"的旗号，北击山戎，南伐楚国，成为中原的第一个霸主，受到周天子的赏赐。

读史学成语

火冒三丈

　　释义：形容十分生气。

　　出处：从维熙《第十个弹孔》："高雅琴一看见这个弟弟，火冒三丈，不容高廉开口，就把他推出门口，关闭了院门。"

　　例句：听说余老爷假公济私，他不禁火冒三丈。

以弱胜强的长勺之战

 积怨已久

　　齐桓公即位后，鲁庄公仍不甘心，为助公子纠争位，曾再度领兵攻齐，结果被齐军打得大败，之后被迫杀死公子纠，交出管仲。因此，齐鲁两国可以说积怨已久。这次齐国攻打鲁国，彻底惹恼了鲁庄公。

　　公元前684年，齐桓公为了报鲁国支持公子纠复国的旧怨，率先派兵讨伐鲁国。鲁庄公与齐国之间积怨已久，立即决定与齐国拼死一战。

　　这时候有个叫曹刿的鲁国人请求面见鲁庄公，想要给鲁庄公提出一些建议。有人劝曹刿说："打仗这么大的事，有国君和大臣们操心，你何必去插手呢？"

　　曹刿说："这些大人物目光短浅，未必有好办法。如果鲁国战败，百姓就会遭殃，我哪能不管呢？"鲁庄公正愁没有人出谋划策，听说曹刿来提建议，连忙让他进宫。

曹刿见了鲁庄公开门见山地问："齐国强，鲁国弱，请问主公凭借什么和齐军开战？"

鲁庄公说："我为人慷慨，平时有好的衣服和食物，我从不独占，一定会分给大家。"

曹刿听了直摇头，说："这种小恩小惠，您都只是分享给大臣，百姓并没有得到好处，因此您不会得到百姓的拥戴。"

鲁庄公说："我在祭祀的时候，从不向神明虚报祭品的数量，一向很虔诚。"

曹刿仍然摇头说："这只是小信用罢了，神明不会因此而保佑您的。"

鲁庄公最后说："百姓们平时的诉讼案件，我虽然不能一件件亲自查明，但是我

人物档案

曹刿，春秋时期鲁国人，是著名的军事理论家。因长勺之战"一鼓作气"击败齐国而闻名。还曾劝谏鲁庄公行事要遵循礼制，否则会被记述历史的史官记载，但鲁庄公不听。

一直都是尽心竭力地在秉公处理。"

曹刿才点头说："您这样做是为民着想的表现，百姓们也一定会因此支持您的，我看凭这一点鲁国可以和齐国一较高下。我虽然没有什么才能，但我请求您作战时一定要带上我。"

齐鲁两军在长勺（今山东莱芜东北）布阵对垒，鲁庄公与曹刿坐着同一辆兵车指挥作战。齐军仗着人多，率先敲响了战鼓，准备先发制人。鲁庄公见状也准备击鼓冲锋，曹刿却连忙阻止，说："我军兵少，两军冲杀必定吃亏，所以应该暂避锋芒。"

当齐军第二次擂鼓的时候，曹刿仍然叫鲁庄公坚守阵地。齐军两次全力冲锋，鲁军全都按兵不动，齐军无机可乘，两次都是无功而返。齐军主帅看鲁军不为所动，认定鲁军是怯战了，于是第三次擂鼓。齐军兵士又冲杀过来。这次曹刿对鲁庄公说："现在正是反攻的时机。"

鲁军听到进军鼓，士气大振，排山倒海般杀了过去。齐军兵士经过两次冲锋，第三次时已经耗尽体力，士气低落，而鲁军则士气旺盛，很快齐军就败下阵来。

鲁庄公看到齐军败退，赶紧要下令追击，又被曹刿劝阻。曹刿跳下战车，仔细观察齐军车马留下的痕迹，然后又登到车顶远望齐军逃跑的队形，这才和鲁庄公说：

"现在可以追击了！"

于是鲁军兵士乘胜追击，给齐军带来了沉重的打击，最终把齐军赶出了鲁国。鲁国这一仗以少胜多，国势大振。

战争结束后，鲁庄公向曹刿问出了心中的疑惑："头两回齐军进攻，你为什么不让我反击？"

曹刿说："打仗这件事，士气很重要。齐军兵力大于我军，士气自然高涨。战争开始后的第一次擂鼓正是部队士气旺盛之时，我军与其正面对决必然会输；第二次擂鼓，齐军士气减弱；等到第三次擂鼓，齐军的体力和士气都已被消耗殆尽，而我军仍然精神抖擞，此时擂鼓冲锋自然能一举击败齐军。"

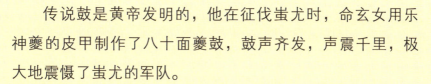

鼓与古代军事

传说鼓是黄帝发明的，他在征伐蚩尤时，命玄女用乐神夔的皮甲制作了八十面夔鼓，鼓声齐发，声震千里，极大地震慑了蚩尤的军队。

到周代时，已经有"鼓人"这个官职来管理制鼓、击鼓等事。后来战鼓广泛地用于古代军事活动中，击鼓可鼓舞士兵士气，警戒守备，调度军队等。战场上，前进、进攻、冲锋、撤退等都有特定的鼓声作为信号，可以起到传递指令的作用。

　　鲁庄公又问当时为什么不立刻追击。曹刿解释说："齐军虽然败退，但毕竟实力强大，兵力充足，难保不会设下埋伏，我怕他们是假装败退，所以不让追击。经过观察我发现他们的车辙乱七八糟，旗帜东倒西歪，这不像是诈败，所以才请您下令追击。"

　　鲁庄公听完，恍然大悟，对曹刿佩服不已。

读史学成语

精神抖擞

　　释义：形容精神振作起来。

　　出处：元·无名氏《隔江斗智》第二折："我则见玳筵前，摆排着英雄辈，一个个精神抖擞。"

　　例句：经过一个假期的调整，明明在课堂上精神抖擞。

重耳的逃难之旅

重耳逆袭记

在春秋乱世中，想当霸主的人多如牛毛，但他们都不过是些昙花一现的小角色，真正能成就霸业的人必须有审时度势的能力和坚韧不拔的意志。有个人，他本是诸侯之子，却被迫流亡十九年，最终成为春秋五霸之一，他就是晋文公。

公子重耳是晋献公的儿子。晋献公晚年的时候，十分宠爱一个叫骊姬的妃子，骊姬想把自己的儿子奚齐立为太子，就用计逼死了当时的太子申生。晋献公另外的两个儿子重耳和夷吾听说了太子申生的死讯，察觉到危险，就连忙逃到别的国家避难去了。

没过几年晋献公去世了，曾经支持奚齐的大臣们造反，杀死了骊姬，然后把夷吾接回晋国，让他坐上了君位，成为晋惠公。晋惠公怕重耳威胁到自己的王位，也想除掉他，因此重耳不得不继续逃亡。好在重耳温恭自虚，

和蔼近人，很有声望，因此有不少大臣都愿意追随他。

    重耳曾在狄国隐姓埋名躲了十二年，后来发现有人想刺杀他，于是与大臣们商量后决定逃往齐国。重耳的逃亡之路异常艰苦，一路上风餐露宿，甚至有时候只能靠乞讨为生。有一次，重耳等人走了几十里路不见人烟，饿得前胸贴后背，这时发现不远处有几个农夫正在吃饭，重耳终于看见了救命稻草，赶紧叫大臣狐偃过去讨食。没想到其中一个农夫竟然从田里挖出一大块泥土递给了重耳，并说："世道这么乱，我们已经够苦了，你们还向我们讨食，那就分你一块吧。"重耳非常生气。狐偃急忙劝阻说："土象征土地，乃立国之本，老百姓送给您泥土，这是要建立国家的好兆头啊！"重耳听了狐偃

的话，接受了泥土，向农夫拜谢后就继续赶路了。

重耳等人终于来到了齐国，那时齐桓公还在，齐桓公十分欣赏重耳，因此待他很客气，不仅送给重耳不少车马和房子，还把一个叫齐姜的姑娘嫁给了他。重耳终于在齐国过上了安逸的日子。

可没过几年，齐桓公去世了，齐国发生内乱，一众大臣都建议重耳赶紧返回晋国，可重耳在齐国过惯了享乐的日子，不愿意回去。于是大臣们都背着重耳，躲在桑树林里商量回国的事。没想到齐姜的一个侍女正在桑树林里采桑叶，意外听到了大臣们的谈话，于是就告诉了齐姜。齐姜也劝重耳说："您乃是皇子，本应继承皇位，如今却在这儿贪图享乐，怎么对得起跟随您的这些大臣呢？"可重耳就是赖着不愿意走。于是当天晚上，齐姜和大臣们把重耳灌醉了，用车拉着他出了齐国，准备前往楚国寻找靠山，伺机归国。

人物档案

晋献公（？—前651）由于晚年宠幸骊姬，逼死太子申生，始终被视为沉迷女色的昏君。但实际上他也是一位很有才能的君主，史书上称他"并国十七，服国三十八"，不仅让晋国的版图成倍扩张，还留下了"假道伐虢"的著名战例，为晋国的称霸奠定了基础。

重耳几经辗转，又到了楚国。楚成王也十分欣赏重耳，还设宴款待他，在宴席上，楚成王对重耳开玩笑地说："如果公子真能回到晋国成为国君，将来用什么报答我呢？"

重耳说："我要是托大王的福，真能成为国君，我愿意跟贵国交好。万一两国发生战争，我愿意令本国军队退避三舍。"楚成王听完这话，很器重重耳。

过了一段时间，秦穆公派人来请重耳去秦国。原来当初秦穆公曾经帮助重耳的弟弟夷吾当了晋国国君。

 ## 清明节的由来

清明节和寒食节，这两个节日都与重耳有关。据说当年重耳在流亡途中，有一次差点饿死，大臣介子推就割了自己腿上的一块肉，煮给重耳吃，重耳感动至极。重耳成为国君后分封群臣，却唯独忘了介子推。可介子推淡泊名利，早已带着老母亲去绵山隐居了。重耳命人进山寻找介子推，可绵山树木茂密，根本找不到，重耳的手下就放火烧山想逼出介子推。最后人们发现介子推抱着母亲一起被烧死在了一棵柳树下。晋文公为了纪念介子推，就将这一天定为寒食节，不许生火做饭。第二年，晋文公前去祭奠，发现柳树焕发新生，便将寒食节的第二天定为清明节。

可没想到夷吾却恩将仇报，派兵攻打秦国。夷吾死后，秦穆公想要帮助重耳回国夺权，重新恢复秦晋同盟的关系。

公元前636年，在秦穆公的帮助下，流亡了十九年的重耳终于回到了晋国。重耳一回国就受到晋国上下的欢迎，顺利地登上了王位，也就是晋文公。

 读史学成语

温恭自虚

释义：温顺谦恭而不自满。指善良的、虚心的受教的好态度。

出处：《管子·弟子职》："温恭自虚，所受是极。"

例句：见他一副温恭自虚的样子，孙师傅也乐得把技艺倾囊相授。

和蔼近人

释义：态度温和、亲切，使人容易接近。

出处：鲁迅《彷徨·离婚》："但不知怎的总觉得他其实是和蔼近人，并不如先前自己所揣想那样的可怕。"

例句：朱老师和蔼近人，颇受学生们的爱戴。

晋文公退避三舍

城濮之战

这一战是晋、楚两个中原强权的首次碰撞，晋文公凭借军事谋略与外交手段扭转形势，击败了楚国。不仅信守了当年"退避三舍"的诺言，还获得了极高的威望。

晋文公即位后，积极整顿政务，等到晋国一天天强大起来，他开始向中原地区发展。这时，齐国已经衰落，南边的楚国却强大起来，黄河以南的大片土地都成了楚国的势力范围，楚成王还不断把自己的势力向北渗透。这样一来，晋、楚两国的矛盾和冲突就变得越来越尖锐了。

公元前633年，楚国借宋国投靠晋国之名，派兵攻宋，宋国便派人向晋文公求救。晋文公为解宋国之围，向楚国的两个附属国——曹国和卫国发起了攻击，把这两个国家的国君也抓了。

此时晋文公已经扭转了局势，掌握了战争的主动

权，他在晋国大将先轸的建议下，想办法联合了齐、秦两国。

楚成王一看晋国与齐、秦两国结成同盟，楚国处于弱势，他担心楚国本土被进攻，就命

人物档案

成得臣（？—前632），字子玉，春秋时期楚国大臣。治军严厉，性刚愎。在城濮之战中不听楚成王撤兵的命令，坚持战斗，晋军退避三舍，他带兵穷追不舍，最终被晋军击败，自杀身亡。

令楚国大将成得臣撤兵，并对他说："晋文公这只老狐狸闯荡江湖那么多年，老谋深算，我们斗不过他的。现在楚国缺少防御，你赶紧撤兵回国。"

但刚愎自用的成得臣不想放弃攻打宋国的机会，不肯撤兵，拒绝楚成王说："我已经包围宋国了，眼看就能攻下，不能放弃近在眼前的战果啊，请主公再宽限几天。"

成得臣求胜心切，加紧攻打宋国，却与宋军僵持不下。楚宋僵持之际，晋文公又写信挑拨曹、卫两国与楚国的关系，最终使两国背叛楚国，归附晋国。孤立无援的成得臣被气得七窍生烟，当即下令解除对宋国的包围，愤然带兵杀向了晋国。

楚军很快与晋军正面对峙，但晋文公不但不迎敌，

还下令让晋军撤退，一直退到了九十里地外的城濮（今山东鄄城西南），晋军才停下扎营。

这时，秦国、齐国、宋国的军队也都到了，楚军刚刚和宋国打了很久的仗，已经很疲劳了。楚国将军劝成得臣退兵，成得臣还是要战，晋文公便给成得臣写了一封信："当年我受过楚成王的恩惠，所以承诺要退避三舍（三舍是九十里，古代行军计程以三十里为一舍），不愿与将军对阵。如果将军一定要战，我也不敢不从。"晋文公这一招，既是信守承诺，也是诱敌深入。怒火中烧的成得臣一意孤行，决意要与晋军

展开大战，可他浑然不知齐、秦两军已经前来支援晋军。楚军中了晋军的埋伏，最终大败。晋文公下令，只要把楚军赶跑就行，不用追杀，践行当年对楚成王"退避三舍"的诺言。

城濮之战后，晋文公举行了盛大的献俘仪式，他向天子周襄王献上了俘获的一千名楚兵和一百辆战车。周襄王又赐给晋文公象征霸主权威的红色弓箭和黑色弓箭，从此晋文公就有了自由征伐其他诸侯的权力。这时，信

尊王攘夷

"尊王攘夷"是春秋时期的一种政治主张。"尊王"就是尊崇周天子的王权，"攘夷"就是抵御外族政权的进攻。春秋时期，诸侯之间互相攻伐，国家之间互相兼并，周天子的权威大大衰弱，齐桓公首先采取了"尊王攘夷"的策略，拥护天子并讨伐蛮夷，成为中原霸主。晋文公也打出"尊王攘夷"的旗号，在"子带之乱"时出兵勤王，迎周襄王复位，还在城濮之战中击退了楚军，威望极高，因此也成为中原霸主。

"尊王攘夷"的策略，既可以为天子消除威胁统治的隐患，又可以在面对外族势力时团结诸侯，对维护国家统治、促进国家发展有积极作用。

守承诺又无比强大的晋文公在诸侯中已经树立了很高的威望，于是打出了"尊王攘夷"的旗号，拥护周天子，然后借此机会与诸侯会盟，毫无阻碍地当上了盟主，成为春秋五霸之一。

读史学成语

老谋深算

释义：形容人精明老练，计划得非常周密细致。

出处：清·曾朴《孽海花》第二十五回："沈毅哉，老谋深算，革命军之军事家。"

例句：纵然周瑜老谋深算，也有妙计落空的时候。

刚愎自用

释义：非常固执自信，不听取别人的意见，独断专行。

出处：元·脱脱等《金史·赤盏合喜传》："赤盏合喜，性刚愎，好自用。"

例句：老吕素来刚愎自用，谁的话也听不进去。

一意孤行

释义：据个人的意愿去行动而不听别人的劝告或不顾主客观条件。

出处：汉·司马迁《史记·酷吏列传》："禹终不报谢，务在绝知友宾客之请，孤立行一意而已。"清·赵翼《廿二史札记·东汉尚书·名节》："自战国豫让、聂政、荆轲、侯嬴之徒，以意气相尚，一意孤行，能为人所不敢为，世竞慕之。"

例句：都怪他一意孤行，才沦落到这步田地。

越挫越勇，崤山雪耻

秦晋之好

　　春秋中期，秦穆公即位后，原本弱小的秦国逐渐强大起来。秦穆公曾帮助晋文公回国即位，还把秦国公主许配给了重耳，两国结为"秦晋之好"。然而，随着秦国的强大，秦穆公很想进入中原，号令诸侯，秦国与晋国的交情也发生了变化。

　　公元前628年，晋文公、郑文公相继去世，秦穆公想趁此机会攻打郑国，扩张地盘。可是秦国东出的道路被晋国阻挡，秦穆公决心越过晋国偷袭郑国。但因走漏风声，未战而归。

　　秦穆公趁晋国国丧之际，越过晋国进行偷袭的行为引起了新即位的晋襄公的不满，晋襄公为了维护本国利益，亲率大军到秦军回程的必经之地——崤山设下埋伏，准备教训教训秦国。

　　秦军的三名大将孟明视、西乞术、白乙丙带着大队

人物档案

　　孟明视，姜姓，百里氏，名视，字孟明，春秋时期秦国国相百里奚之子，秦国名将。曾多次与晋国作战，屡败屡战，但仍被秦穆公重用，最终在崤山之战中战胜晋军，一雪前耻，帮助秦穆公成为西戎霸主。

人马浩浩荡荡地前进到崤山时，被横七竖八的乱木堵住了去路。孟明视没有多想，只是吩咐士兵搬开乱木，继续前进。

　　就在这时，他们突然听到鼓声大作，从山中杀出数不清的晋军，秦军根本抵抗不住晋军的前后堵截，几乎全军覆没，三名大将也被活捉了。

　　晋襄公的母亲文嬴，是秦穆公的女儿，她听说晋国抓了秦国的大将，想要调解两国间的关系，就对晋襄公说："你父亲当年是靠秦国的帮助才坐上王位，咱们不能忘恩负义。再说秦晋两国本就是同族，不要伤了自家和气。把他们放了，让秦君自己去处置他们吧。"晋襄公在母亲的劝说下，就把孟明视三人放了。大将先轸知道后，气急败坏地跑去见晋襄公，说："您真是糊涂啊，把他们放了不就等于放虎归山吗？以后他们一定会再打回来的！"先轸气得不顾礼仪，直吐唾沫。晋襄公这才醒悟，立即派人去追，可还是让孟明视他们跑了。

　　得知孟明视等人回来，秦穆公便身穿素服，亲自去

迎接他们。孟明视三人知道这次全军覆没都是他们的责任，于是跪在地上请罪。不料秦穆公不但没有处罚他们，还承担了全部责任，仍然叫他们继续执掌兵权。

这让孟明视等人深为感动，他们发誓一定要向晋国复仇，戴罪立功。两年后，孟明视第二次攻打晋国。没想到，这次晋襄公早有防备，孟明视又败给了晋军。连打两次败仗，孟明视无地自容，便向秦穆公负荆请罪。可秦穆公又一次宽恕了孟明视，还勉励他要吸取教训。

又过了一年，孟明视准备第三次攻打晋国，他还请求让秦穆公亲自督战，秦穆公欣然应允。在秦军渡过黄

秦穆公羊皮换相

公元前654年，晋国灭了虞国，晋献公俘获了虞国大夫百里奚。当时晋献公的女儿要嫁给秦穆公，晋献公就将百里奚作为女儿陪嫁的奴仆一同送到秦国。可百里奚在半路逃跑，到楚国成了养牛的奴隶。秦穆公十分爱才，他想让百里奚来辅佐自己，但是担心用重金赎回百里奚会引人注意，于是拿五张羊皮将其换了回来。后来百里奚当上了秦国大夫，为秦国的发展做出了巨大贡献，人称"五羖大夫"（羖就是公羊）。

河时，孟明视对将士说："这是第三次出征了，若是战败，我也没有脸面活着回去，所以我想把船烧了，以示我们的决心！"再加上秦穆公御驾亲征，秦军士气高涨，一路势如破竹，接连攻下晋国两座城池，晋国只能认输。

大仇得报后，秦穆公率领大军到崤山，去掩埋三年前战死的秦军的尸骨，又身穿丧服带领众人祭奠了一番。秦军在崤山中痛哭三天才回国。西部小国和西戎部落听说秦国打败了晋国，纷纷归附秦国，从此秦国成了西戎的霸主。

读史学成语

气急败坏

释义：形容遇到紧急情况而慌张、焦躁、气愤。

出处：明·施耐庵《水浒传》第五回："只见数个小喽啰，气急败坏，走到山寨里……"

例句：他气急败坏，把桌子都掀翻了。

一鸣惊人的楚庄王

楚晋之争

晋国成为中原霸主之后，南方的楚国也变得一天比一天强大，一心要跟晋国争夺霸主地位。公元前613年，楚穆王病逝，楚庄王即位。晋国趁机收服了几个曾归附于楚国的国家。楚国的大臣们很不服气，都向楚庄王提出要出兵争夺霸主地位。

楚庄王即位后，完全不理朝政，每天游玩打猎，饮酒作乐，似乎把国家大事忘得一干二净，就这样胡闹了整整三年。他知道大臣们对他的行为很不满，就下了一道命令："进谏者，杀毋赦！"

有个叫伍举的大臣请求面见楚庄王，说有谜题给他猜。楚庄王很感兴趣，就召见了伍举，让他出题。

伍举说："楚国山上有一只大鸟，身披五彩羽毛，样子非常神气。可是它在山上一停三年，不飞也不叫，这是什么鸟？"

　　楚庄王心里明白伍举说的是谁。他说："这可不是一只普通的鸟。这种鸟，不飞则已，一飞将要冲天；不鸣则已，一鸣将要惊人。你去吧，我已经明白你的意思了。"

　　谁知过了几个月，楚庄王不但没有振作起来，甚至比原来更过分了。

　　后来，又有一个大臣苏从闯入了王宫，看到楚庄王就大哭起来，楚庄王奇怪地问他怎么了，苏从说："如果我向大王进谏，大王不肯听，必定要杀我。等我死了，没有人再敢进谏，大王必定更加荒废朝政。这样下去，楚国就要灭亡了，大王就成了亡国之君，我怎么能不哭呢？"

　　楚庄王大骂道："寡人有令，敢劝谏者杀无赦，你不

知道吗？不怕被砍头吗？"

苏从说："如果能够让大王振作精神，好好治理国家，臣被砍头也心甘情愿。"

楚庄王大笑起来，说："你是个忠臣，以后就照你说的办！"原来，楚庄王的父亲楚穆王曾险些被奸臣刺杀，楚庄王刚即位后又有大臣叛乱，朝堂内外动荡不安，人心惶惶，楚庄王王位不稳。而且此时的晋国很是强大，曾经依附楚国的小国纷纷叛离，楚国越来越衰弱。楚庄王很忧虑，深深地觉得光靠自己是办不成什么大事的，他需要忠诚能干的大臣辅佐自己。可他刚即位，对大臣们的情况并不了解，不知道哪些是可以相信的人，于是故意不理朝政，暗中观察，还特意颁布了封口令，想看看到底有没有敢冒死进谏的人。

如今，楚庄王知道时机到了，他遣散了乐师、舞女，停止了打猎游乐，提拔了伍举、苏从、子重等一批具有

熊通称王

楚国是长江流域的诸侯国，由于远离中原，长期被中原各国视为蛮夷。公元前704年，楚君熊通请求周桓王提升自己的爵位（当时楚为子爵），遭到拒绝，愤而称王，开创了春秋时期诸侯僭越称王的先河。

远见卓识的文臣武将来整顿朝务，同时一点一点地削弱奸臣的权势。紧接着楚庄王就踏上了争霸之路，接连收服了南方许多部落，几年后还打败了宋国和戎族，楚国的领土大大扩张，楚国从此声威大振。

后来，楚庄王又请了一位楚国有名的隐士孙叔敖当令尹（楚国的国相）。孙叔敖当了令尹以后，大力开垦荒地，挖掘河道，奖励生产。为了应对水灾、旱灾，他还组织楚国人开辟河道，灌溉庄稼，增加生产。没几年工夫，楚国便强大起来，先后平定了郑国和陈国的两次内乱，和中原霸主晋国的矛盾也终于激化。

公元前597年，楚国与中原诸侯国中最强大的晋国在邲（今河南荥阳）大战一场，晋军大败而逃，晋军将士为了抢先渡过黄河逃命，先上船的士兵纷纷抽刀砍断后来者的手指，据《左传》记载："舟中之指可掬。"可见战况的惨烈。在这场著名的战役中，晋军元气大伤，

人物档案

孙叔敖出身于楚国贵族，但家道中落，从小生活贫困。他为官时注重法治，任人唯贤，兴修水利，发展生产，让百姓休养生息，而且他善于治军，很快便使楚国强盛了起来。

此后在很长一段时间里都无法与楚国抗衡。

　　在这之后，鲁、宋、郑、陈等国都先后归顺了楚国，楚庄王成为中原霸主。

读史学成语

远见卓识

　　释义：有远大的眼光和高明的见解。

　　出处：明·焦竑《玉堂丛语·调护》："解缙之才，有类东方朔，然远见卓识，朔不及也。"

　　例句：毛主席是一位具有远见卓识的政治家。

卧薪尝胆的勾践

勾践忍辱负重

　　"苦心人，天不负，三千越甲可吞吴。"这是一段流传千古的复仇故事。越王勾践矢志复仇，三年委曲求全，十年卧薪尝胆，最终消灭吴国，成功雪耻。这也让勾践成为忍辱负重的代言人。

　　吴国跟越国素来不和。公元前496年，吴王阖闾发兵攻打越国，吴国战败，吴王阖闾也受了重伤，没多久就伤重而死。阖闾临死前嘱咐他的儿子夫差一定要替他报仇。

　　夫差继位后，谨记父王的遗命，他命令镇守宫门的士兵每次见到他出入时，都要向他大喊："夫差！你忘了勾践的杀父之仇了吗？"

　　夫差每次都流着眼泪说："绝不敢忘！"同时，他还叫伍子胥和另一个大臣伯嚭抓紧操练兵马，时刻做好复仇的准备。过了几年，吴王夫差觉得时机到了，于是亲

自率领大军向越国进发。

越王勾践听说吴国来讨伐自己，决定先发制人。越国大夫范蠡劝阻勾践说："吴国已经厉兵秣马三年之久，这回他们来势汹汹，我们恐怕不是对手，不如坚守城池，暂避锋芒吧。"勾践一意孤行，坚决要跟吴国拼个你死我活。结果吴军以排山倒海之势击败了越军，越王勾践带了五千残兵逃到会稽，又被吴军围困起来。生死存亡之际，勾践十分后悔没听范蠡的劝阻，眼看就要亡国了，只能去与吴国求和。

于是勾践派大夫文种前去求和，吴王夫差想接受他们的投降，却遭到了伍子胥的坚决反对。文种只能无功而返。文种回去后，打听到吴王的宠臣伯嚭是个贪财好色的小人，而且他与伍子胥不合，觉得他就是求和的关键。于是文种私下里送给伯嚭一批美女和无数珍宝，伯嚭果然答应帮文种再次求和。

伯嚭劝说吴王接受勾践的求和，伍子胥再一次反对，可吴王还是答应了越国的求和，但条件是勾践要亲自到

人物档案

伍子胥（前559—前484），楚国人，早年因受人陷害而逃到吴国，受到吴王阖闾重用。吴王夫差也在伍子胥的辅佐下成为诸侯一霸。后来，伍子胥因劝谏吴王灭越而逐渐被疏远，最后被逼自杀。

吴国做人质。于是勾践把国家托付给文种，自己带着夫人和范蠡去吴国当人质。

夫差为了羞辱勾践，让他们夫妇俩住在阖闾坟边的一间石屋里，做夫差的马夫，整天喂马挑粪。范蠡也成了奴仆，每天砍柴做饭。勾践在夫差的监视下任劳任怨地干了三年，夫差渐渐相信勾践是真心归顺他，而且越国也已经衰弱不堪，就放勾践回国了。

其实，勾践从来没有忘记要报仇雪恨，回到越国后，他怕眼前安逸的生活会消磨自己的意志，就把睡觉的席子撤去，每天睡在柴草上。而且每次吃饭前必定先尝一尝苦胆的苦味，以此来提醒自己不要忘记会稽之耻，坚

定自己复兴越国的决心。这就是成语"卧薪尝胆"的由来。

勾践重新执政后，为了让曾经险些亡国的越国尽快富强起来，亲自带头耕种，他的夫人带领妇女养蚕织布，鼓励人民积极生产。勾践还奖励生育，增加越国人口。他叫文种负责治理朝政，范蠡操练兵马。勾践还谦虚待人，虚心纳谏，任用了大量的人才。在勾践的励精图治下，越国的老百姓们全都发愤图强，想让曾经受欺压的越国变成强国。

勾践为了麻痹吴王夫差，针对他好色的弱点，和范蠡一起设下了"美人计"，用美丽的西施勾引他。吴王得到西施后，欣喜若狂，从此不理朝政，终日沉迷酒色，吴国国力渐渐被消耗，开始走向衰落。

经过几年的休养生息，越国逐渐强盛，勾践便发兵

 春秋越王勾践剑

春秋越王勾践剑是东周时期的青铜兵器，因剑身上刻有"越王勾践自作用剑"的字样而得名。春秋越王勾践剑出土于1965年，被埋藏地下2400多年依然完好如新，寒气逼人，越王勾践剑制作精美，锋利无比，体现了当时短兵器制造的最高水平，被誉为"天下第一剑"，对研究春秋时期青铜器铸造工艺有重要价值。

讨伐吴国。越国大军一举攻陷吴国都城姑苏，夫差无力抵抗，只好求和。勾践认为还没到消灭吴国的时机，就答应了求和。

又过了几年，吴国闹起灾荒，勾践又派兵进攻吴国，并且对姑苏实施了长达三年的围困。夫差见大势已去，最终自刎而死。

勾践忍辱负重，终于消灭了强大的吴国，报仇雪恨，实现了霸业。

忍辱负重

释义：隐忍屈辱而担负起重任。

出处：晋·陈寿《三国志·吴书·陆逊传》："国家所以屈诸君使相承望者，以仆有尺寸可称，能忍辱负重故也。"

例句：我们今日的成功都离不开他的忍辱负重。

像蛋糕一样被分掉的晋国

晋室没落

　　春秋时期，晋国王室之间为了争夺王位，手足相残之事屡见不鲜。"骊姬之乱"后，晋献公规定不再立王室后代为贵族，这就给了卿大夫们夺权的机会。春秋晚期，晋国被赵、韩、魏、智、范、中行六个大家族控制，史称"六卿专权"。

　　春秋末期，晋国内部发生大乱，卿大夫之间相互攻打，国君权力衰落，实权最后落到智、赵、韩、魏四家手中。这四家的掌权者分别是智伯瑶、赵襄子、韩康子和魏桓子。其中属智家的势力最为强大，国君晋出公实际上是个摆设，国事也基本由智伯瑶决断。

　　智伯瑶想称霸整个晋国，但他的实力不足以消灭其他三家，于是他借晋出公的名义叫来其他三家的大夫，对他们说："想当年我们晋国本是中原霸主，现在霸主成了越国。我想让咱们晋国再强大起来，要不咱们每家都

拿出一百里土地献给出公，助他再次称霸。"韩康子和魏桓子不想得罪智伯瑶，就答应了。但赵襄子看出来这是智伯瑶为了吞并其他三家而想出的诡计，于是他果断拒绝了。

智伯瑶见赵襄子死活不肯交地，立刻联合韩、魏两家一起出兵攻打赵家，打算硬抢，还向另外两家承诺，打败赵襄子后，赵家的领地三家平分。智、韩、魏三家达成一致后各自派兵，兵分三路直奔赵家。赵襄子自知寡不敌众，就退守到赵家的老巢晋阳（今山西太原）。

几天后，三家的军队包围了晋阳城，随时准备攻城。可没想到赵襄子却不慌不忙，他命令士兵们坚守不出，只要他们敢攻城，就放箭击退他们。

晋阳城是赵家经营多年的根据地，这里城池坚固、粮食充足、百姓团结、易守难攻。赵襄子在晋阳城坚守了两年多。面对久攻不下的晋阳城，智伯瑶一筹莫展，可这时候退兵的话，之前岂不是白费功夫了吗？

后来，智伯瑶想出了个损招，他先命令士兵在汾河上游筑

人物档案

赵襄子（？—前425），名无恤，一作毋恤。春秋末期晋国卿大夫，赵鞅之子，战国时期赵国的奠基人。他与韩、魏合谋，灭了智伯，三分其地，为以后三家分晋奠定了基础。

一道堤坝，等到了第三年的雨季，水位上涨，再打开闸门放水，把水引进晋阳城。水淹之计果然成功了，智伯瑶得意地对韩康子和魏桓子说："既然我们打不进去，那就逼他们出来。"

城池被淹，晋阳城内人心惶惶，赵襄子也心急如焚。好在他手下有个足智多谋的门客叫张孟谈，张孟谈自称能说服韩、魏两家倒戈，帮助赵家解围。于是赵襄子就连夜派张孟谈出城，先后找到韩康子和魏桓子，对他们晓以利害："智伯瑶狼子野心，他一直想独霸晋国，这你们是知道的。我也知道你们不是真心想要帮助他，这回如果赵家败了，接下来就该轮到你们两家了啊！"韩、魏两家开始还犹豫不决，但想

到智伯瑶水淹百姓的无耻行径，两家都同意帮助赵家。

几天后，韩、魏两家偷偷杀死了看守堤坝的智家士兵，将水引进了智军的营地。智伯瑶正做着美梦，突然听到外面一片喊杀声。他连忙起床查看，发现整个兵营都被水淹了。智伯瑶惊慌失措，很快智军就被困在水中，而赵、韩、魏三家的士兵也划着小船冲杀过来了。

最终智伯瑶被自己的水淹之计反杀，智军也全军覆没。韩康子和魏桓子不但收回了被智伯瑶侵占的土地，三家还平分了智家的土地。

公元前403年，韩、赵、魏三家的后代分别拜见周天子，要求周天子把他们三家封为诸侯。周天子见事已至此，就做了个顺水人情，把三家正式封为诸侯。从此，三家分别定都建国，晋国再也不存在了。

至此，春秋时期的诸侯国们，经过不断地分裂、合并，

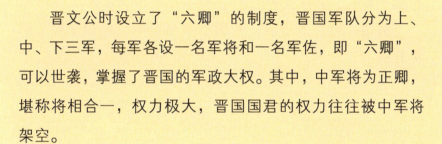

晋国六卿

晋文公时设立了"六卿"的制度，晋国军队分为上、中、下三军，每军各设一名军将和一名军佐，即"六卿"，可以世袭，掌握了晋国的军政大权。其中，中军将为正卿，堪称将相合一，权力极大，晋国国君的权力往往被中军将架空。

最后只剩下七个国家，即韩国、赵国、魏国，加上秦、齐、楚、燕四个大国，史称"战国七雄"。

一筹莫展

释义：连一个筹码都不知如何摆放。形容一点办法也没有。

出处：明·唐顺之《与陈苏山职方书》："盖部中只见其报功而不知其为衰庸阘懦、一筹莫展之人也。"

例句：项目进行到这里处在瓶颈期，技术人员对此一筹莫展。

狼子野心

释义：狼崽子虽小，也具有凶残的本性。比喻凶暴的人用心险恶，本性难改。

出处：《左传·宣公四年》："初，楚司马子良生子越椒。子文曰：'必杀之。是子也，熊虎之状，而豺狼之声，弗杀，必灭若敖氏矣。'谚曰：'狼子野心。'是乃狼也，其可畜乎？"明·罗贯中《三国演义》第十六回："吾素知吕布狼子野心，诚难久养。"

例句：鸦片战争后，帝国主义瓜分中国的狼子野心昭然若揭。

商鞅南门立木

走进商鞅变法

　　在战国时代，秦国本是一个边陲弱国，为何最终能成为一扫六合的中原霸主？这其中的最大功臣就是商鞅，商鞅变法不仅给秦国统一中原奠定了基础，他的思想还给后世带来了深远的影响。

　　战国初期，各国纷纷掀起变法运动，在政治上进行改革，发展经济等。秦国的军事、政治、经济等方面本来就落后于其他六国，这下实力更加不济。公元前361年，秦孝公即位，为了增强秦国的实力，避免秦国在变法风潮结束后被其他国家吞并，秦孝公发布了一道求贤令，令上说："不论是秦国人还是外来的客人，只要有办法让秦国变得富强，就赐予他高官厚禄。"

　　求贤令发布后，果然吸引了不少人才。其中最有名的是卫国的才子商鞅，商鞅痴迷于研究法律，空有一身学问却一直得不到重用。后来听说了求贤令的事，就跑

到秦国，托人引见，见到了秦孝公。

商鞅前后觐见秦孝公三次，分别介绍了不同的名家主张，谈论他们的治国方针，但没有一次被秦孝公接受。不过商鞅没有灰心，在第四次觐见秦孝公时，他没有提及任何名家学说，而是实实在在地提出富国强兵的具体措施，他说："一个国家若是想要富强，发展农业是根本，百姓不愁吃穿了，军队才能有粮草。而要把军队训练好，就必须做到赏罚分明，奖励能征善战的将士，惩罚临阵退缩的逃兵。这样朝廷才能有威信，百姓也就愿意接受改革了。"

秦孝公听了，十分欣赏商鞅，决定按照商鞅提出的主张推行变法。可是这一消息一传开就遭到了秦国一些贵族和大臣的反对。于是秦孝公把这些人聚到一起，听商鞅说明变法的必要性。商鞅舌战群儒，据理力争，说

人物档案

商鞅（约前390—前338），姬姓，公孙氏，名鞅，卫国人。战国时期著名的政治家、思想家、军事家。他在秦国施行变法，被秦孝公赐予了商於封地，封号为"商君"，史称商鞅。商鞅变法虽然使秦国变得强盛，却侵犯了秦国贵族的利益，最终在秦孝公死后被构陷致死。

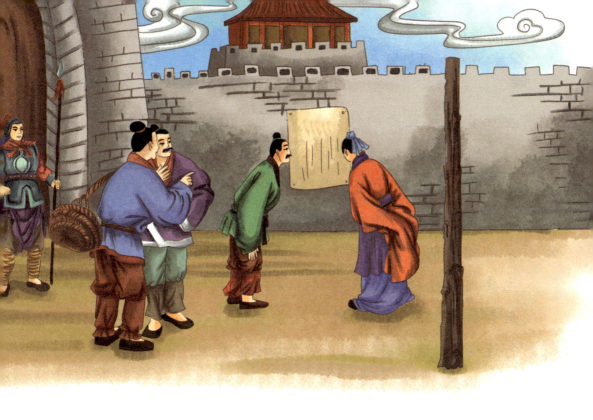

服了所有人。秦孝公非常高兴，当即宣布让商鞅担任左庶长，把变法的事情全交给他负责。

商鞅很快就写好了变法的方案，但是老百姓都不信任他，不愿按照新法令去做。于是商鞅想了个办法，他让人在都城的南门竖了一根三丈高的木头，对过路的百姓们说："谁要是能把这根木头扛到北门去，左庶长就赏他十两黄金。"

不一会儿，南门处就围满了人，大家议论纷纷，但是没有一个人敢去扛木头。

商鞅见状，直接把赏金提到五十两。这下大伙儿更觉得离谱了，还是没人敢去扛。重赏之下必有勇夫，眼看天都快黑了，人群中走出一个大汉，他说："我来看看

左庶长葫芦里卖的什么药。"于是真的把木头扛到了北门。人群跟着大汉走到了北门，发现商鞅已经在那等着了，他走到大汉面前，痛快地赏给大汉五十两黄金。

南门立木的事很快就传到了秦国百姓的耳朵里，大家都相信商鞅讲信用，于是商鞅顺利地推行了新法令，主要内容包括：重农抑商，奖励耕织与垦荒；废除贵族世袭特权，按照军功大小授予官爵；改革户籍制度，实行连坐法；废除井田制，实行土地私有制，准许土地买卖；推行县制；统一度量衡等。

商鞅先后推行了两次变法，令秦国国力增强，经济快速发展，人民富裕起来，秦孝公十分满意。但商鞅的

井田制

井田制是春秋以前的土地公有制。井田就是把耕地划分为一定面积的方形的田地，周围有边界，中间有水沟，阡陌交纵，像一个井字。一块井田一共分为九个小方块，周围的八块由八户耕种，叫私田，收成归耕户；中间是公田，八户一起耕种，收入归封地上的贵族。春秋时期，由于铁制农具和耕牛的普及，农业生产力大幅提高。随着商鞅变法的推行，土地私有制逐渐盛行，许多人都自己开垦私田，荒废公田，井田制就慢慢消失了。

一系列变法措施侵犯了秦国贵族们的利益，因此贵族们对商鞅怀恨在心。秦孝公去世后，商鞅遭到贵族们的诬陷，最终被车裂而死。

虽然商鞅落了个悲惨的下场，但他的法制思想以及一系列变法措施却使秦国变得非常强大，为秦国统一六国奠定了基础，给后世带来了深刻的影响。

 **读史学成语**

赏罚分明

释义：有功者受到奖赏，有过者受到惩罚，分得很清楚、明白。指处理事情严格而公正。

出处：汉·班固《汉书·张敞传》："敞为人敏疾，赏罚分明，见恶辄取。"

例句：吴老板是个赏罚分明的人。

据理力争

释义：依据一定的道理尽力争取，以维护某种观点或利益。

出处：清·李宝嘉《文明小史》第三十八回："老兄既管了一县的事，自己也该有点主意。外国人呢，固然得罪不得，实在下不去的地方，也该据理力争。"

例句：既然他损害了我们的利益，我们就应该和他据理力争。

孙膑智斗庞涓

同门之争

　　孙膑与庞涓原本是同门师兄弟，耿直的孙膑却被阴险的庞涓陷害，受了黥刑与刖刑。但孙膑最终凭借卓越的智慧击败了庞涓。

　　秦孝公重用商鞅推行变法的事传到了魏国，魏惠王也想招揽天下人才，辅佐自己富国强兵。当时有个叫庞涓的人来求见，他向魏惠王讲述了富国强兵的方法，深受魏惠王的赞赏，于是成了魏惠王手下的大将。

　　庞涓本事不小，魏国军队在他的统率下，接连打败了几个小国，就连强大的齐国也败在了庞涓手下。战功累累的庞涓深受魏惠王的信任。

　　庞涓能耐大，可他的同门师兄——齐国人孙膑，比他更厉害。两人早年一起拜鬼谷子为师学习兵法，后来庞涓出仕到魏国，但孙膑仍留在山中研习兵法，因此他的才能比庞涓更高。而且孙膑是吴国大将孙武的后代，

有一本祖传的《孙子兵法》，这让庞涓十分嫉妒。

魏惠王知道此事后想把孙膑也请下山，让他做庞涓的副手，二人共同辅佐自己。可庞涓担心孙膑比自己能力强，不想让他超过自己，于是利用魏惠王对自己的信任，诬陷孙膑私通齐国，将孙膑治罪，削去了孙膑的两块膝盖骨，还在他脸上刺字，想让他永无出头之日。

后来，齐国有个使臣出使到魏国，在深夜偷偷地把孙膑救走，带回了齐国。孙膑到了齐国，深受齐威王的器重，孙膑也矢志复仇，为齐国尽心尽力，决心打败庞涓。

公元前354年，魏惠王派庞涓攻打赵国，赵国的都城邯郸（今河北邯郸西南）被围，岌岌可危。于是赵国向齐国求援。齐威王任田忌为大将，孙膑为军师，让二人率军前去支援赵国。

孙膑观察了魏、赵两国的形势后对田忌说："魏国

此次攻赵，士兵都是精锐，依我看，魏国国内必定疏于防守。咱们要是直接去偷袭魏国都城大梁（今河南开封），庞涓不得不放弃邯郸而回国。到时候咱们从半路杀出，准能一举击败魏国。"

庞涓率军攻破了邯郸后，突然听说大梁被齐国偷袭，就日夜不停地赶路回国。可他刚到半路的桂陵（今河南长垣西北）一带，就遇上了早在此地埋伏的齐国大军。疲惫不堪的魏国被齐国打得毫无招架之力。庞涓大败，邯郸之围也解除了，这就是成语"围魏救赵"的由来。

公元前341年，魏国又出兵攻打韩国，韩国也向齐国求援。孙膑又采用"围魏救赵"的策略，再一次进攻魏国而解救韩国。庞涓只能撤兵回国，而此时齐军已经杀进了魏国境内，魏国则准备与齐国拼死一战。

人物档案

孙膑，字伯灵，战国时期齐国著名的军事家。他担任齐国军师，曾在桂陵之战和马陵之战两次击败庞涓，奠定了齐国的霸业。孙膑的弟子所著（其中也有孙膑自著）的《孙膑兵法》是战国时期战争实践的经验总结。

孙膑知道魏国军队一向盛气凌人，于是下令让齐军撤退。齐军撤退扎营时，孙膑下令要慢慢减少齐军的炉灶数量，并且要故意透露给魏军。齐军撤退后，庞涓派探子打探齐军的情

报，发现齐军营地内竟然有供十万人吃饭的炉灶，庞涓吓得不敢进攻。

第二天，庞涓得到情报，齐军的炉灶大大减少，只够五万人用的了。第三天，齐军的炉灶又减少到两万人了。庞涓看着齐军的炉灶一天比一天少，断定齐军实力孱弱，而且军心涣散，才三天工夫，就逃散了一大半。于是他下令全军加快步伐，全力追击齐军。

等到魏军一直追到马陵（今山东莘县一带），天都快黑了，按理说魏军应该安营扎寨，防备齐军偷袭，可庞涓觉得胜利在望，不能半途而废，命令魏军摸黑前进。可是魏军被一堆断木阻挡了道路。庞涓上前一看，道旁的树全被砍倒了，只留下一棵剥了皮的没砍，那棵树上似乎还写着字。庞涓拿来火把照明，那树上写的是"庞

《孙膑兵法》

孙武的《孙子兵法》无疑是中国古代最出名的兵书。而孙膑作为孙武的后裔，也创作了一部兵书，那就是《孙膑兵法》。《孙膑兵法》曾经也被称为《孙子兵法》，为了与孙武的著作相区分，故又称《齐孙子》。《孙膑兵法》曾一度失传，直到1972年山东临沂银雀山一号汉墓出土了《孙膑兵法》竹简，这部著作才重见天日。

涓死于此树下。"

庞涓大惊失色，这才发现自己中计了，可此时魏军已经来不及撤退，黑夜中的齐军万箭齐发，魏军大乱，最终被齐军杀得片甲不存。庞涓这才明白，从袭魏救韩开始，包括后面的减灶诱敌，自己一直在孙膑的算计中。庞涓眼看大势已去，最终拔剑自刎了。

孙膑凭借自己的智谋大破魏军，他的名气传遍列国，齐国得胜而归，成了数一数二的大国。

读史学成语

盛气凌人

释义： 以骄横、傲慢的气势欺负人。

出处： 陈衍《元诗纪事·赵孟敫〈讥留梦炎诗〉》："论事厉声色，盛气凌人，若好己胜者，刚直太过，故多怨焉。"

例句： 他对楚霸王盛气凌人的描写真是生动极了。

片甲不存

释义： 连一个士兵都没有了。形容全军覆灭。

出处： 明·许仲琳《封神演义》第二回："乘其不备……暗劫营寨，杀彼片甲不存，方知我等利害。"

例句： 敌军中了我军的调虎离山之计，被杀得片甲不存。

先秦时期

"连横"破"合纵"

游说六国

　　秦国在商鞅变法之后越来越强大，不断向外扩张，这引起了其余六国的担忧。政客们就游走在六国间，给六国出主意。其中最出名的两个政客就是苏秦和张仪。

　　苏秦是鬼谷子的学生，是当时有名的纵横家。他认为想要让六国都得以保存，六国就得联合起来共同对抗秦国，这个办法就叫"合纵"。他先到了燕国，对燕文侯说："燕国之所以能太平，是因为有赵国在南方挡住了秦国。秦国要跨过赵国来攻打燕国很难，可赵国如果要攻击燕国，几十天就能打到都城。所以，燕国不能与赵国结仇，应当联合起来，一起对抗秦国。"

　　燕文侯被苏秦说服了，就让他以燕国使者的身份去联系赵国。苏秦又对赵王说，秦国不敢攻打赵国，是因为西南边有韩国和魏国挡住秦国，如果韩国、魏国投降了，那赵国也保不住了。如果六国结为兄弟，无论秦国侵犯

哪一国，其余五国就一起去支援，如此一来秦国还敢欺负六国吗？

赵王对苏秦的主张十分赞同，于是资助苏秦去游说其他国家，以此结成同盟。

苏秦又先后说服了韩、齐、魏、楚四国，被六国共同推选为纵约长，同时佩戴六国相印，一时风光极了。而六国的联合，也让秦国在十五年内不敢出兵。但张仪的出现，改变了这个局面。

张仪是魏国人，与苏秦师出同门。他曾在楚国的令尹昭阳那里做门客。一次，令尹家丢失了一块名贵的宝玉，令尹见张仪家穷，就说是张仪偷的。张仪不承认，被打了个半死。

张仪回到家里，妻子抚摸着他满身的伤痕，心疼极了。张仪张开嘴，说："我的舌头还在吗？"妻子点点头："当然还在。"张仪笑了："只要舌头还在，就不愁出路。"

人物档案

苏秦（？—前284），字季子，是战国时期著名的外交家、纵横家。与张仪同为鬼谷子门徒。年轻时受人轻视，发愤读书，读到困倦时就用锥子刺自己的大腿。学有所成后游说各国，身佩六国相印，名震天下。

后来，张仪得到了秦惠文王的信任，担任相国。张仪认为秦国要想继续扩张，就得拆散合纵，让六国分别与秦国结盟，对付其他诸侯，这个方法就叫"连横"。在秦惠文王的授意下，张仪出使楚国，准备破坏齐、楚两国的结盟。

张仪到了楚国，给楚怀王最宠信的靳尚送去了大量的财宝，在靳尚的引荐下，见到了楚怀王。

张仪说："现在七国中的强国只有楚国、齐国和秦国。秦王特地派我来跟贵国交好，如果大王肯跟齐国断交，秦王愿意把商於（今河南南阳市一带）一带方圆六百里的土地划分给贵国，与贵国世代结为友好盟国。"

商於原本就是楚国的领土，被秦国夺走了几十年，楚怀王一听可以白白地收回来，立即就答应了结盟。

大臣陈轸和三闾大夫屈原都很反对这件事，他们说："秦国顾忌我们，是因为大王跟齐国订了盟约。如果大王跟齐国绝交了，我国孤立无援，秦国还用怕我们吗？再说，这六百里地也只是张仪抛出的诱饵，不一定能拿到。"靳尚却说："不跟齐国断交，秦国会白白给我们土地吗？"一心想得到土地的楚怀王没有听从陈轸等人的劝告，他一边跟齐国绝交，一边派人去秦国接收土地。

齐宣王见楚国与自己绝交，立即派使臣去见秦惠王，与秦国订下盟约。

楚国的使者到秦国去接管商於，没想到张仪居然翻脸不认账，故意说："大概是你们大王听错了吧？秦国的土地是祖宗传下来的，怎么可能白白送人？我说的土地

纵横家

纵横家是战国时期的鬼谷子创立的学术流派。纵横家可以说是中国最早的外交家群体，他们通晓百家学说，纵观天下局势，足智多谋，能言善辩。但他们没有固定的观点或主张，而是朝秦暮楚，根据实际的政治要求出谋划策，利用犀利的言辞，晓以利害，说服他国。

战国后期，七国中一强六弱，纵横家就提出了一纵一横两种理论，纵是合众弱以攻一强；横是事一强以攻诸弱。

是秦王赏我的六里地，不是六百里地。"

楚国使者这才知道被张仪耍了，回来一报，楚怀王大骂张仪是不守信用的小人，气急败坏地派出十万兵攻打秦国。结果秦惠王和齐国联合起来，把楚国的十万人马打得只剩两三万。楚国不但没得到商於的土地，连汉中六百里的土地也被秦国抢走了，楚国从此元气大伤。

接着，张仪又用同样的办法，先后到了齐国、赵国、燕国，或者说服他们分别与秦国结盟，或者离间他们，六国"合纵"很快就土崩瓦解了。

读史学成语

孤立无援

释义：独自支撑，没有援助。

出处：明·罗贯中《三国演义》第四十七回："周瑜孤立无援，必为丞相所擒。"

例句：李陵以五千兵马力战匈奴，终因孤立无援而降。

穿胡服，学骑射

师胡长技以自强

　　为了国家的强大，赵武灵王力排众议，毅然决然地学习敌人的优点与经验，开创了我国古代骑兵史上的新纪元，使实用性和便利性成了我国服饰的总体倾向，赵国也因此成为北方的最强国。

　　当南方的楚国正在遭到秦国欺负的时候，北方的赵国的新君赵武灵王即位了。在当时，赵国周围强国环绕，赵国屡遭侵犯，频频战败，国家渐渐衰弱。

　　赵武灵王是个有远见卓识的人。有一天，他与大臣楼缓商议说："赵国东边有齐国，南边有韩国和魏国，西边是秦国，哪个国家我们都惹不起。就连北方的中山国都敢来打我们，赵国要再不发愤图强，随时会被人家灭了。依我看，我们必须进行一次改革，提高军事实力。你看我们穿的服装，长袍大褂，本身就不方便，士兵们再穿上笨重的盔甲，那岂不是影响战斗吗？再看看北边的胡人，穿的都是短衣窄袖，非常贴身，行动方便。我已经决定要把我们的服装学着胡人的样子改一改，你意下如何？"

楼缓听了深受启发，补充道："我们服装不便，因此打仗全靠步兵，步兵奔跑缓慢，而胡人的衣服确实便于行动，而且大王您既然决定模仿胡人的穿着了，那我们是不是也能向他们学习骑马射箭的打仗方式呢？"

赵武灵王一拍大腿，高兴地说："太对了！我们就是要穿胡服，学骑射！"

这个决定一经传开就遭到了不少大臣的反对。赵武灵王觉得这样推行改革会受到很大阻力，于是又问另一个大臣肥义："我想推行胡服骑射的改革方案来提升赵国士兵的作战能力，让赵国重回巅峰。可是大臣们都反

人物档案

赵武灵王（约前340—前295），嬴姓赵氏，名雍，是战国时期赵国第六代君主。他推行胡服骑射，扩张领土，还修筑了"赵长城"，极大地增强了赵国实力。赵国实力达到顶峰时，他主动禅位给儿子赵惠文王。

对，我该怎么办？"

肥义支持赵武灵王的举动，他答道："既然改革这事儿对整个国家都有益，您就不应该因为几个大臣的反对而犹豫，犹豫就办不成大事。大王既然已经决定改变社会习俗，何必还在意社会舆论呢？"

赵武灵王听完更加坚定了改革的信心，于是他决定给所有人做个表率。第二天，他就穿着胡服上朝去了。他的做法引起了大臣们的议论，其中反对态度最坚决的是赵武灵王的叔叔公子成。公子成在赵国很有影响力，而且他是个老顽固。他觉得赵武灵王穿胡服简直是丢列祖列宗的脸，带头反对改革。

赵武灵王已经下了决心，非改革不可，眼下最大的障

 胡服

历史上称北方边地及西域各民族人民为"胡人"，也泛指外国人。胡服就是胡人所穿的衣服，赵武灵王是历史上第一位将胡服引入华夏的君王，胡服很快就在华夏地区开始流传。后来不少朝代也曾流行过胡服。

唐朝时期，中原与西域经济文化往来较多，不但流行印度、波斯等国的胡服，胡舞、胡妆也十分盛行。两宋时，朝廷害怕胡风蔓延，曾多次下令禁止民间穿胡服，但并没有完全奏效，民间男女仍然有穿胡服者。

碍就是公子成。只要说服了那个老顽固，其他大臣也就不是问题了，于是赵武灵王就亲自登门拜访，对公子成动之以情，晓之以理，反复地讲胡服骑射的优点以及改革对国家的好处。一听到国家二字，公子成幡然醒悟，他赶紧拜倒在地，说："老臣一时糊涂，竟然置国家安危于不顾，请大王恕罪！"

第二天，公子成与赵武灵王一同穿胡服上朝，大臣中再也没有反对的声音了，于是赵武灵王正式颁布了新法令。就这样，胡服顺利地在赵国流行了起来。

胡服推行后，赵武灵王又开始训练士兵学习骑马射箭，不到一年，赵国就有了一支强大的骑兵队伍。

之后的几年，赵武灵王亲自率领这支骑兵部队讨伐中山国，又陆续收服了周边的几个小国。赵国的领土越来越大，迅速崛起成了北方第一强国。

读史学成语

列祖列宗

释义：指历代祖先。

出处：鲁迅《热风·随感录三十九》："自然株连着化为妄想，理合不分首从，全踏在朝靴底下，以列祖列宗的成规。"

例句：如今他身败名裂，更是无颜面对列祖列宗。

火牛阵绝地反击

家国仇恨

　　在燕昭王小时候，他的父亲燕王哙将王位禅让给相国子之。这导致太子平发动叛乱，同时齐国又趁乱发兵攻打燕国，攻占了燕国都城，杀死了燕王哙和相国子之。燕昭王在赵武灵王的保护下回国继位，从此他立志要报齐国的杀父之仇。

　　公元前284年，燕昭王联合秦、赵、韩、魏四国共伐齐国。

　　五国联军，势不可当，其他四国各自占领了齐国的一些城池就回国了，只有燕国将军乐毅仍然继续追击，接连攻下齐国七十多座城池。

　　齐国的领土已经损失殆尽，只剩下莒城（今山东莒县）和即墨（今山东平度）两座孤城还在苦苦支撑。而即墨的守将也病死了，城中没有守将，一片混乱之时，一个叫田单的小官站了出来，主动带领齐军继续抵抗。田单一边组织大家加固城池，一边派人打探敌情，等待机会。他还带领自己的家人一同作战，跟兵士们同甘共苦，齐

国人士气大振。

由于齐国人的拼死抵抗，乐毅围困两城五年之久都没有攻打下来。不久后，燕昭王去世了，燕惠王即位。

田单觉得反攻的机会来了，他暗中派人去

燕国散布流言，说乐毅想要称王，所以故意减缓进攻，如果燕国换一个大将，肯定很快就能把两座城攻下来。

新即位的燕惠王听信了谣言，命自己的心腹骑劫代替乐毅，让乐毅回国。乐毅知道自己不受燕惠王信任，若是回国早晚也会被杀，就投奔赵国去了。

骑劫接管军务后，田单又派人散布流言，说如果燕国能残暴地对待俘虏，恐怕齐国早就被吓得不敢打仗了。还说齐国人的祖坟都在城外，如果挖了齐国人的祖坟，他们一定会大受打击。

骑劫果然上当，他下令割掉被俘虏的齐军士兵的鼻子，让他们打头阵去攻打即墨。更过分的是，他真的让人刨开即墨人的祖坟。

即墨城中的军民看到燕军的举动，恨得咬牙切齿，全都要出城与燕军决一死战。田单看到军民的士气空前

高涨，就准备实施自己的反攻计划。

田单故意让一些残兵败将守城，还派人假扮成富翁出城投降，以此来麻痹敌人，暗地里把城中的五千精兵集中起来加紧训练。

骑劫看到这一切，认定即墨城已经没有再战之力了，得意扬扬地等待齐军投降。

田单还想出了一招"火牛阵"，他把城中的上千头牛都集中起来，给它们披上一身画着龙纹图案的绸布，牛尾上系着浸了油的芦苇，牛角上还绑上了锋利的尖刀。

到了深夜，田单命人把牛群带到城外，点燃牛尾，这些牛疼得发狂，朝着燕军兵营猛冲过去。紧接着田单又派出事先训练好的五千精兵，让他们都在脸上涂了油彩，跟在牛群后面冲杀过去。

此时，燕军正在营帐里呼呼大睡，突然听到地面隆隆作响，还有震天的呐喊声，赶紧爬起来一看，只见一大群疯狂的火牛和一大群花脸士兵冲了过来。燕军被吓

得乱作一团。火牛冲入兵营，齐军也长驱直入，一举将燕军打得溃败，骑劫也在混战中丢了性命。

这场战役胜利后，田单率军乘胜追击，正式吹响了反攻的号角。他带领齐国百姓起兵反抗，收复失地。几个月后，就把燕军赶出了齐国，将七十多座被占领的城池陆续收复。

 暴脾气的原始牛

2013年，考古学专家在"许昌人"遗址，挖出了一对比较完整的原始牛牛角化石，把牛角复原后，两个角尖之间的宽度有2.5米。由此推断，原始牛个头比现代黄牛大一倍以上。中国科学院的张双权博士推测原始牛和非洲野牛一样，脾气暴躁，是极其危险的动物。它们在极端的情况下奔跑速度可达每小时90千米。

读史学成语

势不可当

释义：来势迅猛，无法抵挡。

出处：唐·房玄龄等《晋书·郗鉴传》："群逆纵逸，其势不可当，可以算屈，难以力竞。"

例句：改革的浪潮席卷全国，势不可当。

纸上谈兵的赵括

空谈误国

赵武灵王推行胡服骑射后，赵国一跃成为北方最强的国家。但只因为一次用人失误，大将之位由身经百战的廉颇换成了夸夸其谈的赵括，从此赵国的国力一落千丈。

公元前262年，秦昭襄王命大将白起率兵攻打韩国，占领了野王（今河南沁阳），将上党郡（今山西长治一带）与韩国隔离开来，上党形势危急，眼看就要被秦国占领。韩国朝廷惶恐不已，为了保命，他们想要将上党献给秦国来求和。但上党太守冯亭认为，秦国得了上党只会得寸进尺，到时候整个韩国都要完蛋，不如把上党献给赵国，让赵国当挡箭牌。

白得一块地，赵国上下喜出望外，赵惠文王立刻派老将廉颇前去接管上党。可赵国没想到秦国行动十分迅速，廉颇他们还没到上党，秦军早已经在那里等着了。

秦军大将王龁还想进攻廉颇。

无奈之下，廉颇只能叫部队驻扎在长平（今山西高平西北），令人在长平修筑堡垒，搭建哨站，挖渠引水，准备跟秦军打持久战。王龁想方设法挑衅赵军，可廉颇下了死命令，坚决不出战，两军僵持了三年时间。

两军苦苦僵持之际，赵惠文王去世，赵孝成王即位。赵孝成王刚即位，想赶紧建功立业以巩固自己的地位，他不满廉颇的拖延战术，想要赶紧打退秦国，可赵孝成王的急于求成却给了秦国机会。

秦昭襄王也不想让秦军白白消耗物资，于是他请宰相范雎出主意。范雎说："廉颇久经沙场，不好对付啊。秦军要是想赢，就必须先让赵国把廉颇叫回去。"

秦昭襄王说："你这不是开玩笑吗，我哪有这本事？"

范雎说："臣已经有办法了。"

范雎知道赵孝成王肯定也想尽快结束战争，减少无谓的消耗。于是他派间谍在赵国散播谣言："廉颇已经老了，不中用了！根本不敢打仗，赵军早晚要败在他手里，要是让年轻有为的赵括带兵，秦军肯定不是对手！"

赵括是赵国名将赵奢的儿子，自幼熟读兵书，常与父亲谈论兵法，连赵奢都自叹不如，因此赵括自认为天下无敌。

人物档案

　　赵奢，战国时期赵国名将，赵括的父亲。赵奢原本是个征收田租的小吏，被平原君赵胜赏识而得到提拔。在阏与之战中，他长途奔袭，大败秦军，斩首数万，一战成名，被封为马服君。

　　流言传到赵孝成王的耳朵里，他赶紧把赵括找来，问他破局之法。赵括夸夸其谈，说秦军完全不是自己的对手。赵孝成王急于求成，当即就决定让赵括去接替廉颇。

　　相国蔺相如却提出了反对意见，他对赵王说："赵括一直是纸上谈兵，从未真正带兵打仗，经验不足，此战关乎国家的命运，大王三思啊。"可是赵孝成王根本不听。

就连赵括的母亲也坚决反对让赵括出任大将，可是赵孝成王仍然没有听进去。

公元前260年，赵括抵达长平，廉颇无奈地撤回赵国。赵括刚一上任就下令把廉颇下过的军令全部废除，他还说："要是秦国再来叫嚣，就直接正面杀过去。如果秦军败走，就立刻追上去，把他们杀得片甲不留。"

范雎得到赵括上任的消息，知道计划成功了，此时他也派白起代替了王龁。白起经验丰富，提前布下埋伏，然后故意败退几次，引诱踌躇满志的赵括中计。赵括带兵全力追赶，直接冲进了秦军的包围圈。

赵括的部队在没有粮草和救兵的情况下苦苦支撑了四十多天，赵军军心涣散，无力再战。最终赵括决定破

长平之战

长平之战是战国时代规模最大、最为惨烈的战争。长平一战，运筹帷幄的白起击败了纸上谈兵的赵括，为了断绝赵国东山再起的希望，白起将四十余万赵国士兵全部坑杀。从此东方强国——赵国一蹶不振，赵、秦两强对峙的局面结束。长平之战后，白起又兵分三路，以巨大的代价彻底消灭了赵国。至此，秦国一统天下的形势已成定局，战国时代进入尾声。

釜沉舟，杀出重围，与秦军决一死战。可迎接他的只有秦军的箭雨，赵括战死，赵军也纷纷投降。此战让赵国损失了四十多万兵力，从此一蹶不振。

读史学成语

踌躇满志

释义：心满意足，十分得意。多指对自己所取得的成就非常得意。

出处：《庄子·养生主》："提刀而立，为之四顾，为之踌躇满志，善刀而藏之。"

例句：看着自己打下的江山，他踌躇满志。

一蹶不振

释义：一经跌倒，就再也起不来了。比喻一遭到挫折，就不能振作。

出处：汉·刘向《说苑·谈丛》："一蹶之故，却足不行。"

例句：老母身患重病，急需高昂的治疗费用，令刚刚还清赌债的周全一蹶不振。

壮士一去不复返

刺客孤行

　　"风萧萧兮易水寒，壮士一去兮不复还。"荆轲试图挽救燕国，抱着必死的决心刺杀秦王。虽然刺杀行动失败了，但他这份明知不可为而为之的忠勇值得称赞。

　　战国后期，诸侯间的局势发生了很大的变化，其中最强的是秦国。秦王嬴政率大军先攻灭了韩国，又攻占了赵国都城邯郸，俘虏赵王。公元前227年，秦王又把矛头对准了燕国，燕太子丹知道正面对决已经不可能击败秦国，于是他决定要些手段，想要派遣刺客去刺杀秦王。

人物档案

　　燕太子丹（？—前226），即燕丹，战国时燕国太子，燕王喜之子。秦国消灭韩、赵等国后，准备攻打燕国。燕王喜为了求和，将年幼的燕丹当作人质送到秦国。燕丹在秦国受尽侮辱，多年后逃回燕国，因为害怕秦国进攻燕国而实施刺杀计划。

　　这时有人向太子丹推荐了荆轲。荆轲对太子丹说：
"我知道您想早日杀死秦王，可寻常办法是不可能接近秦
王的，必须献出他最想要的东西，为此我已经想好了办
法。第一个是督亢（今河北涿州）之地，它是燕国最富饶
的地方。第二个就是樊於期将军的头颅，秦王正在悬赏
捉拿樊於期。我拿上这两样东西向秦王表示诚意，他一
定会愿意亲自接见我。"

　　樊於期原本是秦国大将，因得罪了秦王，就逃到燕
国来投奔燕太子丹。太子丹不忍心加害于他，便请荆轲
再想想办法。荆轲背着太子丹偷偷去见樊於期。樊於期
立刻明白了荆轲的用意，毅然决然地拔剑自刎了。太子
丹知道后痛心疾首，但事已至此，
只能实行荆轲的提议。于是他把督
亢的地图交给了荆轲，又派了一名
叫秦舞阳的勇士给荆轲当助手。

　　太子丹和几个知情的宾客，身
穿白衣，来到易水岸边为临行的荆
轲和秦舞阳送
行。荆轲的朋
友高渐离奏了
一首悲壮激愤
的曲子，荆轲

146

和着节拍，高声唱道：

"风萧萧兮易水寒，壮士一去兮不复还。"

人们知道荆轲这一去就再也回不来了，都失声痛哭起来。太子丹又给荆轲斟了一碗酒，荆轲一饮而尽后，和秦舞阳两人头也不回地走了。

荆轲来到咸阳（今陕西咸阳），自称燕国使者，表示燕王愿意称臣，同时还带来了献地的地图和樊於期的首级以表示诚意。秦王听了十分高兴，准备亲自接见荆轲。

荆轲捧着装有首级的木盒，秦舞阳端着地图卷轴，

游侠

春秋战国时期，活跃着一个特殊的群体——游侠。他们是一批个性强烈，不崇拜、不屈从于权势的人。他们见不得欺强凌弱、贪赃枉法的现象。面对不公，他们挺身而出，打抱不平，使善良的人们得以申冤，有罪之辈难逃责罚，一切都只为了"正义"二字。

他们重义轻生，留下了许多可歌可泣的故事，如易水河畔一去不回头的荆轲；以自己的人头，在齐王面前为相国晏子力证清白的北郭骚；顶着世人的误会与辱骂，默默抚养赵氏孤儿十五年，等赵氏孤儿长大后，又毅然赴死以报答公孙杵的程婴……

　　两个人一前一后地走进了咸阳宫。谁知秦舞阳见宫殿里威严肃穆，吓得瑟瑟发抖，引起了秦国大臣们的怀疑。秦王警觉起来，立即传旨："只许正使一人上殿。"

　　于是荆轲一人拿着两样东西献给秦王，秦王查验了樊於期的头，十分满意。荆轲又把地图卷轴一点一点地摊开，将上面的城池一一介绍给秦王，秦王看到最后，卷轴里赫然出现一把闪着寒光的匕首。荆轲左手抓住秦王的衣袖，右手举起匕首就刺了过去。秦王闪身躲避，扯断了衣袖，拔腿就逃。荆轲紧追不放，秦王想要抽出自己的佩剑还击，可佩剑太长，来不及抽出来，他只好绕着大殿的铜柱躲避。

　　王宫里是禁止携带武器的，卫兵们又都在宫门口，殿内都是些手无寸铁的大臣。这时候，秦王的医生夏无

且丢出药箱击倒了荆轲。

秦王抓住机会抽出佩剑，一剑砍中了荆轲的左腿。荆轲摔倒在地，站不起来，就忍痛把匕首狠狠投向秦王，秦王躲过了他的匕首，匕首打在了铜柱上，直迸火星。

这时卫兵们也赶来，将秦舞阳杀死。荆轲也被秦王乱剑砍死了。秦王大怒，下令立刻出兵伐燕，燕国拼死抵抗也不是对手。燕王喜和太子丹逃到辽东，但秦王仍然派兵追杀太子丹。燕王喜为了保命，向秦国献上了儿子的人头请罪求和，但最后燕王喜也被秦军俘虏，燕国从此灭亡。

读史学成语

痛心疾首

释义：形容伤心或痛恨到极点。

出处：《左传·成公十三年》："诸侯备闻此言，斯是用痛心疾首，昵就寡人。"

例句：她想到自己荒废的学业，不禁痛心疾首。

手无寸铁

释义：手中没有拿任何兵器。形容徒手搏击，处于劣势。

出处：清·蒲松龄《聊斋志异·黄将军》："黄怒甚，手无寸铁，即以两手握骡足，举而投之。"

例句：他手无寸铁就前去捉狼，不出意料地被咬伤了。

以一敌六，统一天下

大国崛起

秦国原本是个边陲小国，在乱世之中苦心经营，增强实力，扩张地盘。同时不忘变法图强，笼络民心，连横诸侯，成为中原大地上第一强国。最终，秦王嬴政一扫六合，结束了诸侯割据的乱世局面，统一了中国。

为了尽快完成统一霸业，秦王在攻打燕国的同时，还打算同时消灭楚国。

有一天他召集将领们商议出兵事宜，他先问年轻的将领李信："我打算尽快攻下楚国，要是让你领兵，你需要多少人马？"李信斩钉截铁地回答："二十万足矣。"

秦王又问老将军王翦同样的问题，王翦回答说："楚国是六国中最强的，他们兵多将广，最少也要六十万。"

秦王摇摇头，对王翦说："王将军怕不是因为岁数大了，胆子也小了？"于是决定让李信带兵二十万前去攻

打楚国。王翦见秦王不再信任他，就以生病为由，回家养老去了。

结果不出王翦所料，李信的二十万兵被楚国打得七零八落，还损失了七名将领。秦王见李信狼狈不堪地逃了回来，大为震怒，罢免了李信，然后亲自前往王翦的家乡，向他道歉并请他再度出山。

王翦说："我答应您再次率领秦军，但我还是那句话，楚国兵多将广，数量不下百万，我非要六十万兵不可。"秦王连连答应。

王翦带着六十万大军浩浩荡荡地抵达了楚国边境，楚国知道这次秦国是动真格的，楚国大将项燕也召集了全国兵力准备迎战。

人物档案

王翦，战国时秦国名将，中国历史上著名的军事家。王翦年少时就跟随秦王嬴政，率军攻破赵都邯郸，扫平三晋，又消灭了燕、魏、楚国，与其子王贲一同成为秦灭六国的最大功臣。王翦与白起、李牧、廉颇并列为战国四大名将。

到了前线，王翦不着急出战，而是让士兵们原地安营扎寨，修筑壁垒，除了运输粮草的部队之外，其他士兵全都参与到建筑工事中，装出一副在加固边境守卫的样子。不管楚军怎么挑衅，王翦都完全不理睬。

就这样过了一年时间，秦军完全没有要打仗的意思。项燕就相信了秦军只是来驻防的，于是放松了警惕。而王翦则一直暗中打探着楚军的动向。王翦得到情报，楚军已经疏于防守，甚至在营中做起了游戏。时机到了，王翦一声令下，秦军六十万大军倾巢出动。楚国士兵被这突如其来的攻击打得措手不及，没抵抗多久就四散奔

统一货币

由于各个诸侯国都在发行本国的钱币，春秋战国钱币样式很多。按钱币的形状，产生了贝币、布币、刀币和圆钱四大种类。其中，刀币是使用范围最广的，有齐刀、即墨刀、安阳刀、针首刀、尖首刀、圆首刀和明刀等。

秦始皇统一中国后，规定统一使用圆形方孔的半两钱。半两钱又分为两等，黄金为上币，以镒（二十两或二十四两）为单位，供巨额支付；铜币为下币，重十二铢（一两为二十四铢），供日常交易用。这种圆形方孔的货币形状，一直延续到民国初期。

逃了。

项燕退守到江南，秦军一路乘胜追击，一直打到寿春（今安徽寿县西），活捉了楚王负刍。王翦率军渡江追击，项燕原本还想继续抵抗，当他得知楚王被俘的消息后，明白大势已去，就拔剑自刎了。

消灭楚国之后，王翦告老还乡，他的儿子王贲接替了他的大将之位。公元前222年，王贲俘虏了燕王喜，燕国随之灭亡，紧接着，王贲又消灭了赵国的残余势力。

此时秦国的对手就只有齐国了。齐王建一向不敢得罪秦国，因此每当其他国家挨了秦国的揍，向他求救时，他都选择袖手旁观。他天真地以为齐国和秦国是盟友，相隔又远，只要他死心塌地地效忠秦国，秦国就不会打他。眼看着其他五国一个一个都被秦国的铁蹄踏平了的时候，他才觉得大事不妙，打算加强防御。

公元前221年，王贲带着几十万秦兵大军毫无阻碍地杀进了齐国都城。这时候，齐王即使想要求援，也没有救兵可搬了。他只好投

降了。

秦王赢政花了十余年时间，吞并六国，一统天下。从此，中国结束了自周平王以来五百多年漫长的诸侯割据的战乱局面，开启了一个新的篇章——秦朝。这是中国历史上第一个统一的多民族中央集权国家。

读史学成语

兵多将广

释义：兵多将多。形容兵力强大。

出处：元·关汉卿《单刀会》第三折："那鲁子敬是个足智多谋的人，他又兵多将广，人强马壮。"

例句：在赤壁之战中，曹操虽然兵多将广，却败给了周瑜。

死心塌地

释义：形容主意已定，不再动摇。也指心甘情愿。

出处：元·乔吉《鸳鸯被》第四折："这洛阳城刘员外，他是个有钱贼，只要你还了时，方才死心塌地。"

例句：不管别人怎么劝，他始终死心塌地地为这个公司效力。

好看的
中国历史

秦汉帝国

刘启正 ◎ 主编

三辰影库音像电子出版社
北京

图书在版编目（CIP）数据

好看的中国历史 . 秦汉帝国 / 刘启正主编 . —北京：
三辰影库音像电子出版社，2023.7
ISBN 978-7-83000-562-7

Ⅰ . ①好… Ⅱ . ①刘… Ⅲ . ①中国历史—秦汉时代—
青少年读物 Ⅳ . ① K209

中国版本图书馆 CIP 数据核字 (2022) 第 145153 号

好看的中国历史 . 秦汉帝国

责任编辑：石海燕
责任校对：韩丽红
出版发行：三辰影库音像电子出版社
社址邮编：北京市朝阳区金海商富中心 B 座 1708，100124
联系电话：（010）59624758
印　　刷：三河市南阳印刷有限公司
开　　本：710mm×1000mm　1/16
字　　数：560 千字
印　　张：60
版　　次：2023 年 7 月第 1 版
印　　次：2023 年 7 月第 1 次印刷
定　　价：198.00 元（全 6 册）
书　　号：ISBN 978-7-83000-562-7

前　言

　　我国是一个历史悠久的文明古国，在五千年的漫长岁月中，上演了无数惊心动魄、可歌可泣的事件。这些事件，记载在浩如烟海的史书之中，等待后人从阅读中收获智慧与乐趣。

　　然而历史书籍往往卷帙浩繁，晦涩难懂，让青少年望而却步。为了让广大青少年愿意亲近历史，并能从中获益，我们以正宗史著为蓝本，按照朝代更迭的顺序，用一个个有趣的历史故事串联起五千年的中国史。

　　姜子牙是怎样从一个水畔钓叟，成为周朝功臣的？管仲是如何由阶下囚，一跃成为齐国宰相的？"汉初三杰"是如何帮助刘邦战胜西楚霸王项羽的呢？曹操、刘备、孙权、诸葛亮、关羽这些大家耳熟能详的人物，在正史中与小说、电视剧中有哪些不同？被称为千古名君的李世民，到底有哪些丰功伟绩？岳飞和他的岳家军，为什么流芳百世？朱元璋是怎样从一个到处乞讨的和尚，成为大明王朝的开国君主的？以上种种问题的答案，以及更多有趣的历史故事，都在这套《好看的中国历史》中等待着你呢。

　　本套书共分六册，精心挑选了历朝历代的代表性事件，用详

略得当、生动活泼的语言讲述出来，易读易记。将六册书连起来阅读，就仿佛在五千年的浩瀚历史中来了一次"时空穿梭"，对苦难与辉煌交织在一起的中国历史会有一个基础的了解。为了拓展青少年的知识面，我们在每一篇故事中都设置了小栏目，对重点人物和相关历史常识进行了介绍，对理解历史事件具有现实意义，能够启发青少年的思考。

相信阅读完这套有趣又好看的历史读物，青少年一定能够有所收获，得到成长。

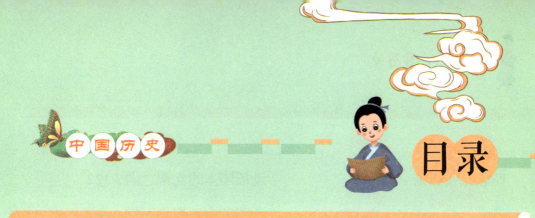

中国历史

目录

1

秦朝

一统天下的短暂王朝

一统天下的秦始皇

千古一帝秦始皇

秦始皇嬴政（前259－前210），又称"赵政"，其父是秦庄襄王，其母是赵姬。他建立了中国历史上第一个中央集权的封建国家，首次完成了大一统，并确定皇帝为最高统治者的称号，国家一切重大事务由皇帝决定，被称为"千古一帝"。

公元前221年，秦国统一六国，结束了诸侯割据的局面，建立了中国第一个大一统的王朝——秦朝。

统一六国后，嬴政与大臣商议："六国都被我打败了，作为一统天下的国君，我必须有一个独一无二的称号。你们说用什么好呢？"大臣们思索一番后，纷纷发表了自己的见解，嬴政听后不是特别满意。他认为自己的品德和功绩足以与三皇五帝媲美，所以他决定取三皇中的"皇"字与五帝中的"帝"字，构成"皇帝"的称号。从此嬴政自称始皇帝，后人称其为秦始皇。

秦汉帝国

人物档案

李斯（？—前208），秦朝著名政治家、文学家和书法家。协助秦始皇统一天下，主张实行郡县制，又提出统一文字等建议，为秦朝的建立和巩固做出了巨大贡献。秦始皇死后，李斯与赵高合谋篡改遗诏，迫使秦始皇长子扶苏自杀，立少子胡亥为帝。后李斯为赵高所陷害，被腰斩于咸阳。

之后，秦始皇又开始进行国家改制。有大臣曾经提议，将诸位皇子分封诸侯，李斯却表示反对。李斯认为，分封必然会导致诸侯割据，秦朝不能重蹈周朝的覆辙。他主张实行郡县制，把权力集中到中央。

秦始皇也认识到，诸侯割据的根源在于分封制，他力排众议，采纳了李斯的建议，废除分封制，实行郡县制。天下被划分为三十六个郡，郡守是郡中最高行政长官，郡尉是郡中的军事长官，郡监（又称监御史）负责监察郡里的吏治；郡下设县，万户以上设县令，万户以下设县长。郡县的长官都由中央直接任命，不得世袭。

3

在中央，秦始皇设置了丞相、太尉、御史大夫等重要官职，丞相包括左丞相和右丞相，协助皇帝处理政务；太尉掌管军队；御史大夫掌管重要文书，监察百官。他们由皇帝任免、调动，且不能世袭。

另外，由于各诸侯国的货币不相同，秦始皇规定统一使用圆形方孔、大小相同的铜钱作为货币，其余货币作废。为了方便贸易、生活，还统一了度量衡，以规定尺寸、斤两等。为了方便交通，规定"车同轨"，修筑驰道，统一车辆和道路的规制。为了方便推行政令、传播文化，规定"书同文"，统一使用小篆作为标准文字，后来又发展出隶书。

秦始皇统一六国，实行郡县制，统一货币、度量衡，书同文，车同轨，这些都惠及后世，是不可磨灭的功绩。

 最早的"国道"

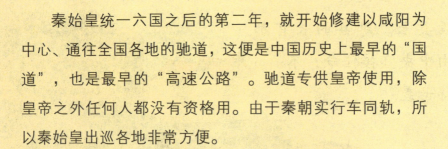

秦始皇统一六国之后的第二年，就开始修建以咸阳为中心、通往全国各地的驰道，这便是中国历史上最早的"国道"，也是最早的"高速公路"。驰道专供皇帝使用，除皇帝之外任何人都没有资格用。由于秦朝实行车同轨，所以秦始皇出巡各地非常方便。

但秦始皇焚书坑儒，实行苛法，大兴土木，沉迷求仙问道，这些为秦朝灭亡埋下了隐患。

读史学成语

一统天下

释义：统一国家。也指为某种势力或某人所把握的局面。

出处：明·罗贯中《三国演义》第一回："汉朝自高祖斩白蛇而起义，一统天下。"

例句：秦始皇即位后步步为营，最终一统天下。

焚书坑儒

释义：焚烧书籍，活埋儒生。《史记·秦始皇本纪》载：秦始皇曾下令焚烧除秦纪、医药、农事等以外的所有民间藏书；又曾坑杀儒生四百六十余人。后用以指对文化和知识分子的摧残。

出处：汉·孔安国《尚书·序》："及秦始皇灭先代典籍，焚书坑儒，天下学士，逃难解散，我先人用藏其家书于屋壁。"

例句：对于秦始皇焚书坑儒这件事，学者们褒贬不一。

权臣赵高祸乱秦朝

指鹿为马的赵高

赵高（？—前207），本为赵国人，后入秦宫，逐渐获得秦始皇的信任，后期作为皇帝的亲近之人，权势较盛。他是皇子胡亥的老师，助胡亥（即秦二世）登帝位后，大权在握，结党营私，施行暴政，他的所作所为加快了秦朝的灭亡。他先后杀死李斯和秦二世，后被秦王子婴所杀。

公元前210年，秦始皇在最后一次巡游途中重病不起，当时同行的是他的小儿子胡亥、丞相李斯和中车府令赵高。到达沙丘（今河北省广宗县）时，秦始皇知道自己大限将至，就让李斯和赵高传诏给皇长子扶苏，让他把军务托付给蒙恬，赶回咸阳主持丧事并继位。

可是，诏书还未送出，秦始皇就去世了，后葬于秦始皇陵。沙丘离咸阳还很远，短时间内是赶不回去的。李斯担心死讯一旦公开，会引起民心动荡，六国遗民也会乘机造反，就把秦始皇的尸体放在卧车中，派人在车中假装侍候。每到一个地方，仍送入饮食和百官的奏章，

人物档案

　　胡亥（前230—前207），秦始皇少子，秦朝第二位皇帝，即秦二世。他即位后，不理政事，致使大权旁落。赵高掌权后，实行残暴统治，不久爆发陈胜、吴广起义。秦二世最后被赵高逼迫自杀。

　　由宦官在车内批示公文。为了掩盖异味，他们又在车里装了许多鲍鱼，打算回到咸阳后再做安排。

　　宦官赵高在朝中的权势很大，又是胡亥的老师。他担心扶苏继位不利于己，就怂恿胡亥夺位，之后让胡亥去逼李斯参与夺位的事，最后李斯同意了。接着，李斯又以秦始皇的名义，伪造了一份诏书，令扶苏和蒙恬自尽。

　　扶苏死后，赵高、李斯、胡亥才将秦始皇病逝的消息宣告天下。三人早就商量好了，他们谎称秦始皇在沙丘留下了遗诏，让他们拥立胡亥登基，胡亥即秦二世。大臣们有的心中起疑，但都不敢反对。

　　胡亥刚继位，就在赵高的诱导下，把有可能和他争位的兄弟姐妹全杀光了，后来赵高又设计害死李斯，继而成为秦

朝丞相，很快就独揽了国家大权。

秦二世非常信任赵高，赵高却日夜盘算着篡夺皇位。可朝中大臣有多少人能听他摆布，又有多少人反对他，他心中没底。

一天上朝时，赵高让人牵来一只鹿，并满脸堆笑地对秦二世说："陛下，臣献给您一匹好马。"秦二世一看，心想：这哪里是马，分明是一只鹿嘛！便笑着对赵高说："丞相搞错了，此乃鹿也！"赵高面不改色地说："请陛下看清楚了，这的确是一匹千里马。"秦二世又看了看那只鹿，迟疑地说："马的头上怎么会长角呢?"赵高一看时机到了，转过身，用手指着众大臣，大声地说："陛下如果不信我的话，可以问问众位大臣。"

一开始，大臣们都被赵高的一派胡言搞得不知所措，后来渐渐明白了赵高的用意。他们有的沉默不语，有的迎合赵高，有的坚持真相。这件事过后，赵高把那些不肯与自己同流合污的忠臣良将纷纷治罪，甚至害得他们家破人亡。这就是历史上著名的"指鹿为马"的故事。铲除异己之后，赵高派人逼死秦二世，想自己坐上皇位，但众臣用沉默来抗

议，他只好立子婴为秦王。

子婴不甘心当傀儡，于是设计杀死了赵高。子婴虽然有心重振秦朝雄风，但已经无力回天，随即秦朝迅速走向了灭亡。

秦始皇陵

秦始皇陵是世界上规模最大、结构最奇特、内涵最丰富的帝王陵墓。据史料记载，秦始皇陵地宫内以铜筑地，以水银模仿河流与大海，还修了内外两重土墙，象征着都城的皇城和宫城，地下修了各种各样的宫殿。最惊人的，就是外墙排列了整整一支陶塑的军队，工艺精湛，栩栩如生，人们称之为"兵马俑"。兵马俑是可以和埃及金字塔相媲美的人类文化的宝贵财富。

读史学成语

指鹿为马

释义： 指着鹿说成是马。比喻故意颠倒黑白，混淆是非。

出处： 汉·司马迁《史记·秦始皇本纪》："赵高欲为乱，恐群臣不听，乃先设验，持鹿献于二世，曰：'马也。'二世笑曰：'丞相误邪？谓鹿为马。'问左右，左右或默，或言马以阿顺赵高，或言鹿者。高因阴中诸言鹿者以法，后群臣皆畏高。"

例句： 在事实面前，指鹿为马是行不通的。

反对暴政的大泽乡起义

大规模的农民起义

　　秦二世即位后，继续广征民夫，大兴土木，耗费了巨大的人力财力，使得百姓怨声载道。公元前209年，中国历史上第一次大规模的农民起义爆发了，即大泽乡起义。

　　大泽乡起义的领袖是陈胜和吴广。陈胜又叫陈涉，年少家贫，曾给人当雇工，虽然受尽剥削，但很有志气，总想改变命运。有一次，陈胜帮人耕地，休息期间对同伴说："如果以后有谁富贵了，可别忘了一起吃苦的兄弟呀！"有人笑着说："干活的锄头都不是你的，说什么富贵呢？"陈胜叹息道："唉，燕雀怎么会明白鸿鹄的志向呢？"

　　这一年，两名军官率领九百余名贫苦出身的人去戍守渔阳（今北京密云区），陈胜、吴广被任命为屯长。他们行至蕲县大泽乡（今安徽省宿州市西南）时，遇上

人物档案

陈胜（？—前208），出身贫寒，曾当过雇工。被派往边境戍守的途中路过大泽乡时，他联合吴广一同率众起义，成为反秦义军的先驱，建立了张楚政权。后陈胜被秦将章邯所败，遭车夫刺杀而死。

瓢泼大雨，无法行进。陈胜、吴广计算赶路的时间，知道一定会误期，按照秦律会被杀头。于是两人悄悄商量对策。陈胜主张造反，并提出可以假借扶苏和项燕的名义，号召天下，一定会有很多人响应。吴广表示赞成。他们决定利用人们的迷信心理，将戍卒组织起来。

转天，有人上街买鱼，在鱼肚里发现一块写着"陈胜王"三个字的绸子，这在众人之中很快传开。这当然是陈胜、吴广做的手脚。当天晚上，人们听到外面传来奇怪的狐狸叫声，听起来就像是"大楚兴，陈胜王"，还看到了飘来飘去的鬼火。这其实是吴广打着灯笼在学狐狸叫。第二天，人们纷纷议论陈胜，觉得是天意让陈胜来当王。

陈胜王

11

陈胜、吴广看到时机成熟，决定起义。吴广假称要逃跑，喝醉的军官怒打吴广，陈胜乘势和吴广将两个军官杀死。接着，他们将戍卒召集在一起，号召大家起义。陈胜说："因为大雨，我们必定误期，按照法律，就会被杀头；哪怕侥幸不被杀，戍守边塞多半也会送命。怎么样都是死，男子汉大丈夫，死也要有个名堂。那些王侯将相难道生来就比我们高贵吗？"人们心中的怒火与斗志被点燃，齐声应和。

他们砍伐竹木做武器，揭竿为大旗，以军官的头颅祭天，大家起誓同生共死，决心推翻秦朝。陈胜自立为将军，吴广为都尉，他们率众迅速攻占了大泽乡。各地的苦难百姓纷纷加入起义军，他们很快又攻下了许多县城。陈胜在攻下陈县（今河南省淮阳县）后，自立为王，国号"张楚"。

农民起义

放眼历史，我国爆发了多次农民起义，秦朝时有陈胜、吴广起义，汉朝有绿林、赤眉起义和黄巾起义，唐末有王仙芝、黄巢起义，等等。农民起义的根本原因在于官逼民反。每一次大规模的农民起义基本都沉重打击了封建统治者，动摇了封建统治。

之后，陈胜派吴广攻打荥阳（今河南省郑州市西北古荥），派周文远征咸阳。周文的军队势如破竹，逼近咸阳。秦二世急忙派少府章邯率军抵御。因为周文的队伍鱼龙混杂，战斗力不如朝廷正规军，最终兵败自杀。

吴广的队伍久攻荥阳不下，军心动摇，形势越来越不利。部将田臧假借陈胜的命令将吴广杀害，自己也战败身死。身处陈县的陈胜手中兵力很少，在章邯的进攻下，向东南撤退，途中被车夫暗杀。

轰轰烈烈的大泽乡起义虽然失败了，但农民起义之火已在全国点燃，此起彼伏的起义沉重打击了秦王朝的统治，令一度强大无比的秦王朝变得风雨飘摇，为后来项羽、刘邦灭秦创造了有利条件。

读史学成语

风雨飘摇

释义：原指树上的鸟窝在风雨中摇晃。后形容动荡不安或岌岌可危的形势。

出处：《诗经·豳风·鸱鸮》："予室翘翘，风雨所漂摇。"

例句：在那个风雨飘摇的时代，每个人都无法独善其身。

刘邦、项羽起兵反秦

刘邦与项羽

　　大泽乡起义爆发后，各地人民纷纷揭竿而起。在楚国故地，诞生了两个杰出的起义领袖，即刘邦和项羽。项羽跟随叔父项梁从吴中（今江苏省苏州市）起兵，刘邦在沛县（今属江苏省）举起了反秦大旗。后来两人曾一起合作，共同成为秦朝的"掘墓人"。

　　自大泽乡起义之后，各地涌现出大批起义军，六国贵族的后代也纷纷招兵买马，各地战乱频发。

　　其中，实力最强的起义军首领是项梁和他的侄子项羽。项梁是楚国大将项燕的儿子，一直以恢复楚国为心愿。项羽不同于常人，从小力气过人，能举起沉重的大鼎。

　　楚国灭亡后，项梁带着项羽逃到了吴中，并很快得到当地百姓的拥护。项梁暗中结识各种人才，准备起事。大泽乡起义爆发后，项梁和项羽杀掉会稽太守，占据会稽郡（今江苏省苏州市），率领一些江东子弟创建了一支队伍。他们顺利攻下广陵（今江苏省扬州市），又渡过淮河，到

了下邳（今江苏省睢宁县北），其间势力不断壮大。

在谋士范增的建议下，项梁找到战国末年楚国君主楚怀王的孙子心，将其立为楚怀王。这样一来，

人物档案

项梁（？—前208），楚国名将项燕之子，西楚霸王项羽的叔叔。秦朝末年，项梁在会稽发动起义，在反秦战争中立下汗马功劳。后因为骄傲轻敌，被秦将章邯所杀。

名正言顺，声势大涨。这支队伍势如破竹，又陆续攻下三郡，并召集各路起义军，项梁成为起义军首领。其中，有一支百余人的队伍前来投靠，其头领名叫刘邦。

刘邦出身普通家庭，不爱念书、劳动，整天四处闲逛，乡邻们都觉得他是个无赖之徒。他喜好结识朋友，三十多岁做了泗水亭长，小有名气。沛县的吕公认为刘邦相貌不凡，就把女儿吕雉嫁给了他。

秦二世在位期间，总是征民夫做苦力。一次，刘邦奉命押送犯人去骊山，途中不断有人逃跑，刘邦知道等到了目的地估计也没有多少人了，到时无法交差。于是，他索性让大家在途中停下来，买酒和大家痛饮一番后，对剩下的人说："你们各自逃命去吧，我也要逃走了。"大部分人都走了，但有一些人留下来跟着刘邦，大家决定到芒砀山躲起来。

刘邦和众人一起向前走，探路的人说，前面有一条大蛇。刘邦趁着酒意说："大丈夫行走天下，有什么可怕的。"他自行走到前面，果然看到了一条大白蛇，就拔出随身佩剑，将其斩为两段。后来他晕晕乎乎的，躺在地上睡了一觉。后边的人赶来后，告诉刘邦，白蛇死后不久，他们看到路边冒出个老太太，哭诉她的儿子白帝之子被赤帝之子杀死了，之后就消失不见了。大家不禁暗自敬重刘邦。

刘邦身边后来又聚集了一些人，他还联系上了沛县的监狱官曹参和文书萧何。当陈胜、吴广攻下陈县时，萧何曾建议沛县县令召集流亡之人，共同守城，于是县令同意将刘邦接回来。但后来县令反悔，还要捉拿萧何和曹参。百姓本就对县令不满，于是杀了他，打开城门迎接刘邦，还推举他做沛公。刘邦自称赤帝之子，举起反秦大旗。

之后，刘邦攻下丰邑（今江苏省丰县）和附近几个郡县，

但留守丰邑的部下却叛变，投降魏国。刘邦大怒，决定向另一支起义军的将领借兵，在路上偶遇张良，二人相谈甚欢，此后张良成了刘邦手下的谋臣。他们商议后认为项梁的起义军声势最盛，决心改投其麾下。

不久，沛公刘邦成为项梁麾下的一员大将。项梁给了刘邦数千兵马，帮助他夺回了丰邑。

刘邦、项羽的志向

秦始皇巡游的时候，声势十分浩大，此时项梁和项羽在观看巡游的人群中，项羽看见秦始皇威风凛凛的样子，脱口说："我可以取代这个人！"巧合的是，四十多岁的刘邦也曾在咸阳见到过秦始皇的仪仗，感叹道："大丈夫就该这样啊！"

读史学成语

揭竿而起

释义：举竿为旗，奋起反抗。原形容秦末农民起义时的情况。后泛指起义。

出处：汉·贾谊《过秦论》："斩木为兵，揭竿为旗，天下云集响应。"

例句：中国历史上有无数次农民揭竿而起的反抗行动，不过大多以失败告终。

只进不退的巨鹿之战

项羽破釜沉舟

公元前207年，项羽率领起义军和章邯率领的秦军在巨鹿（今河北省平乡县西南）进行了一场生死之战，史称巨鹿之战，中国历史上著名的以少胜多的战例之一。此战中，项羽破釜沉舟，以迅雷不及掩耳之势猛攻秦军，并将其歼灭。经此一战，秦军主力尽失，秦朝名存实亡。

项梁率领的起义军发展迅猛，他逐渐产生了轻敌情绪，后被秦军将领章邯杀死。章邯击杀项梁之后，决心一鼓作气攻灭赵国。赵军被迫退守巨鹿，被秦军重重围困，连忙派人向楚国等诸侯国求助。

楚怀王任命宋义、项羽、范增等率领大军援助赵国。为了分散秦军兵力，又派刘邦率西路军进攻秦地。楚怀王还许诺，先攻下关中（秦都咸阳）者，就可以当关中王。

宋义率领大军赶赴赵国，走了一段时间后忽然停下来，在安阳驻扎休息，一连四十多天都没有出兵的意思。项羽的心中十分急迫，前去质问。宋义却不以为然，说：

人物档案

章邯（？—前205），秦朝名将。大泽乡起义爆发后，他受命平乱，先后击败周文、田臧等人，陈胜也在他的攻打之下被杀。随后，他南征北战，先后杀死反秦武装首领魏咎、项梁等人。后来他投降项羽，被封为雍王，被刘邦击败后自杀。

"你懂什么，等秦军击败赵军，自己也会万分疲惫，到时候我们再出兵，就能以逸待劳，享渔翁之利。"

当时天气寒冷，又下起了雨，士兵们衣服不够穿，粮食也不够吃，都抱怨起来。宋义不但不理会，还大摆宴席，要送他的儿子去齐国当丞相。

项羽终于愤怒了，他指着宋义那暖洋洋的军帐对将士们说："如今天寒地冻，大家都快没有吃的了，他还大摆酒宴，而不是快点渡过黄河，用赵地的粮食当军粮。

等到秦军打败了赵国，只会更加强大，对我们威胁更大，我们哪还有什么机会！"

项羽的话说到了大家心里，对宋义的不满开始在军营中蔓延。一天早上，项羽身穿铠甲，进入宋义营帐中，再次提出立即出兵，宋义大怒，严厉斥责，项羽如同猛虎一般扑到宋义面前，剑光一闪，没等宋义回过神来，就砍掉了他的头颅。

随后，项羽提着宋义的头颅，出帐召集将士，对大家说："宋义与齐国商量谋反，故意按兵不动，楚王秘密派我来杀掉他。"将士们都吓了一跳，不过宋义在军中的威望不高，事情已经发生了，大家就一致拥护项羽做统领。楚怀王得知此事后，也无可奈何，只好顺水推舟，让项

羽做了上将军。

项羽带领大军，到达巨鹿边的漳水。他派两万士兵渡过漳水后，打了一场胜仗。紧接着立即下令全军渡河。项羽的队伍在人数上处于劣势，渡过漳水后，他下令把渡船凿沉，把做饭的锅都砸了，让每个人只带上三天的干粮，轻装上阵。之后，他大声对士兵们说："这一仗，只准进，不准退，三天内一定要打败秦兵！"

项羽断了大家的退路，将士都看到了他的决心和勇气，不禁受到感染，鼓足士气杀向秦军。楚军个个以一当十，杀声震天。多次激战后，楚军以少胜多，大败秦军。秦军主将章邯撤退，副将王离被项羽活捉。

巨鹿之战是一场彻底扭转了整个抗秦局面的战争，

巨鹿之战的历史评价

巨鹿之战是秦末战争中的一次大胜利，基本上摧毁了秦军的主力，为反秦斗争的胜利打下了坚实的基础。著名的对联"有志者、事竟成，破釜沉舟，百二秦关终属楚；苦心人、天不负，卧薪尝胆，三千越甲可吞吴"的上联就是在称赞这场战争。清朝名臣李光地在《榕村语录》中说："项羽精采，最是沉船破釜，能断而行，所以成破秦之功。"

是灭秦的关键一战。此战中，各路诸侯都只敢观战，不敢出兵。他们先惧秦军的强盛，之后又被楚军震慑。经此一战，项羽名声大振，成为反秦联军的统帅，各路诸侯都自愿归于他的帐下。

 读史学成语

破釜沉舟

释义：打破饭锅，弄沉渡船，与敌人进行生死搏斗。比喻决心战斗到底，决不后退。

出处：汉·司马迁《史记·项羽本纪》："项羽乃悉引兵渡河，皆沉船，破釜甑，烧庐舍，持三日粮，以示士卒必死，无一还心。"明·史可法《请出师讨贼疏》："聚才智之精神，枕戈待旦；合方州之物力，破釜沉舟。"

例句：面对敌人的进攻，我军将士破釜沉舟，赢得了最后胜利。

顺水推舟

释义：顺着水流推船。比喻顺着情势办事。

出处：元·康进之《李逵负荆》第三折："你休得顺水推舟，偏不许我过河拆桥。"

例句：事情已经进展到这一步，我们不如顺水推舟，让他达成所愿。

深得人心的约法三章

走进约法三章

　　刘邦入关后，宣布"杀人者死，伤人及盗抵罪"，称为约法三章，这是战争情况下的临时法令，是从人民切身利益出发的。对比秦朝时期的严刑峻法，这条法令内容简单明了，且可以有效地保护百姓的利益，百姓听了之后自然热烈拥护，于是刘邦很快就赢得了百姓的信任、拥护和支持。

　　项羽等人在巨鹿牵制住秦军主力的同时，刘邦正在向咸阳进发，途中没有遇到大的阻力，再加上有张良出谋划策，一路比较顺利。刘邦逼近咸阳后，秦二世匆忙派兵抵抗，而此时赵高只想着篡位，就杀了秦二世，另立王室子弟子婴为秦王。子婴知道赵高野心勃勃，不能久留，他与亲近的宦官和两个儿子一起用计杀死了赵高，并派人马驻守峣关（今陕西省商洛市商州区西北）。在张良的谋划之下，刘邦派将领率人马从侧面进攻，出其

不意地消灭了守关秦军，屯兵灞上（今陕西省西安市东南）。秦王子婴知道大势已去，只好向刘邦投降，刘邦顺利进入咸阳。秦朝自此灭亡。

进入咸阳后，刘邦和很多将士一样喜不自胜。将士们看着王宫中的金银财宝，都想要多拿一些，场面十分混乱。但萧何却没有去找财物，而是进入丞相府，将户籍档案、地图等重要的律令图书收集起来，妥善保管。刘邦看到富丽堂皇的宫殿，精致美观的摆设，众多美丽的宫女，简直眼花缭乱，一时将正事忘到了九霄云外。此时，大将樊哙进入宫中，对刘邦说："秦朝不就是因这些奢靡的事物而灭亡的吗？您为什么还要看重这些呢？"可是刘邦依然沉醉其中，难以自拔。

张良看出刘邦贪图宫中的奢华，就劝他以打天下为重，并为他分析道："您难道要学暴秦的行径吗？这样您会失去人心的。'良药苦口利于病，忠言逆耳利于行'，

人物档案

张良（？—约前190），韩国贵族，西汉开国功臣。原本辅佐韩王，后来结交刘邦，加入刘邦的队伍，为刘邦建立汉朝做出不可磨灭的贡献。刘邦称赞他"运筹帷幄之中，决胜千里之外"。张良精通黄老之学，不恋权势，功成之后明哲保身，辞官云游四海，得到后人广泛赞许。

请您听从樊哙的话吧。"刘邦这才吩咐将士将仓库封闭，回到了灞上。之后，刘邦又召集当地有威望的人，说："秦朝施行暴政，让大家吃尽苦头。今天，我和大家约法三章：其一，杀人者偿命；其二，伤人者抵罪；其三，偷盗者抵罪。除此之外，秦朝的严苛法律一概废除。我来此不是来压榨大家的，所以不用害怕，希望你们把我的话也转告给百姓。"

关中的百姓听说了此事，欢欣雀跃，还有人拿着酒肉、粮食慰劳刘邦和众将士。刘邦一律以诚恳的态度相待，不收他们的东西，并表示："粮库里的食物充足，军队有口粮，不想给百姓添麻烦，你们不用破费。"百姓非常感动，更加尊敬他，纷纷表示愿意拥护他成为关中王。有人说："沛公留在这里，我们就有好日子过了！"

刘邦成功取信于民，原先的官吏没有被降职或关押，大家相安无事，皆大欢喜。而此时，项羽取得了巨鹿之

战的胜利，正率领大军赶往咸阳。两军之间实力悬殊，刘邦虽先一步占据了关中，但心中极为不安。

秦王子婴的身世

有关秦王子婴的身世，史书记载很少，甚至连他的身份都众说纷纭。有记载说他是秦二世哥哥的儿子，有人直接说他是公子扶苏的儿子。还有记载说他是秦始皇的弟弟，即秦二世的叔叔。但是也有人说子婴是秦二世的哥哥，或者是秦始皇的侄子。

读史学成语

约法三章

释义：指订立三条法律条款。后用"约法三章"指简单的协议约定。

出处：汉·司马迁《史记·高祖本纪》："与父老约法三章耳：杀人者死，伤人及盗抵罪。"宋·刘克庄《沁园春·寄竹溪》词："老子衰颓，晚与亲朋，约法三章。"

例句：为了提高学生们的学习成绩，新来的老师和学生们约法三章。

危机四伏的鸿门宴

不怀好意的宴会

项羽进入关中后,在鸿门(今陕西省西安市临潼区东北)举行了一次宴会,邀请刘邦赴宴。这是一场危机四伏的宴会,但最终项羽在宴会中没有杀掉刘邦,导致范增的计划失败,同时为日后楚汉战争的失败埋下了伏笔。

秦军的主力被项羽牵制,刘邦得以抢先进入关中。项羽得知后,很快率领大军赶往关中。行至函谷关时,大军被刘邦派来的士兵阻拦。项羽大怒,很快攻下函谷关,一路到达鸿门,才安营扎寨。此地距刘邦的兵营已经不远,战事一触即发。

刘邦军中的左司马曹无伤想转投项羽,就告密说刘邦意图在关中称王。项羽的谋士范增说:"刘邦进入咸阳,却不贪恋财宝美色,是有更大的野心。此人不除,后患无穷。"项羽认为有理,就下令整顿军队,准备攻打刘邦。

刘邦的谋士张良,是项羽叔父项伯的救命恩人。项伯得知项羽打算攻打刘邦,害怕张良遇害,于是连

夜到刘邦营中去通知张良，让他赶紧逃走。张良立刻把消息告知刘邦，刘邦急忙向项伯表明自己并无反抗项羽之意，请他帮忙说好话。项伯又连夜回到军营，劝说项羽。

第二天清晨，刘邦带着张良、樊哙和百余名士兵赶到鸿门，向项羽请罪。刘邦进入项羽的大帐后，看到项羽气势汹汹，于是谦卑地说："我和将军一同反秦，没想到会先进入关中。我本是一个小小的亭长，投在将军门下，怎么敢冒犯将军呢？

人物档案

樊哙（？—前189），西汉开国元勋，军事统帅。他骁勇善战，是刘邦麾下的一员大将，曾在鸿门宴上营救刘邦，为刘邦成就帝王霸业做出不可磨灭的贡献。

是小人挑拨，才造成我们之间的误会。"

项羽脸色这才缓和，留下刘邦喝酒。范增见项羽始终不动手，再三向他使眼色，并用玉玦向他示意，可项羽假装没看见。

范增只得找借口离席，对项羽的堂兄弟项庄说："你一会儿给刘邦献酒后，请求舞剑助兴，找机会杀掉刘邦。"项庄入帐敬酒后，请求舞剑，得到项羽的同意后，拔剑起舞，离刘邦越来越近。项伯见状也起身舞剑，并有意阻挡项庄。张良见情况如此危急，借故离席，对门外的樊哙说："项庄舞剑，意在沛公！"

樊哙一听，立刻一手持剑、一手持盾，撞倒守门士兵，闯进军帐，瞪着眼睛，怒发冲冠。项羽按着剑，问："你是什么人？"张良连忙说："他是给沛公驾车的樊哙。"项羽说："赏他一杯好酒，一只肘子。"樊哙一口气把酒喝了，把猪腿放在反扣的盾牌上，拔出剑切着吃。

项羽再次劝酒，樊哙起身，说："我死都不怕，岂会推辞一杯酒。楚怀王曾许诺，先入关中者称王。现在沛公先入关中，但只是退军驻扎，关闭库房、宫室，一心等大王到来。派兵把守函谷关，是防备残余秦军作乱。大王没有赏赐，却听信谗言，要杀有功之人。这是走亡秦的老路哇，我认为大王不应如此！"

项羽无话可说，只得让樊哙坐下。刘邦起身上厕所，张良和樊哙跟到帐外，劝刘邦趁机返回灞上。刘邦说："还没有向项王道别呢。"樊哙劝道："做大事不必顾虑细枝末节，讲大义不必讲究小的礼让。现在我们是鱼肉，人家是刀和砧板，何必告辞呢？"

于是，刘邦悄悄带着樊哙抄小路逃走了。张良掐算好时间，入帐说："沛公喝醉了，不能辞别，叫我奉上白玉璧一对，献给将军；玉斗一双，献给亚父（指范增）。"项羽问："沛公在哪里？"张良说："他怕大王责备他，

玉璧

古人非常重视玉，将其制成各种各样的器具，如玉佩、玉玺、玉璧等。其中，玉璧是一种扁平的圆形玉器，中间有孔。玉璧深受古人喜爱，是贵族之间互相赠送的礼器。最著名的玉璧，当属战国时代的和氏璧。

已经回到军中。"

项羽高兴地接受玉璧，放在座位上。范增则将玉斗扔到地上，拔剑砍碎，说："唉，项羽这小子真不值得共谋大业。我们都要成为刘邦的俘虏了。"

读史学成语

危机四伏

释义：指到处隐藏着危险的祸根。

出处：茅盾《子夜》九："不要太乐观。上海此时也是危机四伏。"

例句：有的地方看似安全，实则危机四伏。

气势汹汹

释义：形容人或动物发怒时凶狠的样子。

出处：谷斯范《新桃花扇》第五回："牧斋见他气势汹汹，不像对长辈说话的样子，心里大不乐意。"

例句：他气势汹汹地跑来质问裁判自己为什么被扣分。

项羽乌江自刎

西楚霸王项羽

　　项羽（前232—前202），楚国名将项燕之孙，自称"西楚霸王"。他是一位以武艺出众而闻名的历史人物，在楚汉之争中输给刘邦后自刎。

　　鸿门宴后，项羽进入咸阳，杀秦王子婴，自封"西楚霸王"，封刘邦为汉王，让他驻扎在巴蜀和汉中一带。项羽又三分关中，分别封秦国的三个降将章邯、司马欣、董翳为雍王、塞王和翟王，挡住刘邦出关的路。

　　刘邦派人烧掉进入关中的唯一栈道，以此迷惑项羽，同时避免其他诸侯的攻击，安心发展自己的实力。后来，项羽的野心越来越大，派人杀了楚怀王。而刘邦的实力也渐渐强大，他听从韩信的计谋，让樊哙带着少量士兵，慢悠悠地重修栈道，迷惑守关将领，自己则率领大军，从小路奔袭陈仓（今陕西省宝鸡市东），雍王章邯被打得措手不及，战败逃走。刘邦顺利占据关中，楚汉

之争正式拉开
序幕。

　　项羽得知后震怒，
但他还在平定齐国的叛
乱，无法赶回。刘邦趁机
联合诸侯，占领了项羽的大片领
土，进入项羽的大本营彭城（今江苏
省徐州市）。项羽虽然两面作战，却并不慌乱，
他勇猛胆大，留下一支部队继续围攻齐国，自己亲率精
兵三万，赶回彭城，断了刘邦后路，并连夜突袭汉军的
指挥中心，刘邦和诸侯联军被打得措手不及，慌忙逃命，
损失了许多人马。

西楚霸王

　　战国的时候，楚国的疆土面积很大，被划分为三个领
域：南楚、西楚和东楚。项羽是西楚人，他出生在楚国的
贵族世家，项家世世代代都是楚将。所以他给自己起名为
西楚霸王，"霸"这个字是效仿"春秋五霸"得来的，以
此表示自己是诸侯中最大的。

刘邦狼狈逃跑，萧何和韩信带关中人马前来会合，刘邦才恢复了一些实力。楚汉两军展开攻防拉锯战，对峙了两年多。

项羽在南边与刘邦对峙，韩信趁机到北方，相继击败或劝降了赵国、燕国、魏国、齐国等，又准备进攻楚国，此时胜利的天平已经向刘邦倾斜。投奔刘邦的大将又不断骚扰项羽后方，让项羽的军队时常粮草不济。项羽提议以荥阳东南的鸿沟作为楚汉的分界，东归楚，西归汉。刘邦同意了。

项羽率军东归，刘邦却在张良等谋士的劝告下背弃盟约，开始追击楚军，展开了楚汉之间最后的决战。楚军常年征战，疲惫不堪，此时又缺乏粮草，寡不敌众，最终战败，残军被韩信、彭越等人围困在垓下（今安徽省固镇县东北、沱河南岸）。

一天夜里，西风吹过，四面传来楚地的歌声。项羽

  人物档案

　　韩信（？—前196），西汉开国功臣、军事家，"汉初三杰"之一。曾率军在北方平定各诸侯国，又与刘邦联合击败项羽，功勋盖世。西汉建国后，他被吕后和萧何设计杀害，史称"成也萧何，败也萧何"。

坐在营帐中正愁眉不展，他听到歌声不禁失声问道："怎么会有这么多人唱楚歌呢，难道刘邦已经占领楚地了吗？"四面楚歌的情况让楚军感到十分悲凉，军心涣散。

项羽决定趁夜突围，于是带上八百名子弟兵，趁着夜色，向西南方突围而去。天快亮时，汉军才发现项羽逃走了，立刻派出五千名骑兵追击。项羽在逃跑途中迷路陷入沼泽，被汉军追上。这时，他身边只剩下了少量骑兵。项羽带着手下一路突围，退到了乌江（今安徽省和县东北）边上。

乌江亭长驾着一只小船正等在江边，他对项羽招

手，说："大王快上船，江东虽小，也足以供大王东山再起。"

项羽苦笑道："我带了这么多人离开家乡征战，如今他们都死了，我又有何脸面回去面对江东父老，让他们尊我为王呢？"说完，他回身又跟追来的汉军拼杀了起来。最终，项羽身负重伤，无力再战，在乌江边自刎。

寡不敌众

释义：少数人抵挡不住多数人。

出处：《逸周书·芮良夫解》："民至亿兆，后一而已；寡不敌众，后其危哉！"

例句：虽然我军拼死战斗，但终因寡不敌众败下阵来。

四面楚歌

释义：汉·司马迁《史记·项羽本纪》载：项羽被刘邦围困于垓下，夜间忽然听到军营四周响起一片楚歌（项羽为楚人），遂认为刘邦已得楚地，军心随之涣散。后世以"四面楚歌"比喻四面受敌，陷于绝境。

出处：晋·陈寿《三国志·吴书·胡综传》："高祖诛项，四面楚歌。"

例句：公司虽然陷入了四面楚歌的境地，但大家的斗志并没有被击垮。

厚积薄发的悠久王朝

汉朝

陈平计解白登之围

走进白登之围

白登之围是汉高祖刘邦被匈奴冒顿单于围困在白登山的著名历史事件。公元前201年，冒顿单于屡次南下，侵犯中原。汉高祖刘邦亲自率军迎击匈奴，中了诱敌之计，被围困于白登山。最终，刘邦采用陈平的计谋，侥幸脱险。

公元前202年，楚汉战争以刘邦取得全面胜利而告终。刘邦称帝，即汉高祖，建立汉朝，定都长安（今陕西省西安市），史称西汉，开启了崭新的历史篇章。

汉高祖刘邦对以往的政治制度和律法进行调整，不仅改革了中央集权制和郡县制，还用萧何制定的宽柔相济的《九章律》代替了秦朝的严苛刑法。此外，国家还大力鼓励农耕和生育。在一系列休养生息的政策下，饱经战火的神州大地慢慢复原。但当时汉朝依然处于内忧外患之中，尤其是北方的匈奴在虎视眈眈。

匈奴是北方游牧民族的通称，擅长骑射，分为许多部落，每个部落都有自己的首领。匈奴的王称为"单于"，王后称为"阏氏"。早在殷商时期匈奴就不时骚扰

人物档案

冒顿单于，生卒年不详，匈奴部落雄才大略的君主、军事统帅。公元前 209 年，他首次统一了北方草原，建立起了强大的匈奴帝国。他曾征服楼兰等国，又曾在白登山围困汉高祖刘邦。

中原边境，到了春秋战国时期，中原诸侯国吸取了教训，常与他们作战，进行压制、兼并。此外，秦、燕、赵等诸侯国还修筑了长城来抵御。匈奴刚崛起时，一些氏族

部落纷纷融入其中。秦朝重修长城，并派大将蒙恬驻守北方。那时蒙恬威名在外，能够震慑住匈奴，中原地区获得了十几年的相对安稳。

但是没过多久，楚汉相争，中原一片混乱，匈奴的首领冒顿把众多的游牧部落首次统一起来。

公元前201年，冒顿单于突然带着大军包围了马邑（今山西省朔州市），获胜后继续南下，攻下晋阳（今山西省太原市）。汉高祖大怒，亲率大军前去迎敌。两军一交战，汉军就接连打了好几场胜仗，夺回了晋阳。

驻扎晋阳后，汉高祖派人侦察，得知冒顿单于所率

大多为老弱残兵，且粮草不足。随后，汉高祖又派大臣刘敬（原名娄敬）前去侦察。刘敬回来说："他们表面上的确是一些老弱残兵，但臣以为冒顿单于一定是把精兵藏起来了，陛下不可轻举妄动。"一心想歼灭匈奴主力的汉高祖听后非常愤怒，认为他是在扰乱军心，立刻把他囚禁了起来，自己则按照原计划，只带了几千人前去追击。

汉军刚到平城（今山西省大同市），四周就突然冲出众多匈奴士兵，汉高祖率汉军奋力拼杀，边打边退，最后退到了平城东面的白登山上。冒顿单于的精兵把白登山围了个水泄不通，七天七夜过去了，汉军几次突围都没有成功。

　　这时，谋士陈平献上了一个计策，他说阏氏很受冒顿单于的喜爱，可以贿赂她劝说冒顿单于退兵。汉高祖应允，陈平就带上金银珠宝献给冒顿阏氏，还说如果匈奴不解围，汉军就会把绝色美人献给冒顿单于。阏氏对那些金银珠宝非常满意，又听说汉朝想将绝色美女献给冒顿单于，担心自己失宠，于是决心劝冒顿单于退兵。她对冒顿单于说："汉王被困，援军很快就会赶到。围困时不见他们慌乱，想必是有神灵保佑，我们就算攻打下他们的土地，也不适于长居，还是放他回去吧。"

　　冒顿单于心中也有其他顾虑，就把包围圈撤开了一角，白登之围就这样化解了。刘邦死里逃生，意识到自己的错误，对刘敬非常佩服，于是将他放出，封为关内侯。刘邦知道以汉朝目前的实力，根本无法短期内消灭匈奴，于是决心采取休养生息的策略，恢复国力，对匈奴则采取防御态势，不再主动出击。不过此后匈奴还是不断骚

和亲政策

　　和亲是指中国古代皇帝将自己的女儿或宗室之女嫁于外族的统领，是带有明确目的的政治联姻，也是古代封建王朝的一种特殊外交手段，是"化干戈为玉帛"的最佳写照。

扰汉朝边境，刘敬提出用公主和亲的建议，以减少匈奴对汉朝的骚扰。当时符合条件的只有吕后的女儿，但吕后不舍，只好另选宗室女子封为公主与匈奴和亲。

从此，汉朝为了休养生息，常用和亲来缓和跟匈奴的关系。后来，和亲逐渐成了历朝历代常用的一种外交手段。

读史学成语

内忧外患

释义：内有忧乱，外有祸患。形容形势动荡不安。

出处：《管子·戒》："君外舍而不鼎馈，非有内忧，必有外患。"

例句：当国家处于内忧外患中，无数人挺身而出，积极救国。

水泄不通

释义：连水都泄不出去。形容十分拥挤或严密。

出处：宋·释普济《五灯会元·慧林本禅师法嗣》："楞伽峰顶谁能措足，少室岩前水泄不通。"

例句：因为举办活动，这里挤得水泄不通。

打压刘氏，吕后专权

认识吕后

吕后名雉，是汉高祖刘邦的妻子。汉高祖去世后，继位的汉惠帝生性懦弱，大权被其母吕后把持。吕后大肆扶持吕氏势力，在汉惠帝去世后，汉朝完全变成了吕氏的天下。吕后掌权十余年，开启了汉代外戚专权的先河。

汉高祖刘邦称帝后，吕后一直协助他巩固天下。后来汉高祖患了病，身体越发衰弱。汉高祖临终前，吕后问："陛下百年之后，若相国萧何死去，谁能接替他？"汉高祖思索后说："曹参可以。"吕后再问："之后谁可接替呢？"汉高祖说："王陵。不过他正直却略有愚笨，可以让陈平协助。陈平智谋不凡，周勃办事稳重，他们都是可以倚重的。"

汉高祖一死，吕后就偷偷与亲信审食其谋划除去功臣。她说："那些人曾经也是平民百姓，后来成为朝廷重臣。如今就要辅助年轻的皇帝了，如果他们不服气，岂

不是很麻烦？不如除掉他们。"消息被大将郦商得知后，他说："我听说你们要杀害功臣，这是给天下制造祸乱。陈平、樊哙、周勃等人手握重兵，

人物档案

陈平（？—前178），西汉王朝开国功臣，他曾参加楚汉战争，协助刘邦统一天下，解白登之围，使刘邦脱离匈奴险境。后担任丞相，平定了诸吕的叛乱。

若知道朝廷容不下他们，他们联合起来造反就糟糕了。"吕后认为他言之有理，就放弃了诛杀功臣的计划。

继位的汉惠帝是吕后的儿子，他年轻软弱，身体不好，吕后趁机执掌朝中实权，开始铲除异己。她排挤刘氏子孙，关押了汉高祖宠爱的戚夫人，还准备杀死戚夫人的儿子赵王刘如意。汉惠帝与赵王刘如意的关系很好，便尽力保护他，但吕后趁汉惠帝外出，最终还是把刘如意害死了。汉惠帝大哭一场，只能将其埋

葬。随后，吕后残害戚夫人，汉惠帝被叫去观看后惊恐万状，从此重病缠身，后来在悲伤中死去了。

汉惠帝死后，吕后故作悲痛。张良的儿子见此对左丞相陈平说："太后为汉惠帝哭时，并没有流泪，她害怕你们这些开国功臣会阻碍她。如果你让她的子侄掌握权势，她就能放心，你们也不会有危险了。"陈平采纳了他的建议，吕后果然很高兴，哭丧汉惠帝时也有眼泪了。

吕后抱养宫中婴儿，立为皇帝，这个小皇帝被称为少帝。吕后想封自家的人为王，向右丞相王陵征求意见。王陵立刻表示反对，说："高祖曾杀白马订盟约，与大臣们规定非刘家之人不能封王，非有功之人不能封侯，谁违背这个盟约，大家就共同讨伐他！如今您意图违背盟约，我不会同意！"吕后听此，脸色一变，冷冷地盯着王陵。陈平和周勃暗自交换眼色，齐声道："高祖皇帝在位

外戚干政

外戚干政是指古代外戚把持朝廷政权的现象，外戚指封建君主的母族和妻族。尤其是皇帝年幼时，外戚专权很严重。刘邦去世后，吕后把持了朝政，重用吕氏子弟，比如吕产、吕禄等人，把他们都封了王，是封建时代外戚干政的典型。

时分封刘氏子弟为王，如今太后执掌朝政，为何不能分封吕氏子弟呢？"吕后立即转怒为喜。

不久，陈平被升为右丞相，左丞相由吕后亲信审食其担任。后来逐渐无人违背吕后的意思，她顺利将吕氏子弟封王封侯。吕后为了缓解刘吕矛盾，就让他们结亲。

少帝长大后，知道自己的生母被吕后所害，就表示要为母亲报仇，吕后得知不久，小皇帝就死了。之后，她又立汉惠帝之子刘弘为帝，不过刘弘也是傀儡。就这样，吕后及其子侄基本掌控了刘氏的天下。

读史学成语

言之有理

释义：说得有根据、有道理，能使人信服。

出处：明·无心子《金雀记·守贞》："还是左兄言之有理，极是曲体人情。"

例句：虽然觉得对方言之有理，但他不得不坚持自己的观点。

惊恐万状

释义：由于惊慌恐惧而表现出各种情态。形容非常害怕。

出处：曲波《林海雪原》："原来是一群野雉，像是大敌袭来，惊恐万状地向南飞奔。"

例句：见到警察来了，小偷惊恐万状，束手就擒。

曹参不改萧何之规

认识曹参

　　曹参（？—前190），西汉开国功臣，史称"曹相国"。他继萧何之后为相国，严格执行萧何的政策，留下了"萧规曹随"的历史佳话。他做相国期间，施行与民休息的方针，为文景之治打下了良好的物质基础。

　　汉高祖去世前，曾说曹参可以接替萧何。后来，萧何年迈体衰，一病不起，汉惠帝亲自去探望，谈到谁能够接替他的职位。萧何并没有替皇帝拿主意，反问道："还有谁能比陛下更了解大臣呢？"

　　汉惠帝就问："曹参如何？"

　　萧何以前曾与曹参一起跟随汉高祖起兵，对他的为人和才能十分了解，就说："陛下的决断英明，我也放心了。"吕后见萧何的想法与汉高祖的安排一致，也表示同意，任用了曹参。

　　当初，汉高祖封长子刘肥做齐王的时候，就让曹参

当了齐相。到齐地后，曹参召集大家讨论应该怎么治理百姓，大家众说纷纭，曹参不知道应该听谁的意见才好，很是头疼。后来他打听到当地有一个很有名望的隐士叫盖公，就去拜访盖公，向他请教。

人物档案

汉惠帝刘盈（前210—前188），西汉第二位皇帝，汉高祖刘邦的嫡长子。在位期间，实行仁政，重用萧何、曹参为丞相，使得西汉初年经济持续发展。由于母亲吕后专政，汉惠帝抑郁不平，英年早逝。

盖公说，治理国家最重要的是让官员们各司其职，不要过多地打扰百姓，让百姓自然安定。曹参采纳了盖公的建议，把齐国治理得井井有条，百姓都称他是贤相。

曹参接到朝廷的命令，从齐国来到京城，担任丞相。俗话说，"新官上任三把火"，大家等着曹参上任后制定一些新举措。谁知曹参上任后，不仅宣布萧何制定的措施和工作要全部照旧执行，就连以前萧何任用的官员，也没有丝毫的变动。

他只是在过了一段时间之后，把那些油嘴滑舌又不做实事的官员调走，从各地挑选了一些崇尚实干、稳重爱民的人入朝为官。除此之外，他一直清静无为。如果有性急的大臣找他谈事，他就请别人喝酒，喝到最后，往往什么都没说。

身为相国居然如此做事，汉惠帝实在看不下去了，就对曹参的儿子曹窋说："你找个机会问问你父亲，'如今高祖归了天，皇上年轻，国家大事全靠相国来主持。可您天天喝酒不管事，能把国家治理好吗？'看看你父亲如何回答。"

曹窋听皇帝的话，回家问了曹参，谁知曹参二话不说，把他打了一顿。曹窋莫名其妙地挨了一顿打，回宫告诉汉惠帝，汉惠帝心里更不踏实了。第二天上完朝，就把

曹参留了下来。

曹参先向汉惠帝请了罪，接着问："请问陛下，您认为自己与高祖相比，谁更英明？"

汉惠帝说："我哪里能和父王相比？"

曹参又问："在陛下眼中，我与萧相国比较，谁更有才干？"

汉惠帝笑了："现在看来，你好像不如萧相国。"

曹参说："陛下的才能不如高祖，我的才能不及萧相国。那么高祖与萧相国定下的明白无误的法令自然也比我们高明。我们只要尽职尽责，遵照执行，不出现过错就可以了。何况现在战乱初平，百姓需要安定，如果突然变更法令，百姓会无所适从，国家反而会陷入混乱。"

汉惠帝感慨道："我现在终于明白了曹相国的心意。"

曹参担任了三年的相国，一直用黄老之学治理国家。

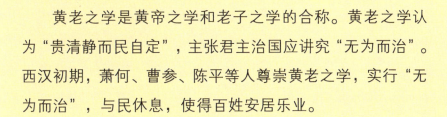

黄老之学

黄老之学是黄帝之学和老子之学的合称。黄老之学认为"贵清静而民自定"，主张君主治国应讲究"无为而治"。西汉初期，萧何、曹参、陈平等人尊崇黄老之学，实行"无为而治"，与民休息，使得百姓安居乐业。

除延续旧法令外，还鼓励增加人口，开垦土地，发展生产，减轻百姓负担，尽量不干扰百姓的正常生活，为此后的"文景之治"打下了坚实的物质基础。历史上把曹参的治理方式称为"萧规曹随"。

读史学成语

井井有条

释义：形容有条理。

出处：郭沫若《洪波曲》："经他的经营擘划，倒也安顿得井井有条。"

例句：他把这家店管理得井井有条。

无所适从

释义：形容不知依从谁才好，不知怎么办才好。

出处：唐·李百药《北齐书·魏兰根传》："此县界于强虏，皇威未接，无所适从，故成背叛。"

例句：市面上护肤品种类太多了，令人眼花缭乱、无所适从。

休养生息的文景之治

走进文景之治

　　文景之治是指汉文帝、汉景帝统治时期出现的盛世。汉朝建立之初，经过长期的战乱，国力较弱，物质条件较为贫乏，社会经济萧条。于是，朝廷推崇黄老之学，让百姓休养生息，发展生产。随着前几代帝王的励精图治，汉朝此时的经济得到了恢复，迎来了文景之治。

　　吕后去世以后，丞相陈平、太尉周勃等人将吕氏铲除，汉高祖之子刘恒被迎立为帝，即汉文帝。汉文帝去世后，他的儿子刘启登上帝位，即汉景帝。这两位皇帝在位期间，励精图治，任用贤臣，采用休养生息的政策，轻徭薄赋，鼓励农业生产。对外多采取安抚政策，避免战争，创造了较为安定的外部环境。汉文帝和汉景帝统治的近四十年，其间汉朝政治稳定，社会安宁，经济比较富裕，是汉朝从巩固局势走向繁荣昌盛的过渡阶段，史称"文景之治"。

汉文帝是我国古代著名的贤明君主，他在农业上降低田租，长期免收田赋，减轻百姓的负担，使得农业生产迅速恢复。汉文帝为了鼓励农民生产，还亲自耕作。

秦朝的法律严酷，在汉高祖改革律法的基础上，汉文帝又进行了进一步改革。他废除了连坐法，一人犯罪时，他的父母、亲戚等不再受到牵连。他还废除了残酷的肉刑，将其改为苦力劳动和笞刑、杖刑。

在军事上，诸侯王严重威胁中央政权的巩固，汉文帝先是一步步削弱他们的势力，平定济北王和淮南王的叛乱，又采纳贾谊的主张，分割大诸侯的势力。

在外交上，汉文帝以安抚政策维持与异族的关系。他派大臣出使南越，劝服对

方归附汉朝。对待
威胁较大的匈奴，
他一边采用和亲政
策，一边加强边防
力量。汉文帝还采
纳晁错的主张，招
募内地的百姓迁往
边境的城邑，一边

人物档案

汉文帝刘恒（前202—前157），
汉高祖刘邦的第四个儿子。他在
位期间，励精图治，发展生产，
在他的治理下，国家强盛，百
姓安居乐业，"文景之治"自此
开启。

种田，一边进行军事训练，以在战时应敌。此外，汉文
帝还在边地养马。这些政策的实施有效地抵御了匈奴的
入侵。

汉文帝还是一位节俭的皇帝，他在位期间没有大兴
土木，反对厚葬，这在历代皇帝中是很少见的。他严于

律己，且能够虚心纳谏，是封建王朝中一位杰出的帝王。

汉文帝去世后，他的儿子汉景帝继位，继续奉行"清静无为"的政策，进一步减轻了刑罚，并规定禁止随便定罪。

在农业上，汉景帝允许百姓迁居至土地更肥沃、更利于耕作的地方生活，还大力减轻田租，推迟男子的服役、入伍年龄，使农业生产力得到了进一步发展。汉景帝后期，国库中的钱币和粮仓中的粮食都堆积如山。

汉景帝统治期间还出现了郡县官学，那里的学生可以免除徭役，被称为学官弟子，如果成绩优异，有机会在郡县做官。

在军事上，汉景帝时期匈奴更加猖狂，但他还是尽

缇萦救父

公元前 167 年，山东临淄有个叫淳于意的人，担任太仓令一职。他医术高超，经常抽时间为百姓看病。一次，淳于意得罪了权贵，被人诬告受贿，当地的官吏判了他"肉刑"，要把他押到长安受刑。淳于意的小女儿缇萦跟随父亲来到京城长安，向皇帝上书，请求让自己到宫中当奴婢为父亲赎罪。汉文帝非常感动，不仅赦免了淳于意，还废除了残酷的肉刑。

力维持稳定，采用和亲政策，减少战争。

汉文帝与汉景帝的治国政策使汉朝的经济迅速发展，为国家的休养恢复赢得了时间。这两位皇帝在位期间，形成了"文景之治"的局面，为汉武帝刘彻时期的"汉武盛世"奠定了根基，也为汉武帝反击匈奴打下了基础。

 读史学成语

休养生息

释义：指社会经过动乱以后，为了恢复安稳秩序而采取的调整、发展等政策。

出处：唐·韩愈《平淮西碑》："高宗、中（宗）、睿（宗），休养生息。"

例句：在历史上，经过大动乱之后，很多君主选择休养生息的政策，来使国家经济得以复兴。

轻徭薄赋

释义：指减轻劳役，降低赋税。

出处：汉·班固《汉书·昭帝纪赞》："光知时务之要，轻徭薄赋，与民休息。"

例句：唐太宗李世民采取了轻徭薄赋等政策来治国安民。

同姓王引发七国之乱

走进吴楚七国之乱

　　吴楚七国之乱是爆发于汉景帝时期的一次诸侯国叛乱。公元前154年，汉景帝在晁错的劝告下推行削藩，吴王趁机串通楚、赵、胶西、胶东、淄川、济南六国诸侯王，联合发动了叛乱。

　　汉朝初年，汉高祖刘邦在消灭了异姓诸王后，无力直接控制全国，为了维护汉朝的统治，他分封了许多同姓王。

　　到了汉文帝刘恒时期，同姓王很多，他们占据不同地区，形成了很大的势力，而真正属于皇帝管辖的土地自然就少了，而且这些同姓王并不安分，于汉景帝时期爆发了吴楚七国之乱。

　　其实汉文帝时期也有同姓王发动叛乱，但很快就被朝廷镇压了。当时，吴王刘濞的势力较盛，掌管很大的封地。他的封国自然资源丰富，于是采铜铸钱，用海水

煮盐，积累了巨额财富。吴王还通过免除国内赋税来收买民心，通过招降纳叛来扩张自己的势力。

吴王不仅野心勃勃，想当皇帝，还与汉景帝刘启有私仇。当初，刘启被汉文帝立为太子，吴王送儿子刘贤到长安陪伴太子，其实是以儿子为人质，迷惑汉文帝，以示忠心。太子与刘贤下棋，两人发生争执，太子顺手将棋盘扔过去，不小心把刘贤打死了。刘贤的遗体被送回吴国，吴王悲愤交加，说："天下本是一家，我的孩子在长安死去，就应该葬在那里！何必送回来？"于是又把遗体送回长安。他用这样的方式向汉文帝示威，自此就开始称病，不再入朝拜见皇帝，暗

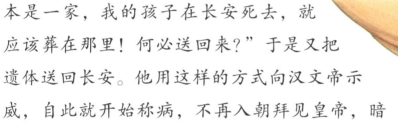

自准备造反。

面对这种局势，大臣贾谊和晁错都劝汉文帝削藩。但汉文帝当时并没有全面削弱诸侯，只是分割了没有继承者且领地最大的齐国，以及曾发生叛乱的淮南国。

汉文帝去世后，汉景帝登基，晁错又对汉景帝说："吴王的儿子死后，他称病不前来朝见，是十分狂妄的行为，他不但不悔过，却更加骄横，应当尽快削夺其封国。"

汉景帝说："他要是造反怎么办？"

晁错说："他的封国被削夺，造反的危害就小；封国不被削夺，他准备充分，造反的危害就大。"

汉景帝认同他的主张，开始削弱地方权势，加强中央集权。吴王感受到威胁，就联合了一些同姓王出兵反叛，这就是吴楚七国之乱。参与反叛者除吴王外，还有楚王、

人物档案

　　晁错（前200—前154），原是刘启的管家，刘启当皇帝后，他被任命为御史大夫。在政治上，他发展"重农抑商"的政策，推动了西汉社会经济的发展；此外，他还积极防御匈奴的攻掠，为汉景帝提出了逐步削夺诸侯王国的封地的政策。晁错不只是杰出的政治家，还是一位出色的文学家，他的《言兵事疏》《守边劝农疏》《论贵粟疏》《贤良对策》等政论文章广受后人推崇。

赵王、济南王、淄川王、胶西王、胶东王。

　　七国起兵的口号是"清君侧"，要求诛杀晁错。不过这只是借口，实际是吴王想要借助其他同姓王的势力夺取皇位。汉景帝一边派人应战，一边斩杀晁错，以缓和七国情绪，但叛军自然不会因此就退兵。

　　大将周亚夫接受了平乱的任务，准备启程时，一个名叫赵涉的人向周亚夫献计："吴王一定会在您出兵的路上设下埋伏，所以不要走大路，应绕道进军。虽然路途更长，多花费时间，但会让对方没有防备。"周亚夫采纳了这个建议。

　　周亚夫的突然出现不仅令叛军措手不及，还切断了叛军的粮道。叛军因为缺粮开始退兵，周亚

夫立刻开始猛烈进攻。最终，楚王自杀，吴王带残兵逃走，不久被人杀掉，其他起兵的诸侯王有的自杀，有的被杀。七国之乱在三个月内就结束了，汉朝开始走向真正的统一，为经济、文化、军事等方面的进一步发展提供了保障。

吴楚等七王

发动叛乱的七王以吴王刘濞（兵败被杀）为首，还包括楚王刘戊（自杀）、赵王刘遂（自杀）、济南王刘辟光（伏诛）、淄川王刘贤（伏诛）、胶西王刘卬（自杀）、胶东王刘雄渠（伏诛）。

读史学成语

措手不及

释义： 事情发生得突然，临时来不及应付。

出处： 元·无名氏《千里独行》楔子："我和哥哥今夜晚间，领着军兵，直至曹营劫寨，走一遭去，我则杀他一个措手不及！"

例句： 趁敌军没有防备，我军出击杀了对方一个措手不及。

汉匈战争的序曲

雄才大略的汉武帝

汉武帝刘彻（前156—前87），杰出的政治家、战略家。对外，他击败长期为患中原的匈奴，开创了汉朝最大的版图；对内，他采纳董仲舒"罢黜百家，独尊儒术"的建议，对后世产生了深远的影响。

匈奴是我国北方的游牧民族，自西汉以来，匈奴的势力快速发展，东到兴安岭，西连祁连山、天山，南至汉朝边界，北至贝加尔湖，都是匈奴的地盘。汉武帝登基以前，汉朝为了与匈奴缓和关系，不断将公主嫁给匈奴单于。汉武帝登基后，决定对匈奴采取对抗措施。

当时，边境城镇马邑（今山西省朔州市）有一个名叫聂壹的商人，是一个豪侠之士，他对匈奴屡次侵扰马邑早已不满，于是决定舍身帮助汉朝击败匈奴。他通过大臣王恢给汉武帝出主意，由自己以经商为由，将匈奴单于等人引入马邑城内，再由汉军瓮中捉鳖，一举击败

匈奴。汉武帝觉得此法甚妙，马上派遣大将公孙贺领兵，埋伏在马邑山谷中，又派遣大将李广、王恢、韩安国、李息从背后袭击匈奴。

一切准备就绪后，聂壹依计行事，面见匈奴军臣单于。他假装很愤怒地说："现在，主管马邑的汉朝官员仗势欺人，侵夺我的财产，我已经被逼到绝境了，马邑的百姓也对汉朝积怨已深。我想请您攻打马邑，您可以得到满城的财物，我只要夺回自己的财产就够了。马邑地形险峻，易守难攻。我可以做内应，杀掉马邑县令，打开城门迎接你们。"这正中了军臣单于的下怀，于是马上同意了。他让聂壹先返回马邑，自己召集兵马随后就赶到。

聂壹返回马邑，与县令密商之后杀掉了一名死囚，将他的头颅挂在城门之上，宣称那是马邑县令的头颅。消息很快传到军臣单于那里，军臣单于率十万大军向马

人物档案

聂壹，生卒年不详，西汉时期马邑豪商，马邑之谋就出自他的计谋。计谋失败后，聂壹下落不明。根据史料记载，聂家后来为了躲避仇人改姓张，三国名将张辽就是聂壹的后人。

邑进发。大军来到距离马邑百余里（1里=500米）的地方时，军臣单于看到牛羊成群，却不见放牧人，觉得事有蹊跷。于是，他率军攻下了附近的一个碉堡，抓来一名汉朝尉史进行审问。那名尉史在威逼利诱下，将汉朝的计划说了出来。军臣单于吓出一身冷汗，暗自庆幸之余立刻率大军撤退。这时，王恢已做好了从背后袭击匈奴的准备，听说军臣单于退兵，但无命令也不敢擅自追击。其余的汉朝将领一连等候了许多天，也不见匈奴前来攻城，只好撤兵了。

"马邑之谋"虽然失败了，却是汉朝开始反击匈奴的标志性事件。自此，汉武帝开始积极筹备与匈奴之间的持久战。他迁徙大量百姓去往边境定居，在那里开荒

种地，解决边境的军粮供应问题。此外，他还派遣使臣去往西域，切断匈奴与西域各国的联系，孤立匈奴。

一切准备妥当后，汉武帝派大军从正面进攻匈奴，经过多年征战，沉重打击了匈奴的军事力量。在这场讨伐匈奴的战争中，出现了众多英雄人物，如大将卫青和霍去病、大探险家张骞等。

武皇开边

汉武帝毕生追求汉朝版图的扩张，除了将匈奴赶到漠北之外，他还攻打西域诸国，确立了汉朝对葱岭以东西域地区的影响力和控制权；消灭南越国，首次在海南岛设置郡县；消灭卫氏朝鲜，设置四郡；消灭夜郎等国，将西南地区完全纳入汉朝统治……

读史学成语

瓮中捉鳖

释义：比喻想要得到的东西已在掌握之中。

出处：元·康进之《李逵负荆》第四折："管教他瓮中捉鳖，手到拿来。"

例句：警方已经布下了天罗地网，抓那几个犯罪分子犹如瓮中捉鳖。

名将卫青和霍去病

认识卫青

卫青（？—前106），字仲卿，卫皇后的弟弟，霍去病的舅舅；西汉杰出将领、民族英雄。他精于骑射，作战勇猛，极具军事才能。卫青一生与匈奴作战，屡立奇功，为西汉政权的稳固做出了重大贡献。

卫青出身贫寒，他本是平阳侯家的一名骑奴。后来，姐姐卫子夫得到汉武帝的宠幸，当上了皇后，即卫皇后。在卫皇后的引荐下，卫青才有了从军的机会，一路做到大将军。后来，他的外甥霍去病也从军，成为名烁古今的汉朝大将。

一次，汉武帝派四路大军攻打匈奴，老将李广求胜心切，孤军深入，结果被俘虏，只身逃回，另外两路大败而归，只一路大获全胜，便是初出茅庐的卫青率领的人马。汉武帝非常高兴，封卫青做了关内侯，将士们对他刮目相看。后来，匈奴不断侵犯边境，只要卫青出征，

战无不胜。

公元前127年，匈奴大举入侵上谷（今河北省张家口市）、渔阳（今北京市密云区），先攻破辽西（今辽宁省义县西），劫掠百姓两千多人。武帝派李息从代郡（今河北省蔚县）出击，卫青率大军进攻匈奴盘踞的河南地（黄河河套地区），采用"迂回侧击"的战术，西绕到匈奴军的后方，迅速攻占高阙（今内蒙古杭锦后旗），切断了驻守河南地的匈奴白羊王、楼烦王同单于王庭的联系。而后，卫青又率精骑，飞兵南下，进到陇县（今甘肃省张家川县）西，形成了对白羊王、楼烦王的包围。汉军活捉敌兵数千人，夺取牲畜数百万之多，控制了河套地区。因这一带水草肥美，地势险要，汉武帝在此修筑朔方城，设置朔方郡、五原郡，从内地迁徙十万人到这里定居，还修复了秦时蒙恬所

筑的边塞和沿河的防御工事。这一战不但解除了匈奴骑兵对长安的直接威胁，还建立起了进一步反击匈奴的前方基地，卫青的地位也进一步提升了。

又过了几年，卫青的外甥霍去病长大了，跟随卫青去奇袭匈奴。卫青令武刚车自环为营，纵千骑往当匈奴，

 人 物 档 案

霍去病（前140—前117），西汉名将、军事家、民族英雄，大将军卫青的外甥。他年轻有为，用兵灵活，不拘古法，与匈奴作战六次，六战六胜，后来，被汉武帝封为骠骑将军。

匈奴人猝不及防，慌忙逃跑。卫青派兵分四路向匈奴兵追去，誓要重创匈奴主力。卫青则坐镇营中，静候消息。到了夜里，四路兵马都依次回营了，都没有见到匈奴主力，有的杀了数百名匈奴兵，有的却连一个敌人都没见到，空手而还。

由于霍去病是第一次出来打仗，卫青只让他做了个校尉。他率八百名壮士，组成一支小的队伍，去寻找匈奴主力。他们向北行进，一路上都没看到匈奴士兵，一直追赶了几百里路，才看到匈奴兵的军营。士兵们悄悄地绕过去，突然冲了进去。将士们杀了两千多名匈奴兵，活捉了单于的叔父，抓获了匈奴的相国、当户等官员。

霍去病首次参加战斗，就抓住了匈奴的两个高级官员，这功劳可真是不小，堪称功冠全军。战斗结束后，他被封为冠军侯。

公元前 121 年，霍去病被封为骠骑将

军，率领一万骑兵，从陇西出发，攻击匈奴。霍去病的军队跟匈奴接连打了六天，匈奴兵无法抵挡，向后连连败退。霍去病与他的骑兵穿过了燕支山，一路追了千余里。那里有许多匈奴的附属国，如浑邪、休屠。汉兵追到了这里，将浑邪王的王子和相国一并俘虏了，把休屠王用来祭天的金人拿了回来。

汉武帝为了奖励霍去病，想要建一座府邸给他。霍去病拒绝了。他说："匈奴还没有消灭干净，怎么能安家呢！"

武刚车

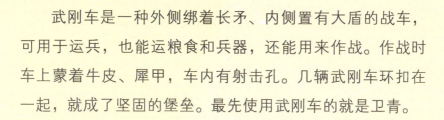

武刚车是一种外侧绑着长矛、内侧置有大盾的战车，可用于运兵，也能运粮食和兵器，还能用来作战。作战时车上蒙着牛皮、犀甲，车内有射击孔。几辆武刚车环扣在一起，就成了坚固的堡垒。最先使用武刚车的就是卫青。

读史学成语

大获全胜

释义：大败敌手，获得完全胜利。

出处：明·冯梦龙《东周列国志》第四十八回："请伏兵于河口，乘其将济而击之，必大获全胜。"

例句：在这次比赛中，中国代表队大获全胜。

初出茅庐

释义：原指诸葛亮结束隐居生活辅佐刘备，初次与曹军交锋便得胜而归。现比喻年轻人刚刚进入社会，初次走上工作岗位，尚不成熟。

出处：明·罗贯中《三国演义》第三十九回："博望相持用火攻，指挥如意笑谈中，直须惊破曹公胆，初出茅庐第一功。"

例句：时光荏苒，我们都不再是初出茅庐的学生了。

猝不及防

释义：事情发生得突然，来不及防备。

出处：清·和邦额《夜谭随录·碧碧》："少年遑遽，极力挤之，孙猝不及防，失足坠岩下。"

例句：本来晴空万里，却突然下起了暴雨，让人猝不及防。

张骞出使西域

张骞出使西域

　　张骞出使西域，又称张骞通西域，是中国具有特殊意义的历史事件。汉武帝即位后，派张骞出使西域，起初出于军事目的，但与西域相通之后，它的影响远远超出了军事目的。张骞开通的西域通道，就是著名的"丝绸之路"。

　　汉武帝登基后，汉朝国力达到了前所未有的鼎盛。汉武帝早就有讨伐匈奴的打算，此时时机成熟，正是攻击匈奴的最佳时机。他听匈奴人说，西域有个国家叫大月氏，本来是北方的大国，但是匈奴杀害了他们的国君，还将他们赶到了偏远的西边。因此，汉武帝打算派遣使团与大月氏结盟，共同抗击匈奴。

　　当时，去往西域必须经过河西走廊，但当时河西走廊在匈奴人的控制之下。汉朝没人去过西域，只听说大月氏在匈奴的西边，详细的地理位置却无从知晓。加之路途遥远，又有可能被匈奴人截杀，出使大月氏是非常

危险的。没想到，汉武帝征招人才前去西域的诏书发出后，还真有人来应征了，他就是年轻的郎官张骞。

公元前139年，张骞奉命率领一百多人，从陇西出发，同时还有一个归顺了汉朝的胡人堂邑父自愿充当队伍的向导和翻译。

一行人急匆匆地赶路，想尽快通过被匈奴控制的河西走廊，可惜还是碰到了匈奴的骑兵，他们被抓到了匈奴王庭。匈奴单于扣留了他们，还把他们软禁了十年。

人 物 档 案

　　张骞（？—前114）西汉汉中成固（今陕西城固）人。武帝建元元年（前140）为郎。次年，应募奉使西域，连络月氏，夹击匈奴。途经匈奴，被拘留，历时十余年，娶妻生子。后得脱，由大宛、康居抵月氏。当时月氏已定居妫水流域，统治大夏，无意报复匈奴，乃留岁余还。归途复为匈奴所获，又被拘留年余。元朔三年（前126），匈奴内乱，始亡归汉。为武帝言西域情状，拜太中大夫。因在大夏时，得知由蜀西南取道身毒，可抵大夏，遂劝武帝开西南夷道，后因受阻昆明夷而罢。六年，以校尉随卫青征匈奴，封博望侯。元狩二年（前121）为卫尉，与李广出右北平击匈奴，失期当斩，赎为庶人。后以中郎将使乌孙，并分遣副使往大宛、康居、大月氏等旁国。元鼎二年（前115）归国后，拜大行，次年卒。

终于有一天，看守放松了警惕，张骞就趁机率领部属逃跑了。

在留居匈奴期间，张骞得知大月氏的敌国乌孙在匈奴的支持下攻打大月氏，致使大月氏被迫继续西迁到了阿姆河畔，大月氏征服了大夏，在那里建立了新的家园。于是，他们不得不折向西南，过库车、疏勒等地，翻越葱岭，直奔大宛，再从大宛（今费尔干纳盆地）转向大月氏。

历经艰辛，他们终于找到了大月氏。然而，阿姆河畔土地肥沃，物产丰富，大月氏已经在这里定居下来，过上了安定富足的生活。而且这里离匈奴和乌孙很远，没有了外敌的威胁，他们早已忘了和匈奴的仇怨，不想再打仗了。张骞只好失望地启程回国。回国途中，张骞为了避开匈奴，改变了路线，打算从青海的羌人区绕道，不料羌人区已被匈奴控制，张骞等人再次在途中被俘。这次，他们被扣留了一年多，直到匈奴太子和单于争夺王位，张骞一行这才乘机脱身，回到长安。

张骞将途中所见所闻均一一向汉武帝详述，汉武帝对张骞这次出使西域的见闻成果非常满意，封张骞为太中大夫，授堂邑父为"奉使君"，以此表彰他们的功劳。由于张骞有渊博的地理知识与沙漠行军经验，回国后，张骞还曾跟随卫青出征，给汉军做向导，为汉军如何规划行军路线与安营扎寨提供了宝贵的意见，还因此立下

了赫赫战功，仗打完后被汉武帝封为博望侯。

公元前119年，汉武帝又一次任命张骞为使臣，出使西域，让他想办法联合与匈奴有嫌隙的乌孙一同攻打匈奴，同时与西域各族搞好关系，目的是孤立匈奴，为与匈奴交战做好充分的准备。这一次张骞还是没能说动乌孙，但他派出了大批使者，了解了西域的状况。

张骞奉命出使西域，促成了汉朝与外邦的首次文化交流，葡萄、蚕豆、石榴、核桃、苜蓿等西域植物，以及龟兹乐曲和胡琴等乐器，再加上大宛的汗血宝马，依次传入中原。汉军还在车师、鄯善等地屯田时研究了当地的"坎儿井"，并掌握了相关的技术。

同样，中国的冶铁技术和丝绸等也相继传入了西域，并到达了地中海地区。无数商人、使者踏着张骞的脚步，来往于长安和罗马之间，"丝绸之路"诞生了。

丝绸之路

中国古代与外国的交流非常频繁，除了有陆上丝绸之路外，在秦汉时期还形成了海上丝绸之路，是目前已知的世界上最古老的海上航线。陆上丝绸之路从长安、洛阳始发，经今新疆抵中亚、西亚，往返运送大宗货物。海上丝绸之路经沿海地区将中国的丝绸和陶瓷等通过东海、南海送往世界各地。

读史学成语

前所未有

释义：以前未曾有过的。

出处：宋·徐度《却扫编》下卷："国朝不历真相而为相者凡七人……而邓枢密洵武以少保领院事而不兼节钺，前所未有也。"

例句：自主创业的老王正在经历一场前所未有的考验。

安营扎寨

释义：安置军营，建好军营周围的栅栏。指军队在某地驻扎。现也指为完成某项任务而临时在某地住下。

出处：元·无名氏《隔江斗智》第二折："这周瑜匹夫，累累兴兵来索取俺荆州地面，如今在柴桑渡口安营扎寨，其意非小。"

例句：探险队决定在山脚安营扎寨。

飞将军李广

认识李广

　　李广是秦朝名将李信的后代，西汉时期名将。他骁勇善战、箭法超群，被匈奴人称为"飞将军"。李广名列"武庙六十四将"之一，极受后人推崇。

　　李广在汉文帝时就当上了大将军。汉景帝时，他跟周亚夫共同平定了七国之乱，立下了赫赫战功。后来，汉景帝又委派他去做上郡太守。

　　一次，匈奴进犯上郡，李广带领着一百名骑兵去追击三个匈奴射手，在后面追了几十里才追上他们。李广接连射死了两个匈奴射手，剩下一个被他活捉了。李广正要回军营，远远看到几千名匈奴向他们冲来。

　　李广带领的百名骑兵看到那么多匈奴兵赶来，顿时慌了神。李广下令说："我们现在距离军营起码有几十里地。假如现在着急回营，匈奴兵追上来，必定将我们置于死地。不如我们暂时停下来，匈奴兵多疑，会觉得

我们在诱敌深入，不敢贸然进攻。"

于是，李广下令前进，在距离匈奴阵营只有两里的地方停了下来，命令所有士兵从马上下来，然后卸下马鞍，原地休息。

匈奴的将领看到李广等人丝毫没有要逃跑的迹象，就产生疑虑。他们紧紧盯着汉军的一举一动，却不敢前来攻打。

此时，匈奴阵营里一个将军骑马出来巡视军队，李广就带着十多名骑兵飞奔过去，将他一箭射死，然后又骑马回到原地继续休息。

周亚夫（？—前143），西汉名将、丞相，曾保卫国都免遭匈奴铁骑的践踏，粉碎了七国之乱，维护了西汉统一安定的政治局面，被汉文帝誉为"真将军"。

匈奴兵认为李广等人是在诱敌深入，就没有进攻的意思。天渐渐暗下来，匈奴兵认为汉军肯定有大量军队埋伏在附近，怕汉军趁天黑袭击自己，就连夜带兵离开了，李广等人安全地回到了大营。

还有一次，李广从雁门（今山西省右玉县南）出发攻打匈奴，遇到了大批匈奴骑兵。汉军大败，李广成了俘虏。匈奴兵将受伤的李广放在用绳子编织的吊床里，

用两匹马驮着，想将他送到单于的面前。李广躺在那张吊床里一动不动，像死了一样。差不多行走了十几里（1里=500米）地，李广暗地里瞅准旁边一个骑兵的一匹好马，使出全身力气跳上了马，将那个匈奴兵从马上猛推下去，将马头一转，向南逃命而去。

匈奴连忙加派几百名骑兵紧追其后。李广一边快马加鞭，一边转过身来，举起弓箭，接连射死了好几个匈奴兵。匈奴兵心生畏惧，与李广拉开了距离，只能眼睁睁看着李广越跑越远。

李广此次虽然捡回了一条性命，但他带领的部队全军覆没，所以被判了死刑。汉朝当时有规定，可以用钱来赎罪。李广东拼西凑了一大笔钱，总算将死罪免除，回家做了一名普通老百姓。

不久，匈奴又在边境挑衅，汉武帝重新起用李广，封他为右北平太守。李广在北方驻守了很多年，因为李广行军迅速、箭法精妙，让人无法揣摩他的路子，所以

匈奴人称他为"飞将军"。自从李广担任右北平太守，匈奴人都不敢来抢掠。

右北平一带虽然没有了匈奴兵的骚扰，但常常有老虎出入，经常残害百姓。李广只要知道哪里有老虎出没，就亲自带箭去射杀。据说有一天，李广办完公务回来，天色昏暗，他突然看到山脚下草丛中有一只老虎。他连忙拈弓搭箭，使出浑身力气射了过去。次日天亮走到近处一看，原来被射中的并不是老虎，而是一块大石头。箭射进去很深，怎么也拔不出来。他又回到原来射箭的地方，对着石头又射了几箭，却无论如何也无法将箭射进石头中。由此，便流传出"精诚所至，金石为开"这一佳话。

公元 119 年，李广主动请缨参与漠北之战，由于迷失道路，没能及时与主将卫青会合。卫青让李广到自己的幕府受审。李广说："我一生参加过的战斗，大大小小

太守

太守是秦朝至汉朝时期对郡守的尊称，直到汉景帝时才改名为"太守"，为一郡最高的行政长官。到了东汉末期，太守的地位越来越高，成为地方割据势力。

有七十多次，现在已经六十多岁了，不想再受小吏的羞辱了。"于是拔剑自刎。听说这件事的百姓，无论认不认识李广，都为这位名将哭泣。

李广对待部下谦虚和蔼。军中缺少饮食时，士兵吃不到饭，他就不吃饭；士兵没喝到水之前，他也不肯喝水。他平日里沉默寡言，但士兵都爱戴他，愿意为他效命。司马迁就称赞他"桃李不言，下自成蹊"，意思是他的美德像桃树和李树一样有芬芳的花朵和美味的果实，不用说话就能吸引人来到自己身边，以至树下被踩出了小路。

读史学成语

金石为开

释义：像金、石那样坚硬的东西也被裂开。比喻对人真诚，能产生极大的感动力量。也比喻意志坚定，能克服一切困难。

出处：汉·刘向《新序·杂事四》："昔者楚熊渠子夜行见寝石以为伏虎，关弓射之，灭矢饮羽，下视知石也。却复射之，矢摧无迹。熊渠子见其诚心而金石为之开，况人心乎？"

例句：他的诚心和执着终于打动了对方，获得了参赛资格，真是精诚所至，金石为开。

司马迁与《史记》

认识司马迁

　　司马迁（约前145或前135—？），西汉史学家、文学家、思想家。司马谈之子，被后世尊称为史迁、太史公、历史之父。他创作了中国第一部纪传体通史《史记》。《史记》被鲁迅誉为"史家之绝唱，无韵之离骚"。

　　公元前91年，《史记》问世，被世人反复研究。《史记》的作者是司马迁，他的父亲司马谈在汉武帝时做过太史令，主要负责记录历法、天文以及本朝历史。司马迁从小熟读古文，大约二十岁时做了汉武帝的侍从官，先后出游过多次，足迹遍布长江与黄河流域，收集了很多史书上没有的史料。他遍游天下，对各地名胜古迹进行考察。他游览过浙江会稽，那里是大禹与各部落首领的聚会之所；也考察过山东曲阜，那里曾是孔子传授学问的地方；还到过江苏沛县，那里是汉高祖的家乡，司马迁在那里听沛县的百姓讲述汉高祖刘邦的种种过往。

人物档案

李陵（？—前74），西汉名将，飞将军李广的长孙，他奉汉武帝之命出征匈奴，率五千名步兵与八万名匈奴兵战于浚稽山（今蒙古国戈壁阿尔泰山脉中段），后因寡不敌众兵败投降。

司马谈去世后，司马迁继任父亲的太史令一职，开始阅读、收集历史文献，编撰《史记》一书。但就在这时发生了一件大事，改变了他的一生，那就是"李陵事件"。

公元前99年，李陵出征匈奴被单于包围，因寡不敌众，最终投降了匈奴。消息传到朝堂，汉武帝大怒，大臣们也纷纷说李陵贪生怕死，叛国投敌。

司马迁为李陵打抱不平，说："李陵是个孝子，对朋友有情有义，常急国家之所急，怎么可能主动背叛国家呢？这次他深入敌境，战斗到弹尽粮绝，是迫不得已才投降的。他虽然打了败仗，可他杀伤的匈奴士兵之多，古代名将也不过如此。他留着性命不死，一定是在等待机会报效朝廷。"

汉武帝却认为他是在讽刺无功而返的外戚李广利，盛怒之下把司马迁关进了大牢，判了死罪。根据汉朝法律，死刑犯可以用两种方法免去死刑：一是交五十万钱的赎金；二是由犯人自己提出，用宫刑代替死刑。司马迁家

里没有钱，要免去死刑只能接受宫刑，可宫刑在司马迁看来是极大的耻辱，他又怎么愿意呢？他几次想撞墙自尽，又想到了还没完成的《史记》，于是他想："人最终是会死的，有的人的死比泰山还重，有的人的死却比鸿毛还轻。如果我受到屈辱就一死了之，不是死得比鸿毛还轻吗？"经过激烈的思想斗争，他选择了自请宫刑。

公元前96年，汉武帝因为改元而大赦天下，司马迁从狱中出来了。汉武帝让他做了中书令。他将所有心思都投入到《史记》的编纂中。经过十多年的伏案创作，他终于完成了这部巨著。

《史记》记载了从远古黄帝时期到汉武帝时期三千多年的历史，是我国首部纪传体通史。《史记》用词浅显易懂，内容生动有趣，人物形象鲜明。《史记》在史学史上、中国文学史上都占有十分重要的地位。

纪传体

　　《史记》以大量的人物传记为中心内容，把记言和记事结合起来。用"本纪"叙述帝王，排比大事；用"世家"记述王侯封国和特殊人物；用"列传"记人物、周边部族及外国；用"书"或"志"记载天文、地理、律历、灾异及典章制度的原委；用"表"以统系年代、世系及人物等。本纪、世家、列传、书志、史表和史论的综合使全书内容丰富、翔实。其中，本纪和列传是不可缺少的形式。人们把司马迁创造的这种体裁称为"纪传体"。

读史学成语

弹尽粮绝

　　释义：弹药用完了，粮食也吃完了。形容处境非常困难。

　　出处：李存葆《沂蒙匪事》："自兖州混成旅会剿以来，孙氏匪杆几近弹尽粮绝，日暮途穷。"

　　例句：即使到了弹尽粮绝的地步，我军依然坚守阵地。

昭君出塞和亲

认识王昭君

　　王昭君（约前54—前19），名嫱，字昭君，民间将她与貂蝉、西施、杨玉环并称中国古代四大美女。王昭君原本是一名宫女，自请嫁到匈奴，巩固了边塞的和平，为汉朝的发展做出了贡献。

　　汉武帝之子汉昭帝继位后，取消了苛捐杂税，大大减轻了百姓的负担，大力发展农业，汉朝恢复了往日的生机。后来汉宣帝登基，在他统治期间重整吏治，巩固皇权，汉朝国力进入史上最繁荣的时期。

　　北方的匈奴，不敢再犯汉朝，但他们内部开始四分五裂，为了争夺利益，开始互相残杀。在匈奴势力中，有一个呼韩邪单于，他被其他单于打败，看到汉朝繁荣强大，便想依附汉朝。呼韩邪单于亲自来到长安觐见汉宣帝，表示愿意和汉朝交好。

　　汉宣帝死后，继位的是汉元帝。呼韩邪单于又是高

兴又是害怕，连忙上书汉元帝，说自己愿意朝见汉元帝。

公元前 33 年，呼韩邪单于来到长安，为了巩固两国关系，他请求与汉朝和亲。汉元帝答应了，于是在宫中挑选了一个宫女，作为和亲的"公主"，赐给呼韩邪单于。

这个宫女就是王昭君。她以良家女子的身份选入后宫，一直没有机会见到皇上，这次，她听说有离开深宫的机会，就主动报了名。

呼韩邪单于见到王昭君以后，想到汉元帝赐给他这

  人物档案

汉元帝刘奭（前 75—前 33），汉宣帝之子，西汉第十一位皇帝。他在位期间，汉朝继承"昭宣之治"的遗泽，国力还是比较强盛的。汉元帝爱好儒学，任用了很多饱学之士，但同时他又宠信宦官、重用外戚，国家赋役也比较严重，使得汉朝的国力开始由盛转衰。

样年轻美丽的女子，心里十分感激。临走时，汉元帝为他举行了送别的宴会，召见将要和亲的"公主"。他看到王昭君美貌动人，大为惊讶，想把她留下，又不能违背诺言，只好懊恼地看着王昭君跟着呼韩邪单于离开。

据传，汉元帝的后宫女子众多，汉元帝为了节约时间，就让宫廷画师毛延寿给宫女们画像。后宫美女纷纷贿赂毛延寿，让他把自己画得美丽一些，只有王昭君不肯行贿。毛延寿就在她的画像中点上麻点，把王昭君画成了丑女，昭君也因此一直没侍奉过皇帝。不想这次王昭君同意远嫁匈奴，她的绝美容颜让汉元帝大为震惊，毛延寿行贿之事被揭发了出来。汉元帝十分愤怒，立刻惩办了毛延寿。

王昭君嫁到匈奴后，逐渐适应了匈奴的生活，还将中原的文化带了过去。在王昭君和汉朝成千上万的将士们的努力下，北方边境不再战争连绵，各民

族团结友爱，匈奴大力发展生产，牛羊成群，百姓生活富足。从此，匈奴和大汉和平共处几十年，是历史上难得的一段和平岁月。

王昭君离世时，附近的牧民都不约而同地赶来送葬，将她埋葬在大青山，用衣襟包土，一包一包地筑起了昭君墓，人们称其为"青冢"。

落雁的传说

相传王昭君在前往匈奴的途中，由于不舍家乡而弹起了伤感的琵琶曲，空中的大雁听到这伤感的声音、看到她惊人的美貌，都忘了拍打翅膀而落到了大漠之上，"落雁"就成了王昭君的雅称。

读史学成语

成千上万

释义：形容数量非常大。

出处：老舍《四世同堂》九十八："她静静地站在门里，悲苦万分。战争真是停下来了，然而死了成千上万的该怎么着呢！"

例句：每年都有成千上万的游客来故宫参观。

王莽篡权，西汉灭亡

认识王莽

　　王莽（前45—23），新王朝建立者。王莽出身外戚，取代西汉即位后，推行了一系列的改革，史称"王莽改制"。王莽最终被农民起义军杀死。

　　王昭君嫁到匈奴的那一年，汉元帝因病不幸去世。太子刘骜登基，史称汉成帝。汉成帝的母亲王政君被尊为皇太后，王政君家族的人十分得宠，逐渐掌握了大权。王政君的兄弟大部分都被封了侯，她的哥哥王凤还被封为大司马。此时的大司马就相当于汉初的丞相，权力很大。

　　王凤掌握大权以后，他的兄弟子侄变得十分骄横。不过，有一个叫王莽的侄儿倒是让人称赞，没有染上任何恶习。

　　王莽父亲早亡，从小与母亲相依为命。他特别孝顺母亲，待人谦恭有礼，生活节俭朴素。他对待几位伯父

叔父，更是恭敬有礼，就像对待自己的生父一样，丝毫不敢怠慢。王莽像普通读书人一样，做事小心谨慎，人们经常说王家子弟数王莽最好。

在王凤的扶植下，王莽很快做了官。他做官之后依旧勤俭节约，对人谦虚有礼。随着叔伯的老去，王莽接任了大司马的位置，掌握了朝中大权。

汉成帝驾崩后，汉哀帝继位。汉哀帝对王家十分不满，王莽觉得还是先避一避风头比较好，于是辞官隐退了。

没过多久，汉哀帝去世了。年幼的汉平帝登基，王莽被起用，担任大司马一职。王莽看到汉朝渐渐失去了民心，便起了谋权篡位的野心。

他先是在大臣们的推举下做了安汉公，然后在朝中结党营私，将自己的亲信都提拔到高位。

人物档案

汉成帝刘骜（前51—前7），西汉第十二位皇帝。刘骜在位期间，荒于政事，沉湎酒色，同时外戚王氏一直把持朝政，埋下了王莽篡汉的种子。

随着汉平帝渐渐长大，他看到王莽独掌大权，自己却是一个无权的傀儡皇帝，非常气愤。有一件事更让汉平帝对王莽怀恨在心。汉平帝登基后，其母卫姬被封为中山王后，而根据祖上的规矩，应当被尊封为太后的。但是王莽害怕外戚排挤自己，故意降低卫姬的地位，并让卫姬的两个弟弟与卫姬都留在封地，未经允许不得擅自离开封地。据称，王莽知道汉平帝对他积怨已久，矛盾不可调和，就下毒将汉平帝毒死了。

刘氏皇帝的后代子孙有不少，王莽找到汉宣帝的玄孙刘婴，并将其立为皇太子。在群臣的支持下，王莽成为代理皇帝。从此，国家大事都由王莽处理了。

刘家的人看不惯王莽的所作所为，开始起兵造反。王莽很快平定叛乱，决定直

接登基当皇帝。于是王莽逼迫太皇太后王政君交出玉玺，让刘婴禅位。王莽终于坐上了垂涎已久的皇帝宝座。

公元8年，王莽正式即位，国号改为"新"。西汉的历史到此结束。

复古改革家

王莽是一个疯狂的"复古改革家"，他进行了一系列土地改革、币制改革、商业改革和官名、县名改革，想要恢复传说中的三代（夏、商、周）盛世。这是一种历史的倒退，所以不仅没有解决当时严重的阶级矛盾、土地兼并、朝政混乱的问题，反而进一步激化了矛盾，加深了百姓的苦难，使新莽朝与周边民族的关系也急剧恶化，最终导致全国出现此起彼伏的起义浪潮。

读史学成语

相依为命

释义：互相依靠着生活。形容相互之间不可分离。

出处：晋·李密《陈情表》："臣无祖母，无以至今日；祖母无臣，无以终余年。母孙二人，更相为命。"

例句：他们父子两个相依为命，日子过得很是艰苦。

绿林军和赤眉军

走进绿林、赤眉起义

王莽当政晚期，天灾人祸不断，爆发了无数农民起义，其中规模较大的要数绿林起义和赤眉起义。首次带头反抗的便是绿林军，推翻了王莽。另一支起义军赤眉军又击败了绿林军所立的皇帝刘玄。最终，赤眉军被刘秀击败。

王莽登基后，对百姓百般剥削，加上连年天灾，农民无路可走，先后起义。南方和东方都有大批的农民起来对抗官兵。

公元17年，南方荆州（今湖北省荆门市、洪湖市一带）颗粒无收，百姓被迫到沼泽地挖野荸荠果腹。由于人太多而野荸荠太少，常常发生争夺事件。新市（今湖北省京山市）有两个名声很好的人，一个名叫王凤，另一个名叫王匡，他们二人挺身而出，给百姓当起了调解员，受到了广大农民的爱戴。于是大家就推选他俩做领袖。

王凤、王匡就把这批饥民召集起来准备起义，很快就召集了数百人，还有一部分在逃的犯人也来投靠他们。

王凤一行人攻占了绿林山（今湖北省京山市大洪山），并将它当作根据地，随后相继攻打周围的城镇。几个月时间，起义军就达到了七八千人，人们把这支队伍称为"绿林军"。

王莽知道此事后，就派遣了两万官兵前去围剿绿林军，却被绿林军打得溃散而逃。绿林军趁势又攻陷了几座县城，他们打开监狱，放出里面的囚犯；把官府粮仓里粮食的一小部分分给当地的穷苦人家，另外一大部分都搬到了绿林山。前来投靠绿林军的穷人日益增多，绿林军由七八千人增加到五万多人。

公元 22 年，绿林山上发生了瘟疫，绿林军死了一半。剩下的人被迫离开绿林山，他们分作新市兵、平林兵和

荸荠

荸荠，俗称马蹄，是中国的特色蔬菜之一，其地下膨大球茎可以生食、熟食或做菜，味道清脆甘甜，具有益气安中之效。新朝末年，由于天旱歉收，很多百姓靠挖荸荠果腹，在挖荸荠的"大军"中诞生了王匡、王凤这两位农民起义首领。

下江兵三路人马。这三路人马各自占领一方土地，后来队伍又壮大起来。当南方的绿林军在荆州一带与官兵对抗之时，东方的起义军也逐渐成长起来。琅邪（今山东省诸城市）有个吕姓的老太太，她的儿子在海曲（今山东省日照市）当差，因为没有执行县官的命令去惩罚没钱交税的穷人，而被县官杀害了。这件事激起了民众的愤怒，吕母召集数百个贫苦农民，杀掉了县官替儿子报仇雪恨，随后一起逃到了黄海附近的海岛上，逮到机会就上岸攻击官兵。

这时，另外一个起义领袖樊崇带着几百个人攻占了泰山。吕母死后，之前跟随她的人投奔了樊崇的起义军。不到一年工夫，樊崇带领的军队就发展到了一万多人，他们在青州（今山东省中部）与徐州（今山东省北部）之间来回打击地主、官府。

樊崇的起义军有着严格的军纪，规定伤害老百姓就要受罚，杀死百姓就会被处死，所以百姓非常拥戴他们。

公元22年，王莽派遣太师王匡与将军廉丹统领十万大军去

人物档案

樊崇（？—27），西汉末年著名农民起义领袖、赤眉军首领，他英勇善战，带领起义军反抗王莽政权，为推翻王莽政权做出巨大贡献，最后兵败被刘秀所杀。

攻击樊崇起义军。樊崇做好了充分的准备，决定跟官兵决一死战。为了避免起义兵与王莽的士兵弄混，樊崇命令起义兵把自己的眉毛涂成赤色，以做区别。因此，樊崇的起义军获得了一个名号，即"赤眉军"。

王莽的军队与赤眉军交战，结果吃了败仗，逃跑了一大半。太师王匡的大腿被起义军用枪刺伤了，将军廉丹死于乱军之中。赤眉军越来越强大，很快发展到了十几万人。

绿林军、赤眉军两支起义大军依次在南方和东方击败王莽军后，其他地方的农民也都有起义的打算，黄河

流域起义军渐渐多达几十支。

参加起义的士兵有一部分是没落的贵族、地主以及豪强。南阳郡蔡阳县（今湖北省枣阳市）的豪强刘缜、刘秀兄弟两人，因为王莽灭汉后不允许刘姓人做官，心中愤恨不已，发动族人、宾客七八千人在春陵乡（今湖北省枣阳市）起兵造反。他们投向绿林军，和绿林军相互配合，连续打败了几名王莽的大将，声势越来越强大了。

读史学成语

报仇雪恨

释义：报冤仇以洗雪仇恨。

出处：明·施耐庵《水浒传》第五十八回："滥官害民贼徒！把我全家诛戮，今日正好报仇雪恨！"

例句：周武王姬发最终成功推翻暴政，为哥哥伯邑考报仇雪恨。

昆阳之战

认识刘秀

　　刘秀（前5—57），汉高祖刘邦九世孙，是杰出的政治家、军事家，东汉开国皇帝。他起兵反抗王莽政权，建立东汉，重新统一全国。

　　绿林军的几路人马太分散，人越来越多，士兵们觉得必须推举一个领头人，这样作战时才能集中力量。一些将军是贵族地主出身，想借助一部分人的正统观念，主张必须要找出一个刘氏家族的人做皇帝，才最合人心意。

　　绿林军里有很多刘姓人，究竟谁会做首领呢？舂陵兵想让刘縯做皇帝，但是平林兵和新市兵的将领害怕刘縯的势力太过强大，非要拥立一个没落的贵族刘玄做皇帝。而刘縯主张等推翻了王莽、招服了赤眉军以后，再确定谁做皇帝，但遭到拒绝。刘縯自觉力量暂时不够强大，只好同意让刘玄做皇帝。

公元23年，绿林军各路将领正式宣布刘玄登基做皇帝，恢复了汉朝国号，年号为"更始"，因此刘玄又被称为更始帝。刘玄任命王凤、王匡为上公，刘秀为太常偏将军，刘縯为大司徒，其他将领也各自获得了封号。从这时起，绿林军改称为汉军。

人物档案

更始帝刘玄（？—25），汉朝宗室，曾参加平林兵，后被拥立为皇帝。更始帝贪图享受，猜忌将领，背叛起义军，最终导致内乱，后被赤眉军杀死。

更始帝刘玄登基后，派遣刘縯攻击宛城（今河南省南阳市宛城区），刘秀攻击昆阳（今河南省叶县）。宛城非常大，兵多将广，物资储备充足，很难被攻陷，刘縯攻打了几个月也未攻下。刘秀则轻而易举地攻下了昆阳、郾城（今河南省漯河市郾城区）等几座小城，抢夺

刘秀的志向

刘秀在太学读书时，曾见过执金吾的仪仗，内心非常羡慕，又想到自己一直爱慕的女子阴丽华，于是感叹道："仕宦当作执金吾，娶妻当娶阴丽华。"昆阳之战后，刘秀立刻迎娶了阴丽华，就是后来有名的贤后光烈阴皇后。

了许多财宝与牛马。

王莽听说汉军拥立刘玄登基，又惶恐又着急，连忙派大司徒王寻、大司空王邑率领四十多万大军，号称百万，气势汹汹地向昆阳扑来。

此时昆阳城里的汉军只有八九千人，听说王莽派来的个个都是身强体壮的精锐，还有一位能驱赶野兽一起作战的巨人，有的将士觉得城守不住了，建议弃城。刘秀把大家召集起来，说："大家齐心协力，还有守住昆阳的可能。一旦昆阳失守，汉军也会跟着打败仗，大家只有死路一条。事到如今，我们只有拼死守城，千万不能灭了自己的志气。"

在刘秀的动员下，将士们重新鼓起了士气。大家经过商量，由王凤留守，刘秀带着十二个勇士趁黑夜潜行，从昆阳城南门冲出了重围，到定陵（今河南省舞阳县东北）和郾城去搬救兵，以形成内外夹击之势来击败王莽军。

第二天，王莽大军兵临城下，将昆阳重重包围起来。战鼓齐鸣，声震百里，旗帜遮蔽山野。他们竖起了一座

座高达数十丈的云车，弓弩手在云车上登高向城里射箭，箭像雨点般朝城里落下。接着他们又用大车一次次撞击城门，好在昆阳虽不大，城墙却很坚固。汉军在城里拼命抵抗，城始终没被王莽军攻破。

两军相持了十多天，眼看城内守军就要坚持不下去了，刘秀终于带着援军赶来。他带领一千多人为先锋，向王邑的军队发起了猛攻。王莽军见刘秀兵少，没放在眼里，只派了几千士兵前来迎战。刘秀身先士卒，带领士兵们斩杀了上千敌军，他带来的援军都因此受到鼓舞，跟在后面冲了上去。

这时，城中的汉军看到援军来了，也从城里冲出来，对王莽军形成内外夹击之势。王莽军顿时阵势大乱。这时，

一个一丈来高、腰粗十围、名叫巨无霸的巨人，驱赶着几只猛兽，从王邑的大军中冲了出来，阻挡了汉军的进攻。

没想到，突然一声巨雷，狂风大作，电闪雷鸣，下起了倾盆大雨，巨无霸带来助威的猛兽顿时吓得疯狂乱窜，巨无霸也被挤入水中淹死了。汉军趁势往前追杀，杀敌无数。最后，王邑带着几千残兵，大败而逃。

不久，更始帝进攻长安，击败王莽临时拼凑的军队，杀了王莽，新莽朝土崩瓦解。

读史学成语

轻而易举

释义：轻松、容易地把东西举起来了。形容做事不费力气，很容易。

出处：《诗经·大雅·烝民》："人亦有言，德辅如毛，民鲜克举之。"朱熹注："言人皆言德甚轻而易举，然人莫能举也。"清·毕沅《续资治通鉴长编·神宗熙宁五年》："若欲取横山，当令所备处重，则横山轻而易举。"

例句：这道题难住了很多同学，但是晓羽轻而易举就解出来了。

善于隐忍的刘秀

性情各异的刘氏兄弟

刘縯性情豪爽，喜欢招揽豪侠之士；刘秀喜欢读书，曾到太学求学，对种地很有研究。刘縯有点儿看不起这个弟弟，常常取笑他像是刘邦的哥哥刘喜那样平庸。

凭借谋略和勇气，刘秀带领昆阳周围的起义军在昆阳之战中击溃王莽军主力，创造了以少胜多的奇迹。此时，刘秀的兄长刘縯也成功攻破了宛城，兄弟二人名震天下。在有利形势下，被起义军推为皇帝的刘玄以宛城为临时都城。

虽然起义军在战场上得到了较为有利的形势，但起义军内部却逐渐出现了裂痕。由于刘秀兄弟二人的威望越来越高，刘玄对他们的态度由信赖变为猜忌。由于压不下猜忌之心，刘玄最终冤杀了刘縯。为了斩草除根，刘玄在杀掉刘縯后将在外的刘秀召回，想找借口把刘秀也杀掉。刘秀当时的力量不足以割据一方，只能强忍悲痛回到宛城。

好看的 中国历史

回到宛城后，刘秀为形势所迫，装出一副毫不为哥哥伤心的样子，每天除了公事之外什么也不参与。看到刘秀这样的态度，刘玄觉得自己可能多虑了，便逐渐放下了对刘秀的戒备之心。其实刘秀和哥

人物档案

刘𬙊（？—23），刘秀的大哥，他生性刚毅慷慨，喜欢养士，一直谋划着起兵反新。由于刘秀性情比较敦厚，他常常笑话弟弟喜欢种地，像汉高祖刘邦的哥哥刘喜一样。刘𬙊能征善战、功勋赫赫，后因遭忌被杀。

哥的感情很深厚，他虽然白天装出一副对哥哥的死无所谓的样子，但半夜无人时，他就会偷偷哭泣，筹划报仇之事。由于对刘秀逐渐放松了警惕，刘玄开始按照刘秀的功劳增加刘秀的爵位和官职，但自始至终没有给刘秀实权。

当时，起义军的势力越来越大，宛城作为临时都城已经不再适宜，于是刘玄选定吉日将朝廷迁到洛阳。为了更好地实施统一战略，刘玄决定派人去黄河以北招抚当地势力。但是派谁代表刘玄去那

里呢？从才能和威望来讲，刘秀是不二人选，虽然刘玄对刘秀终究不太信任，但最终还是决定由刘秀去执行此事。

其实，自从王莽的统治结束后，黄河以北的地方势力在纷纷寻找可以投靠的明主，因此刘秀进入这一地区后，便很快得到了大批势力的支持。尽管很多人从未见过刘秀，但当初昆阳之战的威名实在太过耀眼，所以很多人从心底对刘秀的能力感到钦佩，而刘秀也因此有了立足之地。

 古都洛阳

从中国第一个王朝——夏朝开始，先后有十余个王朝在洛阳建都，如东周、东汉、西晋、北魏、武周、后唐等，此外洛阳还是许多王朝的陪都。洛阳是中国历史上建都最早、历经朝代最多的古都，堪称中国历史最悠久的城市。洛阳与西安、南京、北京并称为"中国四大古都"。

 **读史学成语**

斩草除根

释义：除草要除掉草根。比喻彻底除去祸根，不留后患。

出处：明·施耐庵《水浒传》第八十九回："俺连日攻城，不愁打你这个城池不破，一发斩草除根，免了萌芽再发。"

例句：对于黑恶势力，一定要斩草除根。

刘秀建立东汉

走进光武中兴

　　光武中兴又称建武盛世，是东汉光武帝刘秀统治时期出现的治世。光武帝在位期间实现了社会稳定、经济繁荣、人口增长的局面，因刘秀谥号为光武，所以称此时期为光武中兴。

　　当刘秀在黄河以北地区发展势力时，刘玄从洛阳迁都到长安。看到刘秀的势力发展得这样迅速，刘玄再次生出猜忌之心，便命令刘秀到长安来。当年刘秀的兄长便是被刘玄用计冤杀，刘秀当然不会重蹈覆辙。收到命令后，刘秀表示黄河以北的形势尚未安定，自己不便离开。刘玄知道后大怒，从此与刘秀彻底翻脸。

　　刘秀在用柔和的手段对黄河以北的地方势力进行招抚后，便开始用军事手段扩张自己的武装力量，重点在于打击各地的起义军。当时冀州、兖州一带（今河北、山东、河南三省交界地区）的起义军派系众多，刘秀针对起义

军各派系的不同特点采用灵活的手段，先后将铜马等起义军击败并纳入自己的势力。在综合运用各种手段后，刘秀的实力大为增强。鉴于当时赤眉军的主力向西运动的情况，刘秀派出两路军队，一路乘虚攻占赤眉军的根据地，另一路向并州（今山西省太原市）出发以打造有利的战略形势。经过艰苦作战，中原地区（今河南省一带）全部被纳入刘秀的势力范围。

当刘秀的势力越来越大时，他手下的将领们便开始谋划拥立刘秀为帝。刘秀并不是刘玄那种急躁冒进之人，他并没有被属下们的拥立之举冲昏头脑，而是通过假意推辞来试探众人的真正想法。将领们看出了刘秀的顾虑，于是再次一同请求刘秀称帝。刘秀看到众人的反应后很是喜悦，但由于称帝之事影响太大，因此心里还是有些犹豫。刘秀的将领中有一个人叫耿纯，他看到刘秀这样犹豫，便大胆地对刘秀说出了将领们的真实想法："各地的豪杰为了随从您平定天下，大都舍弃了家业，抛弃了家人，所图谋的无非就是跟随在您身边得到名声和爵位。如果您一直犹豫不决，豪杰们就会对自身的前途产生怀疑，那样就不会有人舍生忘死地为您效力，人心一散，再想聚合起来就难了。所以请您尽早称帝！"

刘秀最终定下了称帝的决心。公元25年，刘秀在鄗城（今河北省柏乡县）称帝，重新建立因王莽而中断的

　　汉朝。称帝后，刘秀将下一个攻打目标定为赤眉军。

　　当时赤眉军推刘盆子为帝，樊崇主政，政权已初具规模，并占领了关中地区（今陕西省一带），其实力不容小觑。至于依靠绿林军称帝的刘玄，自从在长安过上了安逸的生活，便丧失了进取之心，每日饮酒作乐，不理朝政。有时事情紧急，不得不做出指示时，刘玄就让一个和他关系好的侍中替他进入宫殿，在帐幕里发号施令。刘玄的将领们听到帐幕后面的声音是另一个人的，都觉得受到了愚弄，因此对刘玄心生不满。

　　在内部矛盾越发

人物档案

　　刘盆子（10—？），汉朝宗室。赤眉起义爆发后，他与两个兄长刘恭、刘茂一起被掠入赤眉起义军，在军中放牛。更始帝被杀后，刘盆子被拥立为帝，建元建世，史称建世皇帝。后赤眉军兵败，刘盆子投降刘秀。

严重的情况下，刘玄不仅不励精图
治，反而想通过杀戮来维持将领们的
忠诚，结果使将领们越发痛恨刘玄。
最终，绿林军中的王匡等人联合赤眉
军攻破长安，结束了刘玄的统治。

刘秀将洛阳定为都城，又派大军攻
陷长安，击败了樊崇。随后，刘秀又用了
十余年的时间，扫灭了各地的割据势力，正
式统一了全国。

因为西汉的都城在长安，而洛阳在长安的东部，
所以人们就把刘秀创建的汉朝叫作"东汉"。又因为刘
秀创建的汉朝在汉高祖刘邦创建汉朝之后，所以又叫作
"后汉"。因为王莽曾经篡汉，刘秀重新建立汉朝，使汉
室得以延续，且在经济、文化等各方面都创造了辉煌的
成就，所以史书上又将光武帝刘秀统治期间称作"光武
中兴"。

东汉

东汉是继西汉之后又一个大一统的王朝，与西汉统称两汉。东汉相对于西汉，虽声望小了很多，却堪称中国历史上学术气氛最为浓厚的朝代，在经济、文化、科学技术等方面都取得了突出的成就。例如，科学家张衡和改进造纸术的发明家蔡伦都在这一时期为世界文明做出了杰出贡献。

读史学成语

重蹈覆辙

释义：重新走上翻过车的老路。比喻不吸取教训，再走失败的老路。

出处：南朝宋·范晔《后汉书·窦武传》："今不想前事之失，复循覆车之轨。"

例句：这次一定要小心谨慎，不能重蹈覆辙。

犹豫不决

释义：拿不定主意，迟疑不能决断。

出处：《战国策·赵策三》："平原君犹豫未有所决。"唐·房玄龄《晋书·赵诱传》："（郗）隆犹豫不决，遂为其下所害。"

例句：做事情不能总是犹豫不决，否则很容易错过时机。

白马驮经

佛教东传

　　我国深厚的文化积淀，离不开佛教的巨大影响。佛教和中国本土的道家思想、儒家思想互相争鸣、互相渗透，成为中华传统文化的重要组成部分。佛教东传对我国来说具有重大意义。

　　佛教起源于古印度，源远流长，在我国的历史也十分悠久。第一个正式把佛教引入中国的君主是汉明帝。

　　汉明帝是个好学的人，一直在积极地寻求和吸纳异域文化，他派出蔡愔、秦景、王遵等十多人前往西域求取佛经。从洛阳出发，过天山、越葱岭，历经千辛万苦，辗转来到今阿富汗一带的大月氏国。

人物档案

　　汉明帝刘庄（28—75），东汉第二位皇帝，他即位后，推行休养生息的政策，开创了"明章之治"，将佛教引入中国，是一位非常勤政的皇帝。

113

在那里，他们遇到了天竺高僧摄摩腾、竺法兰。

两位高僧听说了这些汉朝人的意图后，表明他们愿意把佛法传到中国。蔡愔和同伴们商议后，认为两位高僧的想法可行，便同意了。

公元 67 年，两位高僧用一匹白马驮着佛经佛像，和汉朝使者一起，不远万里来到中国。到达洛阳后，两位高僧暂时住在汉朝用来迎接国外友人的鸿胪寺中。汉明帝亲自接见两位高僧，还听他们讲了一段经，翻阅了佛经。佛经上都是梵文，汉明帝一个字也不认识，僧人讲的经他也听得半懂不懂，但他还是对两位僧人十分礼遇尊敬。

为了给僧人们提供一个清静的讲经译经的地方，公元 68 年，汉明帝下令在洛阳城郊修建一座宏伟美丽的寺庙。寺庙建成后，为

了表明对驮经白马的纪念之情，人们把这座寺庙的名字定为"白马寺"。

白马寺建成后，成了东汉最主要的译经场所。两位高僧在这里译出了第一部汉文佛经《四十二章经》。后来，高僧昙柯迦罗也在这里译出了第一部汉文佛律《僧祇戒心》。

随着汉文佛经的增多，佛教在中国传播开来，渐渐成为中华文化的重要组成部分，和中国道教、儒教并列。而官府正式修建的第一座寺院白马寺，成了佛教发展史

释迦牟尼

佛教的创始人是释迦牟尼，原名乔答摩·悉达多，是迦毗罗卫国的国王净饭王的儿子。他自幼天资聪颖，长大后见识到民生疾苦，于是放弃荣华富贵，寻找修行的方式。经过多年努力，他终于参悟大道，开始四处游历，传授弟子，创立了佛教。

上的标志性建筑。白马寺位于洛阳东十二公里,北依邙山,南近洛水。史料记载,白马寺原来的建筑规模极其宏伟壮观,千百年来已几度兴衰,现存建筑多为明清两代修建。今天的白马寺布局规整,风格古朴,园内古树成荫,增添了佛国净土的清净气氛。

读史学成语

源远流长

释义:河流的源头很远,水流很长。比喻历史悠久,根底深厚。

出处:唐·白居易《海州刺史裴君夫人李氏墓志铭》:"夫源远流长,根深者枝茂。"

例句:我国文化博大精深,源远流长。

班超威震西域

认识班超

　　班超（32—102），史学家班彪的幼子，他的长兄班固、妹妹班昭都是著名的史学家。班超具有非凡的政治、军事才能，他威震西域，当地许多君主都唯他马首是瞻，他被视为西域的"无冕之王"。

　　为了使东汉在对外战争中得到有利态势，公元73年，军中假司马（代理司马）班超与从事郭恂奉命带领三十六人出使西域。

　　到达西域的鄯善国（今新疆若羌一带）后，班超团队与鄯善国王进行了外交层面的沟通。尽管鄯善国王对班超等人的言辞颇为动心，但考虑到匈奴在西域的巨大影响力，鄯善国王始终无法下定决心与匈奴决裂。他不断通过酒宴等方式向班超等人释放善意，却不给出明确的答复。没过多久，班超忽然发现鄯善国王对他们的态度冷淡了起来。

　　班超召集手下，说："你们有没有发现鄯善国王对咱们的态度发生了变化？"大家纷纷表示有同感，班超接着说："想必是匈奴派使者来了，影响了鄯善国王的态度。如果鄯善国王倒向匈奴，我们就危险了。"

　　于是，班超叫来鄯善国王派来的侍从，突然问："匈奴的使者来了几天了？"侍从猝不及防，说了实话，还把匈奴使者的住处告诉了班超。班超把他关了起来，召集三十六名部下饮酒。在众人喝得尽兴时，班超突然激昂地对众人说："我们现在已是九死一生！"众人大惊。班超接着说："大家来到此地，一方面是想为国家做贡献，另一方面是为了得到爵位和赏赐。可是，尽管咱们之前努力劝说鄯善国王，但他还是不愿弃暗投明。如今，匈奴的使者也来到这里，鄯善国王估计会投靠匈奴。一旦他决心投靠匈奴，必然会将我们抓起来送给匈奴，我们不就成了豺狼口中的食物了吗？"

　　听完班超的话，大家都请班超拿个主意。班超说："不

人物档案

　　班昭（约49—约120），班固、班超之妹，又号"曹大家"，是中国历史上第一位女史学家。《汉书》中的《百官公卿表》和《天文志》都是班昭独立完成的。

入虎穴，焉得虎子。如今我们只能通过冒险来获取机会，只要我们趁着天黑杀掉匈奴使者，被吓破胆的鄯善国王就会依附汉朝。"

众人对班超的想法表示赞同，但犹豫着要不要和从事郭恂商议一下。班超考虑到事态紧急，机会随时可能失去，便说道："郭从事是个文官，没经历过这种事，如果和他商议就有可能错过机会。"大家认为班超说的话有道理。于是班超与众人吃饱喝足，准备等到天黑时开始行动。

天彻底变黑后，班超与三十六位部下悄悄接近匈奴人的居住地。考虑到己方在人数上并没有太大的优势，班超决定先通过放火使敌人混乱起来，再通过擂鼓呐喊使敌人感到畏惧，最后再发动进攻。于是班超把己方的人分成三部分，一部分负责放火，一部分负责擂鼓呐喊，一部

119

分埋伏起来伺机进攻。

与众人商议好后，班超便带人去放火。借助当时的大风，火势极为猛烈，使匈奴人的营帐很快就笼罩在火光之中。在睡梦中惊醒的匈奴人完全不清楚发生了什么，只好四处乱跑。此时，四方传来了擂鼓呐喊之声。匈奴人不知道外面有多少人在向这里进攻，便纷纷逃跑。班超身先士卒，带着属下追杀匈奴人。班超自己便杀了三个匈奴人，他的属下杀了几十个匈奴人。

等到太阳升起，班超派人请鄯善国王来匈奴人的居住地议事。鄯善国王一看到这里的战斗痕迹便大为恐惧，知道自己难以向匈奴方面解释清楚，又考虑到东汉的力量确实越来越强大，便下定决心与东汉联合。为了表明诚意，鄯善国王还派出自己的儿子到洛阳去当人质。其他西域国家听说后，也纷纷将儿子送到汉朝。

 ##《汉书》

《汉书》是我国古代著名的史学巨著，是班超的父亲班彪、哥哥班固和妹妹班昭呕心沥血之作。班彪的著作《史记后传》是《汉书》的前身，班固接班后还没写完《汉书》就受到窦宪一案的牵连，死在狱中。班昭立志完成父兄的遗愿，和马续一起完成了《汉书》。

就这样，班超威震西域。后来，他当上了西域都护，封定远侯，在西域镇守三十余年，为汉朝边境的稳定做出了杰出贡献。

 读史学成语

弃暗投明

释义：背弃黑暗而投身光明。比喻放弃落后、反动的立场而投身正义、进步的事业。

出处：明·许仲琳《封神演义》第五十六回："今将军既知顺逆，弃暗投明，俱是一殿之臣，何得又分彼此。"

例句：他之前跟着犯罪分子做事，但好在最后弃暗投明，改邪归正，成为一个良民。

身先士卒

释义：打仗时，将帅亲自冲在士卒的前面。现指领导起带头作用，走在群众前面。

出处：唐·房玄龄等《晋书·刘琨传》："臣当启戎行，身先士卒。"

例句：疫情出现后，众多专家身先士卒，奔赴防疫一线。

呕心沥血

释义：形容费尽心血。

出处：蔡东藩、许廑父《民国通俗演义》第六十五回："仗兹正气，弹压河山，无任呕心沥血，传檄以闻！"

例句：著名史学家司马迁呕心沥血完成了《史记》，给我们留下了宝贵的文化财富。

动摇国本的党锢之祸

走进党锢之祸

　　党锢之祸爆发于东汉末年，是士大夫、贵族与宦官发生的党争事件。当时宦官专权，引起了士大夫的不满，于是士大夫便走上了抗争之路，两次党锢之祸都是以士大夫集团的失败而告终，为东汉王朝埋下了灭亡的种子。

　　汉光武帝刘秀建立东汉后，他吸取西汉王朝覆灭的教训，分割了三公的权力。由于东汉从汉和帝开始几乎所有的君主都是幼年即位，这就给了外戚可乘之机，东汉陷入长期的外戚专权的困境。

　　汉桓帝即位后，借助宦官的势力铲除了专权长达二十年的外戚梁冀，外戚专权的局面终于结束。没想到的是，汉桓帝不求上进，朝政又落到了宦官的手中。士大夫集团不甘心权力再次旁落，与宦官集团展开了激烈的斗争，爆发了党锢之祸。

　　帮助汉桓帝消灭外戚势力的五位宦官都被封了侯，

称为五侯。他们把持朝政后，与之前的梁冀一样腐败，只忙着聚敛财富，甚至把官职当作商品去交易。国家的各个机构都被宦官势力把持，社会氛围乌烟瘴气，百姓苦不堪言。

公元166年，宦官侯览、赵津及其党羽得知皇帝要大赦天下，便利用这个机会为非作歹，他们想着既然要大赦天下了，做了坏事也不用承担责任。谁知当时的官员依法按律处罚了他们。

这一举动让朝中的宦官十分生气，便在汉桓帝面前说这些官员图谋不轨，结党营私。汉桓帝听后十分生气，没有经过调查，立即下令抓捕了这些官员。

位列三公的太尉陈蕃和司空刘茂得知这个消息后，立刻向汉桓帝上书，请求皇帝赦免这

些官员，还指出了宦官当政的危害，但是汉桓帝都没有听进去。大臣们这一举动加深了宦官们对士大夫的嫉恨，他们开始想尽办法加害士大夫。

时任河南府尹的李膺是士大夫的楷模，受到当时知识分子的崇拜，他非常痛恨宦官集团的所作所为，在大赦期间将故意杀人的宦官党羽张成的儿子逮捕并依法斩首。

张成知道李膺的做法后，怒气冲冲地去找宦官们诉苦。宦官们正好在为李膺不肯同流合污而忧心，听完张成的诉苦后，便和张成一起谋划如何打击李膺及与其相关的太学生等势力。经过商议，宦官们让其弟子去向汉桓帝告状，就说李膺并非秉公执法，而是借机拉拢太学生等群体，从而逐渐夺走汉桓帝的权力。汉桓帝大怒，下令抓捕李膺及与其关系密切的杜密、陈寔和范滂等两百多人。

人物档案

　　李膺（110—169），东汉时期名士、官员。曾任度辽将军，敌人闻讯畏服，从此声威远播。后李膺入朝为河南尹，执法严明，反对宦官专权，被读书人列为"八俊之一"，有"天下模楷李元礼"之誉。

第二年，皇后的父亲不忍心看到士子们遭受酷刑，于是上书向汉桓帝求情，朝廷这才不对他们用酷刑。李膺在狱中被审问时，故意说很多宦官和自己是同谋，宦官害怕牵扯到自己身上，请求皇帝大赦天下，李膺等人这才获释。但是他们被禁锢在乡间，终身不得为官。

李膺等人被释放后，由于受到宦官势力的猜忌，只能离开京城，在家乡谨慎地生活。这次事件被称为第一次党锢之祸。后来汉灵帝刘宏即位后，又爆发了第二次

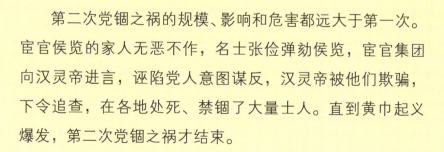

第二次党锢之祸

第二次党锢之祸的规模、影响和危害都远大于第一次。宦官侯览的家人无恶不作，名士张俭弹劾侯览，宦官集团向汉灵帝进言，诬陷党人意图谋反，汉灵帝被他们欺骗，下令追查，在各地处死、禁锢了大量士人。直到黄巾起义爆发，第二次党锢之祸才结束。

党锢之祸。这两次党锢之祸导致了官场腐朽，政治黑暗，同时加深了百姓的痛苦，最终导致黄巾起义爆发，东汉王朝逐渐走向灭亡。

 读史学成语

可乘之机

释义：可以利用的机会。

出处：宋·岳飞《奏审已条具曲折未准指挥札子》："臣自去冬闻金人废刘豫，有可乘之机。是以屡贡管见，尘渎天听。"

例句：比赛中，我方布阵严密，队员配合默契，不给对方可乘之机，最终获得胜利。

同流合污

释义：指与污浊不良的世俗习气混同，丧失了独立的节操。后也指跟随坏人一起干坏事。

出处：《孟子·尽心下》："同乎流俗，合乎污世。"

例句：这个地方官收受贿赂，与当地黑恶势力同流合污，最终受到了法律的制裁。

头裹黄巾，揭竿而起

走进黄巾起义

　　黄巾起义是东汉末期爆发的一场农民起义。东汉末期朝廷腐败，宦官外戚争斗不止，加上天灾不断，贫苦人民在张角的号令下，纷纷揭竿而起。起义虽然以失败告终，但是沉重打击了东汉王朝的统治势力。

　　东汉末年，汉灵帝昏庸无道、沉迷享乐，导致国库里已经没有什么积蓄了。这时，一些宦官想到了通过卖官来筹集汉灵帝游玩费用的方法。汉灵帝没有意识到这个办法会给国家带来多么严重的危害，反而对这个办法很满意，并立即派人实施。那些花钱买官的人一上任就极力压榨老百姓来收回买官的支出。黑暗压迫的政治风气，再加上各种天灾人祸，百姓无法生存，农民起义爆发了。

　　巨鹿郡（今河北省平乡县）有三兄弟，老大叫张角，老二叫张宝，老三叫张梁。三兄弟都很乐意帮助别人。张角创建了一个名叫"太平道"的组织，到处用"符水"

人物档案

张角（？—184），东汉末年农民起义领袖。他得到道士于吉等人传播的《太平经》（又名《太平清领书》），开始利用其中的思想来组织群众，创立了太平道。起义爆发后不久，张角因病逝世。

等帮人治病，获得了许多百姓的信赖。张角决定率领百姓推翻腐朽的统治阶级，于是借助太平道来积蓄起义的力量。

在张角的努力下，太平道成了众多百姓的社交枢纽和心理支柱。为了扩大太平道的影响力，张角选拔可靠的弟子去各地传教，成功地使太平道受到全国大部分地区百姓的拥护。由于张角对起义之事进行保密，所以很多地方官员认为张角所领导的太平道是一个单纯为百姓谋福利的组织，甚至很多官员自身也是太平道的成员。

为了暗中进行联络，张角制定了暗号："苍天已死，黄天当立；岁在甲子，天下大吉。""苍天"即东汉政权，"黄

天"指太平道,"甲子"则是起义的时间,即公元184年(甲子年)。

由于叛徒的出卖,起义提前爆发了。张角领导的起义军很快便得到了全国各地的响应。除了太平道的信徒,之前那些没加入太平道的贫苦农民也纷纷加入起义的队伍。由于张角领导的起义军人人头裹黄巾,所以这支队伍被称为"黄巾军"。

黄巾军的实力越来越强。为了争取民心,黄巾军在所攻占的地方开仓放粮,将那些贪官通过压榨百姓得来的财富还给百姓。由于黄巾军的力量遍布全国,所以各地均向朝廷请求军事支援。在这种情况下,汉灵帝不得不暂时放弃骄奢淫逸的生活,专心考虑如何保住自己的江山。在对各地情况进行调查后,汉灵帝命何进率军护卫京师,命卢植、皇甫嵩、朱儁分兵支援各地。为了拉

甲子

黄巾军起义的口号"岁在甲子"中的"甲子",就是古人编排年号和日期的方式,别称"六十甲子",亦称"六十花甲子"。又因起头是"甲"字的有六组,所以也叫"六甲"。它由天干、地支组成,六十年一循环。

拢地方势力，汉灵帝向地方豪强让渡政治权力，并允许他们自主征兵，以此来号召地方豪强配合朝廷清剿黄巾军在各地的势力。

爆发起义几个月后，张角不幸病死。张宝和张梁继续带领起义军与官兵战斗，不幸牺牲。黄巾军起义虽然失败了，但它动摇了东汉政权的统治，致使东汉政权逐渐走向瓦解。

 读史学成语

天灾人祸

释义：自然灾害和人为的祸乱。

出处：元·无名氏《冯玉兰》第四折："屠世雄并无此事，敢是另有个天灾人祸。"

例句：在古代，百姓常常遇到天灾人祸，想要安居乐业十分不易。

骄奢淫逸

释义：指骄横、奢侈、淫荡、颓废的生活。

出处：五代后晋·刘昫等《旧唐书·柳泽传》："石碏曰：臣闻爱子，教之以义方，不纳于邪，骄奢淫逸，所自邪也。"

例句：商纣王骄奢淫逸，最终葬送了商王朝。

十常侍之乱

戚宦之争

公元189年，汉灵帝去世，长子刘辩继位，史称少帝。少帝的生母何太后临朝听政，任命哥哥何进为大将军，外戚和宦官的斗争又激烈起来。最终外戚和宦官两败俱伤，董卓乘虚而入把持朝政，更加深了人民的痛苦。

东汉末年，汉灵帝执政荒唐、沉迷享乐，朝政大权逐渐落入宦官势力手中。汉灵帝打破常规，一次性册封了十二个宦官任中常侍，后人称他们为"十常侍"，其首领是张让和赵忠。汉灵帝还宣称"张常侍（张让）是我父，赵常侍（赵忠）是我母"，宦官一时权倾天下。

十常侍假借汉灵帝之名，横征暴敛、卖官鬻爵。他们的父兄子弟遍布天下，横行乡里，祸害百姓，无官敢管。百姓的生存条件极为恶劣，新的起义随时可能爆发。

公元189年，汉灵帝留下一个烂摊子去世了，长子刘

辩继位为帝，即汉少帝。由于汉少帝年幼无法执政，刘辩之母何太后临朝称制，大权落到了何太后的哥哥——大将军何进手中。

何进因外戚的身份执掌朝政后，为了笼络士族力量，经常与袁绍等士族出身的官员议事。袁绍的家族极为显赫，号称"四世三公"，即连续四代人做过三公（太尉、司徒、司空）级别的高官。在关系错综复杂的官场中，许多官员都是袁氏家族培养出来的。

袁绍劝说何进一鼓作气诛杀掌权的宦官。何进不敢做主，便去向何太后询问。何太后考虑到宦官势力对皇权有支撑作用，说什么也不答应。袁绍得知何太后的态

度后，想到了一个改变其态度的办法，即命令地方上的兵马进入京城洛阳，逼迫何太后同意铲除宦官势力。何进认为这个办法好。

在何进手下担任主簿的陈琳知道了这个计划后大惊，因为地方上的兵马进京后很有可能趁机夺取皇权。陈琳赶忙去劝阻何进，说："您现在手中的力量已经足够轻易清除宦官势力，却偏偏要借助其他力量，这就好比放着平坦的大路不走却走险路。"

何进对陈琳的信任不如对袁绍的信任深。他并没有听取陈琳的意见，而是按照袁绍的建议，派人请并州牧董卓领兵进京。

何进这样大张旗鼓地做事，自然引起了宦官的警惕。宦官们为了保住性命，在宫殿埋伏了一些士兵，随后假传何太后的命令，召何进入宫。何进刚进入宫中便被宦官所杀。

袁绍得知何进被杀后，立即和弟弟袁术等人带兵进宫。他们放火烧宫门，然后入宫诛杀宦官。由于局势混乱，

人物档案

袁术（？—199），出身四世三公的世家大族，袁绍之弟。袁术曾参与讨伐董卓的联军，后率领部下割据江淮之地。公元197年，称帝于寿春（今安徽省寿县），建号仲家。后被曹操所破，最终病死。

一些不长胡须的人也被当成宦官错杀了。

经过这场厮杀，外戚和宦官两败俱伤，正当皇宫内一片混乱时，董卓带兵到达了洛阳，掌握了军权。

宦官

宦官，又称太监，专门侍奉皇帝及皇室成员。宦官本是负责内廷杂事的奴仆，因与皇室朝夕相处，容易获得皇帝信任，所以历史上经常出现宦官专权的局面。

读史学成语

两败俱伤

释义：争斗的双方都受到损失。

出处：宋·欧阳修等《新五代史·宦者传论》："谋之而不可为，为之而不可成，至其甚，则俱伤而两败。"

例句：他们两个谁也不让谁，本来可以和平解决的事却搞得两败俱伤。

董卓之乱，迁都长安

认识董卓

　　董卓（？—192），生性凶残，曾任并州牧，后入朝挟持皇帝，号令天下，其间犯下弥天大罪，遭到全国各路诸侯的讨伐，最后死于王允、吕布手中。

　　董卓进入洛阳后，被洛阳的气派所震撼，生出了霸占此地、掌握朝政的野心。董卓的野心被一些正直的官员看出，其中有一位官员叫丁原，负责洛阳地区的治安工作。丁原手下有一员大将名叫吕布，骁勇善战，被丁原视为心腹。董卓知道丁原是自己夺权的绊脚石，于是派人送给吕布财物，让吕布刺杀了丁原。这样一来，京城的军权落入董卓之手。在对反对势力进行多次残酷镇压后，董卓彻底把持了朝政大权，废掉了汉少帝，拥立陈留王刘协为帝，即汉献帝。

　　董卓专政以后，毒死了何太后和汉少帝，自封为相国，还对与自己关系亲密的家人和部下大肆封爵。当时朝廷

人物档案

　　袁绍（？—202），汉末群雄之一，司空袁逢的儿子。袁绍担任关东军主帅，讨伐董卓，后占据冀州、青州、并州、幽州古九州四大地区，发动官渡之战，败给曹操，不久病逝。

的重要官职全是董卓安排的人，国库里的财富也成了董卓的私人财产。但董卓毫不知足，将贪婪的目光放到了贫苦百姓的身上。董卓经常安排下属埋伏在商队路过的

地方进行抢劫，或是肆意闯进百姓家里抢夺财产。

　　董卓的种种恶行激化了百姓与统治阶级的矛盾，也加剧了统治阶级内部的斗争。于是，士族的代表人物袁绍在逃离洛阳后召集了一支武装力量，联合各地的州牧、刺史一起讨伐董卓。这支联军被称为"关东军"。他们推袁绍为领袖，向洛阳进军。

　　董卓见关东军声势浩荡，便决定迁都长安。由于不想把洛阳的财富和劳动力留给敌人，董卓在迁都之时特意命令全城的百姓搬出洛阳。洛阳的百姓离开

了祖祖辈辈生活的地方，一路上哭泣声不绝。有些百姓不愿离开洛阳，结果遭到士兵的毒打。除了将百姓迁出洛阳，董卓还派人烧毁城内无法搬走的建筑和物品。就这样，洛阳成了一座空城，不但没有了往日的繁华景象，连人烟都看不到了。

董卓挟持着汉献帝迁都到长安后，更加肆无忌惮，进一步加封自己派系的人，连他家中的小孩都得到了很高的爵位。近于疯狂的董卓完全不把汉献帝当回事，甚至要求得到西周时姜尚那样的待遇。为了更多更快地搜刮人民的财富，董卓不顾经济规律，强行收集钱币和可以用来制作钱币的金属，通过减轻钱币的重量来压榨百姓。在董卓的跋扈到达极点时，百姓的怒火也到达了极点。

董卓知道自己的种种暴行早就遭到世人的厌恶，为了保住自己，他收猛将吕布为义子，让其护卫自己。后来，吕布渐渐对董卓感到失望。他与董卓的一名侍女有私情，董卓发现后用手戟投向他，吕布吓得逃跑了。

 关东军

关东军是东汉末年以袁绍为首的诸侯讨伐董卓的联合军队。当时以函谷关为界，以西称为关西，以东称为关东，袁绍的军队大都来自函谷关的东北、东南地区，故称关东军。

　　司徒王允敏锐地发现董
卓与吕布发生了矛盾，趁机劝吕布诛
杀董卓。他耐心地劝说吕布："您是吕家的人，
董卓是董家的人，并没有所谓的父子关系。如果
董卓认为您是他的儿子，他怎么会拿武器攻击您呢？"

　　吕布听完，心中生出了对董卓的怨恨，便配合王允
一起诛杀了董卓。董卓死后，他手下的将领李傕、郭汜
等人铤而走险，带兵攻破长安城。长安城陷入巨大的恐
慌之中。在这场浩劫中，王允身死，吕布外逃，百姓再
次遭受了劫掠。汉献帝逃出长安，回到残破的洛阳，不
得已投靠了曹操。

读史学成语

弥天大罪

　　释义：形容最大的罪恶。

　　出处：元·无名氏《谢金吾》第四折："纵有那弥天罪，
也难赎。"清·西周生《醒世姻缘传》第五十九回："这
个冤孽，可惹下了弥天大罪……"

　　例句：这伙罪犯在当地走私毒品，拐买妇女和儿童，
犯下了弥天大罪。

曹操、袁绍官渡大战

走进官渡之战

官渡之战是中国历史上著名的以弱胜强的战役之一。公元 200 年，曹操与袁绍在官渡展开了战略决战，此战以曹操的胜利而结束，奠定了曹操统一北方的基础。

董卓之乱后，东汉已经名存实亡，此时的曹操已颇具气候。曹操是沛国谯县（今安徽省亳州市）人，他的父亲曹嵩通过给有权势的宦官做养子得到了权位，还花了大量钱财买到了太尉一职。

黄巾起义爆发后，曹操依靠战功和家族的关系被提拔为济南相，后来又担任骁骑校尉。董卓之乱时，曹操散尽家财招兵买马，加入了讨伐董卓的武装力量。当讨伐董卓的联军抵达洛阳附近时，袁绍等联军的主要领导者却持观望态度，都想让别人与董卓交战，以便自己坐收渔翁之利。曹操对这些满怀私心的乌合之众失去了信心，便自己带兵前去与董卓的军队交战，最后因寡不敌

众而险些全军覆没。曹操在战败后吸取经验，不再冒进，而是在兖州（今山东省济宁市）积累实力。

公元 196 年，汉献帝逃回洛阳，由于宫殿府库均荡然无存，他只能住草屋，很多大臣都饿死了。曹操抓住机会，把汉献帝接到了许地（今河南省许昌市），改称许都，将汉献帝控制在自己的势力范围内。

掌控了汉献帝之后，曹操开始将注意力放在农业生产上。在谋士的建议下，他开始实行屯田，大片荒芜的土地种上庄稼获得丰收，曹操逐渐成为最有影响力的割据势力者之一。而这威胁到了原本实力强大的袁绍，双方大战一触即发。

此时袁绍坐拥冀州、幽州、青州与并州古九州中的四州，有雄厚的兵力，手下有沮授等智谋之士以及颜良、文丑等勇武的将领。曹操的实力远不及袁绍，但是他的

屯田

公元 196 年，曹操采纳谋士的建议，在许都附近实行屯田。屯田的土地基本上是一些荒芜之地，大部分劳动力、农具都是镇压黄巾起义时掳获的，还有一部分劳动力是流民，这些农民被称为屯田客。曹操实行屯田，大大促进了农业生产，为曹操统一北方创造了物质条件。

谋士郭嘉将两军各方面的情况做了对比，认为曹操必胜，袁绍必败。曹操坚定信心，采取积极防御的战略方针。

曹操先是在公元200年打败了想要投奔袁绍的刘备，又擒获了刘备的大将关羽。接着曹操亲自领兵前往官渡（今河南省中牟县东北），准备迎击袁绍。

此时袁绍派大将颜良带兵攻打白马（今河南省滑县东），曹操声东击西破解了袁绍的白马之围，关羽更是单枪匹马刺死了颜良，一举成名。

颜良战死的消息传到袁绍那里后，袁绍又气又急。此时的袁绍已经无法保持理智，他命令军队立刻过河，命文丑领兵迎战曹操。文丑在带兵前行的过程中，发现路上有许多被曹军丢弃的军事物资，便得意扬扬地认为曹军被吓走了。于是他放下了戒备之心，任凭士兵们抢夺地上的军事物资。其实这都是曹操设下的用来降低文丑戒备之心

的圈套。看到文丑的部队因抢夺物资而陷入混乱，埋伏一旁的曹军突然杀出，将袁军击败，并诛杀了文丑。

袁绍失去颜良、文丑两大名将，实力受到了削弱，但总的军事力量还是大于曹操。为了避免被曹军一口一口吃掉，袁绍急迫地找曹操决战。尽管多次受到沮授劝阻，但袁绍还是固执地带兵来到了官渡附近，准备攻打官渡。官渡是离许都很近的要塞，此处如果失守，曹操的防御体系便有崩溃的危险，因此曹操不得不带兵在官渡与袁绍的军队对峙。

袁绍为了有效打击曹军，命士兵用土堆成小山，以便袁军的弓箭手从上向下发动攻击。土山旁建造了高高的楼橹，士兵在楼橹上侦察曹军动静，指挥土山上的弓箭手放箭。曹操则命人发明了一种投石车，即能够将大石头抛到袁军阵地上的车，摧毁了楼橹。由于投石车的威力很大，人们还给投石车起了个外号，叫"霹雳车"。接着，袁绍想起自己曾经通过挖地道的战术击败另一位军阀公孙瓒，便派人向曹军方向挖地道。曹军则挖水沟，使得袁军的地道到达这里后便被水倒灌。就这样，曹军与袁军艰苦地僵持着。曹操写信给留守许都的首席谋士荀彧，想率军退守许都，但是荀彧回信劝他坚守待机。

虽然挫败了袁军的多次进攻，但曹军的粮草已经撑不了几天了。就在曹军的粮草即将断绝之时，袁绍

人物档案

荀彧（163—212），出身著名的世族颍川荀氏，是曹操的首席谋臣，主要负责在曹操的根据地处理军国事务，被曹操称为"吾之子房"。

麾下的谋士许攸突然前来投靠曹操。曹操得知许攸前来，高兴得鞋都没穿就去迎接他。许攸提议曹操出兵突袭乌巢（今河南省延津县境内），烧掉袁军囤积在那里的粮草和辎重。

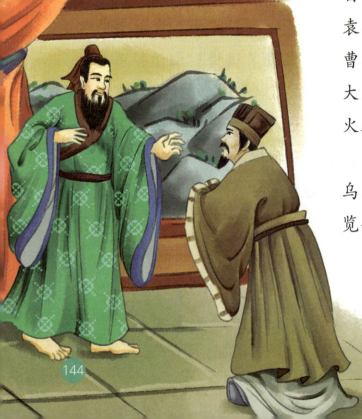

曹操依计而行，亲自领兵离开官渡，打着袁军的旗号，进军乌巢。曹军来到了乌巢，放起大火，粮仓霎时间被大火覆盖，浓烟漫天。

袁绍听说曹操进攻乌巢，派部将张郃、高览去袭击曹军大营。由

144

于曹营非常坚固，二人久攻不下，背后又遭到从乌巢归来的曹军的攻击，干脆一齐投降了曹操。

袁军没了粮草，又受到曹军的猛烈攻击，大败而逃。袁绍凭借残兵败将，根本不能东山再起，没多久就病逝了。

官渡之战，曹操以弱胜强，并乘势继续攻打袁氏的残余势力，终于统一了北方。

读史学成语

名存实亡

释义：名义上还存在，但实际上已经消亡。

出处：唐·韩愈《处州孔子庙碑》："虽设博士弟子，或役于有司，名存实亡，失其所业。"

例句：那些规章制度已经名存实亡了。

乌合之众

释义：比喻仓促杂凑起来毫无组织纪律的人群。

出处：唐·马总《意林》引《管子》："乌合之众，初虽有欢，后必相吐，虽善不亲也。"

例句：这些乌合之众是无法与正规军队相抗衡的。

火烧赤壁，大破曹军

走进赤壁之战

公元208年，孙权、刘备联军在赤壁一带大破曹操大军。赤壁之战是历史上以少胜多的战役之一，打破了曹操统一全国的梦想，为三国鼎立奠定了基础。

官渡之战后，曹操又用了几年时间统一了北方地区。随后，他将目标转向南方，首当其冲的就是荆州。

公元208年，荆州牧刘表病逝，他的小儿子刘琮在母亲蔡氏和舅舅蔡瑁的扶持下，继承了刘表的官职。曹操趁机率领大军南下，打算一举平定南方。眼见大军压境，蔡氏和蔡瑁毫不抵抗，挟持刘琮，投降曹操。

此时，依附刘表多年、屯兵樊城的刘备得知荆州易主，十分震惊，只得率领愿意跟随自己的荆州百姓向南逃跑，但还是被曹操率领的骑兵追上，最终在长坂坡（今湖北省当阳市境内）展开战斗。刘备寡不敌众，幸好有张飞等猛将阻拦曹操，刘备才得以脱身。跑到夏口（今湖北

省武汉市）后，刘备的实力才渐渐恢复了一些。

　　诸葛亮建议刘备联合孙权，凭借长江天险共同抗曹。刘备采纳了这个建议，派诸葛亮去江东游说孙权。诸葛亮来到江东后，与周瑜、鲁肃等江东重臣一道劝说孙权联合刘备抗曹，孙权终于下定了联刘抗曹的决心。他任命周瑜为大都督，领三万水军与刘备会合，共同抵抗曹军。

　　联军走到赤壁（今湖北省赤壁西北，另说湖北省武汉市赤矶山）的时候，遇到了曹军的前哨。两军初次交锋，曹军就吃了个败仗，被迫退到长江北岸，两军隔江对峙起来。

　　曹军主要来自北方，擅长在陆地上作战，不习惯水战；他们又是刚到南方，水土不服，很多人生病。曹操就让人将战船都用铁索链连起来，士兵在船上行走、骑马都如履平地。

此时，周瑜的部下黄盖分析道："现在敌众我寡，不适合打持久战。我看曹军不习惯水上作战，不如用一把大火烧掉曹军战船，定能战胜曹军。"

 人物档案

黄盖（？—215），东汉末年东吴名将，性情严肃，善于训练士卒。赤壁之战中，他诈降曹操并指挥部下用火船攻击曹军的战船，大败曹军，官至偏将军、武陵太守。

周瑜接受了黄盖的建议，并命令黄盖给曹操送信，假意投降。到了约定的投降日期，黄盖率一些士兵带着几十艘满载燃料的快船前往曹营。曹操不知是计，还以为船上是粮草，没有防备。

快船接近曹军战船时，曹操有个部下起了疑心，说："这些船开得这么快，看上去又很轻，不像是送粮船。"曹操这才醒悟，可已经晚了。黄盖一声令下，所有的战船同时点火，就像一条条火龙

直奔曹军船队。曹军的连环战船一时拆不开，火势很快蔓延开来，曹军大乱。

周瑜看到赤壁上空火光冲天，立刻在刘备军的配合下，水陆两军攻打曹军，曹军大败。曹操带着残兵败将向华容（今湖北省潜江市）方向败退。曹操的几十万大军损失了一大半，他只好率领剩下的人马回北方去了。

经赤壁一战，曹操兵力大大衰弱，再也无力吞并孙刘两家，由此拉开了魏、蜀、吴三国鼎立的序幕。

三国鼎立

三国鼎立指的是三国时期，魏、蜀、吴三个主要政权三分天下。公元 208 年爆发的赤壁之战中，曹操被孙权、刘备联军击败，奠定了三国鼎立的局面。

读史学成语

首当其冲

释义：首先受到攻击或遭到灾难。

出处：汉·班固《汉书·五行志下》："郑当其冲，不能修德。"

例句：泥石流发生时，这个村庄首当其冲。

关羽大意失荆州

名将关羽

关羽（约160—220），东汉末年名将，与刘备情同手足。关羽一度被迫投降曹操，却舍弃名利追随刘备。他长期奉命镇守荆州，刘备称汉中王后封他为前将军。关羽水淹七军后威震中原，东吴却背弃盟约偷袭荆州，关羽兵败麦城被杀。后人敬佩关羽的忠义与勇武，尊他为"武圣"。

公元219年，刘备击败曹操，占据汉中，自称汉中王，关羽被封为前将军。关羽决定趁曹军士气低落之时领军攻打曹仁驻守的樊城。

曹操闻讯，命名将于禁率军七路救援樊城，曹仁让于禁和庞德一道驻守在樊北。此时，绵绵秋雨下个不停。关羽包围樊城之后，发现城楼上军旗不整，曹兵一派颓废之气，又见城北山谷遍布军马，汉水水流湍急，知道机会来了。

不久，汉水暴涨，把于禁所率七军的营帐都淹没了。

于禁只好下令全军转移到高处。他们登上高处一看，四周一片汪洋。

北方人不擅长水战，曹军也没有准备船只。关羽趁机带领一批水军坐着小船，把在小山坡上避水的于禁包围起来，四面放箭。水越涨越高，关羽的进攻也越来越猛烈。于禁无法抵挡，只好投降了。庞德却坚持作战，关羽让庞德投降，庞德大骂道："我们魏王威震天下，有百万雄兵。刘备怎么能与大王相比！我宁可做魏王的鬼，也不做刘备的将军。"关羽大怒，把庞德斩了。

消息传到许都，曹操想迁都以避关羽锋芒，谋士司马懿说："主公，刘备和孙权虽然结盟，其实他们相互猜忌得厉害。如果我们答应把江东封给孙权，约他一起夹攻关羽，他一定会答应。有孙权相助，樊城之围定能解除。"

当年，孙权看关羽是个人才，提出与关羽结为亲家，让关羽的女儿嫁到孙家来。谁知关羽看不起孙权，还说"吾虎女岂配犬子"，孙权由此对关羽十分不满，他还想夺回荆州，曹操要与他结盟，正中他的下怀。

然而，关羽有一定的防备，他在沿江各处都设有军

营和烽火台，一有异
常，关羽就会派兵救
援。大都督吕蒙和孙
权商议后，吕蒙装出
旧病复发的样子，对
外宣称要回建业（今
江苏省南京市）修养，

人物档案

吕蒙（178—220），东汉名
将，原本目不识丁，后来立志读
书，留下"士别三日，刮目相待"
的典故。他偷袭荆州，击败关羽，
立下大功，不久因病去世。

孙权就派了年轻的将领陆逊暂时接替吕蒙。

陆逊熟读兵书，但从未上过战场指挥实战，且相貌
清秀，就像一个白衣书生。他上任没几天，就派人带着
信和大量的礼物去拜见关羽，信里用非常谦虚的口吻表
达了对关羽的仰慕之情。

关羽又是高兴，又看不起陆逊，觉得陆逊比吕蒙好
对付多了，根本不用重兵防备。樊城战况吃紧，于是他

陆续撤掉边界的人马，派他们去支援樊城。

　　吕蒙知道关羽上当了，就把所有的战船改建成商船，选了一批精兵躲在船舱里，外面的士兵全都穿上商人穿的白衣，浩浩荡荡地向北岸出发。

　　到了北岸，吕蒙把船停在岸边，北岸的刘备守军看到只是商船，没有在意。等到半夜，士兵们从船中出其不意地杀了出来，占领了北岸。他们把守城官兵全都看管起来，不让他们走漏消息，迅速地攻克了公安、南郡等地，将荆州收入囊中。

　　这时，曹操派来的援军也赶到了樊城，大将徐晃把荆州、江陵等长江要塞失守的消息用箭射进关羽的大营。关羽又惊又怒，急忙派人去荆州打探消息。

　　吕蒙进入江陵后，释放了被关羽关押的于禁，又安慰蜀军将士和家属，严明军队纪律，把荆州府中的珍宝都封

武圣关公

　　关羽自古以来就以忠义、勇猛著称，得到后世的崇高评价，被历代皇帝当作教育忠君爱国信念的人物，百姓则建庙祭祀他。特别是宋代以后，关羽的地位更加崇高，具有"武圣"地位，并被尊为"关圣大帝"，春秋两季进行祭祀。

存起来，等孙权前来接收。关羽军中不少将士听说自己的家人在荆州得到吴军很好的照料，都偷偷逃回荆州去了。

关羽这才确信荆州已失，他无颜回去见刘备，只好带着数十名骑兵，一路败退到麦城（今湖北省当阳市境内）。麦城太小，无力抵挡追兵，部将大多逃走了，关羽只好带着留下来的十几个精锐骑兵往西逃，半路上中了吴军的埋伏，关羽被吴军斩杀。

刮目相待

释义：比喻抛弃老看法，用新眼光看待人或事物。

出处：晋·陈寿《三国志·吴书·吕蒙传》裴松之注引《江表传》："（鲁）肃拊蒙背曰：'吾谓大弟但有武略耳，至于今者，学识英博，非复吴下阿蒙。'蒙曰：'士别三日，即更刮目相待。'"

例句：他体能比较差，经过一段时间的锻炼，居然在运动会上跑了第一名，令同学们刮目相待。

好看的
中国历史

魏晋南北朝

刘启正 ◎ 主编

三辰影库音像电子出版社
SUNCHIME
北 京

图书在版编目（CIP）数据

好看的中国历史．魏晋南北朝 / 刘启正主编．—北京：三辰影库音像电子出版社，2023.7

ISBN 978-7-83000-562-7

Ⅰ．①好… Ⅱ．①刘… Ⅲ．①中国历史－魏晋南北朝时代－青少年读物 Ⅳ．① K209

中国版本图书馆 CIP 数据核字 (2022) 第 145150 号

好看的中国历史．魏晋南北朝

责任编辑：石海燕

责任校对：韩丽红

出版发行：三辰影库音像电子出版社

社址邮编：北京市朝阳区金海商富中心 B 座 1708，100124

联系电话：（010）59624758

印　　刷：三河市南阳印刷有限公司

开　　本：710mm×1000mm　1/16

字　　数：560 千字

印　　张：60

版　　次：2023 年 7 月第 1 版

印　　次：2023 年 7 月第 1 次印刷

定　　价：198.00 元（全 6 册）

书　　号：ISBN 978-7-83000-562-7

前 言

　　我国是一个历史悠久的文明古国，在五千年的漫长岁月中，上演了无数惊心动魄、可歌可泣的事件。这些事件，记载在浩如烟海的史书之中，等待后人从阅读中收获智慧与乐趣。

　　然而历史书籍往往卷帙浩繁，晦涩难懂，让青少年望而却步。为了让广大青少年愿意亲近历史，并能从中获益，我们以正宗史著为蓝本，按照朝代更迭的顺序，用一个个有趣的历史故事串联起五千年的中国史。

　　姜子牙是怎样从一个水畔钓叟，成为周朝功臣的？管仲是如何由阶下囚，一跃成为齐国宰相的？"汉初三杰"是如何帮助刘邦战胜西楚霸王项羽的呢？曹操、刘备、孙权、诸葛亮、关羽这些大家耳熟能详的人物，在正史中与小说、电视剧中有哪些不同？被称为千古名君的李世民，到底有哪些丰功伟绩？岳飞和他的岳家军，为什么流芳百世？朱元璋是怎样从一个到处乞讨的和尚，成为大明王朝的开国君主的？以上种种问题的答案，以及更多有趣的历史故事，都在这套《好看的中国历史》中等待着你呢。

　　本套书共分六册，精心挑选了历朝历代的代表性事件，用详

略得当、生动活泼的语言讲述出来，易读易记。将六册书连起来阅读，就仿佛在五千年的浩瀚历史中来了一次"时空穿梭"，对苦难与辉煌交织在一起的中国历史会有一个基础的了解。为了拓展青少年的知识面，我们在每一篇故事中都设置了小栏目，对重点人物和相关历史常识进行了介绍，对理解历史事件具有现实意义，能够启发青少年的思考。

相信阅读完这套有趣又好看的历史读物，青少年一定能够有所收获，得到成长。

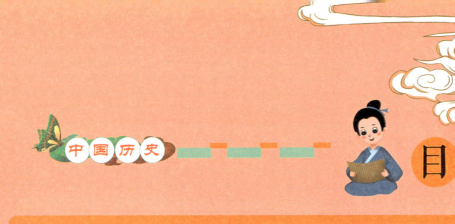

目录

大融合的时代　南北朝

群雄并起的时代

三国

曹丕建魏

曹丕称帝是指公元220年魏王曹丕迫使汉献帝禅让帝位的事件。曹丕称帝代表历时196年的东汉王朝正式结束，三国时代的魏国正式建立。

公元220年，曹操去世后，他的次子曹丕继承父亲的遗志，将统一天下当作自己的目标。过了不久，他就逼迫汉献帝禅位，正式建立曹魏政权。

虽然当时汉朝皇室早已衰落，但在老百姓心里，汉朝皇室依然是正统。曹操做魏王时已经完全有称帝的实力，但经过权衡之后，还是放弃了称帝的想法。

孙权杀了刘备的结义兄弟关羽后，和刘备的联盟彻底破裂，他转而与曹操结盟，还给曹操写过一封信，劝曹操早日称帝。曹操看了信，说："如果我是天命所归，我愿意当周文王。"

曹操始终没有称帝，可他希望儿子完成这件事。

他有二十几个儿子，其中曹丕和曹植两兄弟最有希望继位。曹丕八岁就会骑马射箭，而且在父亲的影响下精通诗歌创作，对诸子百家也有研究。

人物档案

曹丕（187—226），三国时期政治家、魏国开国皇帝。他还是一个出色的文学家，他的《燕歌行》是七言诗的经典，他的《典论》也是非常重要的著作。

曹植则从小聪明过人，才华横溢，是当时著名的诗人，却有些任性好酒，经常喝得酩酊大醉。最后，曹操选了曹丕做接班人。

等到曹操病逝，在谋臣的鼓动下，曹丕立即开始了称帝的计划。

他先是采纳了陈群创立的"九品中正制"，成功地笼络了豪门大族。接着，他不断制造舆论，为自己称帝创造基础。

九品中正制

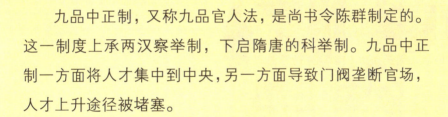

九品中正制，又称九品官人法，是尚书令陈群制定的。这一制度上承两汉察举制，下启隋唐的科举制。九品中正制一方面将人才集中到中央，另一方面导致门阀垄断官场，人才上升途径被堵塞。

公元 220 年，汉献帝发出了"禅让"的第一道诏书。诏书一发出，一大群大臣就劝曹丕登基。可是，曹丕却命人退回了这封诏书，还假惺惺地说这加重了他的罪过。汉献帝又很不情愿地发出了几次诏书，坚持要把皇位让给曹丕。

曹丕连续推辞了几次，觉得即位时机成熟了。在他的授意下，汉献帝命人做好准备，并建起了一座"受禅台"，又精心挑选了一个好日子。在禅位大典上，汉献帝当着文武百官的面，让人宣读诏书，将皇位让给了魏王曹丕。

曹丕废掉汉献帝后，在洛阳称帝，建立曹魏王朝，东汉王朝正式结束。

公元 221 年，刘备在成都称帝，史称蜀汉。公元 229 年，孙权在武昌称帝，史称东吴。至此，三国鼎立的局面正式形成。

读史学成语

酩酊大醉

释义：形容喝酒喝得很多，醉得很厉害。

出处：北魏·郦道元《水经注·沔水》载："山季伦之镇襄阳，每临此池，未尝不大醉而还，恒言此是我高阳池。故时人为之歌曰：'山公出何去，往至高阳池，日暮倒载归，酩酊无所知。'"

例句：他应酬时经常喝得酩酊大醉，这严重损害了他的身体。

曹植七步成诗

 才高八斗的曹植

曹植（192—232），字子建，是曹操的儿子，曹丕的弟弟，三国时期著名诗人，代表作有《洛神赋》《白马篇》《七哀诗》等。南朝谢灵运称赞曹植："天下才有一石，曹子建独占八斗。"

曹植与曹丕是一母同胞的亲兄弟，他们都是杰出的文人，但曹植的才华比曹丕更胜一筹。

有一次，曹操看了曹植写的文章，产生了怀疑，问道："这篇文章是你请人代写的吗？"曹植跪下来，说："父王，这篇文章是孩儿自己写的，如果父王不相信，可以现场考我。"曹操当场出题考曹植，结果令他大喜。曹植果然才华出众，因此曹操越来越器重这个儿子。有人劝曹操立曹植为继承人，但曹操觉得立嗣事关重大，所以一直没有下定决心。

曹丕知道后，为了维护自己的地位，总是想方设法讨曹操欢喜。有一次，曹操出去打仗，曹丕、曹植一起

人物档案

曹操（155—220），字孟德，小名阿瞒，三国时期政治家、军事家。他经多年征战统一北方，掌握汉末实权。他还是一位伟大的诗人，留下了许多不朽的诗篇。

送行。临别的时候，曹植高声朗读了一段颂扬曹操功德的文章，大家听了十分赞赏。

这时有人替曹丕出主意，说："大王要外出打仗了，你只要表现出不舍就是了。"曹丕泪流满面地与父亲告别，曹操很受感动，也掉下了眼泪。

这一举动加深了父子之间的感情，再加上曹操身边的随从替曹丕说了不少好话，曹植又太过任性，曹操立曹植为继承人的想法渐渐减弱。

曹植是个我行我素的人。有一次，他乘车走在御路的中央，又命人打开司马门以供他出入，实际上只有皇帝和曹操可以走御路，从司马门出入。这件事违反了礼制。曹操听说这件事，十分生气，立刻处死了管理交通的官员。

后来，曹操立曹丕为继承人。曹丕得意忘形，又令曹操不满。曹操想给曹植一个建功的机会，准备派曹植带兵出征。曹丕得知后，十分生气，为了阻止曹植带兵出征，曹丕想了一条计策。他准备好酒食，拉着曹植一起喝酒，把曹植灌得酩酊大醉。曹操派曹植出征时，没见到曹植的影子，于是派人去找曹植，曹植醉得一塌糊涂，不省人事。曹操一气之下改派他人出征。这样的事情发生多了，曹操终于下定决心让曹丕当了继承人。

曹丕称帝以后，曹植心里五味杂陈，他便穿上丧服为汉朝哭泣。曹丕知道这件事后，非常不满，想方设法监视、防范曹植。他们的母亲卞太后知道后，不想见到兄弟二人自相残杀，便常在曹丕面前替曹植求情，曹植

建安文学

建安是汉献帝的年号，建安文学指建安时期的文学。建安文学的代表人物主要是两个文学家群体，一是孔融、陈琳、王粲、徐干、阮瑀、应场、刘桢七人，人称"建安七子"；二是"三曹"，即曹操、曹丕、曹植三父子。曹操的诗歌气势雄浑，慷慨大气；散文开门见山，境界开阔。《观沧海》是曹操的代表作，曹丕留下了闻名古今的《典论》，曹植的《洛神赋》文字华美，令人回味无穷。

才没有被杀害。

传说中七步成诗的故事一定程度上反映出曹丕与曹植的关系。有一次，曹丕为了加害曹植，便把他叫来，对他说道："都说你很有才华，你能在七步之内作出一首诗吗？如果你能作出来，我就免你一死；要是作不出来，那就别怪我不客气了。"

曹植想到自己的处境，略微思索一下，就迈开步子，还没走到七步，便脱口念出一首诗：

煮豆燃豆萁，豆在釜中泣。

本是同根生，相煎何太急。

曹丕听了，非常惭愧，感觉自己对弟弟过于残忍，便放过了曹植。这个故事虽然是虚构的，但曹丕对曹植的防范以及曹植的才思敏捷都得到了鲜明的体现。

读史学成语

得意忘形

释义：原指因高兴而物我两忘。后形容高兴得失去常态。另外也用于指只取其神韵而不刻意求形似。

出处：唐·房玄龄等《晋书·阮籍传》："嗜酒能啸，善弹琴，当其得意，忽忘形骸。"

例句：他的语文成绩竟然考了满分，他高兴得有点得意忘形了。

陆逊火烧连营

"社稷之臣" 陆逊

陆逊（183—245），字伯言，三国时期吴国政治家、军事家。他智勇兼备，取得了夷陵之战的胜利，一生出将入相，被赞为"社稷之臣"。

刘备与孙权本是盟友，由于孙权攻占荆州，斩杀关羽，导致吴蜀联盟破裂。刘备为了替亲如兄弟的关羽报仇，领兵讨伐东吴，报仇雪耻。

刘备召集张飞一起前去，谁知还没出发，张飞就出事了。关羽死后，张飞悲痛欲绝，本就性格暴躁的他，更加不受控制，此时动辄惩罚部下，甚至把士兵活活打死。结果，一天夜里，张飞的手下趁张飞喝得大醉之际杀了他，并叛逃东吴。

备受打击的刘备只好亲自率兵进攻东吴。起初，战斗还算顺利，打了几场胜仗，很快便攻占了东吴很多的土地。

此时，东吴大将吕蒙已经去世，孙权提拔陆逊任大

人物档案

　　张飞（？—221），蜀汉名将。他勇猛过人，与关羽同称"万人敌"。最早跟随刘备起兵，一路南征北战，打下蜀地一片江山，建立蜀汉政权。刘备伐吴前张飞被部将杀害。

都督，让他前去迎战刘备。陆逊认为刘备报仇心切，应避其锋芒，采取守势。于是他率领大军撤到夷陵（今湖北宜昌）附近，将难以铺开兵力的数百里山地留给了蜀军。

　　刘备进入夷陵之后，在建平至猇亭一带建立了大本营。不久，刘备派一支军队攻打驻守夷道的孙桓，诸将请求陆逊派兵救援，陆逊认为夷道城坚粮足，正好可以牵制和消耗蜀军的力量，于是不肯分兵救援。刘备急于决战，于是频繁派人挑战吴军，陆逊也不予理睬。陆逊本是一介书生，被破格提拔为大都督，诸将本就不服气，现在看到陆逊不肯出战，以为他怯战，更

看不起他了。刘备让人在山谷的平地上扎营，在山间埋伏了大批伏兵，故意引诱吴军出战，陆逊始终按兵不动，刘备只得将伏兵撤走。双方对峙了很长时间，直到炎热的夏天来临。此时，蜀军已出征将近一年，非常疲惫。蜀汉的营寨是木栅所筑，连在一起长达几百里。

陆逊仔细观察了蜀汉军营周围的环境，召集所有将领，命令将士们各带一束火把，预先埋伏在密林里，趁夜火烧蜀汉军营。当天夜里，东风起，东吴的士兵冲进蜀汉军营，用火把点燃蜀汉军营。

盛夏之时，空气干燥，风助火势，蜀汉军营很快燃烧起来，火光冲天，照耀得周围如同白昼。蜀汉将士军心大乱，四处逃窜。蜀军全部溃散，死伤不计其数。刘备在将士们的拼死保护下狼狈逃到鱼复（今重庆白帝城）。刘备率领的军队几乎全军覆没。

历史上把这场战争称作"夷陵之战"。夷陵之战不仅让蜀汉损失了大量的军用物资和兵力，还失去了多名将领，这对刚刚建立的蜀汉政权无疑是一个巨大的打击。

火攻之计

　　古代战争中运用火攻之计取胜的例子不计其数。汉末三国的官渡之战、赤壁之战和夷陵之战中，起决定性的都是火攻。官渡之战曹操火烧乌巢，战胜了强大的袁绍；赤壁之战黄盖火烧战船，曹操败退；夷陵之战陆逊火烧连营，间接导致了刘备的死亡。

读史学成语

报仇雪耻

释义：报冤仇以洗刷耻辱。

出处：明·冯梦龙《醒世恒言》第三十六卷："官人果然真心肯替奴家报仇雪耻，情愿相从。只要发个誓愿，方才相信。"

例句：抗战时期，全国人民的共同愿望就是："将侵略者赶出中国，为牺牲的革命烈士报仇雪耻。"

善于用人的诸葛亮

 白帝城托孤

夷陵之战失败后，刘备在白帝城病危，然而儿子刘禅年纪尚小，不能亲政。于是刘备临终前，将自己的儿子和蜀国托付给丞相诸葛亮。诸葛亮见刘备如此信任自己，感激涕零，发誓要竭尽全力辅佐刘禅。

夷陵惨败后，刘备率领残兵退到白帝城暂时驻扎下来，遭受如此打击的他，一病不起。在病势沉重的时候，刘备回忆自己的一生，经历了风风雨雨才建立蜀汉政权，必须慎重考虑后事。

公元223年，丞相诸葛亮来到白帝城，刘备对他说："我有了丞相，才有今天的帝王事业。可是，我报仇心切，没有听丞相的话，现在十分懊悔。如今我就要死了，希望丞相可以好好辅佐太子。如果他成不了大事，先生可以取而代之。"诸葛亮听闻，跪倒在刘备面前，说："臣一定尽心辅佐少主，不辜负陛下的重托。"不久，刘备

去世了。

刘备死后，刘禅在成都继承了皇位，改年号为建兴，是为后主。诸葛亮继续担任丞相，总揽全局。为了把蜀汉治理好，诸葛亮不拘一格地选用人才。他把国家比作房子，把人才比作支撑房梁的柱子。他说："柱子如果纤细脆弱，房子寿命就不会长，顶梁柱要选用好木材，官员也要选拔正直而有才能的人。粗大结实的木材，要经过挑选才能得到；正直有用的人才，也要经过选拔才能够得到。"

联吴抗魏，本是诸葛亮的重要策略。可惜夷陵一战，蜀吴联盟遭到破坏。诸葛亮担心孙权乘刘备刚刚死去的时机，发动突然袭击，于是决定和东吴修好，可又找不到合适的人前去说服孙权。一天，尚书邓芝来见诸葛亮，说："目前主上年幼，初登皇位，民心未安。要想完成统一大业，应该抛弃旧怨，和东吴联好。没有东顾之忧，我们才能北上进取中原。不知丞相是怎样考虑的？"诸葛亮一听邓芝的话，十分高兴，觉得邓芝很

有见地，正是完成与东吴修好这一艰巨使命的理想人选。他笑着对邓芝说："这件事我已经考虑了很久，可惜没有找到合适的人来担当联合东吴的使命。今天我可找到这个人了。"他马上任命邓芝为出使东吴的使臣。

人物档案

邓芝（？—251），三国时期蜀汉重臣，官至车骑将军。他为将多年，赏罚分明，体恤士兵，深受将士们爱戴。刘备去世后，邓芝奉命出使吴国，修复了两国的关系。

邓芝到了东吴，求见孙权。当时，魏国也派使者到东吴，要孙权联魏攻蜀。孙权正犹豫不决，因此不肯召见邓芝。邓芝上表给孙权，说："我这次来，不光是为了蜀国，也是为了吴国的利益。"孙权这才召见了邓芝。邓芝给孙权分析当时的形势，说："吴国有长江做天险，蜀国有山川为屏障，两国和好，互为唇齿，力量就大了。进，可以兼并天下；退，可以鼎足而立。如果东吴和魏国联盟，就必然要向魏国称臣。要是不遵守魏国命令，魏国就要借机讨伐东吴。那时候，蜀国就可以顺流而下。江南的广大地区，就不再为大王所有。"孙权觉得邓芝分析得有理，便说："我是愿意跟蜀国和好的，只恐怕蜀国新主年轻势弱，顶不住魏国的压力。既然先生这样说，我就放心了。"

　　从此，东吴和蜀汉结成了抗曹的联盟，并且多次派遣使者互访，不断加深联盟关系，巩固了三国鼎立的局面。

　　邓芝在离开东吴的时候，遵照诸葛亮的意见，要求孙权送回张裔。张裔本是成都人，很有学问，办事果断，善于治理政事。在刘璋统治四川的时候，他担任司马一职。刘备攻进四川以后，任命张裔为巴郡太守。不久，益州豪强雍闿与孙权勾结，把张裔绑架到东吴。诸葛亮爱惜张裔的才能，让邓芝向孙权交涉，要回张裔。张裔临走的时候，孙权和他谈了一次话，发现他很有才干。张裔走后，孙权非常懊悔，赶紧派人去追。但是张裔日夜兼程地赶路，早已进入蜀汉境内，没有让东吴人追上。

　　张裔到了成都，诸葛亮并没有因为他原来是刘璋的

"诗城" 白帝城

　　李白在白帝城写下了"朝辞白帝彩云间，千里江陵一日还。两岸猿声啼不住，轻舟已过万重山。"这样脍炙人口的诗句。后来，杜甫、白居易、刘禹锡、苏轼、黄庭坚、范成大、陆游等诗人也曾先后登白帝，游夔门，留下了大量诗篇，白帝城因此有了"诗城"之美誉。

手下而有所疑忌，而是根据他的学识和能力让他做参军、从事。后来，诸葛亮北伐曹魏，还让张裔和蒋琬一起做丞相府的长史，代自己掌管丞相府事务。由于人才选用得当，诸葛亮虽然常年在外征战，但蜀汉内政仍然处理得很好。

提起蒋琬，也有一段很有趣的故事。

蒋琬随刘备入蜀以前，只是一个州衙门里缮写文书的小吏。入蜀以后，蒋琬做了广都县令。有一次，刘备到广都游玩，蒋琬醉得一塌糊涂，不能接驾，刘备非常生气，要判蒋琬死罪。诸葛亮很了解蒋琬，知道他很有才干，就对刘备说："蒋琬有治理国家的才能，他以安定百姓的生活为根本，踏踏实实地为百姓办事，不能因为这件事判他死罪。"刘备很尊重诸葛亮的意见，就免了蒋琬的死罪，但是仍然罢免了他的官职。

蒋琬被刘备免官，诸葛亮依然认定蒋琬是个人才，便不断向刘备举荐他。刘备便任命蒋琬做广都长，后又调其做尚书郎。诸葛亮几次北伐，将丞相府的事务交给他和张裔。有了蒋琬在后方的支持，诸葛亮北伐才没有后顾之忧。诸葛亮还上表给后主刘禅，建议在自己死后，由蒋琬来接替他的职务。

诸葛亮十分重视发挥部下的智慧和才能，他曾说，个人的见识是有限的，只有"集众思，广忠益"，才能把事

情办好。"集思广益"这个成语，就是这样来的。

诸葛亮能够听取不同的意见，重视选拔人才，不拘一格用人才，使得蜀国呈现一派欣欣向荣的新局面。

读史学成语

取而代之

释义：原指夺取别人的地位、权力。后来泛指拿一个代替另一个。

出处：汉·司马迁《史记·项羽本纪》："秦始皇帝游会稽，渡浙江，（项）梁与（项）籍俱观。籍曰：'彼可取而代也。'"

例句：山村的发展很快，当初那些破旧的房屋都被高楼大厦取而代之。

诸葛亮挥泪斩马谡

骄傲的马谡

马谡（190—228），字幼常，名臣马良之弟，三国时期蜀汉官员、将领。他熟读兵书、谋略过人，协助诸葛亮平定南中。诸葛亮北伐时，马谡骄傲自大，违背诸葛亮的命令，导致街亭失守，后马谡被诸葛亮处死。

刘备临终前将整个蜀国托付给了诸葛亮，诸葛亮也不负所托，在他的精心治理下，蜀国国力不断增强。诸葛亮在稳定了南方地区之后，为了完成兴复汉室、一统中原的心愿，决定挥师北上，攻打魏国。临行前诸葛亮写了著名的《出师表》，建议刘禅"亲贤臣，远小人"。

公元228年，诸葛亮发动了第一次北伐曹魏的战争。诸葛亮挥泪斩马谡的故事就发生在第一次北伐期间。

诸葛亮命赵云、邓芝为疑军，攻打魏国的郿城（今陕西眉县东），诸葛亮亲自率领大军，突袭魏军据守的祁山，魏军大败，姜维等魏国大将都投降了蜀国。魏明帝曹叡大

人物档案

张郃（？—231），三国时期曹魏名将。他原本是袁绍的部下，官渡之战后投降曹操，与夏侯渊一道镇守汉中。夏侯渊战死后，他在危急关头率部安全撤退。曹丕称帝后，张郃被封为左将军，后来在诸葛亮第四次北伐时战死。

为震惊，并派张郃迎击诸葛亮。张郃是魏国著名将领，诸葛亮早就料到他会攻打街亭（今甘肃庄浪东南）。街亭是个咽喉要地，于是诸葛亮派心腹爱将马谡镇守街亭。

马谡自小熟读兵书，善于谋略。诸葛亮十分器重他，行军打仗时，二人常常彻夜长谈。临行前，诸葛亮再三叮嘱马谡要小心谨慎，因为街亭虽小，关系重大。它是通往汉中的咽喉。如果丢失街亭，蜀军就再难有作为了。此外，诸葛亮还派老成持重的王平为副将，与马谡一起守卫街亭。

马谡到达街亭以后，犯下了一个致命错误。他骄傲自大，既不采纳属下的建议，也不按照诸葛亮的计划行事。他下令："全军在南山上扎营，居高临下消灭魏军。"

副将王平连忙劝道："将军，万万不可，南山没有水源，如果魏军围困街亭，切断水源，我军将陷入十分危险的境地。请将军严守丞相的计划，依山傍水，巧布精兵。"

马谡却不将王平的话放在心上，他没有实际的领兵经验，不切实际地频繁下令，让大军不胜其扰。王平又

劝他占据城池，他也不听。王平屡次劝说，马谡始终充耳不闻。王平只好请求马谡派给他一队人马，依山傍水安营扎寨。

魏国大将张郃听说马谡在山上安营扎寨，顿时喜出望外，想出一条妙计，他命令士兵切断水源，将马谡的人马围困在山上。蜀军因为缺水，干渴难耐，军心涣散，根本无力抵抗，被打得溃不成军。张郃命令乘势进攻，蜀军大败。

街亭失守引发了连锁反应，使蜀军处于非常不利的境地。诸葛亮被迫退回汉中，第一次北伐就这样失败了。

回到汉中后，诸葛亮痛心地说："我错用马谡，导致北伐失败。"为了严肃军纪，诸葛亮下令将马谡革职入狱，斩首示众。行刑前，马谡泪流满面，对诸葛亮说："丞相待我如子，我待丞相如父。这次失败，都怪我狂妄自大，违抗军令，丞相将我斩首，以诚后人，我罪有应得，死而无憾。只是恳请丞相以后能照顾好我一家妻

街亭之战

街亭之战是诸葛亮第一次北伐时的一场重要战事，此战决定了第一次北伐的成败，最终以马谡的失败而始。街亭之战的战败令蜀汉元气大伤，诸葛亮第一次北伐功败垂成。

儿老小，这样我死后也就放心了。"

诸葛亮此时百感交集，老泪纵横，想起马谡年轻有为，聪明过人，但为了严明军纪，由不得自己徇私情。他只有强忍泪水答应了马谡的要求，随后处死了马谡。

读史学成语

小心谨慎

释义：形容言行细心慎重。

出处：汉·班固《汉书·霍光传》："出入禁闼二十余年，小心谨慎；未尝有过，甚见亲信。"

例句：商场如战场，所以在做决策之前一定要小心谨慎，以免造成严重的后果。

依山傍水

释义：靠近山脚或临近江河。

出处：北齐·杜弼《檄梁文》："彼连营拥众，依山傍水。"

例句：我的家乡依山傍水，风景秀丽。

喜出望外

释义：遇到出乎意外的喜事而特别高兴。

出处：宋·苏轼《与李之仪书》："契阔八年，岂谓复有见日，渐近中原，辱书尤数，喜出望外。"

例句：果农们看到自家的果园硕果累累，都喜出望外。

诸葛亮病逝五丈原

鞠躬尽瘁的诸葛亮

　　诸葛亮（181—234），字孔明，中国古代杰出的政治家、军事家，蜀汉丞相，他一生"鞠躬尽瘁、死而后已"，千百年来在人们心目中他都是智慧、忠诚的化身，受到后世的推崇。

　　诸葛亮稳定内政和盟友之后，就将全部精力用来北伐。他一生发动了五次北伐，第一次北伐起初还是很顺利的，攻下了魏国好几座城池，可惜马谡没有听从诸葛亮的命令，在街亭败给了魏将张郃，街亭之败引起了连锁反应，诸葛亮被迫退兵，刚攻下的城池也只好放弃了。第一次北伐就这样失败了。

　　第二次北伐，遇到了魏军的顽强抵抗，由于蜀军围攻魏军二十多天没有效果，粮草开始紧缺。眼看魏军援兵将至，诸葛亮只好退兵，第二次北伐也失败了。

　　第三次北伐算是有所收获，攻取了魏国的两座城池，

并且成功击退了魏国的援军。

第四次北伐，由于粮草不济，只好下令退兵。为了解决这一问题，诸葛亮发明了节省人力的木牛和流马，解决了运输粮草的问题，为第五次北伐打下了基础。

诸葛亮看第五次北伐时机成熟，便派使者到东吴，与孙权约好一起攻打魏国，诸葛亮率军在渭水南岸的五丈原（今陕西岐山南）扎营。魏国派司马懿迎战，司马懿跟诸葛亮打起了消耗战。

为了解决运粮的问题，诸葛亮利用工具流马提前把粮食运到渭水边。他还让部分士兵在军营附近开垦荒地，种上粮食，做好长期作战的准备。

　　孙权也响应蜀汉，亲率大军攻打魏国，魏明帝亲自率军抵御，孙权就撤兵了。诸葛亮知道孙权撤兵的消息，便想跟魏军速战速决。诸葛亮多次派兵挑战司马懿。司马懿只是牢牢守住营垒，不管蜀军如何羞辱都坚守不战，两军对峙很长时间。诸葛亮派使者给司马懿送去了一套女装，以羞辱司马懿。司马懿一眼看出这是诸葛亮的激将法，仍然不予理会。

　　司马懿也是个聪明人，暗中打听蜀军的情况。一次，诸葛亮派使者到魏营去，司马懿接见了蜀国使者。使者的任务完成后，司马懿故意留住使者与他闲谈，问起了诸葛亮的睡眠、饮食和做事的细节。蜀国使者认为司马懿没有谈及军事情况，于是不加戒备，直言不讳地说："丞相每天早起晚睡处理军务，责罚在二十杖以上的都要亲自监督。每天吃的饭只有三四升。"蜀国使者走后，司马懿对身边的人说："诸葛亮每天要做的事这么多，吃的却这么少，他还能活多久呢？"

　　不出司马懿所料，诸葛亮由于过度操劳，在军营里病倒了。刘禅得到消息，赶忙派大臣李福到五丈原进行慰问。李福慰问毕，记下了诸葛亮命他转达的事，便匆匆辞去。几天后，李福又来到五丈原。诸葛亮说："我知道你的意思，你想问在我之后谁适合承担国家的重任。我觉得蒋琬最合适。"李福说："蒋琬之后呢？"诸葛亮

回答:"费祎可以继任。"李福再问,诸葛亮就不回答了。

诸葛亮临终前,吩咐死后一切从简,大军迅速撤回汉中。没过多久,诸葛亮就在军营里去世了。诸葛亮死后,姜维率领蜀军各路人马有秩序地撤退。魏营的探子得知后,迅速报告司马懿,司马懿率领魏军追了上去。谁知蜀军的旗帜突然掉转方向,一阵战鼓响,士兵们转身杀过来。司马懿大惊,急忙下令撤退。

就这样,蜀军安全撤离了五丈原。事后,司马懿看到蜀军留下的营寨,感叹道:"诸葛亮真是天下奇才!"

诸葛亮统一中原的愿望没有实现，但是他的智慧和"鞠躬尽力，死而后已"的精神，永远被后人传颂。

 《出师表》

《出师表》也称《前出师表》，据称诸葛亮还作了《后出师表》。《前出师表》确定出自诸葛亮之手，但《后出师表》存在一些争议，多数人认为是伪作。在《后出师表》中，诸葛亮称："臣鞠躬尽力（后来演变为'鞠躬尽瘁'），死而后已。"这句话成为他一生的写照。

 **读史学成语**

直言不讳

释义： 有话直说，毫不隐讳。

出处： 清·文康《儿女英雄传》第三十二回："你既专诚问我，我便直言不讳。"

例句： 他性格直爽，说话从来都是直言不讳。

鞠躬尽力，死而后已

释义： 恭敬勤谨，尽心竭力工作，一直到死为止。

出处： 晋·陈寿《三国志·蜀书·诸葛亮传》裴松之注引《汉晋春秋》："臣鞠躬尽力，死而后已。"

例句： 他一生都致力于慈善事业，真正做到了鞠躬尽力，死而后已。

司马懿装病吃天下

夺权的司马懿

司马懿（179—251），字仲达，河内温县（今河南温县）人。三国时期曹魏政治家、军事谋略家，西晋王朝奠基人。司马懿富有谋略，多次率军对抗诸葛亮，功勋卓著，成为曹魏重臣。后发动高平陵事变，将曹魏大权牢牢握在司马家手中。司马炎称帝后，追尊他为晋宣帝。

司马懿先后在曹操和曹丕手下做事，并凭借自己的才能被委以重任。魏明帝曹叡即位后，司马懿已是元老级别的人物了。魏明帝临终前，将太子曹芳托付给了曹爽和司马懿。曹芳继位后，太尉司马懿、大将军曹爽共同辅政。他们刚开始还能合作，可后来逐渐产生了矛盾。

曹爽成为大将军后，网罗了一大批人，并把他们当成心腹来培养。这些人时刻提醒曹爽："魏国的大权千万不能落到别人手中。"他们还替曹爽出了个主意——升

司马懿为太傅，免去其太尉的官职。太傅虽然听上去官位很高，但是没有实权，就这样，司马懿的兵权被夺走了。曹爽又将他的兄弟和党羽安插在重要位置，架空司马懿，从此大权集中在曹爽手中。

人物档案

魏明帝曹叡（206—239），曹魏的第二位皇帝。他从小聪明过人，能诗善文，与曹操、曹丕并称魏之"三祖"。继位后，在政治文化上皆有一定的建树。晚年大兴土木，留下一定的负面影响。

然而，司马懿辅佐过曹操、曹丕、曹叡，多年来南征北战，屡立战功，他的势力可谓盘根错节，在朝中威望很高。他又怎么会坐而待毙呢？

久而久之，曹爽等人的野心开始膨胀，他们把太后迁往永宁宫，不让她插手朝政，又大肆修改国家法令。

曹爽的心腹

曹爽的心腹主要有三个人：何晏、邓飏、丁谧。何晏是曹操的养子，崇尚浮华，没有什么政治才能，邓飏和丁谧则倚仗曹爽权势肆意妄为。这三个人被称为"台中三狗"，高平陵之变后都被司马懿杀死。

司马懿多次劝阻，他们不听。司马懿索性称病回家，不再上朝。

可曹爽还是不放心，他的亲信李胜被任命为荆州刺史，他就让李胜以辞行为名，去拜访司马懿，探探虚实。如果有必要，就把司马懿除掉。

司马懿猜到了李胜的意图，决定演一场好戏给李胜和他背后的曹爽看。

李胜前来拜见时，司马懿让两个小丫鬟挽扶自己走出来，坐在椅子上，一副病势沉重的样子。

他想把手中的衣服披上，可手使不上劲，衣服滑落到地上。丫鬟赶紧过来帮他穿好衣服。接着他又示意侍女自己口渴了，丫鬟端水来给他喝，他哆哆嗦嗦地凑上去喝水，水流了出来，弄得他胸前都是。看到这种情形，李胜以为司马懿真的病了。

李胜对司马懿说："皇上让我去本州（李胜是荆州人）

做刺史，我今天是来向您辞行的。"

司马懿假装呻吟不止，半天才缓过气来，说："并州啊，那里靠近胡人，战乱很多，您可要小心啊。"

李胜大声说："我是回荆州，不是到并州。"司马懿再三道歉，说："我现在病了，年纪也大了，耳朵不好。荆州好啊，您一定要多多努力，建立功勋。"又伤感地说："以后恐怕再难有相见的机会了。我已经年老昏聩，一旦死去，还恳请您能多多照顾我的两个儿子。"说着说着，司马懿流泪哽咽不止。李胜听了长叹不已。

李胜回去后，把情况一五一十地告诉了曹爽，感叹道："司马太傅的病估计是好不了了，命在旦夕，想想真让人伤心。"曹爽一听非常高兴，从此再没找司马懿的麻烦。

有一次，魏少帝曹芳带着大臣们去郊外祭拜魏明帝，曹爽兄弟也去了，曹爽没在皇城留自己的亲信。这就给了司马懿可乘之机。

曹爽前脚离开，司马懿后脚就率领兵马占领了交通要道和武库，并请皇太后下诏，撤掉曹爽大将军的职务。

曹爽和他的兄弟得知后，一时不知该如何是好。他的手下桓范劝曹爽带着小皇帝到许昌去，召集兵马讨伐司马懿。曹爽没有听从桓范的建议，而是选择投降。这件事史称高平陵之变。

没过几天，就有人告发曹爽一伙谋反，司马懿立即派人把曹爽一伙全部处以死刑。这样一来，司马懿完全掌握了魏国的政权，此时曹魏皇帝已沦为司马家的傀儡。

 读史学成语

盘根错节

释义：树根弯曲盘绕，枝节相互交错。比喻世事繁乱复杂，不易处理。也比喻旧势力根深蒂固，难以消除。

出处：北齐·魏收《魏书·甄琛传》："今河南郡是陛下天山之坚木，盘根错节，乱植其中。"

例句：榕树为热带树种，常常长得盘根错节，枝叶繁茂。

坐而待毙

释义：坐着等死。指在危险或困难面前，不采取积极措施，而是束手等待灾祸降临。

出处：明·宋濂等《元史·王义传》："今城守虽有余，然外无援兵，粮食将尽，岂可坐而待毙？"

例句：遇到困难的时候，不能坐而待毙，要想办法解决问题。

哆哆嗦嗦

释义：形容因恐惧、寒冷等原因引起的身体颤抖。

出处：顾笑言《挂在睫毛上的彩虹》："只见一个三四岁的小女孩躲在墙角，用一双哆哆嗦嗦的小手遮住眼睛，拼命的哭叫着。"

例句：她的胆子很小，一只小老鼠就把她吓得哆哆嗦嗦的。

野心家司马昭

认识司马昭

司马昭（211—265），字子上，为司马懿次子，继兄长司马师之后成为魏国大将军，把持朝政，进一步巩固了司马家族的势力。司马昭野心勃勃，魏帝曹髦曾说："司马昭之心，路人所知也。"

司马懿杀了曹爽之后，没过几年就死了，司马师继承了父亲的职位，魏国大权落到了司马师和司马昭兄弟二人手里。

此时魏少帝曹芳一天天长大，他越来越不满意做司马氏的傀儡。为了摆脱司马兄弟的控制，魏少帝联合忠于魏国的大臣发动政变。但是司马兄弟的耳目遍及朝野，还没等魏少帝动手，消息就走漏了。司马师逼迫郭太后废掉了魏少帝，将参与密谋的大臣也一并处死了。

废掉魏少帝后，司马师立曹丕的孙子曹髦为帝，史称高贵乡公。司马师死后，司马昭的野心更大了，似乎

准备废掉皇帝，取而代之。

曹髦对司马昭越来越不满意。一天，他把三个官员王沈、王经、王业召进宫里，商量对策。他气愤地说："司马昭之心，路人皆知。他对皇位虎视眈眈，我不能坐以待毙，必须先采取行动。"

三位大臣得知曹髦要跟司马昭作对，赶紧劝阻，不要闯出大祸。无论他们怎么劝阻，曹髦就是不听。王沈和王业知道曹髦不可能成功，怕祸及自身，于是向司马昭告了密。

曹髦集合宫内的禁卫军和侍从太监，扬言要清除祸乱朝纲的贼子，如果有人敢抵抗，一并视为同党。一行人没走多远，就被司马昭的心腹贾充带领的士兵给拦住了。曹髦亲自持剑大喝道："我乃当朝天子，敢妄动者将被灭族！"

贾充手下的太子舍人成济问他："贾公，现在情况紧

司马昭之心，路人皆知

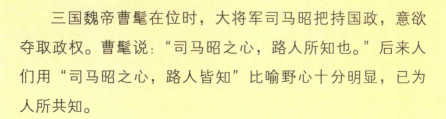

　　三国魏帝曹髦在位时，大将军司马昭把持国政，意欲夺取政权。曹髦说："司马昭之心，路人所知也。"后来人们用"司马昭之心，路人皆知"比喻野心十分明显，已为人所共知。

急，该怎么办呢？"贾充严厉地说："司马公平时养你们是干什么的！还用问吗？"

成济听闻此言，壮着胆子，拿起一根长矛，直往曹髦身上刺去。曹髦来不及招架，被成济刺死。可怜的曹髦，连司马昭的影子都没看到，就死在了长矛之下。

消息传到司马昭那里，司马昭装作十分惊讶，连忙赶到朝堂上，召集大臣们商量。经过商议，司马昭用太后的名义下了一道诏书，给曹髦加上许多罪状，把他废作平民，想把曹髦被杀的事遮掩过去。

人物档案

贾充（217—282），西晋王朝的开国元勋。他在平定毌丘俭和文钦的叛乱中立下战功，还曾主持修订《晋律》，指使成济杀死高贵乡公，因此深得司马氏信任。西晋建立后，他的女儿贾南风还嫁给了司马炎的儿子司马衷，地位更加显赫。

　　但是大臣们还是议论纷纷，责怪司马昭没有惩罚真凶，为了堵住大臣们的嘴，司马昭把罪责推到成济身上，给成济定了一个大逆不道的罪，诛杀成济全族。

　　司马昭除掉了曹髦，另从曹操的后代中挑选了曹奂继承皇位，史称魏元帝。然而，曹魏政权经过与司马氏这几次较量后，已经名存实亡。之后，司马昭开始厉马秣兵，准备消灭蜀国和吴国，统一天下。

读史学成语

司马昭之心，路人皆知

　　释义：司马昭心里想什么，谁都明白。后用以指人所共知的阴谋、野心。

　　出处：李劼人《大波》第二部第六章："难道端午桥不就在觊觎吗？不然的话，他也不致于同瑞莘儒联名参了赵季和一折子，逼得赵季和取了强硬手段：……这真所谓司马昭之心，路人皆知的了。"

　　例句：司马昭之心，路人皆知，你不要再为他找借口了。

议论纷纷

　　释义：指意见很多。

　　出处：明·冯梦龙《东周列国志》第二十三回："诸侯犹未深信，议论纷纷不一。"

　　例句：美军虐囚事件被报道后，国际舆论一片哗然，人们对此议论纷纷。

竹林七贤

魏晋风度

　　三国及两晋时期，诞生了大量文采出众、思想活跃、嗜酒放诞的名士，他们行事特立独行、不拘礼法，对后世文人产生了深远的影响。魏晋风度的代表，就是主要活跃在魏国正始年间（240—249）的竹林七贤。

　　曹魏王朝统治后期，大权逐渐被司马氏把持。司马氏为了笼络人心，极力拉拢天下名士。很多名士不得不与他们合作，但内心却充满苦闷。也有一些名士坚决不肯跟司马氏合作，想方设法逃出司马氏的网罗，用各种"离经叛道"的行为宣示自己精神上的自由。

　　在山阳县的一片竹林里，常常有七位名士一起畅游、清谈，他们就是嵇康、阮籍、山涛、向秀、阮咸、王戎与刘伶。这七个人有着不同的年龄和不同的社会身份，但都有着不拘礼法、清静无为的思想，被当时的人称为竹林七贤。

　　七人中，嵇康出身官宦家庭，自幼聪明过人、博览群书，尤其喜欢道家著作。他身材高大、相貌英俊，但是却不修边幅，被身边的人视为异类。后来，他娶了曹操的曾孙女长乐亭主为妻，并当了中散大夫，世称"嵇中散"。嵇康对朝政不感兴趣，以读书、弹琴、修道等为乐。后来，司马氏把持了朝政，嵇康不肯与司马氏合作，行为更加放诞。

　　当时，嵇康的友人山涛正在为司马氏服务，写信劝嵇康出仕。嵇康就写了一封《与山巨源绝交书》，表达了自己蔑视礼法、崇尚无为的态度。在这篇名传千古的文章中，嵇康说自己"性复疏懒，筋驽肉缓，头面常一月十五日不洗，不大闷痒，不能沐也"，这种慵懒的生活方式自然与官场格格不入；又说自己"每非汤、武而薄周、孔"，对当时人们尊称的圣贤多有非议，为时议所不容；至于自己的志向，则是"今但愿守陋巷，教养子孙，时与亲旧叙离阔，陈说平生，浊酒一杯，弹琴一曲"。这封绝交书让嵇康名声更加响亮，但当时掌权的司马昭也从中读出了嵇康不肯与自己合作的态度，心中开始记恨他。

　　后来，嵇康的朋友吕安被哥哥诬告不孝，嵇康愤而为吕安辩护，司马昭对嵇康早有不满，至此终于怒火中烧，准备借机处罚嵇康。与嵇康有嫌隙的大臣钟会，也

趁机向司马昭进谗言，让司马昭下定决心处死嵇康。嵇康被处刑时，三千名太学生为他请愿，但没得到允许。嵇康在刑场上镇定自若，要来琴弹奏了一曲《广陵散》，之后从容赴死，当时还不满四十岁。

相比坚决不合作的嵇康，竹林七贤的另一位核心人物阮籍的态度就圆滑得多。阮籍是建安七子之一阮瑀的儿子，父亲去世得早，阮籍与母亲相依为命，家境清苦。他自幼好学不倦，除了阅读诗书，还喜欢研究兵法，有着济世安民的大志。后经人推荐入仕，曾任尚书郎，还曾担任曹爽的参军（一说他推辞了这一任命）。司马氏掌权后，阮籍政治上倾向曹氏，于是对司马氏采取消极态度。他虽然曾在司马氏手下担任散骑常侍、步兵校尉

 千古绝响《广陵散》

　　《广陵散》是我国历史上著名的古琴曲，相传原本是为纪念战国刺客聂政刺杀韩相韩傀之事所作，故又名《聂政刺韩傀曲》。嵇康获得此曲后，勤加练习，弹奏得出神入化，友人袁准曾想向嵇康学弹此曲，嵇康没有答应。后来嵇康被杀，在刑场上弹奏《广陵散》，并伤感地说："《广陵散》于今绝矣！"不过，《广陵散》琴谱其实被保存下来了，并流传至今。

人物档案

> 吕安（？—262 或 263），魏国官员。他性情豪放、蔑视礼法，与嵇康、向秀为至交好友。他思念嵇康时，就算远隔千里，也会立刻命人驾车与嵇康相见，留下"千里命驾"的佳话。后来，吕安与哥哥吕巽交恶，遭到吕巽诬陷被捕杀，嵇康为他辩护，也一道被杀。

等职，但对时势采取缄口不言的态度。当时，司马昭想与他结为姻亲，这对其他官员来说是求之不得的事，阮籍却通过醉酒让此事不了了之。阮籍内心的苦闷，通过他那八十二首《咏怀诗》隐晦曲折地表达出来，这些诗歌也是"正始之音"的代表性作品。

被嵇康公开修书绝交的山涛，是竹林七贤中最年长的一位。山涛的性格老成持重、雅量恢弘，以善于举荐人才著称，深受司马氏重用，官至司徒。起初，山涛由选曹郎调任大将军从事中郎时，想举荐嵇康担任选曹郎，嵇康才写了那封著名的《与山巨源绝交书》。两人虽然绝交，但内心依然是相通的。后来嵇康临终前，还是将自己的儿子嵇绍托付给了山涛。在竹林七贤中，山涛虽然才华不突出，但他的见识与气度却得到其他六人的赞许。

向秀自幼喜欢读书，尤其精通《庄子》，得到山涛的赏识，从而结识了嵇康与阮籍，尤其与阮籍相友善。

阮籍爱好打铁，向秀就常常在一边帮助他。向秀年少成名，但名利之心非常淡薄。嵇康被杀后，向秀为自保不得已出仕。在一次从都城归乡的途中，他经过过去与嵇康、吕安一同居住过的地方，感怀旧友，创作了感人至深的《思旧赋》。后来，向秀官至散骑常侍，但他并不从事什么具体事务，不过借以容身罢了。

阮咸是阮籍的侄子，自幼聪慧，跟随叔叔与名士们交游。他的性情比起阮籍更加放诞，做出过很多惊世骇俗的事。阮咸的仕途也很坎坷，曾任散骑侍郎、始平太守等职。阮咸精通音律，据称因他善弹一种长颈琵琶，后人就将这种琵琶称为阮咸，简称阮，至今依然是广受喜爱的弹拨乐器。

王戎出身豪门，少年时有"神童"之誉。他的父亲与阮籍是好友，王戎因此得以跻身竹林之游。后来，王戎步入宦途，平步青云。西晋大举伐吴时，他被封为建威将军，率一路大军立下战功。后来，王戎曾任侍中、尚书令、司徒等职，虽然位高权重，但他不敢得罪权贵，只得苟且求容、随波逐流，声望受损。

刘伶以嗜酒著称，曾任建威将军参军等职，因崇尚无为被罢官，此后就拒绝入仕，整日与众名士交游。他曾著《酒德颂》，表达出蔑视礼法、超凡脱俗的意境，深受后人推崇。

以竹林七贤为代表的魏晋名士，在特殊时代背景下做出了很多不寻常的举动。他们对自由的崇尚和对名利乃至生死的漠视态度都得到后人的推崇，魏晋风度至今令人向往。

读史学成语

老成持重

释义：形容人老练成熟，办事沉稳。

出处：元·脱脱等《宋史·种师中传》："师中老成持重，为时名将，诸军自是气夺。"

例句：他虽然年纪不大，但做起事来老成持重，很让人放心。

惊世骇俗

释义：言行举止异于寻常，使世人震惊。

出处：清·黄宗羲《缩斋文集序》："盖惊世骇俗之言，非今之地上所宜有也。"

例句：他虽然人很木讷，但文章写得惊世骇俗。

随波逐流

释义：跟随着波浪起伏，顺着流水飘荡。比喻自己没有立场，没有主见，只是随着潮流走。

出处：清·褚人获《隋唐演义》第三十二回："我看将军容貌气度非常，何苦随波逐流，与这般虐民的权奸为伍？"

例句：我们做事时要有主见，不要随波逐流。

蜀国的灭亡

乐不思蜀的刘禅

刘禅（207—271），小名阿斗，刘备之子，蜀汉末代皇帝，史称后主。即位之初，他全力支持诸葛亮北伐。诸葛亮死后，刘禅不理朝政，宠信宦官黄皓，致使朝政日趋腐败。蜀国灭亡后，刘禅被晋武帝封为安乐公。

公元263年，司马昭派大将钟会率兵攻打蜀国。蜀汉大将姜维据守剑阁，剑阁地势险要，魏国大军短时间无法攻破，战事胶着。另一位魏国大将邓艾从阴平（今甘肃文县西北）进军，开辟了一条小道，最终挺入蜀国腹地。

此时的蜀汉已经大不如从前，诸葛亮死后，由姜维主持残局，早已力不从心了。邓艾大军兵临成都城下的消息传到宫里，刘禅非常害怕，他听从光禄大夫谯周的意见，打开城门向魏军投降，还把玉玺也送了过去。

刘禅的儿子北地王刘谌知道后十分生气，对刘禅说：

"父亲您可不能投降啊，我们应该背水一战，要不然怎么对得起先皇啊。"刘禅此时完全听不进去，一定要向魏国投降。刘谌伤心欲绝，和妻儿一同在刘备的祠堂里自杀了。

刘禅投降后，姜维假意投降钟会，暗中寻找恢复蜀汉的机会。姜维知道钟会有反魏之心，便假意与他合谋，想趁机恢复蜀汉。但最后事情败露，他与钟会等人一起被杀。

刘禅投降后，居住在洛阳，司马昭封他为安乐公。

有一天，司马昭请刘禅和原来蜀汉的大臣参加宴会。宴会中间，司马昭特意安排蜀地的歌舞助兴。刘禅看得津津有味，丝毫没有亡国的痛苦，其他大臣看了之后伤心得差点儿掉下眼泪。

剑阁

剑阁位于今四川剑阁东北的大剑山、小剑山一带。三国时，诸葛亮下令开凿剑山，利用剑山的天然地形优势修建阁道，形成了用于军事防御的关隘，剑门关也因此而得名。李白曾形容这里"剑阁峥嵘而崔嵬，一夫当关，万夫莫开"。

司马昭问刘禅："您想念蜀地吗？"刘禅回答说："洛阳比成都好多了，我早就不想念蜀地了。"司马昭听后，不由得大笑起来。

宴会结束后，刘禅回到府里，郤正对刘禅说："虽然蜀国灭亡了，您受制于司马昭，但也不能让他看笑话。今后如果大将军再次问您是否还思念蜀地，您应该哭着说，我没有一天不想念。"

刘禅点点头说："你说得不错，我知道了。"

过了一段时间，司马昭又问起刘禅："您还思念蜀地吗？"

刘禅照郤正说的原原本本说了一遍，

极力表现出悲伤的样子，勉强挤出几滴眼泪。司马昭看到刘禅这个样子，哈哈大笑，说道："这话好像是郤正说的呀！"刘禅惊奇地说："您怎么知道的？"司马昭看刘禅对自己构不成威胁，就没有杀害他。公元271年，刘禅在洛阳去世。

读史学成语

背水一战

释义：背靠着河流，断绝自己的后路与敌人作战。后比喻坚定信心与敌人决一死战。

出处：汉·司马迁《史记. 淮阴侯列传》记载：汉将韩信将兵攻赵，命士卒背水列阵，汉军前临大敌，后无退路，拼死作战，结果大破赵军。

例句：虽然形势危急，但为了求得一线生机，只能背水一战了。

津津有味

释义：形容吃得很有味道或谈得很有兴趣。

出处：明·朱之瑜《答野节十八首》之十七："佳作愈读愈觉津津有味。"

例句：外婆做的饭很香，我吃得津津有味。

王濬楼船破吴

王濬灭东吴

　　蜀国灭亡后，灭吴便提上了日程，晋武帝司马炎派大将王濬等出兵攻打东吴。经此一战，东吴并入了晋朝的版图，结束了东汉末年分裂割据的局面，三国时代终结，国家又重新走向统一。

　　蜀国灭亡后，没过多久司马昭就去世了，他的儿子司马炎继任晋王。不久，司马炎便废掉了魏元帝曹奂，自立为帝，建立晋朝，是为晋武帝。蜀国和魏国都被晋消灭了，只剩下势孤力薄的东吴了。

　　面对虎视眈眈的西晋，东吴皇帝孙皓毫无忧患意识，每天只知道享乐，他还大兴土木、建造宫殿，加重了老百姓的负担。吴国在孙皓的统治下，迅速衰落。

　　与东吴相反，新成立的西晋王朝，从上到下都一片朝气蓬勃，许多文武大臣都有辅佐君王吞并吴国的志向。其中，车骑将军羊祜是主张伐吴的人中最坚决的一个。

西晋建立后，羊祜奉命坐镇襄阳，都督荆州诸军事，与东吴守将陆抗（陆逊之子）长期对抗。羊祜在荆州屯田扩军、训练士卒，又采取怀柔政策，让东吴边境的百姓都感念他的仁德，为日后伐吴大业奠定了坚实基础。同时，羊祜积极筹划伐吴的具体战略，日后西晋伐吴的军事部署都是按照羊祜的筹划进行的。而且，伐吴的主要将领杜预、王濬，都是羊祜举荐的。可惜的是，羊祜没能等到正式伐吴的那一天，在公元278年病逝了。

其实，晋武帝早就开始做攻打吴国的准备了，他下令益州刺史王濬造船。王濬本来是个不务正业的浪荡之人，后来忽然转变心态，立志做一番事业，后官拜巴郡太守。巴郡与东吴相接，战事频繁，兵役繁重。巴郡的百姓为了逃避兵役，常抛弃刚生下的男婴。王濬到任后，安抚百姓，几年下来，保全了数千男婴。后来，为了实施平吴大计，他被任命为益州刺史。

这次，王濬奉晋武帝之命，花了七年时间，在益州造了大批战船。他造的战船很大，每艘能容纳两千余人，船上还建造了城墙、城楼、城门，士兵能在船上骑马奔驰。

人物档案

孙皓（242—284），东吴末代皇帝，孙权的孙子。孙皓残暴、奢靡、刚愎自用，百姓对他十分失望，东吴朝政变得混乱不堪。

船全由木头建造而成，造船工艺十分先进。因船体宏大，又被称为"楼船"。

王濬造船的木屑沿江河而下，被东吴太守吾彦发现了。他急忙向孙皓报告："晋军在上游造船，看来是要进攻东吴，我们要做好防守的准备。"

可孙皓是个昏庸残暴之主，他满不在乎地说："怕什么！我不去打他，他们还敢来侵犯我吗？"

公元279年，晋武帝派镇南大将军杜预从江陵出发，安东将军王浑从江西出兵，益州刺史王濬率领一路水军，沿着大江顺流向东进攻。总共二十余万兵马，浩浩荡荡向东吴进军。

大军压境，孙皓这才大惊失色，召集百官想办法抗击晋军。

几路大军中，王濬的楼船最难对付，孙皓让人打造几百丈长的铁锁，在江面险要的地方把大船拦腰截住，再打造数万根铁锥，尖头朝上安置在水中，等晋军战船到来时，碰到铁锥，船就会被刺穿沉没。

　　杜预和王浑这两路人马节节胜利，对王濬的水军起到了很大的支持。王濬率大军出征时，他当年在巴郡保全的婴儿都已经长大成人。他们纷纷加入了水军，以报答王濬当年的恩情。全军士气高昂，充满信心。大军一路势如破竹，到了长江的险要之处时，楼船果然被东吴设下的铁链和铁锥所阻，停了下来。

　　王濬命人造了几十只巨大的木筏，那些放置在江中的铁锥，一碰到木筏，铁锥的尖头就扎进木筏，被木筏拖走了，还有的铁锥被大木筏撞得东倒西歪，横卧在江底。王濬又命人在船头装上大火炬，里面灌满了麻油，遇到铁链就将其点燃，铁链都被烧断了。

　　王濬的水军用这些方法开路，扫除了水下的铁锥和江面上的铁链，顺利地攻入东吴境

内，直扑吴国都城建业。

孙皓慌了手脚，赶紧派丞相张悌率兵迎战，结果吴军全军覆没。接着，王濬的楼船开到了东吴都城下。孙皓眼见大势已去，只好向王濬投降。

公元280年，吴国灭亡。就这样，魏蜀吴三国全部灭亡，三国时代宣告结束。

灭吴三大功臣

名将羊祜为灭吴做了充分的准备，制定了详细的灭吴战略，并举荐了王濬等杰出人才。可惜羊祜没能等到执行灭吴战略就病逝了。名臣张华力排众议，极力劝晋武帝伐吴，又负责策划及运输粮草，为战争的胜利做出了重大贡献。王濬则是羊祜和张华等人战略的有力执行者，直接攻破了东吴的都城，至此东吴灭亡。

读史学成语

势孤力薄

释义：势力孤单，力量薄弱。形容孤弱无援。

出处：欧阳山《苦斗》四十八："小杏子，你看我如今落在他们何家，人也老了，势孤力薄，听他们要宰就宰，要剐就剐。"

例句：我军势孤力薄，如果强攻的话，恐怕毫无胜算。

门阀的鼎盛时期

两晋

石王斗富

西晋的奢靡之风

　　西晋建立后，三国时期的分裂局面已经结束，统治阶级对这个新王朝的未来持乐观态度，于是开始大肆享乐。朝野上下物欲横流，奢靡浪费日趋严重，风气日渐败坏。西晋统治阶层如此堕落，阶级矛盾迅速激化，最终西晋王朝就这样断送了。

　　公元266年，司马炎登基称帝，开创晋朝，是为晋武帝。他刚登基时，励精图治，任选贤能，采取了一系列鼓励民生的措施，使得人口快速增长，经济繁荣，史称"太康之治"。

　　可惜没过多久，晋武帝便沉迷于奢华享乐，不思进取，不理政事。他还公开卖官，把收来的钱都装进自己的腰包，在晋武帝的影响下，一时间整个国家上行下效，流行起一股奢侈之风。

　　文武大臣中有两个人最为奢侈，一个是晋武帝的舅

父——后将军王恺，还有一个是散骑常侍石崇。

石崇到底有多少钱，谁也说不清楚。他当过几年荆州刺史，那里交通发达，经济繁荣，过路的商贾很多。他利用职务之便，不但肆意搜刮民脂民膏，还敲诈勒索从荆州路过的客商，甚至像强盗一样杀人越货。几年下来，他搜刮了大量的金银财宝，成了当时有名的富豪。

石崇听说王恺非常阔气，就有心和他比一比富。

他听说王恺家里用饴糖水洗锅，就命令家中仆人煮饭时把蜡烛当柴火烧。人们都说，石崇家比王恺家阔气。

王恺输了第一场，就用紫丝帛制成屏障，从家门口一直铺到四十里以外的地方。石崇就用更贵重的锦帛铺了五十里屏障，整个洛阳都轰动了。

晋武帝不希望王恺输给石崇，便给了王恺一株两尺多高的珊瑚树，让他拿去比富。王恺迫不及待地向石崇炫耀，不想石崇冷笑一声，拿起铁如意，哐当一声就把珊瑚树砸坏了。王恺气得满脸通红，

以为他忌妒自己有稀世珍宝。石崇却立即叫仆人把家里的珊瑚树搬来让王恺挑选。仆人搬来六七株高达三四尺的珊瑚树，王恺目瞪口呆，只得认输。

大臣傅咸对此忧心忡忡，于是给晋武帝上了一道奏章，说这么严重的奢侈浪费不但不被责罚，反而被认为是荣耀的事，这比天灾还要严重，这么下去，会让晋朝走向灭亡的。

晋武帝看了奏章，完全不当回事。

一年，晋武帝率领百官去郊外拜祭，当众问司隶校尉刘毅："你觉得我可以和汉朝哪个皇帝相比呢？"

刘毅直截了当地说："陛下可以与桓帝、灵帝相比。"

晋武帝大惊失色，说道："我的德行虽然比不上前人，但也统一了全国，你把我和这两个昏君相比，是不是太过分了。"刘毅面不改色地说："桓、灵二帝卖官，

太康之治

　　太康之治，又称"太康盛世"，是晋武帝司马炎开创的一个繁荣时期，社会经济得到快速恢复和发展。政治上，他颁布律法，选贤任能；农业上，他重视生产，鼓励农桑。在他的治理下，出现了社会稳定，人民安居乐业的景象。虽然这种盛景只持续了十年，但为西晋王朝增添了光彩。

至少知道把钱存在国库里。而您公开卖官，钱全都进了自己的腰包。凭这一点，陛下还不如他们呢。"

人物档案

刘毅（？—285），西晋名臣，以直言敢谏著名，得到晋武帝欣赏，提拔他做尚书左仆射、光禄大夫等职务，任职期间，兢兢业业，政绩非常突出。

晋武帝哈哈大笑，说道："当年桓、灵二帝在位期间，能够听到这么好的意见吗，我身边有你这样敢说真话的人，是桓、灵二帝比不上的。"晋武帝漂亮话说得不错，可是并没有改正。

新成立的西晋王朝就这样在奢靡之风的腐蚀之下迅速衰落了。

读史学成语

面不改色

释义：面容不改变颜色。形容紧急时刻神态从容镇静。

出处：元·秦简夫《赵礼让肥》第二折："我这虎头寨上，但凡拿住的人呵，见了俺，丧胆亡魂，今朝拿住这厮，面不改色。"

例句：他虽然很紧张，但仍然面不改色，不露出半点儿破绽。

周处除三害

周处（约236—297），吴兴阳羡（今江苏宜兴）人，少年时横行乡里，后来改过自新，官至西晋御史中丞，以不惧权贵著称。后奉命镇压叛乱，战死沙场。

周处是东吴鄱阳太守周鲂之子，周鲂死得早，周处自小没人管束，成天在外面游荡，不肯读书。他力气很大、脾气强横，动不动就拔拳打人，百姓都害怕他。

当地南山有一只白额猛虎，经常出来伤害人畜，猎户制服不了它；当地的长桥下有一条巨蛟（后人认为是一种鳄鱼），出没无常，危害人畜安全。人们把周处和南山白额虎、长桥巨蛟联系起来，称为"三害"。"三害"之中，最使百姓感到头痛的还是周处。

有一次，周处在外面走，看见人们都闷闷不乐。他找了一个老人问："今年年成挺不错，为什么大伙那样愁眉苦脸呢？"

老人没好气地回答："'三害'还没有除掉，怎样高兴得起来！"

周处第一次听到"三害"这个名称，就问："什么是'三害'？"

老人说："南山的白额虎，长桥的巨蛟，加上你，不就是'三害'吗？"

周处吃了一惊，这才知道原来乡亲们把自己当作虎、蛟一般的大害了。他沉吟了一会儿，说："我可以把白额虎和巨蛟除掉。"

老人说："如果你能办到，那将是值得全郡庆祝的事。"

于是，周处就带着弓箭，背着利剑，进山找白额虎去了。到了密林深处，只听见一阵虎啸，果然蹿出了一只白额猛虎。周处闪在一边，躲在大树背面，拈弓搭箭，"嗖"的一箭射中猛虎前额，结果了它的性命。

接着，周处又带着刀跳进水里去找巨蛟。巨蛟隐藏

蛟

蛟又称蛟龙，是古人心目中与龙一样神秘的生物。我们今天知道龙是一种虚构出的动物，但蛟却往往有现实的影子。研究者认为，古人称之为蛟的生物，很可能是一种体形很大的鳄鱼，但也有可能是蟒蛇或者一种大鱼。

59

在水中，发现有人下水，想扑过去咬。周处早就准备好了，在蛟身上猛刺一刀。巨蛟受了伤，就往江的下游逃窜。周处一见巨蛟没有死，紧紧在后面追赶，巨蛟往上浮，他就往水面游；巨蛟往下沉，他就往水底钻。这样一会儿沉，一会儿浮，一直追踪到几十里（1里＝500米）以外。

三天三夜过去了，周处还没有回来。大家议论纷纷，认为这下子周处和巨蛟一定两败俱伤，都死在河底了。"三害"都死了，大家喜出望外，互相庆贺。

没想到到了第四天，周处竟然提着巨蛟的脑袋回来了。周处回到家中，得知人们以为他死去，都在庆祝，终于意识到自己平时的行为被人们痛恨到什么程度了。

于是，周处痛下决心，离开家乡到吴郡找老师学习。那时候吴郡有两个很有名望的人，一个叫陆机，一个叫陆云。周处去时陆机出门了，只有陆云在家。周处见到陆云，把自己决心改过的想法诚恳地向陆云谈了，并说："我后悔自己觉悟得太晚，把宝贵的

人物档案

陆机（261—303），西晋文学家，东吴名相陆逊的孙子，在西晋官至后将军、河北大都督，因兵败被司马颖所杀。陆机的诗对后世的影响很大，他的《文赋》是重要的文学论文。陆机与弟弟陆云并称"二陆"，陆云才华不及哥哥，但其诗文也有可取之处。

时间白白浪费掉。现在想干一番事业，只怕太晚了。"

陆云勉励他说："别灰心，你有这样的决心，前途还大有希望呢。一个人只怕没有坚定的志气，不怕没有出息。"

打那以后，周处开始刻苦读书，并注意自己的品德修养。他勤奋好学的精神受到大家的称赞。过了一年，州郡的官府都征召他出来做官。

东吴被晋朝灭掉以后，周处就成为西晋的大臣。他担任广汉太守的时候，原来的官吏积下来的案件竟然有三十年没有处理的。周处一到任，就把积案都处理完了。

后来，周处被调到京城洛阳做御史中丞，就算是皇亲国戚违法，他也敢大胆揭发。后来，周处得罪的权贵太多，被他们处心积虑地派到西北平乱，战死沙场。他的子孙继承了正直的家风，出了很多优秀的人才。

读史学成语

闷闷不乐

释义：形容心里烦闷，不畅快。

出处：明·罗贯中《三国演义》第十八回："（陈宫）意欲弃（吕）布他往，却又不忍，又恐被人嗤笑，乃终日闷闷不乐。"

例句：他整天闷闷不乐的，好像有什么心事。

呆子皇帝司马衷

认识司马衷

　　司马衷是晋武帝司马炎的嫡次子，由于他的哥哥司马轨去世得早，他就被立为太子。但司马衷从小就智力低下，这样一个人却要成为一个国家的统治者，真是荒唐至极。

　　晋武帝死后，皇位传给了太子司马衷，他是历史上有名的呆子皇帝。司马衷从小就呆头呆脑的，晋武帝请了好几个高明的老师来教他，但他的脑子就是装不进东西，老师们都对此束手无策。

　　晋武帝在世时，大臣们都想劝晋武帝换太子，但又不敢直接说，想到晋武帝百年之后，要辅佐一个呆子皇帝，都十分担心。

　　一次，晋武帝在陵云台宴请大臣，太傅卫瓘多喝了几杯酒给自己壮胆，他跪倒在地，轻抚着皇帝的宝座说："这么好的宝座，真是可惜了……"

　　晋武帝知道卫瓘话里有话，于是装糊涂，说："卫瓘

人物档案

卫瓘（220—291），西晋初年重臣、书法家。他参与伐蜀战争，平定钟会之乱。西晋建立后，又任征东大将军、青州刺史、幽州刺史、征北大将军等职，可谓步步高升。他在书法上造诣颇高，擅长草书。

哪，看来你真是喝醉了。"

自此以后，卫瓘不再提换太子的事，可挡不住其他大臣议论，常在晋武帝身边的大臣和峤，就找了一个机会，对晋武帝进言："太子淳朴，但朝政复杂，恐怕太子不能胜任国君的位子。"为了打消大臣们换太子的想法，晋武帝安排了一场"考试"，他当着大臣的面，派人把几份公文送到太子那里，要太子立即处理。

太子妃贾南风早知道大臣对太子的议论，见到文书，立即知道这事不能轻视。她找了一个高手来帮太子答题。

太子

太子也称储君，是指现任皇帝确认的皇位继承人，一般为皇帝的嫡长子，常有例外。太子居住的地方为东宫，有专门的官僚系统，还拥有一支私人卫队。需要强调的是，太子需要通过册立，才能取得身份。

那个人很有学问，旁征博引，雄辩滔滔。太子宫中的给事张泓看了却说，这答卷一看就不是太子写的，不如就事论事，直白地回答。贾南风就让张泓提笔写了一份答案，又让司马衷把答案抄了一遍，这才派人把答卷交给了晋武帝。

晋武帝收到答卷，看到上面说得有板有眼，十分高兴，又把答卷交给大臣们传阅。看到太子通过了"考试"，大臣们从此不再提换太子的事了。

晋武帝立司马衷为继承人，可对这个儿子并不放心。临终前，他让杨皇后的父亲杨骏和自己的叔父汝南王司马亮共同辅佐司马衷。可杨骏心怀不轨，趁晋武帝病重，把宫中侍卫都换成了自己的心腹，拦下了晋武帝命汝南王辅政的诏书，独自把持了朝政。

晋武帝司马炎去世后，太子司马衷继位，史称晋惠帝。他对国家大事一点

儿不懂，笑话倒是闹了不少。

　　一年初夏，晋惠帝在御花园里游玩。听到池塘边有不少蛤蟆（青蛙的俗称）在呱呱叫，就问身边的小太监："这些小东西是官家养的，还是私家养的呢？"

　　大家你看我，我看你，都不知道怎么回答，最后，一个机灵的太监上前，一本正经地说："陛下，在官家地里叫的就是官家养的蛤蟆，在私家地里叫的就是私家养的蛤蟆。"晋惠帝点点头，露出似懂非懂的神情。

　　有一年，天下饥荒，许多百姓都饿死了。消息传到晋惠帝耳中，他一本正经地问众大臣："真奇怪，好端端的人怎么会饿死呢？"大臣说："老百姓没有粮食吃，就饿死了。"晋惠帝想了想，说："既然没有粮食，他们为什么不煮点肉粥吃呢？"大臣

们听了哭笑不得，心里暗暗想："真是个呆子皇帝。"

有这样的皇帝治理国家，真是国之祸事！更可怕的是，朝政完全被野心勃勃、贪婪凶狠的皇后贾南风把持了。贾南风不断兴风作浪，给天下百姓带来了一场深重的灾难。

读史学成语

束手无策

释义：好像手被束缚住了，无法解脱。后泛指对遇到的麻烦没有办法解决，一筹莫展。

出处：明·凌濛初《二刻拍案惊奇》第二十九卷："小姐已是十死九生，只多得一口气了。马少卿束手无策。"

例句：他被这突如其来的事故弄得束手无策。

哭笑不得

释义：哭也不是，笑也不是。形容处于尴尬的境地。

出处：清·张春帆《九尾龟》第二回："（金月兰）正在进退两难、哭笑不得之际，见了秋谷。"

例句：小刚很淘气，常常弄得人哭笑不得。

兴风作浪

释义：原指神话故事中的人物施展法术，掀起大风大浪。现在往往比喻一些心术不正的人故意制造事端或进行破坏活动。

出处：清·曾朴《孽海花》第二十一回："可笑那班小人，抓住人家一点差处，便想兴风作浪。"

例句：一些好事者总是看热闹不嫌事大，想兴风作浪，胡乱起哄。

同室操戈的八王之乱

解析八王之乱

八王之乱发生在公元291至307年，历时十六年，是中国历史上最为严重的皇族内乱之一，社会经济受到严重破坏，人民流离失所，最终导致西晋亡国。这场战乱主要有八个诸侯王参与，故称"八王之乱"。

晋武帝司马炎刚登基时，认为曹魏灭亡的原因是宗室皇族被架空，他担心"禅代"的故事重演，采取了防范性的措施，对司马家族进行了大分封，短短几年时间就赋予了大批宗室很大的政治权力和军事权力，在政令颁布初期取得了不错的效果。虽然这些措施的出发点是好的，但是之后即位的晋惠帝司马衷过于愚笨，身后的杨太后和贾皇后野心勃勃，帝弱而藩王强，必然招致祸乱。

贾皇后第一个动手，她秘密联络楚王司马玮密谋夺权。司马玮领兵入京，借口杨骏谋反，杀了杨骏和他的

党羽。杨太后也被贬为庶人，被逼死。

司马亮紧跟着进京，与元老卫瓘一起把持了朝政。但司马亮和司马玮都想独揽大权，双方矛盾越来越深。于是，贾皇后假传圣旨，让司马玮把司马亮和卫瓘杀了。接着过河拆桥，宣布司马玮伪造皇帝诏书，私自杀害大臣，派人把司马玮处死了。

除掉司马玮后，贾皇后独掌大权，起用了张华、裴颜等名士主持朝政。有了这几个大臣的尽心辅佐，政权总算稳定了下来。

然而，朝野动荡的暗流已经形成，眼前的安定不过是暂时的。

贾皇后铲除了司马亮和司马玮后，又想到了太子司马遹不是自己亲生的，长大后迟早会威胁到自己的地位，想除掉他。她故意让太子亲近的侍从诱导太子享乐，于是，小时候很聪明的司马遹在侍从的引诱下，渐渐变成了一个只知道吃喝玩乐的小霸王。

后来，贾皇后的妹妹生下一个儿子，贾皇后把他抱过来冒充自己的孩子，接着就开始了废黜太子的计划。

一天，贾皇后以晋惠帝生病为由，召太子进宫，故意灌太子喝酒。等太子喝醉了，就指挥醉醺醺的太子写了一份造反信，并派人把这封信送到晋惠帝手中。

晋惠帝虽然是个呆子，造反还是看得懂的，顿时大怒，

把太子贬为庶人。

　　这下野心家们彻底坐不住了。赵王司马伦派心腹在宫中散布谣言，诱导贾皇后毒死了太子。

　　贾皇后杀太子的真相很快暴露出来，朝野大哗，满朝的官员都对贾皇后深恶痛绝。司马伦趁机伪造了一份诏书，联合梁王司马肜、齐王司马冏等人，带兵闯入皇宫抓捕贾皇后。贾皇后又惊又怒，喝道："诏书应当从我手中发出，你奉的什么诏？"司马伦理也不理，把她绑了起来，几天后，就把贾皇后和贾氏一族都处决了。

　　解决了贾皇后，司马伦第二年就逼迫晋惠帝退位，自己做起了皇帝。其他诸侯王非常不满意，都想自己当皇帝。

　　于是齐王司马冏联合成都王司马颖、长沙王司马乂、

河间王司马颙讨伐司马伦，与司马伦的军队大战两个多月，杀了司马伦。接着，司马颙联合司马颖和司马乂杀了司马冏。第二年，司马颖又与司马颙联手对付司马乂。中途，司马越也乘机起兵，最后杀了司马乂。

人物档案

司马越（？—311），八王之乱的参与者，也是八王之乱的最大赢家。八王之乱前期，他默默无闻，一直没有卷入到权力的旋涡之中，到了八王之乱后期，他才真正登场，改变了诸侯势力格局。他最终除掉所有政敌，把持了朝政。

这八个诸侯王打来打去，战争规模越来越大。混战中，晋惠帝成为诸侯王们争夺的对象。一次，晋惠帝在司马越等的裹挟下去讨伐司马颖，反而被击败，晋惠帝中了三箭，他身边的百官和随从全都逃走了，只有竹林七贤之一

的嵇康之子、官至侍中的嵇绍没有逃。司马颖手下的士兵来抓晋惠帝，嵇绍跳下车，用身体保护晋惠帝。士兵们抓住嵇绍想杀掉他，晋惠帝着急地大喊："不要杀他，他是忠臣！"士兵们说："我们奉皇太弟（指司马颖）的命令，只是不侵犯陛下一人而已。"于是就杀死了嵇绍，血溅到了晋惠帝身上，晋惠帝悲叹良久。后来，战事稍稍平定下来，侍从想要帮晋惠帝洗衣服，晋惠帝说："这是嵇侍中的血，不要洗。"由此事后人知道，晋惠帝虽然不聪明，但也不是全无心肝的人。

最终赢了这场混战的是东海王司马越，他把晋惠帝接回了洛阳。晋惠帝回到洛阳，又成为司马越的傀儡。公元307年，晋惠帝突然驾崩，司马越便拥立晋惠帝的弟弟司马炽为皇帝，史称晋怀帝，晋朝大权牢牢握在了司马越手里。

八王

这场混战主要有八个诸侯王参加，分别是：汝南王司马亮、楚王司马玮、齐王司马冏、赵王司马伦、长沙王司马乂、河间王司马颙、东海王司马越、成都王司马颖。实际上，参与"八王之乱"的诸侯王不止八个，《晋书》将这八个人合为一篇传记，统称八王。

这场混战持续了十六年之久，令晋皇室元气大伤，更给国家和百姓带来了深重的灾难。这场斗争史称"八王之乱"。这期间，由于忙于内战，边境荒废，少数民族逐渐强大起来，建立了自己的政权，最终促使西晋灭亡。

读史学成语

深恶痛绝

释义：形容极端地厌恶。

出处：《孟子·尽心下》："斯可谓之乡愿矣。"朱熹集注："过门不入而不恨之，以其不见亲就为幸，深恶而痛绝之也。"

例句：他的行为常常让人深恶痛绝。

李特流民起义

反晋斗争

西晋建立后，内部矛盾激化，政治日趋腐败，战祸连连，天灾不断，瘟疫横行，许多农民为了生存，成为流民，流民队伍渐渐壮大，便开始了反晋的起义斗争。

八王之乱给百姓带来无穷无尽的灾难，加上接连不断的天灾，许多百姓被饿死，不得不到别的地方逃荒。这些逃荒的百姓被称为"流民"。

由于关中地区发生了一场大饥荒，十几万流民来到了蜀地。流民中氐族人李特和弟弟李庠、李流乐善好施，经常会帮助流民，因此李特兄弟受到大家的欢迎。

自从流民进入蜀地后，日子过得还算安定，他们大多靠打工生活，李特和弟弟则成为益州刺史赵廞的部下。赵廞忌惮李庠的声望，杀死了他，李特率众袭击赵廞，最终赵廞被杀。新任益州刺史罗尚接到朝廷的命令，要把这批流民驱离蜀地，返回各自的家乡，还在路上打劫，

抢夺流民的财物。

流民纷纷叫苦，于是李特为民请愿，请求罗尚再宽限一些时日。流民听到这个消息，十分感谢李特，大家都来

人物档案

李特（？—303），李雄的父亲。李特性格雄武沉毅，与兄弟李流一起领导流民起义，打败地方官罗尚，后战败而死，但为成汉政权的建立打下了基础。

投奔他。就这样，投奔李特的人越来越多，不到一个月，就有了二万人。他的弟弟李流也收留了几千流民。

李特收容流民之后，派使者阎式与罗尚谈判，目的是推迟流民返乡时间。阎式来到罗尚的府邸，看到他们正在围栅栏，心中暗想，看来他们还是急于遣送流民回乡。阎式见到罗尚后，说明了来意。罗尚假惺惺地对阎式说："我答应你们再推迟一阵子，你回去告诉他们吧！"

阎式觉得不可思议，直言道："希望罗公不要失信于人，请您不要小看了流民的力量。他们虽然看起来很软弱，但是您不要把他们逼得

太紧。如果逼得太紧，恐怕对您不利，希望您三思。"

罗尚说道："我不会骗你，你就放心回去告诉他们吧！"

阎式把罗尚的话一五一十地告诉了李特，并提醒李特说，罗尚的承诺不靠谱，应该尽快把流民组织起来，随时准备抵抗罗尚的部队。

到了夜里，晋军果然攻打流民大营。晋军进入大营后，忽然听到四面八方响起一阵锣鼓声，流民们手拿武器，一起杀了出来，流民们士气高昂、勇猛无比，晋军万万没想到中了李特的埋伏，丧失了斗志，被流民们杀得四处逃窜。

流民们知道，这件事情早晚会传到朝廷那里，朝廷不会善罢甘休，于是推举李特为镇北大将军，李流为镇东将军，带领大家正式起义。他们整顿兵马，没过多久，就打下了附近的很多城镇，并赶走了地方太守，打开官府的粮仓，解救百姓。当时蜀地的百姓还编了一个歌谣："李特尚可，罗尚杀我。"

李特在起义中不幸牺牲，起义也失败了。不久，李特的儿子李雄接替了他的位置，继续率领流民战斗。公元304年，李雄攻下成都，自立为成都王。过了两年，李雄称帝，国号"成"，史称"成汉"。

 成汉

　　成汉的建立者是李雄，公元306年在成都称帝。成汉立足于今四川地界，被称为"前蜀"。李雄统治期间，战事相对较少，赋税较轻，注重与民休息，经济发展很快，也因此成为成汉全盛时期。李雄去世后，皇族矛盾激化，统治者腐朽，成汉仅存在了四十余年就灭亡了。

读史学成语

乐善好施

释义：喜欢施舍他人，做善事。指喜欢做好事，乐于帮助有困难的人。

出处：明·冯梦龙《醒世恒言》第二十卷："那王员外虽然是个富家，做人倒也谦虚忠厚，乐善好施。"

例句：这位老人一生乐善好施，颇受人尊敬。

不可思议

释义：原为佛教用语，指思想言语皆不能达到。后形容无法想象或很难理解。

出处：北魏·杨衒之《洛阳伽蓝记·城内永宁寺》："佛事精妙，不可思议。"

例句：这么难的物理题，他竟然轻轻松松地做出来了，真是不可思议。

王与马共天下

解析王与马共天下

　　司马睿主要依赖王导、王敦的大力支持，招揽大批江南士族并委以重任，最终控制了建康，奠定了东晋的政局基础。"王与马，共天下"，反映了东晋门阀制度的盛行。

　　公元317年，琅邪王司马睿继承晋统，建立东晋，他就是晋元帝。

　　司马睿刚到江南时，没什么名望地位，得不到南北士族的支持，他是怎样称帝的呢？

　　司马睿重用王导，王导出身琅邪王氏，声望颇高，他和扬州刺史王敦是堂兄弟，为了帮助司马睿提高声望，他去找王敦帮忙，两人商量出一个帮司马睿扬名的方法。

　　三月初三是上巳节，当地官员和百姓都要去河边祭祀，祈求上天降福消灾。这天，王导让司马睿坐在华丽

的大轿子里出行，仪仗队在前方鸣锣开道，威风十足，他和王敦还有从北方过来的官员们毕恭毕敬地跟在轿子后面，整个队伍声势浩大地前行。

当地百姓从没见过这样的排场，顿时全城轰动。当地的士族们闻讯赶来，看到很有威望的王导、王敦都跟在后面，十分吃惊，纷纷猜测轿子里面一定是个大人物，司马睿的威望就这样建立起来了，士族们纷纷主动去拜见他。

西晋灭亡后，许多西晋遗臣跑到南方，王导建议司马睿趁机招揽他们，扩充自己的实力。司马睿前后接纳了上百位北方名士。这样一来，他既取得了江南士族的支持，又拥有了大量北方人才。他不禁对王导感叹："你

真是我的萧何呀！"

司马睿登基那天，文武百官都来叩头朝拜，晋元帝看到王导，激动地从御座上站起来，一把拉住王导，想让他和自己一起坐在宝座上。

这个惊人的举动

人物档案

王敦（266—324），东晋时期大臣，是东晋丞相王导的堂兄。王敦出身琅邪王氏家族，曾与王导一同协助司马睿建立东晋政权，担任大将军，但图谋不轨，最后发动政变，史称王敦之乱，对东晋政权造成严重的威胁。

把王导吓坏了，自古以来，臣子和皇帝平起平坐只会引来杀身之祸，他赶紧跪下，惶恐地说："微臣不敢，陛下如同太阳，臣子和万物如同仰仗太阳生存的万物，如果万物跟太阳混在一起，又怎么能得到太阳的照耀呢？"

这既是对晋元帝的夸赞，也是委婉的提醒，晋元帝明白过来，不再勉强王导。晋元帝称帝后给王导兄弟封

琅邪王氏

琅邪王氏是魏晋时期中原最具代表性的名门望族，最初兴盛于两汉，东晋时期达到鼎盛，唐末五代以后走向衰弱。琅邪王氏在政治、文学、艺术方面产生了重要影响，代表人物主要有王导、王祥、王羲之等。

了大官，王家子弟们也担任了重要的官职。

王导长期担任宰相，始终为东晋尽心尽力。因为他的功劳，王氏家族的权势甚至盖过了司马氏。因此民间流传起"王与马，共天下"的说法，意思是，东晋的大权是由王氏和司马氏共同拥有的。

可惜后来王敦由于手握兵权，变得骄傲自满，有了篡位的想法。晋元帝也看出了王敦的野心，开始重用刘隗、刁协等人，疏远了王敦。刚刚建立起来的东晋，内部就出现了裂痕。

尽心尽力

释义：用尽自己的全部心思和力量。

出处：唐·房玄龄等《晋书·王坦之传》："且受遇先帝，绸缪缱绻，并志竭忠贞，尽心尽力，归诚陛下，以报先帝。"

例句：天道酬勤，只要做事尽心尽力一定会有回报。

骄傲自满

释义：满足于已有的成就，自认为了不起。

出处：宋·王明清《挥麈后录》第八卷："（徐师川）既登宥密，颇骄傲自满。"

例句：他为人谦逊，从不骄傲自满。

闻鸡起舞的祖逖

悲情英雄祖逖

祖逖（266—321），东晋时期杰出的军事家、民族英雄，他一生志在北伐，为收复中原立下赫赫战功。

西晋末年，北方政权虎视眈眈，朝堂上的王公贵族们却不思进取，每天沉浸在享乐之中。有一个人却不屑于与这些人为伍，这个人就是祖逖。

祖逖年少时，不拘小节，怀有大志，经常帮助贫困的乡亲们，因此受到乡亲们的敬重。长大后，他开始努力读书，勤于练武。

祖逖有一个好朋友叫刘琨，他们关系非常好，白天时一起在衙门当主簿，到了晚上，同睡在一张床上。

一天夜里，他们睡得正香的时候，传来一阵鸡鸣，把他们惊醒了。祖逖往窗外一看，天还黑着。刘琨说："鸡叫声影响睡眠，是恶声。"祖逖却说："这可不是恶声啊，而是老天催我们上进。"然后他们起床练剑。从那以后，

他们每天一听到鸡鸣就起床练习武艺。这就是成语闻鸡起舞的由来。

人物档案

刘琨（271—318），西晋时期杰出的政治家、文学家，他长期坚守并州，守卫晋阳，与强敌对抗。他还善于诗赋，精通音律，诗歌多描写边塞生活，传世作品有《答卢谌》《重赠卢谌》等。

八王之乱后，北方民族入侵中原。祖逖率领乡亲们南下避乱，他们逃到司马睿的地盘上。祖逖本领很高，颇有威望，很快就在司马睿手下有了官职。

当时，刚即位的晋愍帝司马邺派琅邪王司马睿带兵北伐，收复洛阳。而司马睿当时正忙着扩张自己在江南的势力，根本无意北伐。祖逖不甘心晋朝的国土被侵占，于是他向司马睿请求北伐，说道："晋室大乱，主要在于藩王争权，自相残杀，给了匈奴人可乘之机。如今中原的百姓遭受踩蹦，都有奋起反击之志。希望大王能派我出征，我一定竭尽全力，收复中原。"司马睿不愿意北伐，虽然任命祖逖为奋威将军、豫州刺史，却只拨给他千余人的粮饷、三千匹麻布，至于士兵和武器他只能自己想办法。祖逖二话不说，直接率领愿意跟随自己的部曲百余渡过长江，踏上北伐之路。

祖逖横渡长江后，又招募了一些人马，开始对他们

进行严格的军事训练，兵强马壮之后继续北伐事业。

之后几年，祖逖收复了黄河以南、长江以北的大片土地，使得石勒不敢南侵。东晋建立后，因为祖逖功劳大，晋元帝司马睿封他为镇西将军。

在北伐的过程中，他非常爱惜将士，与将士们同甘共苦，他的军队团结一心，战斗力十分强大。他还奖励耕作，招纳重新归附晋朝的人，经常帮助穷苦的百姓，各地的百姓都很拥护他。

有一次，祖逖举行宴会招待各地的百姓。人们载歌载舞，十分开心。有些老人流着眼泪说："今生能够遇上这样的好官，哪怕是死也没有什么遗憾了。"

祖逖继续收复失去的国土，但是晋元帝害怕祖逖心存异心，开始打压祖逖，派大臣戴渊监视祖逖。戴渊处处排挤祖逖，与此同时，重臣王敦与刘隗的矛盾日益激化，祖逖担心朝廷发生内乱，影响北伐大业。种种忧愤之中，祖逖很快因病去世了。

祖逖病逝的消息传开后，人们放声痛哭，就像死了自己的亲人一样伤心。祖逖虽然没有完成恢复中原的大业，但他的精神一直被后人传诵。

中流击楫

祖逖率领部下毅然渡江北伐，当船行驶至江心时，他看见滚滚东去的长江，感慨万千。想到山河破碎、生灵涂炭的情景，他举起手中的船桨，叩着船舷，满怀豪情地说："如果不能收服失地，我就像这条大江一样，一去不回。"留下了"中流击楫"这个成语。

闻鸡起舞

释义：晋朝祖逖和刘琨立志报效国家，早晨听到鸡叫就起床舞剑，勤奋习武。指有志向的人勤勉奋发。

出处：清·孙雨林《皖江血·兴学》："闻鸡起舞心还壮，造时势，先鞭不让。"

例句：他之所以进步快，是因为有闻鸡起舞的精神。

"书圣"王羲之

王羲之（303—361），东晋大臣、书法家，他写的《兰亭序》被称为"天下第一行书"。在书法史上，与钟繇并称"钟王"，与其子王献之合称"二王"。王羲之的书法对后世产生了深远影响，有"书圣"之称。

东晋时期的王羲之出身名门琅邪王氏，是著名的书法家，有"书圣"之称。

王羲之自幼学习书法，曾拜书法家卫夫人为师。传说他家后院有一个小池子，他常在小池子里洗笔，久而久之，池子里的水都被墨汁染黑了。勤奋再加上名师指点，他取得了很高的书法造诣。

长大后，王羲之担任右军将军，他的书法更出名了。有一次，王羲之看到一个老婆婆拎着一篮子六角竹扇在集市上卖。那些竹扇很简陋，没什么装饰，过路人匆匆看一眼就走了，老婆婆迟迟卖不出去，引起了王羲之的

同情，于是王羲之上前对她说："这竹扇上没有装饰，自然卖不出去，不如我在扇子上题几个字作为装饰吧。"

老婆婆不认识王羲之，看到他这么热心，抱着试一试的态度，把竹扇交给了他。

王羲之提起笔，龙飞凤舞，转眼就在每把扇子上面写了好几个大字。老婆婆不识字，担心扇子更卖不出去了，不禁开始后悔。

王羲之安慰老婆婆："你只要告诉别人，这是王右军写的字，很快就会卖出去了。"

等王羲之走后，老婆婆就照他的话高声叫卖起来。人们听到喊声聚集过来，看到果然是王羲之的真迹，眨眼间就把竹扇抢光了。

王羲之除了爱书法，还有个爱好——养鹅、观鹅。山阴城外的道观里有一个道士，很想得到一份王羲之手抄的《道德经》，道士打听了一下王羲之的爱好，顿时有了主意。

道士特地买了一群品种优良的小白鹅，养在道观外的池塘里，又暗中把消息透露出来。王羲之听说后，果然兴冲冲地跑来观赏了。

小白鹅在水里悠闲地游着，一身雪白的羽毛，映衬着高高的红顶，十分可爱。王羲之在那里看得出神，久久不愿离开。等到回过神来，他连忙去道观找这个道士，

恳求道士把这群小白鹅转让给他。道士摇摇头："这是敝观养来供香客们观赏的，不卖。"

王羲之不甘心，再三恳求。道士这才一本正经地说："你如果替我抄一遍《道德经》，我就忍痛割爱，把这群鹅送给你。"王羲之十分爽快地答应下来，提笔抄了一份《道德经》，换了那群小白鹅，一路乐呵呵地回家了。

关于王羲之写字的故事，还有很多，而他最知名的杰作则是《兰亭序》。

王羲之四十多岁时，在会稽为官。可他厌倦官场，而是将书法当作自己毕生的追求。在处理政事之余，他或游山玩水，或吟诗会友。

公元353年春天，他邀请谢安、孙绰等朋友在会稽山阴（今浙江绍兴）的兰亭聚会。一行人悠闲地行走在山径之中，王羲之提议用传统的"曲水流觞"助兴。

众人十分赞同，找到一条弯弯曲曲的小溪，分头找一块溪边的石头坐下。坐定后，王羲之让书童准备几只装满了酒的觞（古代酒具），放在一个木盘里，让木盘

人物档案

谢安（320—385），东晋时期政治家，他曾与王羲之、许询等一起游山玩水，并教育谢家子，曾指挥淝水之战打败了前秦军队，使得东晋得以延续。

从小溪的上游顺溪而下。木盘停在谁的身边，谁就要喝酒。大家一边喝酒，一边作诗，十分尽兴。

游戏结束时，共得到三十多首诗，为了纪念这次聚会，大家提议把这些诗编成一本册子，取名《兰亭集》，公推王羲之为诗集作序。王羲之在兰亭摆下笔墨，借着酒意当众挥毫写下了散文名作《兰亭序》，又称《兰亭集序》。全篇用了二十余个"之"字，每个"之"字的写法都不一样，被公认为"天下第一行书"，体现出王羲之书法的最高境界。

传说王羲之曾重写《兰亭序》，可怎么写都不如第一次，他不禁感叹："会稽时，恐怕是天神相助，才能得到那样的佳作吧。"

王羲之把《兰亭序》作为传家宝传了下去，后来《兰亭序》落入唐太宗之手，据说唐太宗因为太过喜欢这幅书法，死后把它带入了陵墓，《兰亭序》从此失传。

兰亭序

《兰亭序》又名《兰亭宴集序》《兰亭集序》。王羲之与谢安、孙绰等四十一人在山阴兰亭举行集会，会上各人作诗，彼此唱和，书法造诣最高的王羲之为他们写了序文手稿。为了记录这次集会，取名为《兰亭序》。

公元355年，王羲之称病辞去官职，定居在会稽山阴。辞官后，他一边教子弟，一边作书画。王羲之的书法影响到他的后代子孙，他的儿子王献之也成为著名书法家，有的评论家甚至觉得王献之的书法造诣在王羲之之上。

王羲之的书法博采众长，笔势多变化，摆脱汉魏以来的质朴书风，自成一家，影响深远。

读史学成语

龙飞凤舞

释义：本指山势蜿蜒起伏，气势雄伟。今多形容书法笔势飘逸多姿。

出处：宋·钱俨《吴越备史·武肃王上》："郭璞著《临安地志》云：'天目山前两乳长，龙飞凤舞到钱塘。'"

例句：这名书法家写的字龙飞凤舞，让人赞叹不已。

游山玩水

释义：游览、观赏风景。

出处：宋·释道原《景德传灯录·文偃禅师》："问：'如何是学人自己？'师曰：'游山玩水去。'"

例句：他喜欢大自然，常常到处游山玩水。

桓温北伐

 褒贬不一的桓温

桓温（312—373），字元子，东晋时期政治家、军事家。他熟悉兵法，手握重兵，善于用兵，曾领导三次北伐，立下无数功勋。但是第三次北伐的失败使他名声受损，还朝后的他又开始左右朝政，清除异己，甚至废立皇帝，引起了东晋大臣的强烈不满，桓温的声誉也因此大打折扣。

桓温是东晋名将，他出身官宦世家，为人豪爽，姿貌伟岸，风度不凡，晋明帝十分欣赏桓温，便把南康长公主许配给他，加拜驸马都尉。短短几年内，桓温不断地建功立业，掌握兵权，权势极大。后来他又消灭了成汉政权，立了大功，被封为征西大将军，可桓温并不满足，他又提出了北伐的建议，想建立更大的功劳。

这时，北方的前秦逐渐强大起来，很快占据了大片土地。此时东晋的皇帝已是晋穆帝，桓温断定前秦的强大必然会对东晋造成威胁，于是请求北伐。

魏晋南北朝

晋穆帝召开群臣会议商量此事，但始终拿不定主意。有个大臣说："桓温野心勃勃，如果他借北伐提高自己的军事实力，会威

人物档案

殷浩（？—356），东晋时期大臣。年少负有盛名，酷爱《老子》《易经》，是当时名士的代表。他长期与桓温抗衡，曾率军北伐，大败而归，被罢职。

胁到皇帝的地位，还是派殷浩去吧。"晋穆帝采纳了这个建议，命殷浩带兵北伐。

殷浩善于清谈，却对打仗一窍不通。殷浩带领军队北伐没有取得战果，反而损兵折将、劳民伤财，晋穆帝只好下令将殷浩贬为庶人，派桓温出战。

公元354年，桓温率领大军兵分三路，浩浩荡荡向北出发。前秦皇帝苻健命大将率军抵抗，双方展开了激战。

前秦败退，桓温乘胜追击，追到了离长安不远的霸

长安

长安是西安的古称，取意"长治久安"。长安是十三朝古都，是中国历史上建都时间最长、影响力最大的都城，还是丝绸之路的起点。长安作为中国古代政治、经济、文化中心长达一千多年，被誉为天然历史博物馆。

上（今陕西西安东）。桓温一到霸上，便发出告示，命令将士们不准前进。老百姓见到桓温的晋军都十分高兴，他们牵牛备酒慰劳晋军。

自西晋灭亡以后，北方百姓流离失落，受尽战争的折磨。他们重新见到晋军，心里十分激动。很多老人哭着说："没想到还能再次见到官军哪！"

这时桓温并没有急于攻打长安，将士们都疑惑不解。有人猜测桓温不打长安是为了保存实力，也有人猜测是因为军粮不继，所以不敢妄动。

不久后，桓温的部下在白鹿原战败，再加上军粮不足，桓温只好退兵。桓温后来又进行了两次北伐。第二次北伐桓温大败姚襄，收复洛阳，这使桓温的声望更上一层楼。当桓温路过金城时，看到自己当年担任琅邪内史时种下的柳树，如今已经长得非常粗壮

了。他攀着树枝，抓住柳条，潸然泪下，说："这么多年过去了，树的变化都这么大，更何况人呢？"从此留下了"金城泣柳"的典故。

第二次北伐大捷让桓温的地位快速提升。尝到甜头后，桓温又进行了第三次北伐。但这次北伐由于桓温的独断专行而最终失败。

此时桓温已经步入了晚年，他开始走上篡国之路。他鼓动皇太后废黜司马奕，又立司马昱为傀儡皇帝，史称简文帝。过了一年多，桓温病重而死。

大约三十年后，桓温的儿子桓玄篡位称帝。但是，桓玄的能力和声望远远不如父亲，仅在位数月就被刘裕击败，逃跑途中被杀死。但他在位期间下令废除竹木简，改用纸，纸得以推广。

读史学成语

潸然泪下

释义：形容心中哀伤或感动，眼泪情不自禁地流了出来。

出处：唐·李贺《金铜仙人辞汉歌序》："宫官既拆盘，仙人临载，乃潸然泪下。"

例句：电视剧里的情节太感人了，让人潸然泪下。

一代名臣王猛

认识王猛

　　王猛（325—375），前秦大臣、军事家，他和苻坚一见如故，辅佐苻坚开疆扩土、兴国安邦、歼灭群雄，最终一统北方。王猛为前秦立下了汗马功劳，被称作"第一流的将相"。

　　王猛家境贫寒，靠贩卖畚箕为生。在兵荒马乱之中，王猛刻苦学习，博览群书，学识渊博。虽然王猛很想成就一番事业，但是因为没有合适的机会，他一度隐居起来。

　　公元354年，王猛听说东晋大将桓温北伐前秦、驻军霸上，他身穿麻布短衣，前去拜访。桓温见王猛穿得破破烂烂的，一点也没有读书人的样子，就想试试他的学问，说："您觉得当今天下大势怎么样啊？"王猛说得头头是道，他一边纵谈天下大事，一边还不停地抓虱子。桓温见此情景，心中暗暗称奇，他认为王猛是个奇才，

人物档案

符坚（338—385），前秦第三位君王。他崇尚汉文化，做了皇帝后，励精图治，实行汉化改革，重用王猛、符融等人，一度统一了北方。淝水之战失败后不久，符坚被后秦君主姚苌所杀。

就想请他来自己身边任职。王猛并不觉得他是理想的领导人，便拒绝了。

就这样，王猛的名声传开了。当时符坚还不是皇帝，他听说王猛十分有才，便想请他出山。符坚与王猛一见面便如平生知交，聊得十分投机。符坚邀请他来前秦做官，王猛同意了。

符坚当上皇帝之后，更加赏识王猛，后来王猛当上尚书。在王猛的治理下，前秦呈现出一派欣欣向荣的气象。

国力强盛后，符坚便有称霸的野心。此时东晋正在攻打前燕，王猛便给符坚出谋划策，让符坚一起联合前燕击退晋军，然

后等到前燕疲劳的时候，趁机进攻前燕，这样中原就唾手可得了。符坚接受了王猛的建议，出兵援助前燕，一起打败了晋军。击退了晋军，接下来就是灭燕了。符坚任命王猛为副帅，率领前秦军队英勇作战，出其不意打败了燕军。就这样，前燕灭亡了。随着前秦实力渐渐壮大，符坚灭了北方的许多小国，北方的大部分土地都划入到了前秦的版图。

由于操劳过度，王猛得了重病。临死前，符坚来到王猛的床前，王猛说道："晋朝虽然地处江南，离我们很远，但它是正统王朝，民心所归，所以千万不要攻打晋朝。慕容氏和姚氏是我们最大的威胁，您一定要消灭他们，以免留下后患。"不久，王猛就死了，符坚大哭不已。

十六国

西晋灭亡之后，北方先后出现了二十多个国家，其中的汉、成汉、前凉、后赵、前燕、前秦、后秦、后燕、西秦、后凉、南凉、南燕、西凉、夏、北燕、北凉十六个国家最为强大，所以称为"十六国"。而十六国之外还有段部鲜卑在山东建立的段齐等。

接下来的几年，苻坚先后击败前凉、代等政权，并攻占汉中、巴蜀等地，北方迎来统一。

读史学成语

头头是道

释义：佛教用语。指道无所不在。后形容说话、做事条理清楚，道理充分。

出处：宋·释惟白《续传灯录·慧力洞源禅师》："方知头头皆是道，法法本圆成。"

例句：我对这件事不够了解，所以没法说得头头是道，让人折服。

欣欣向荣

释义：形容草木茂盛。也比喻事业蓬勃发展或精神振奋昂扬。

出处：晋·陶渊明《归去来兮辞》："木欣欣以向荣，泉涓涓而始流。"

例句：春天，万物复苏，一片欣欣向荣的景象。

以少胜多的淝水之战

走进淝水之战

淝水之战爆发于公元 383 年，是中国历史上著名的以少胜多的战例。前秦拥有八十七万大军，可东晋只有八万军力。拥有绝对优势的前秦却败给了东晋，国家也因此衰败。淝水之战使东晋的政权更加稳定，为江南地区的发展提供了机会。

符坚统一北方后，开始变得骄傲自满，一心想要吞并东晋。王猛死前对他的嘱咐他也抛之脑后了。

一天，符坚召集群臣，商议攻打东晋。大臣们认为现在并不是攻打东晋的最好时机，于是纷纷劝他。可是符坚认为前秦国力强盛，已经有实力吞并东晋，执意攻打东晋。

公元 383 年，符坚和弟弟符融率领八十七万大军，浩浩荡荡开赴南方。很快，符坚的军队打到淮河，并攻下了东晋的寿阳（今安徽寿县）。这个消息传到东晋的国

都建康，大臣们十分害怕，赶快商议对策。大臣们各有想法，有的主张大敌当前应奋起抵抗，有人主张应该求和。宰相谢安毫不畏惧，并极力反击投降派，他说："以弱胜强的案例又不是没有，赤壁之战不就是一个典型的例子吗？"就这样，谢安派谢石、谢玄等人率八万人前去抵抗苻坚的八十七万大军。

东晋的军队到达前线后，两军中间只有一条淝水相隔。苻坚远道而来，准备不足，他对晋军的实力并不了解。苻坚便和弟弟苻融登上寿阳城楼观察晋军形势。二人到了上面一看，对面晋军营帐排列得整整齐齐，士兵来往巡逻，阵容强大，尤其是八公山上，似乎漫山遍野都是晋军的身影。见此一景，苻坚不禁回头对苻融说："谁说晋军兵力不足，他们是多么强大的敌人哪！"其实，晋军根本没那么多兵力，是苻坚自己心慌意乱，才把山上的草木都看成了晋军（这就是成语"草木皆兵"的由来）。

苻坚不敢轻视晋军了，叫军队严守阵地，加强防范。

好看的中国历史

看秦军没有动静，晋军将领谢石、谢玄知道目前对岸秦军只是先头部队，怕拖延下去秦军主力赶来会合，对晋军不利，十分着急，于是向苻坚

人物档案

谢石（327—389），字石奴，谢安之弟，东晋时期名将。出身士族，淝水之战中他与侄子谢玄、大将刘牢之率北府兵力战，取得淝水之战的胜利。

发出战书："你们长途奔波来到此地，现在却按兵不动，难道不敢打仗了吗？不如你们后退一步，让晋军渡过淝水，我们再一决胜负！"苻坚想将计就计，趁晋军渡河到一半时突袭他们，于是他不顾大臣们的反对，答应下来。约定的时间到了，两军都在河边严阵以待。苻坚一声令下，秦军慢慢撤退。

可符坚没想到，秦军一退就收不住了，而且越撤越快。

趁这个机会，谢玄率军飞快地渡过淝水，冲向秦军战营。这时，被前秦俘虏的东晋将军朱序趁乱在秦军中大叫："秦军败了！秦军败了！"这下，后面的士兵也跟着拼命逃跑起来。

秦军像潮水一般直向后退，符融的战马被人潮冲倒。他挣扎着想站起来，却被后面的晋军赶上来杀了。主将一死，秦军更乱，符坚控制不住局面，只好扭头就跑，一口气逃到淮北才停下来。

一路上，那些逃跑的前秦士兵听到风声和空中的鹤鸣声都以为是晋军追过来了，吓得慌忙逃命，一路上被挤倒的、踩死的士兵比战死的还多（这就是成语"风声鹤唳"的由来）。

就这样，晋军用八万人的军队打败了前秦大军，淝水之战也成了中国历史上著名的以少胜多的战例。

宰相

宰相是中国古代君主之下最高行政长官的泛称，始见于《韩非子·显学》。宰相具体职名、职权范围历代都是不同的，太宰、相、相邦、相国、丞相、大司徒（东汉）、尚书令、中书令等都属于宰相。

胜利的消息传到建康时，宰相谢安正在和朋友下棋，朋友问他："战事怎么样了？"

谢安轻描淡写地回答道："孩子们把敌军打败了。"

淝水之战后，符坚的实力大损，没过多久，前秦政权便瓦解了。

读史学成语

漫山遍野

释义：山间和田野里到处都是。形容数量多或声势大。

出处：明·罗贯中《三国演义》第十三回："于是李傕在左，郭汜在右，漫山遍野拥来。"

例句：漫山遍野的野菊花美丽极了。

心慌意乱

释义：形容内心惊慌，思绪纷乱。

出处：清·文康《儿女英雄传》："姑娘此时心慌意乱，如生芒刺，如坐针毡。"

例句：大家七嘴八舌，反而让他心慌意乱，竟一时想不出好的解决办法。

陶渊明归隐田园

田园诗人陶渊明

陶渊明（365—427），名潜，字元亮，浔阳柴桑（今江西九江西南）人，是东晋时期杰出的诗人、辞赋家、散文家。他的田园诗数量很多，成就极高，被誉为"田园诗派鼻祖"。

陶渊明是我国著名的诗人，别号五柳先生。他的曾祖父是东晋名将陶侃，祖父做过太守，当时陶渊明家境十分富足。可惜好景不长，到了陶渊明这一代，家境逐渐没落。陶渊明幼年时，他的父亲就去世了，家里只剩下母亲和妹妹。

陶渊明酷爱读书，他不但看了《老子》《论语》，还读了儒家的"六经"和文、史著作，还包括《山海经》这样的"异书"。丰富的阅读兴趣培养了陶渊明"猛志逸四海"和"性本爱丘山"两种不同的志趣。

陶渊明少年时期，怀着救济苍生的愿望担任过江州

祭酒，可那时的人们重视出身，他并非贵族，总是受到别人的轻视。陶渊明无法忍受这样黑暗的官场，没多久就离开了。

后来，陶渊明又到了荆州，在桓温之子桓玄手下当幕僚。这时桓玄控制着长江中上游，时常琢磨着怎么夺取东晋政权。陶渊明十分后悔来帮桓玄这个野心家。不到一年，母亲去世，他趁着这个机会再次辞官归家。

公元403年，桓玄起兵，夺了皇位，自立为帝。后来刘裕起兵讨伐桓玄，桓玄兵败，掳走了皇帝。此时，正在隐居的陶渊明知道后投奔了刘裕，担任参军一职，希望能在这位杰出的军事家麾下有所作为。

可没多久，他对官场的黑暗再次感到失望，心灰意冷之下，他坚决地辞了官。

公元405年，陶渊明被任命为彭泽县令，这也是他最后一次出仕为官。

两个多月以后，郡里派了一名督邮到彭泽视察，让

"六经"

"六经"是六部儒家经典，分别是《诗》《书》《礼》《易》《乐》《春秋》。"六经"的说法始见于《庄子·天运》，其中《乐》已失传，所以通常称"五经"。

人物档案

　　桓玄（369—404），字敬道，一名灵宝，大司马桓温之子，东晋时期权臣。曾任义兴太守，弃官居江陵。公元398年，除掉当权的会稽王司马道子父子，把持朝政。公元403年，代晋自立，国号"楚"。一年之后被刘裕击败，逃跑途中被杀。

陶渊明前去拜见。陶渊明对官场应酬十分厌烦，很勉强地准备前去拜见。衙门里的小吏看他还穿着便装，连忙提醒他："大人，去拜见督邮大人应该换上官服，束上带子才合礼法。"

　　陶渊明叹了口气，说："我可不愿为了五斗米的俸禄向那等小人打躬作揖！"说完，这位上任仅八十余天的彭泽县令又一次辞官回家了。这次，他下定决心彻底结束官场生涯，归隐田园。

　　陶渊明回到柴桑老家，在家门前种了五株柳树，给自己起了个"五柳先生"的别号。妻子翟氏和他志同道合，两人一起在家里当起了农民。空闲的时候，陶渊明写写诗歌，怡然自得。

　　陶渊明喜欢喝酒，每次朋友来访，只要家中有酒，必定痛痛快快地喝上一场，如果他先醉了，就对朋友说："我醉欲眠卿且去。"便自己睡觉去了，朋友们也见怪不怪。

　　陶渊明虽然归隐田园，可不是农家出身，不是一个

种地的好手。刚开始可以过上幸福的生活，后来农田不断受灾，再加上家里又遭到一场火灾，日子一天不如一天。他的好朋友们劝他为了生计再次出仕，都被他拒绝了。贫困时，就靠朋友们的接济和借贷为生。最终，陶渊明在贫病交加中去世了。

陶渊明虽然长期过着贫困的生活，但始终没有改变自己的志向，一直追求着心灵的宁静与淡泊。他创作了大量的诗歌，是中国文学史上第一位田园诗人，将中国古典诗歌推向了一个新的高度。

除了诗歌，陶渊明还为后人留下许多优美的散文和辞赋作品，如《桃花源记》《五柳先生传》《归去来兮辞》等。其中最著名的是《桃花源记》，描写了一个没有战乱、和谐的世界，表现了他对理想社会的追求，成为后世人们理想精神家园的象征。

读史学成语

志同道合

释义：有共同的理想和志向。指理想、志趣一致。

出处：宋·陈亮《与吕伯恭正字书》之二："天下事常出于人意料之外，志同道合，便能引其类。"

例句：我们五个人是志同道合的好朋友。

大融合的时代

南北朝

刘裕摆却月阵

刘裕（363—422），字德舆，小字寄奴。自幼家贫，后来投身北府军为将，凭借军功得以总揽东晋大权。公元420年，刘裕代晋自立，定都建康，国号"宋"。刘裕是一名杰出的政治家、军事家、改革家，明朝李贽赞叹他是"定乱代兴之君"。

刘裕自幼家境贫寒，他以种地、砍柴、卖草鞋维持生计。少年时他就胸怀大志，想做一番惊天动地的大事业。

带着如此雄心，他成为一名北府军将领。因表现突出，作战英勇，立下了不少战功。公元403年，东晋将领桓玄自立为帝，几个月后，刘裕起兵讨伐桓玄。一年后，刘裕胜利归来，并救回晋安帝。因战功无数，刘裕一路升迁，权倾朝野。

为了积累自己的战功和威望，刘裕决定北伐，收复晋朝失去的土地。刘裕从建康出发，出兵攻打南燕国，包围了南燕的都城广固（今山东益都）。南燕皇帝慕容超无法突围，连忙向后秦讨救兵。

后秦皇帝派使者去见刘裕，对他说："燕国和秦国是友国，我们已经派出十万大军驻扎在洛阳，如果你们一定要攻打南燕，我们也不会坐视不理。"

刘裕冷笑一声，说："请回去告诉你们的皇帝，我本想先灭了燕国，三年后再去打秦国，现在你们自己送上门来，可怨不得我了。"

使者灰溜溜地走了，刘裕的一个部将担心后秦真的打过来，刘裕笑着说："如果他们真的要出兵，又何必来通知我们呢？他们现在自己都顾不过来，不过是吓唬我们，想让我们退兵。"

果然，后秦正在跟另一个国家打仗，根本没有多余的兵力来救援南燕。南燕只好集中数万兵力对抗刘裕大军。

南燕的骑兵和马匹都穿着铁制铠甲，正面对敌时，

能给敌人造成巨大的杀伤力，有"铁骑"之称。而东晋以步兵为主，马匹也有限，不利于正面与骑兵作战。刘裕想了一个办法，他在大军两侧安排了4000辆战车，士兵站在战车上，手里拿着长兵器，阻止敌军的战马冲过来。这种阵法就是最初的却月阵。

人物档案

王镇恶（373—418），东晋末年名将，前秦宰相王猛的孙子，曾帮助刘裕消灭刘毅，屡立战功，为攻灭后秦立下大功。刘裕曾称赞"将门有将"。

这样一来，南燕骑兵的优势无法发挥出来，两军交战半日，仍不分胜负。刘裕派出另一支部队从后方偷袭敌军，大败南燕军队。

公元416年，刘裕派大将王镇恶、檀道济带领步兵从淮河、泗水一带出兵向许昌、洛阳进攻，自己亲自率领水军沿着黄河进军，再一次北伐，攻打后秦。

后秦军节节败退，当时，北魏势力已经发展到河北，后秦国主姚泓就向北魏求援。

北魏答应出兵，他们在河北驻扎了十万大军监视晋军的行动，同时派出几千骑兵在岸上跟晋军打起了游击战。每当黄河风高浪急，有落单的晋军战船被河水冲到岸上，就将其抓获，斩杀船上的将士，等到晋军大队人马上岸去追击他们，又跑得没影了。这么反反复复的骚扰，弄得晋军疲惫不堪。

刘裕想起了却月阵，在经过周密准备后，他开始了反攻。他挑选了700名精兵、100辆战车抢登北岸，在离河边百余步的地方摆了一个半圆形的阵势，两头抱河，形状像一弯新月，这也是"却月阵"之名的由来。

此外，每辆战车上都设置了七名持杖的士兵，阵中竖起一根白羽令旗。

 古代著名阵法

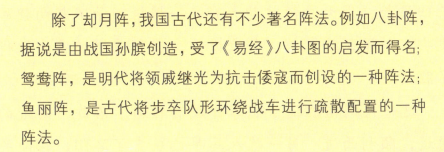

除了却月阵，我国古代还有不少著名阵法。例如八卦阵，据说是由战国孙膑创造，受了《易经》八卦图的启发而得名；鸳鸯阵，是明代将领戚继光为抗击倭寇而创设的一种阵法；鱼丽阵，是古代将步卒队形环绕战车进行疏散配置的一种阵法。

晋军布
阵的时候，
魏军看不懂
他们在做什么，迟
疑着没有进攻。刘
裕抓住这个机会，令旗晃动了
几下，早就准备好的 2000 名
士兵带着大弩猛然涌出，每辆战车上又增设了 20 名士兵，
用盾牌把战车保护起来。

魏军这才恍然大悟，向晋军展开了攻击。晋军先
用软弓小箭向魏军射击，魏军以为晋军没什么战斗力，
向前猛冲。晋军立即换成了大弩猛射，还派神箭手把
几支弓箭集中在一起发射，给魏军造成了很大的伤害。
可魏军人多势众，并且有骑兵助战，还是离晋军越来
越近了。

晋军早有准备，立即把携带的一千多支长矛截断成
三四尺长，用大铁锤敲动大弩，一根根断矛不断向魏军
飞去，魏军无法抵挡，伤亡惨重。晋军乘胜追击，取得
了胜利。

这一仗刘裕打退了魏军，成功打通了沿黄河西进的
通道，顺利西进。另一路人马早已攻克了洛阳，在潼关

和刘裕会师。随后，刘裕便攻占长安，消灭了后秦。

公元420年，建立无数奇功的刘裕称帝，东晋王朝彻底结束，历史进入南北朝时期。

读史学成语

胸怀大志

释义：胸中有远大的理想和抱负。

出处：明·罗贯中《三国演义》第二十一回："曹操曰：'夫英雄者，胸怀大志，腹隐良谋，有包藏宇宙之机，吐冲天地之志，方可为英雄也。'"

例句：他胸怀大志，一心想出去闯出一片天。

疲惫不堪

释义：形容过度劳累，极为疲乏。

出处：刘操南《武松演义》第一〇回："犯人一上梃棍，坐卧不得，只是局局促促地挤做一团，弄得疲惫不堪。"

例句：连日的工作让他疲惫不堪。

恍然大悟

释义：一下子完全明白了。

出处：明·冯梦龙《醒世恒言》第二十六卷："当下少府恍然大悟，拜谢道：'弟子如今真个醒了！'"

例句：经过一番思索，他恍然大悟，原来这道题这么简单。

拓跋焘统一北方

 英明神武拓跋焘

拓跋焘（408—452），字佛貍，明元帝之子，北魏第三位皇帝。他作战英勇，令敌人敬畏。他死后被追封太武皇帝，庙号世祖。

十六国时期，拓跋什翼犍建立了代国，后来被前秦苻坚所灭。淝水之战后，中原再次陷入混战，各个部落都想趁机复国，拓跋珪在部落的支持下，宣布重建代国，后来改成"魏"，史称北魏，是为道武帝。

北魏政权建立后，道武帝野心勃勃，不断率军亲征，最终称霸中原地区。可是到了晚年，他变得残暴起来，被他的儿子拓跋绍所杀。拓跋绍又被太子拓跋嗣所杀，拓跋嗣即位后，就是明元帝。

此时的中原还未统一，北魏依然面临各方势力的挑战，明元帝几次亲征，积劳成疾，不幸去世。他的儿子拓跋焘继位，即太武帝。

拓跋焘即位后，意识到北魏政权有许多隐患，于是他进行了一场大刀阔斧的改革。

政治上，他选贤任能，重用崔浩、高允等人，改革官制，提拔忠良，惩罚贪官污吏。经济上，他大力改善民生，奖励农业，减轻赋税。在太武帝的努力下，北魏国力大大增长，为日后统一北方奠定了坚实的基础。

面对各方势力，太武帝召集大臣商议首先攻打哪个国家，很多人主张先讨伐柔然。但是崔浩则主张伐夏，即赫连勃勃建立的国家。夏国是北方新兴的一个政权，赫连勃勃非常残暴，不得人心，所以崔浩认为应该先攻打夏国。太武帝认为崔浩说得有理，便决定首先伐夏。

夏国都城统万城十分坚固，此时的夏主是赫连勃勃的儿子赫连昌，他采取坚守攻略，魏军只得暂

人物档案

赫连勃勃（381—425），十六国时期夏国开国皇帝，公元407年，拥兵自立，称大夏天王、大单于，史称夏。后来征战四方，攻打南凉、后秦、东晋，尽占关中之地。

时撤军。后来，夏军在长安与魏将相持，太武帝乘虚再攻统万城。这一次，太武帝把主力埋伏在山中，派少量兵马故意示弱，诱敌出战。夏国皇帝赫连昌认为魏军已无力再战，可以全歼魏军，立即出城追击。夏军出城后，才发现已经中计，魏军杀入统万城，赫连昌只得撤退，第二年被俘。他的弟弟赫连定带领残部垂死挣扎，三年后被北魏彻底消灭，夏国就此灭亡。

太武帝生性节俭，无论是车马还是衣服，只要能够保证基本需求就行，从来不追求奢侈。他从来不吃山珍海味，即使是得宠的嫔妃，他也不会赏赐华丽的衣服。在消灭夏国之后，太武帝看到夏国高十仞、厚三十步的城墙，以及高大的宫殿、台榭、楼阁，感慨地对左右随从说："夏国不过是个蕞尔小国，却如此滥用民力。想要不灭亡，怎么可能呢？"后来，有的大臣建议太武帝修造城墙、建造皇宫，但太武帝想到夏国灭亡的教训，明

统万城

统万城是由夏皇帝赫连勃勃下令建造的，含义是"统一天下，君临万邦"，因此取名"统万"。统万城故址在今陕西靖边北。因其城墙为白色，当地人称白城子。又因系赫连勃勃所建，故又称为赫连城。

白"在德不在险"的道理，坚决拒绝了。

北魏对夏国的战争基本结束后，太武帝开始攻打柔然，这一战几乎全歼柔然军队。公元436年，北魏大军攻打北燕，北燕灭亡。公元439年，太武帝亲征北凉，北凉不战而降，北凉随之灭亡。十六国时期就此结束，北方再度统一。

读史学成语

大刀阔斧

释义：本指作战中使用大刀和宽刃的斧头。形容军队声势浩大。后比喻办事果断有力。

出处：明·施耐庵《水浒传》第三十四回："秦明辞了知府，飞身上马，摆开队伍，催趱军兵，大刀阔斧，径奔清风寨来。"

例句：新官上任三把火，他刚被提升为经理，就想大刀阔斧地作为一番。

山珍海味

释义：山野、海洋所出的各种名贵食品。泛指丰盛味美的菜肴。

出处：清·曾朴《孽海花》第十二回："坐定后，山珍海味，珍果醇醪，络绎不绝的上来。"

例句：桌子上摆满了山珍海味，饥肠辘辘的他不顾形象地大吃起来。

檀道济量沙退敌

檀道济（？—436），早年跟随兄长参军，投靠在刘裕麾下，是一位智勇双全的名将。檀道济精通兵法，不擅长于权谋之术，他被杀后留下"自毁长城"的典故。

北魏太武帝拓跋焘继前秦苻坚后再度统一北方，与南方刘宋政权形成对立。宋文帝刘义隆意识到如果不主动出击的话，那么自己的国土可能会落入敌手。宋文帝派大将檀道济率军抗击北魏。

接到宋文帝北伐的命令后，檀道济便带兵出征了。起初，在檀道济的率领下，宋军一路势如破竹，一直把北魏军逼到了历城（今山东济南）。

就在快赢得最终胜利的关键时刻，北魏军派轻骑兵偷袭宋军后方，烧了宋军的辎重粮草。

宋军虽然骁勇善战，可也要吃饭，粮草被烧，军队无法继续前进。檀道济只好退兵。可匆忙撤退，北魏军

一定会大举进攻，给宋军带来致命的危险。

这时，一个胆小的宋军士兵逃到了北魏军营，把宋军缺粮的状况偷偷告诉了北魏军的将领。北魏军决定出兵，将宋军一举歼灭。

为了迷惑北魏军，檀道济想出了一个好办法，他像往常一样命令士兵们安营扎寨。当天晚上，檀道济亲自带领一批管粮的士兵核查营寨里的粮食。宋军军营中亮起火把，士兵们一边用斗子量米，一边拿着竹筹高唱着计数。一个个打开的米袋中，都装满了白花花的大米。

北魏军的探子看到后，回去向北魏将领报告："檀道济军营里的粮食还绰绰有余，先前我们一定是被宋军骗了，要是继续进攻宋军，就是中了他们的计呀！"北魏将领一听，立即把那个投降的士兵杀了。

其实，北魏军上了檀道济的当。那天夜里，米袋里装的几乎都是沙，只有表面上盖了一层大米！

元嘉之治

宋文帝刘义隆是宋武帝刘裕的儿子，是一个很有作为的皇帝。在他统治期间，注重选拔人才，积极休养生息，社会生产有所发展，经济文化日趋繁荣。宋文帝在位的三十年用"元嘉"做年号，史称"元嘉之治"。

等到白天，檀道济命令启程，士兵们都大模大样地沿着大路向南转移。北魏军多次与檀道济对战吃了败仗，看到宋军这样从容不迫地撤退，一时不敢贸然追击，宋军安全地撤退了。

檀道济多次为朝廷立下汗马功劳，威望渐高，引起了掌管朝政的彭城王刘义康和将军刘湛的忌恨。后来宋文帝生了一场大病，他们担心宋文帝死后无人能镇住檀道济，就诬陷檀道济。

公元436年，刘义康和刘湛等人假传诏书骗檀道济入朝。檀道济到了后，他们立即以谋反的罪名逮捕了檀道济。檀道济被逮捕时，非常生气，他瞪圆了眼睛，愤怒地喊："你们这不是自毁长城吗？"

就这样，檀道济无辜被害。消息传到北魏朝后，北魏上下举国欢庆："檀道济一死，南方我们还用怕谁？"

多年以后，北魏军一路南下，一直攻打到了江北的瓜步（今江苏南京六合区）。面对劲敌，宋文帝后悔地说："要是檀道济还在，一定不会让他们攻到这里！"

人物档案

刘义康（408—451），小字车子，刘宋宗室大臣，宋武帝刘裕第四子。曾辅佐宋文帝开创元嘉之治，最终与兄弟刘义隆产生嫌隙，落得个悲惨的结局。

读史学成语

骁勇善战

释义：形容作战勇猛而又擅长用兵。

出处：南朝梁·萧子显《南齐书·戴僧静传》："其党辅国将军孙昙瓘骁勇善战，每荡一合，辄大杀伤，官军死者百余人。"

例句：骁勇善战的起义军将敌人打得四散逃窜。

大数学家祖冲之

伟大的科学家
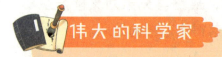

祖冲之（429—500），字文远，曾任长水校尉等职。他是南北朝时期杰出的数学家、天文学家，是一位百科全书式的学者。

祖冲之的祖父名叫祖昌，是刘宋朝中主管土木工程的官员，他父亲祖朔之学识渊博，也在朝为官。在祖父和父亲的教导下，祖冲之有许多接触先进科学的机会，并对科学产生了强烈的兴趣。

祖冲之自幼爱好数学，也喜欢研究天文历法，酷爱观测太阳和星球运行的轨迹，并且做了详细的记录。很快，祖冲之的博学多才传到了南朝宋孝武帝刘骏的耳中，孝武帝把他召到华林学省工作。虽然祖冲之对当官并不感兴趣，但考虑到在宫里可以专心研究天文、数学，不受外界的干扰，就决定留下来。后来，他又担任南徐州从事吏、公府参军等职。虽然生活不算安定，但他始终

热衷学术研究。

人物档案

何承天（370—447），南朝宋著名的思想家、天文学家，创制《元嘉历》。

元嘉年间，通行的历法是著名天文学家何承天所编的《元嘉历》。祖冲之认为，虽然当时的历法比以前有了很大的进步，但还不够精确。他在前人的基础上编制出更加精准的历法——大明历（"大明"是宋孝武帝的年号）。这种历法首先考虑岁差，是我国历法史上的一次大改革，还改进了闰周，使其更符合天象，并首次求出交月点的天数。可见祖冲之在历法上面的造诣。

祖冲之还是一个科学发明的能手，制造出了失传已久的指南车，指南车无论怎样转弯，车上的小人总是指向南方。他造出了一天能航行一百多里的"千里船"，还发明了水碓磨等巧妙的机械装置。

祖冲之最广为人知的研究成果是在数学领域。他和儿子祖暅合写过一本《缀术》，唐朝时这本书成为国家学府里的教科书。

祖冲之在数学上最有名的成就是圆周率的计算。他是世界上首位把圆周率计算到小数点之后第七位的科学家，约一千年后，欧洲的科学家才算出这个数值。

圆周率是圆周长和直径的比值。古代有一种圆柱形

的容器，通常作为量器使用。人们在制造这种容器前，有了圆周率这样的数值，就能按需要制造出大小合适的容器了。

　　早在魏晋时期，一位叫刘徽的数学家就在为《九章算术》所作的注解中用"割圆术"的方法计算出了圆周率。祖冲之治学态度十分严谨，他虽然尊重古人的研究成果，却坚持用实践去检验。经过验证，他发现刘徽的计算结果不够准确，就对取得圆周率的方法进行了重大改进。

　　他根据刘徽的计算方式，设置了一个正24576边形，据此计算出了更精准的圆周率，即3.1415926到3.1415927之间。

《九章算术》

　　《九章算术》是一部数学专著，由张苍、耿寿昌先后删补而成。《九章算术》对中国古代的数学发展有很大影响，而且许多数学问题都是世界上最早记载的，《九章算术》还流传到了日本、朝鲜等多个国家。

　　虽然只有七位数字，可在古代是非常了不起的成就。祖冲之那个年代，没有电脑，没有计算器，全靠手工计算。当时人们普遍使用的计算工具是算筹，算筹每计算完一次，就要重新摆放一次进行新的计算，如果不小心计算中出现了错误，就得从头再来。祖冲之为了验证数值的准确性，每个步骤都要计算上百次，可见祖冲之工作的庞杂艰巨，祖冲之精益求精的精神不得不令我们深深敬佩。

　　为了纪念这位伟大的科学家，国际天文学家联合会把月球上一座环形山命名为"祖冲之"。紫金山天文台还将1964年发现的1888号小行星命名为"祖冲之星"。

博学多才

　　释义：学问丰富，有多种才能。

　　出处：唐·房玄龄等《晋书·郤诜传》："诜博学多才，瑰伟倜傥，不拘细行，州郡礼命并不应。"

　　例句：经过几十年的刻苦努力，小明现在成长为一个满腹经纶、博学多才之人。

北魏孝文帝改革

孝文帝改革

北魏孝文帝改革，是孝文帝在位时所推行的政治改革。孝文帝改革促进了民族交流，影响深远。

太武帝拓跋焘晚年时攻打刘宋，结果大败而归，北魏因此国力衰落。再加上他脾气暴躁，杀戮过多，引起了诸多大臣的不满，最终被宦官刺杀。此后的几十年，北魏内忧外患，直到公元471年，孝文帝拓跋宏即位后，才有所改善。孝文帝即位时，年纪还很小，所以起初由他的祖母冯太后暂时执掌朝政。冯太后是一位杰出的女政治家，在她的支持下，孝文帝进行了一系列改革，具体内容包括：实行俸禄制、实行均田制、改革户籍制度、用三长制取代宗主督护制等。

在睿智的冯太后的影响和教育之下，孝文帝深深认识到仅靠武力是无法守好江山的，还要不断学习先进的中原文化。于是，等到孝文帝亲政后，他进一步深化改革。

为了进一步发展农业、振兴经济，加强对黄河流域的统治，孝文帝决定迁都洛阳，可他担心大臣们会不同意。于是他想了一个办法，那就是以南征之名，使大臣们同意迁都。

有一次上朝时，孝文帝提出进攻南齐的想法，顿时激起了大臣们的反对，他们纷纷请求停止南征。孝文帝大怒道："国家是我的，难道你们想阻止我用兵吗？"反对最激烈的是任城王拓跋澄，他毫不客气地回答道："国家是陛下的没错，但身为臣子，理应为陛下分担，明知不可为而为之，是多么危险的一件事情，我怎么能不提醒陛下呢？"孝文帝想了一下，就宣布退朝了。

孝文帝私下单独见了拓跋澄，跟他说："您真觉得我是要出兵南齐吗？我觉得平城（今山西大同）是

人物档案

冯太后（442—490），北魏杰出的女性政治家、改革家，史称"文明太皇太后"。面对动荡政局，她临朝听政十余年，对北魏孝文帝改革产生了重要影响。

个用武的好地方，但不适合发展经济，也不适合改革，所以我要移风易俗，一定要迁都到洛阳。此次借机南征，实际上是带领文武百官迁都洛阳。"拓跋澄一听，恍然大悟，马上同意了孝文帝的主张。

公元493年，孝文帝率领三十万大军南下。当他们到达洛阳时，大雨已经下了一个多月，行军变得非常艰难。好不容易驻扎下来，没想到孝文帝还要继续南征，丝毫没有动摇的样子。大臣们再也受不了了，苦苦哀求道："陛下，别走了！陛下，别走了！"孝文帝却说："这次我们如此兴师动众，如果半途而废，岂不让天下人耻笑。如果实在不想南征，就把国都迁到这里算了。"一部分大臣们听了，纷纷表示支持。还有许多大臣虽然反对迁都，但听说可以停止南征，也只好拥护迁都了。孝文帝看自己的目的达到了，就在洛阳停了下来，并且顺理成章地

北魏洛阳城

洛阳本是东汉、魏、西晋的都城，在战争中遭到严重破坏。孝武帝迁都洛阳后，进行大规模改造与扩建，洛阳重新成为规模宏大、人口众多、商业繁荣的大都市。北魏分裂后，洛阳又遭破坏，只有在《洛阳伽蓝记》一书中才能一睹其昔日繁华。

定都洛阳。

迁都洛阳以后，孝文帝开始大张旗鼓推行改革。他让鲜卑人学习先进的生产技术；鼓励穿汉服，说汉语；鼓励学习"四书五经"；他把姓氏改成简单的汉族姓氏，把拓跋改为"元"，"步六孤"改为"陆"；他还鼓励鲜卑人与汉族通婚……

孝文帝的改革，促进了民族文化的发展，使得民族之间有了更多的交流，北魏呈现出一派欣欣向荣的气象。

半途而废

释义：比喻做事中断，不能坚持到底。

出处：明·徐畸《杀狗记》第五折："是则是三人同结义，怕只怕半途而废。"

例句：做事要有始有终，不能半途而废。

一分为二的北魏

　　"河阴之变"后，尔朱荣借口为孝明帝报仇，进攻洛阳，杀死胡太后及诸多大臣，控制了北魏。后来，北魏孝庄帝因不满尔朱荣的所作所为，设计杀死尔朱荣。尔朱荣之死成了北魏政权被权臣篡夺的导火索。此后高欢和宇文泰相继篡权，最终导致了北魏分裂成东魏和西魏。

　　北魏孝文帝迁都洛阳以后，促进了社会经济发展，北魏的国力大幅增强。但原来的都城——平城却逐渐失控。

　　公元 523 年，北魏爆发了六镇起义，北魏将军尔朱荣在镇压起义中实力不断增强，他还提拔了不少将领，其中最有名的是高欢、宇文泰和侯景。尔朱荣拥有了一只强大的队伍，从此开始发迹，逐步建立自己的霸业。

　　当时的北魏皇帝是年幼的孝明帝，由于年纪小不能亲政，所以由他的生母胡太后执政。自从拓跋珪称帝以来，北魏一直保持"子贵母死"的传统，一旦皇子被立为太子，

人物档案

高欢（496—547），东魏权臣、北齐王朝奠基人，曾镇压青州流民起义，消灭尔朱荣，控制北魏朝政，挟持宗室元善见建立东魏。高洋建立北齐后，追尊高欢为神武皇帝，庙号高祖。

他的生母就会被赐死。但是孝明帝的父亲宣武帝没有赐死胡太后，而是废除了这项传统。

自此，幸免一死的胡太后开始把持朝政，她为所欲为，把朝堂弄得乌烟瘴气。年轻的孝明帝越来越不满胡太后乱政，于是私下命令尔朱荣进军讨伐太后。孝明帝此举其实是病急乱投医，不但不能有效解决问题，还会引狼入室。尔朱荣连夜发兵直奔洛阳。可孝明帝求援的消息被泄露了，胡太后便毒死了孝明帝。尔朱荣以皇帝被毒死为借口，兴师问罪，实际上是在为自己出兵寻找借口。

公元528年，尔朱荣拥立元子攸为帝，即孝庄帝。尔朱荣直接率领大军杀进洛阳城，很快便占领了洛阳城。尔朱荣认为，要想彻底控制朝廷，必须除掉后患才行，于是以祭天为名，带兵将两千

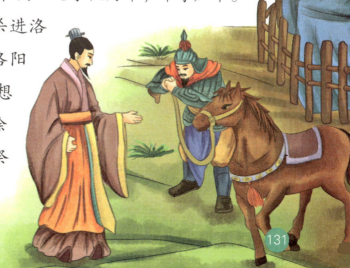

多名官员屠杀殆尽。从此，尔朱荣掌握了北魏政权。这就是"河阴之变"。

河阴之变后，孝庄帝对尔朱荣的暴行很是气愤，于是设计杀死了尔朱荣。尔朱荣的家人为了给尔朱荣报仇，又攻陷了洛阳城，孝庄帝也被杀死了。自此北魏陷入混战，政权也落入了军阀手中，分裂是在所难免的。

尔朱荣曾经的手下高欢是个有远见的人，尔朱荣死后，他便以讨伐逆贼之名带兵杀进了洛阳，公开与尔朱氏家族决裂，同时消灭了尔朱氏家族的全部势力，然后扶植元修称帝，即孝武帝，以此号令天下。

孝武帝元修心里清楚自己是高欢手中的傀儡，也早就料到他想篡位，于是他和镇守长安的大将宇文泰联络，逃到了长安，投奔宇文泰。高欢见孝武帝跑了，于是废掉元修的皇帝之位，然后又从北魏皇族子弟中挑选了年

 东魏与西魏

北魏权臣高欢控制的东魏，共历一帝，历时十七年。公元550年，孝静帝禅位于高欢之子高洋，东魏覆灭，高洋建立北齐。

北魏权臣宇文泰控制的西魏，共历三帝，历时二十三年，直到公元557年被宇文泰的儿子宇文觉建立的北周取代。

幼的元善见为帝，即孝静帝。同时把首都迁到自己的领地邺城（今河北磁县）。

逃往长安的孝武帝，很快便发现自己又变成了宇文泰的傀儡，他和宇文泰的矛盾日益加深。后来，宇文泰杀死了孝武帝，立孝文帝的孙子元宝炬为皇帝，就是西魏文帝。

从此北魏一分为二，各以正统自居。高欢控制了东边的邺城，史称东魏；宇文泰控制了西边的长安，史称西魏。

读史学成语

乌烟瘴气

释义：比喻气氛恶浊。

出处：清·文康《儿女英雄传》第二十一回："何况问话的又正是海马周三，乌烟瘴气这班人，他那性格儿怎生憋得住。"

例句：有人在会议室里抽烟，弄得里面乌烟瘴气。

山中宰相陶弘景

认识陶弘景

陶弘景（456—536），南朝齐梁时道教思想家、医学家，出身士族，曾任南朝齐左卫殿中将军，后隐居茅山。入梁后，梁武帝屡次礼聘他，他不肯出山。他是《神农本草经》的重要整理者，还创作了《真诰》等书。

陶弘景字通明，丹阳秣陵（今江苏南京）人，出身江东名门，祖父陶隆在南朝宋时因功被封为晋安侯，父亲陶贞宝博学多闻、精通医术，曾任江夏孝昌相。陶弘景自幼勤勉好学、博览群书，少年时就以才学闻名。

南朝齐时，陶弘景的才名传入朝廷，被招为诸王的侍读，兼管王室的文书事务，后被任命为左卫殿中将军、奉朝请，均不是重要的官职。由于仕途不畅，陶弘景上书辞官，来为他送别的公卿的车马填满了道路，朝野均觉得是荣耀之事。陶弘景到了句曲山（后更名为茅山），在山中建了住所，自号华阳隐居。此后他开始历访名山，

寻仙访药。当地官员听说他的事迹，屡次写信邀请他出山，他都拒绝了。

后来，陶弘景的友人萧衍打算篡齐自立，举棋不定之时，陶弘景劝他打定主意，并宣称自己得到图谶，并让弟子将所谓的图谶——"梁"字进献

人物档案

梁武帝萧衍（464—549），字叔达，南朝梁开国皇帝。早期执政期间政治清明，到了晚期逐渐走下坡路，大兴佛教，国家由盛而衰。侯景之乱爆发后，他被囚而死。

给萧衍，促使萧衍下定决心建立了梁朝，萧衍就是梁武帝。梁武帝即位后，立即派人带重礼聘请陶弘景出山。但陶弘景无心重返仕途，于是拒绝了。但是梁武帝还是不断派出使者去聘请或慰问他，往返于京城与茅山之间的使者的车子一辆接一辆。朝廷每次有大事，梁武帝就派人去咨询陶弘景的意见，人们都把陶弘景称为"山中宰相"。

陶弘景虽然没有与政治完全脱钩，但毕竟远离朝堂，有很长的时间进行考察、研究与思考。他在天文、历法、数学、医药等方面均取得了突出的成就。他整理了古代医书《神农本草经》，首创以玉石、草木、虫、兽、果、菜等来为药物分类的方法，创作《本草经集注》七卷。作为道教的重要人物之一，他还创作了大量道教著作。他还擅长炼铁，曾铸出两柄锋利的宝刀献给梁武帝。虽

然身为道教徒，陶弘景对佛教和儒学并不排斥，他的思想还出现一定的三教合流的趋势。

后来，陶弘景活到八十岁，身体始终很健壮，临终前下令弟子薄葬自己。梁武帝追赠他中散大夫的官职，谥号为贞白先生。

《神农本草经》

《神农本草经》是一部托名神农的医书，实际上是秦汉时人创作的。原书已经散佚，其内容经过诸多书籍的转引得以保存下来。全书分为上、中、下三品，记载了三百六十五种药物，是我国现存较早的药物学重要文献。

举棋不定

释义：拿着棋子不能决定走哪一步。比喻做事犹豫不决，拿不定主意。

出处：《左传·襄公二十五年》："弈者举棋不定，不胜其耦。"

例句：他的性格软弱，做事情总是举棋不定。

颠覆梁朝的侯景之乱

　　侯景之乱又称太清之难，是由南朝梁将领侯景发动的武装叛乱事件。他最初是北魏尔朱荣的手下，后投靠东魏的高欢，又背叛东魏，被梁武帝萧衍收留。侯景因对梁朝与东魏通好而心怀不满，起兵叛乱，一度掌控梁朝军政大权，后又篡位自立。最终侯景之乱被梁元帝萧绎平定。

　　公元534年，北魏分裂之后，政治格局便从南北朝对峙发展成三足鼎立的状态，即权臣高欢控制的东魏、权臣宇文泰掌权的西魏和梁武帝萧衍建立的南梁，史称"后三国时代"。

　　侯景字万景，性情狡诈，悍勇有谋，御军有法，因此深得北魏权臣尔朱荣信重，得以独掌一军。除侯景以外，高欢也是尔朱荣手下的一员大将。尔朱荣死后，权臣高欢起兵反叛，击败尔朱荣家族，扶持新帝，建立东魏。

侯景凭借和高欢的交情，率领自己的人马投降高欢。侯景很不看好高欢的儿子高澄，他曾对自己的手下说："高王在位的时候，我不敢有二心。高王

人物档案

侯景（？—552），字万景，怀朔镇（今内蒙古固阳西南）人。他一生征战，纵横南北，很快就在军中脱颖而出，后多次改换门庭，发动侯景之乱，篡位称帝，最终为部下所杀。

若去世，我岂会侍奉一个小儿？"高欢死后，高澄掌权，侯景立刻反叛，率部投靠了西魏。没过多久，他又背叛西魏，投靠南梁。

南梁的梁武帝一心想要北伐，只是因为没有可靠的大将，所以一直未能实现北伐。侯景的投降对梁武帝来说正中下怀，于是梁武帝欣然接受了侯景投靠的请求。

梁武帝派侄儿萧渊明率军接应侯景，不料遇上东魏的军队。南梁军多年没有打仗，军队散漫，没有纪律，跟东魏军一交手，几乎全军覆没。萧渊明也成了东魏的俘虏。

东魏又攻打侯景，侯景也战败了，只带着几百人突出重围逃到了寿阳。东魏的使者主动到南梁与梁武帝讲和，说愿意把萧渊明送回来。

侯景担心梁武帝会用他去交换萧渊明，就找人假冒

东魏的使者，给梁武帝写了一封信，说："陛下，为了我们两国重新交好，您是否愿意用叛徒侯景交换您的侄儿？"梁武帝关心侄儿生死，立即回信说，只要萧渊明能回来，南梁可以交出侯景。

侯景收到回信后，觉得自己已经没有任何退路，决定拼死一搏，在南梁起兵夺位。

这时，南梁的国力已经衰败，侯景的兵马很快打到了长江北岸，南梁岌岌可危。

梁武帝派侄儿萧正德在长江南岸抵挡侯景大军。没想到萧正德权迷心窍，竟然与侯景联手，准备推翻梁武帝，自己做皇帝。他派出大船运载辎重偷偷接济侯景的军队，使其顺利渡过了长江，有萧正德做内应，侯景顺利地攻进了都城建康。

建康

建康就是今天的南京，东晋和南朝（宋、齐、梁、陈）都以它为都城。南梁时，建康西至石头城（在今清凉山），东至倪塘（今方山之北），南至石子冈（今安德门南），北过蒋山（即钟山），东西南北各四十里。因侯景之乱，遭到严重破坏，南陈时进行了修整。隋朝灭陈时，建康宫室全部被毁。

外城很快就被攻破了，梁武帝被侯景大军围困在内城。侯景想尽一切办法攻城，城里的军民都顽强地抵抗住了。他们用火烧城，守军就用水灭火；他们用器械攻城，守军就用大石块把他们砸回去；他们在城东外堆起了土山，居高临下地向城里射箭，守军也筑高台与他们对射。

双方相峙很多天，侯景大军虎视眈眈地守在城外，准备活捉梁武帝。城内死伤无数，人口锐减，城里的守军依然在苦苦支撑，等待援军的到来。

各地早已派出了援军，可他们驻扎在建康附近，谁也不肯发兵。梁武帝快支撑不下去了，他问手下有什么办法能让侯景退兵，手下说："陛下，您身边都是些不忠不孝的人，臣

恐怕也无能为力。"

最后，侯景设计攻进内城，把梁武帝软禁起来。侯景控制住南梁的局势后，缩减了梁武帝的食物，最后梁武帝被活活饿死了。

直到公元552年，梁武帝的第七个儿子萧绎平息了侯景之乱，只是那时梁武帝早已去世数年了。南梁经此大乱，元气大伤，从此一蹶不振，很快就灭亡了。

读史学成语

岌岌可危

释义：形容极其危险。

出处：《孟子·万章上》："天下殆哉，岌岌乎！"

例句：公司的经营状况岌岌可危，大家要团结一致，共克难关。

居高临下

释义：形容占据非常有利的地位。

出处：汉·刘安《淮南子·原道训》："登高临下，无失所秉，履危行险，无忘玄伏。"清·毕沅《续资治通鉴·宋高宗绍兴一一年》："敌居高临下，我战地不利。"

例句：由于我军居高临下，占据了有利地势，敌人几次强攻都以失败告终。

北齐名将兰陵王

认识兰陵王

　　高长恭（？—573），本名高肃，字长恭，高欢之孙、高澄之子、北齐后主高纬的堂兄弟，被封为兰陵王。兰陵王战功卓著，曾任并州刺史、尚书令、大司马、太保等职。因受到高纬的猜忌，兰陵王无奈服毒身亡。

　　兰陵王是北齐宗室，他是北齐奠基者高欢的孙子，东魏权臣高澄的第四个儿子。作为贵族子弟，他很年轻就做了并州刺史，后来又当了领军将军。兰陵王领兵时非常细心，事必躬亲，得到美味的食物时，就算是一些瓜果也要与将士们分享，很受士兵爱戴。

　　当时，北齐与北周东西对峙，北周起初实力不如北齐，但北周运用府兵制逐渐建设起一支强大的府兵，并善于借用实力强大的突厥的力量，因而没有被北齐吞并掉，反而开始转守为攻。公元563年，北周联合突厥进攻北齐，逼近晋阳。北齐军队奋力御敌，敌军撤退，高长恭在此战中崭露头角。第二年，北周与突厥卷土重来，突厥进攻北齐的幽州地界，北周大将尉迟迥则率领十万大军进攻北齐重镇洛阳。北周士兵筑土城、挖地道，但过了一个月还是没能攻下洛阳。于是，北周军就切断道路阻拦北齐的援军，开始合兵围困洛阳。

北齐派兰陵王与大将斛律光、平原王段韶等救援洛阳。段韶采用诱敌深入之计，令北周军疲惫不堪，随后开始运用骑兵机动灵活的优势突击北周军，北周军开始溃散。兰陵王则舍生忘死，率领五百名勇士一直杀到洛阳东北的金镛城下。当时，洛阳城被长期围困，情况已经非常紧急了，城上的士兵不知道这些骑兵是谁，不敢开城门。高长恭就脱下头盔，露出自己的面貌，城上的人认出是兰陵王，于是放箭保护他们。接着，兰陵王

《兰陵王入阵曲》与《大面》

兰陵王因为邙山之战声威大振，士兵们歌颂他突围破敌的英姿，创作了著名的《兰陵王入阵曲》。兰陵王的面容和声音都像美女一样柔美，因此他总觉得自己的面容无法威慑敌人，于是就让人制作了面目狰狞的假面具，与敌人对阵时总戴着面具。因此，后世又在《兰陵王入阵曲》的基础上，发展出演员戴着面具表演的歌舞戏《大面》。

就联合城中士兵攻打北周军。北周军腹背受敌，丢弃营帐逃跑了，在漫长的三十里路（1里=500米）上全都是北周军丢下的兵器和辎重。这次战争是在邙山脚下展开的，史称邙山之战。

人物档案

高纬（556—577），齐武成帝高湛之子，公元565年接受父亲禅位称帝，在位期间荒淫无道、宠信奸臣、滥杀功臣，使得北齐的朝政混乱不堪，被北周击败。高纬被俘，获封温国公。后以谋反罪被杀。

兰陵王在邙山之战后又多次领兵，屡立战功，逐渐功高盖主。昏庸的北齐后主高纬逐渐不安起来。一次，他与兰陵王谈话，问道："邙山之战时，你孤军入阵那么深，如果失利的话，后悔都来不及了。"兰陵王回答说："这是国事也是我的家事，不知不觉就冲进去了。"高纬表面上赞叹兰陵王的勇敢，内心却因"家事"二字猜忌不已。

后来，兰陵王开始收受贿赂、聚敛钱财，与之前的表现判若两人。兰陵王的一名手下举报他收受贿赂，兰陵王被免官。后来兰陵王率兵讨伐定阳，举报他的人也在军中，觉得自己要大祸临头了。兰陵王听说后不以为意，他找到那个人的小过失，让人杖责他二十下，好让他安心。

兰陵王的亲信尉相愿私下找到兰陵王，问："大王肩负朝廷重任，为什么这么贪心呢？"兰陵王不回答。

尉相愿说："是不是因为您功高震主，遭受猜忌，故意做让人看不起的事来自污呢？"兰陵王点头说是。

尉相愿说："朝廷对您的猜忌已经很深了，您这样做并不能避免灾祸，反而会成为您的罪名啊。"

兰陵王非常惶恐，向尉相愿求教。尉相愿思考之后说："您屡战屡胜，声望实在太高了。从现在的形势来看，您只有托病在家，不再管朝廷的政事，才可能躲过一劫。"兰陵王知道尉相愿的话是正确的，但没有下定决心隐退。

高纬对兰陵王的猜忌日甚一日，兰陵王知道后非常忧惧，有病也不医治。最终，高纬派人给他送来了毒酒。

兰陵王对他的王妃郑氏说："我对国家忠心耿耿，从来没有辜负过皇帝，他为什么要赐我毒酒呢？"郑氏说："为什么不当面去向皇帝解释呢？"兰陵王无奈地说："唉，皇帝怎么可能见我呢？"随后，兰陵王烧掉了别人欠他的总额达千金的字据，饮毒酒而亡。

而在逼死兰陵王的前一年，高纬就已经出于猜忌杀死了大将斛律光。就这样，两大名将先后无辜遇害，北齐的灭亡也就不远了。兰陵王死后第四年，北周吞并了北齐，统一了北方。

读史学成语

事必躬亲

释义：原指天子劝农事，亲自督察。后指什么事都一定亲自去做。形容对事认真负责。

出处：唐·张九龄《谢赐大麦面状》："伏以周人之礼，唯有籍田，汉氏之荐，但闻时果，则未有如陛下严祗于宗庙，勤俭于生人，事必躬亲，动合天德。"

例句：领导不一定要事必躬亲，有时候适当放权会收到意想不到的效果。

崭露头角

释义：比喻突出地表现出才华或本领。

出处：唐·韩愈《柳子厚墓志铭》："虽少年，已自成人，能取进士弟，崭然见头角。"

例句：他在这次比赛中开始崭露头角。

一代英主周武帝

韬光养晦的宇文邕

　　周武帝宇文邕（543—578），周文帝宇文泰第四子，北周第三位皇帝。周武帝一生致力于改革，对社会经济发展和社会安定起到积极作用。他在位期间消灭北齐，统一北方，为隋朝统一中国奠定了基础，是南北朝时期的一位英主。

　　历史的脚步来到了南北朝的后期，百姓依旧过着水深火热的生活。此时的东魏和西魏也已经变成了北齐和北周。

　　东魏的掌权者高欢病逝后，他的儿子高澄接下了父亲的兵权。高澄在准备接受禅让前夕被膳奴刺杀。他的弟弟高洋执掌兵权，自己当上了皇帝，改国号为齐，史称北齐。

　　西魏的实际掌权者宇文泰去世，他的儿子宇文觉接替了父亲，宇文泰的侄子宇文护辅佐宇文觉。没过多久，

宇文护就逼迫西魏恭帝将皇位禅让给宇文觉，宇文觉即位称帝，改国号为周，史称北周。

宇文觉登基后，不甘心让堂兄宇文护独揽大权，打算杀掉宇文护。但是由于消息泄露，反被宇文护所杀。

宇文护又立宇文泰的长子宇文毓为帝，宇文毓很有才能，而且胆气过人，宇文护担心自己控制不了宇文毓，派人暗中毒死了宇文毓。宇文毓死后，宇文护又从宇文泰剩下的儿子中挑选新的继任者，于是便选中了宇文泰的第四子宇文邕为新皇帝，即周武帝。

宇文护怎么也想不到，宇文邕比他哥哥宇文毓更厉害，他不像他哥哥那样一开始就露出锋芒，他非常懂得隐忍，在时机没有成熟之前，他对宇文护唯命是从，放任宇文护独断专权，并暗中积聚力量，等待时机除掉宇文护，夺回大权。

周武帝宇文邕隐忍许久，眼看时机成熟，终于决定动手。他和弟弟宇文直商量之后，决定利用宇文护见皇太后的机会，趁机杀死宇文护。这一天终于到了，宇文护进殿看望太后，和

人物档案

宇文护（515—572），北周初期权臣，周文帝宇文泰之侄。早年跟随宇文泰与东魏多次交战，屡立功勋，历任都督、征虏将军、骠骑大将军等职。前后执政十五年之久，对北周王朝的稳定起到了一定作用。最终被宇文邕所杀。

太后相谈甚欢，宇文邕趁宇文护彻底放松时，偷偷绕到他身后，举起玉笏朝他脑袋上猛地砸去，宇文护应声倒地，宇文直也冲出来，挥刀砍死了宇文护。

宇文护死后，周武帝执掌大权，北周在他的治理下政治清明、社会安定、国力雄厚。他发动了对北齐的战争，开始统一天下。

北齐

南北朝时期的北朝政权之一。公元550年高欢次子高洋代东魏称帝，国号齐，都邺（今河北临漳西南），史称"北齐"，亦称"高齐"。577年为北周所灭。共历七帝，二十八年。

此时的北齐内斗十分严重，高洋死后，他的儿子高殷继位，高洋的弟弟高演又杀死了自己的侄儿高殷，自己称帝。高演死后，高洋的另一个弟弟高湛即位。高湛是个昏庸无能的人，朝政都交由别人处理，每天只知道享乐。高湛死后，他的儿子高纬即位，有其父必有其子，高纬的昏庸一点儿也不逊于他的父亲。北齐皇帝昏庸无能，这就给了北周可乘之机。

公元577年，宇文邕亲自率军消灭北齐，统一北方，为后来隋朝统一中国奠定了基础。

读史学成语

水深火热

释义：比喻人民生活极端痛苦。

出处：《孟子·梁惠王下》："如水益深，如火益热，亦运而已矣。"清·李百川《绿野仙踪》第七十七回："但愿贤契速刻成功，救我于水深火热，便是我万分侥幸。"

例句：由于连年征战，百姓长时间生活在水深火热之中。

胆气过人

释义：指胆量、气魄超过一般人。

出处：徐兴业《金瓯缺》第二章："'信叔去当人质，固然胆气过人，'有谁又讨好地提起刘锜另一件得意的往事，'可不要忘了那一回的"眉心插花"，俺记得……'"

例句：他年纪轻轻就胆气过人，让人惊叹。

陈叔宝亡国

亡国之主陈叔宝

陈叔宝（553—604），字元秀，小名黄奴，南朝末代皇帝。他在位期间，荒废朝政，耽于酒色，醉心诗文和音乐。他的诗歌现存近百首，其中尤以《玉树后庭花》最为著名。

雄才大略的周武帝宇文邕统一北方后，还想要统一天下，可他还没来得及攻打陈朝就去世了，太子宇文赟即位，是为周宣帝。周宣帝性情暴躁，能力远远比不上周武帝。渐渐地，朝政大权落到了外戚杨坚手中。

周宣帝禅位给年幼的儿子宇文阐，即周静帝，并拜杨坚为大丞相。次年周宣帝病逝。杨坚当上大丞相后就开始了篡夺北周大权的计划。他先发兵消灭了对自己有威胁的政敌，后以谋反的罪名清除了一些皇室贵族，这样杨坚扫除了夺取天下的最大障碍。公元581年，杨坚称帝，改国号为隋，是为隋文帝。隋朝建立后，待北方

局势稳定下来，隋文帝便开始准备消灭陈朝。陈叔宝是南朝最后一个皇帝，他即位时，国家处于风雨飘摇之中。他完全不理国事，整天吟诗作赋、沉溺酒色，身旁还有一群溜须拍马的大臣整日陪他玩乐。他还大兴土木，建造了很多豪华的宫殿。

有一天，大臣傅缚实在忍不住了，劝道："陛下，现在百姓遭受天灾，日子快过不下去了，甚至有人饿死在路边。如果陛下还不励精图治，我们国家岌岌可危呀！"陈后主说："怎么治理国家不需要你来告诉我，你这是在危言耸听，如果你承认自己的错误，我便饶你不死。"傅缚说："陛下，臣说的句句发自肺腑，我对您可是一片忠心哪！"陈后主听不下去，派人把傅缚下狱处死了。从那以后，渐渐没有人敢劝谏陈后主了。

就在陈后主沉迷于享乐之时，隋文帝已经开始实施消灭陈朝的计划了。每年陈国的庄稼快要播种时，隋文帝就会派大军驻守边境，陈国的百姓无法专心种庄稼，都被拉去充军准备作战。等到陈朝的军队组织好后，隋

文帝却退兵了。几年下来，陈朝的农业大受影响，土地都荒废了。陈朝的士兵们也习惯了隋朝的光说不练，对隋军放松了警惕。

人物档案

隋文帝杨坚（541—604），隋朝开国皇帝，他消灭南陈，结束南北分裂局面，统一全国。他在位期间实现了"开皇之治"，一生节俭，政绩卓著。

隋文帝看时机已经成熟，便派人造了许多战船，任儿子杨广、杨俊以及清河公杨素为行军元帅，贺若弼、韩擒虎等为大将，准备渡江攻打陈朝。隋文帝还下了讨伐陈叔宝的诏书，其中列举了陈叔宝的罪状，并派人散发，诏书一时间遍布江南，老百姓对陈叔宝极其失望，整个国家陷入恐慌之中。

面对隋军压境，陈朝将士急忙发告急文书，朝廷却迟迟没有回音。陈后主得到消息，不急不忙地说：

《玉树后庭花》

《玉树后庭花》是陈叔宝所作，被后人视为亡国之音，唐朝诗人杜牧《泊秦淮》中有一句"商女不知亡国恨，隔江犹唱后庭花"，这里的"后庭花"便是指陈叔宝的《玉树后庭花》。

"江南是个福地呀，多次化险为夷，即使隋军来了，又有什么可怕的呢？"宠臣们也随声附和。朝议便这样结束了。

公元589年，隋军一路势如破竹，逼近建康。很快建康便沦陷了，但是隋军却没有发现陈后主的影子。

后来，有个士兵发现后殿有一口枯井，这些士兵看到井下似乎有人，朝井下大喊，可并没有人回答，于是有人捡起石头威胁要朝井下投，陈后主吓得尖叫一声。隋军抓住了陈后主，十分高兴，就把陈后主押到了长安。

陈国灭亡后，隋朝统一全国，南北朝时期终结，中国再次进入大一统时代。

溜须拍马

释义：指对别人谄媚奉承。

出处：田东照《跑官》："我这人不抽不喝，不玩不赌，更不溜须拍马，巴结逢迎。"

例句：我们十分讨厌那些喜欢溜须拍马的人。